文学论丛

国外英语语言文学研究前沿(2014)

主办单位　四川外国语大学英语学院
主　　编　张旭春
副主编　　沈　彤　谭　春

图书在版编目(CIP)数据

国外英语语言文学研究前沿.2014/张旭春主编.—北京：北京大学出版社,2014.10
(文学论丛)
ISBN 978-7-301-24956-7

Ⅰ.①国⋯ Ⅱ.①张⋯ Ⅲ.①英语—语言学—国外—文集 Ⅳ.①H31-53

中国版本图书馆 CIP 数据核字(2014)第 231952 号

| 书　　　名：国外英语语言文学研究前沿(2014)
| 著作责任者：张旭春　主编
| 责 任 编 辑：刘文静
| 标 准 书 号：ISBN 978-7-301-24956-7/H・3602
| 出 版 发 行：北京大学出版社
| 地　　　址：北京市海淀区成府路 205 号　100871
| 网　　　址：http://www.pup.cn　新浪官方微博：@北京大学出版社
| 电 子 信 箱：Liuwenjing008@163.com
| 电　　　话：邮购部 62752015　发行部 62750672　编辑部 62759634
|　　　　　　　出版部 62754962
| 印 刷 者：北京大学印刷厂
| 经 销 者：新华书店
|　　　　　　 650 毫米×980 毫米　16 开本　22.5 印张　350 千字
|　　　　　　 2014 年 10 月第 1 版　2014 年 10 月第 1 次印刷
| 定　　　价：58.00 元

未经许可，不得以任何方式复制或抄袭本书之部分或全部内容。
版权所有，侵权必究
举报电话：010－62752024　电子信箱：fd@pup.pku.edu.cn

主办单位　四川外国语大学英语学院
主　　编　张旭春
副 主 编　沈　彤　谭　春

编委（按姓氏笔画为序）

刘爱英　严忠志　李芳琴　沈　彤
张旭春　张　宏　夏歆东　谭　春

主 编 序

《国外英语语言文学研究前沿》(*New Bearings in International EL&L*)丛刊由四川外国语大学英语学院主办(第一辑已于 2013 年出版),是当代中国英语学界第一种专门以跟踪、译介或述评当今国外(尤其是英语国家)英语语言文学研究最新前沿成果为宗旨的英语类学术刊物。

自《国外英语语言文学研究前沿》(2013)(以下简称《前沿〈2013〉》)出版以来,我们陆续收到国内学界同仁的各种反馈:有热情洋溢的鼓励,有高屋建瓴的建议,也有相当尖锐然而却十分中肯的批评。根据这些反馈意见,《国外英语语言文学研究前沿(2014)》(以下简称《前沿〈2014〉》)一方面在坚持上述基本办刊宗旨之外,另一方面也对《前沿〈2013〉》的基本思路进行了一定调整。

首先,《前沿〈2014〉》不再以对所选国外前沿成果进行全文翻译,而是以述评形式对原文/书的主要内容进行提炼、梳理、介绍,并在此基础之上并对其洞见或盲点做简要评论,从而使得国内读者(尤其是青年教师和研究生)能够更好地理解把握原文。

其次,我们进一步规范了《前沿〈2014〉》每篇述评文章的基本体例,尤其是要求每篇文章第一个注释中必须清楚标明所选原文的详细出处,以方便那些有条件并希望阅读原文的读者朋友能够按图索骥、更为迅捷而容易地找到我们所选用的原文。

最后,《前沿〈2014〉》对栏目板块也进行了微调。本辑分为"英美文学研究""翻译学研究""二语习得研究"以及"词典学与理论语言学研究"四个栏目,共收入 24 篇文章,其中"英美文学研究"9 篇、"翻译学研究"5 篇、"二语习得研究"6 篇、"词典学与理论语言学研究"4 篇。

《前沿〈2014〉》24 篇文章大部分选自 2013 年国际英语语言文学研究领域内的顶尖刊物,基本上能够体现本刊"国际前沿"之核心定位,如 *Boundary 2*、*American Literature*、*Comparative Literature Studies*、*Studies in Romanticism*、*Twentieth-Century Literature*、*Target*、*Journal of Translation Studies*、*Applied Linguistics*、*Language Teaching: Surveys and Studies*、*Language Learning*、*International Journal of*

Lexicography、*Discourse Studies*、*Cognitive Linguistics*，以及国际二语习得研究领域内 2006 年的一本权威性著作：*Studies of Fossilization in Second Language Acquisition*。

当然，由于我们经验不足、水平有限，而且所有撰稿人都是四川外国语大学英语学院一线教师，都承担着十分繁重的教学任务，因此，《前沿(2014)》肯定也存在着诸多问题或纰漏。但是，"学术乃天下之公器"，我们真诚地希望国内英语语言文学研究与教学界的专家学者对我们提出宝贵的意见，以便我们能够把接下来的《前沿》办得更好。

最后，我们要向为《前沿(2014)》的顺利出版给予了热情支持、并耗费了巨大心血的北京大学出版社外语编辑室主任张冰教授、刘文静女士，以及编辑室其他老师们致以诚挚的谢意！

张旭春

2014 年 4 月 12 日

于歌乐山下

四川外国语大学英语学院

目 录

英美文学研究

一个英国学者眼中的"美国正典"
　　——《美国正典》一文述评 …………………………………… 3
"家庭生活"的另一种解读
　　——《超越感伤的家庭生活：
　　　　伊迪丝·华顿，装潢，离婚》一文述评 ………………… 23
辩证的后殖民怪异政治批判
　　——《帝国回祷：宗教、世俗和怪异评论》一文述评 ……… 35
生态批评的新途径
　　——《对"自然"无话可说时我们何以言说》一文述评 …… 54
《简·奥斯汀〈爱玛〉的"德化"叙事》一文述评 ……………… 75
基督教教育理念中的种族融合
　　——《〈汤姆叔叔的小屋〉中的基督教教育法》一文述评 … 94
有关现代主义中宗教问题的新思考
　　《驻足于山洞前——由〈印度之行〉
　　重看现代主义中的信仰》一文述评 …………………………… 104
寓言性的"废墟"
　　——《历史中的今时主义：受难的士兵、本雅明的
　　"废墟"和美国早期历史小说的话语根基》一文述评 ……… 115
城市生态学的文化空间和政治空间
　　——《城市生态学之纽约学派——〈纽约客〉，
　　雷切尔·卡森和简·雅各布斯》一文述评 …………………… 129

翻译学研究

《处在十字路口的翻译学》一文述评 ………………………… 147
打开译人的黑匣子
　　——《翻译研究的新语言—认知取向》一文述评 ………… 158
《借用者：翻译认知问题研究》一文述评 …………………… 170
国外机器翻译研究的历史与最新进展
　　——《机器翻译简史》一文述评 ……………………………… 182
探索定量评测同传认知负荷的瞳孔测量法
　　——《同传中的认知负荷——评测及方法》一文述评 …… 197

二语习得研究

《第二语言习得石化研究》一书述评 ………………………… 213
《伪姿态：后结构主义二语习得研究的
　　一个晚期现代概念》一文述评 ……………………………… 221
跨越科学研究和教学实践之间的鸿沟
　　——《从科研到实践：书面纠错反馈》一文述评 ………… 239
国外 CL 框架下二语词汇教学的回顾与展望
　　——《二语词汇教学研究的认知语言学途径
　　　　——评估与整合》一文述评 ……………………………… 253
显性与隐性词汇知识实证研究的最新进展
　　——《显性与隐性的词汇知识：不同语言输入
　　　　方式下英语短语习得》一文述评 ………………………… 266
话语权力视角中的英文学术写作
　　——《大学写作：教育、知识和名誉》一文述评 ………… 280

目 录

词典学与理论语言学研究

词典学发展趋势研判
　　——《回望词典学研究 25 载》一文述评 …………………… 293
词典用户研究的实验心理学模式探索
　　——《词典使用策略量表的开发与验证》一文述评 ………… 308
《患者启动的非首要病痛的引入》一文述评 …………………… 319
国外隐喻和转喻研究最新进展
　　——《隐喻和转喻：使它们的接口更加平滑》一文述评 ……… 341

英美文学研究

一个英国学者眼中的"美国正典"

——《美国正典》一文述评

四川外国语大学英语学院　刘爱英

【摘要】　在《美国正典》中,坦纳(Tony Tanner)梳理了美国文学从独立门户到建构经典的艰辛历程。从坦纳对一些重要的历史节点的回顾和评述中,我们可以清楚地看到,自20世纪60年代起,经典的确立、修正与扩容并不鲜见,这种现象不但与当代美国社会、历史和文化的变化有着密切的联系,而且也与20世纪批评理论和方法的繁荣紧密相关。同时,坦纳也让我们认识到,一个优秀的文学史专家和文学批评家必须具备的非凡的学术勇气、宽广的学术胸襟和深邃的思想认识。这篇迟到了近二十年的文章对于我们今天研究美国正典,探索文学正典化的基本规律,仍然具有重大的价值和现实意义。

【关键词】　美国文学史;文学史家;正典;经典建构;批评理论

《疆界2》(Boundary 2)2010年夏季刊不同寻常地刊发了一篇迟到了差不多二十年的文章《美国正典》(American canon)[①]。作者托尼·坦纳在文章中梳理了美国文学从独立门户到建构经典的艰辛历程。但这篇文章绝非一般意义上的纵览。从坦纳对一些重要的历史节点的回顾和评述中,我们可以清楚地看到,自20世纪60年代起,经典的确立、修正与扩容并不鲜见,这种现象不但与当代美国社会、历史和文化的变化有着密切的联系,而且也与20世纪批评理论和方法的繁荣紧密相关。同时,坦纳也让我们认识到,一个优秀的文学史专家和文学批评家必须具备的非凡的学术勇气、宽广的学术胸襟和深邃的思想认识。

文章开篇讲的不是别的,是美国文学与英国文学的关系和它在英语

[①]　Tony Tanner, "American canon," Boundary 2 37.2(2010): pp.71—87.

文学中的地位问题。1919年,T.S.艾略特刚到伦敦不久,就受邀对《剑桥美国文学史》(*Cambridge History of American Literature*)第二卷进行评审。这个事件中让坦纳愤愤不平的,是对第二卷的定位:《〈剑桥英国文学史〉补遗》(*Supplement to the Cambridge History of English Literature*)。"补遗"一词让坦纳大为不悦,他不无讽刺地说,跟编辑和出版商们原本想传达的意思相比,"补遗"这个词或许更为切题。因为这个词清楚地标明,美国文学还是被当作英国文学的"补遗"看待的,是"增补的,派生的,言下之意就是低等的——碰巧在美国写出来的英国文学的边缘之作。"①

坦纳并没有直接评说这种尴尬的境地是怎样导致的,但他接下来便提到,第一卷的前言,其实就已经暴露了这个问题的端倪。在这个前言中,众编辑把他们的指导原则讲得再清楚不过。让这些编辑特别反感,特别不能接受的,就是所谓"独立的民族文学"的提法。这就奇怪了。要知道,这些编辑可全都是美国教授啊。而这也正是让坦纳感到最为不解的地方。坦纳批评到,这些编辑没工夫考虑美国文学是不是表达了"崭新的美国意识"倒也罢了,他们竟然会引述早先的一位批评家来为自己加油打气。在这位批评家的眼里,美国作家的语言文字、宗教信仰和知识积淀跟伟大的英国作家是一样的。既然如此,美国作家又怎么可能创作出跟英国文学截然不同的东西?坦纳不能理解这些编辑的另外一个地方,是他们竟然会排斥分析的、美学的批评方法。在这些编辑看来,从现代美学的立场来书写知识史是难免会出现疏漏的,而被疏漏掉的,恰恰是那些能够让它立足于现代文学之林的重要因素,即美国人在两百年的时间里取得的成就,主要还是体现在开发新大陆、移民定居、维持生计、宗教信仰以及治国艺术。编辑们看到的,是美国人与英国同胞之间的同质性:"在将近两百年的时间里,这个与大海那边的同时代人有着相同的传统、知识能力的民族发现,他们自己有责任在大多数情况下摈弃为艺术而艺术的理念"。② 这段表白让人看不出丝毫大国沙文主义的妄自尊大,这种低调固然是值得肯定的,不过,坦纳还是不客气地指出,这段话的语气听起来"实

---

① Tony Tanner,"American canon,"*Boundary 2* 37.2(2010):p.71.
② Ibid,p.72. 当时的美国文人对于自己国家的文学成就信心不足。他们宁可把美国文学当作英国文学的一个分支,更多的时候还是强调美国文学与英国文学的同质性:跟英国作家一样,美国作家"使用同样的语言,信奉同样的宗教",都经历过英国文学伟大传统的熏陶,都受到过斯宾塞、莎士比亚和弥尔顿的影响。

在是谦逊过度",而且让人依稀觉得还是"很起作用的",它传达的信息,便是"索然无味的一致性的反艺术"。既然说话的语气不正确,那么说话的态度也不会没有问题。所以,看到编辑们讲《剑桥英国文学史》是"带着兴趣考察过去,同时也并非不怀着希望审视当下、展望未来",坦纳忍不住指责说,这跟表达倾向和争议恰恰是截然相反的态度,难怪对作家做出的很多评论越来越平淡乏味。①坦纳对当时盛行的批评话语的看法也由此可见一斑。

以那样一种不痛不痒的态度去确立经典当然要出状况。为了证明自己所言不谬,坦纳专门挑选了几位收入《剑桥英国文学史》的作家,并针对他们的批评接受情况进行了概括性的比较。先看编辑们对艾默生的评价平庸到什么程度吧:"美国作家中的杰出人物",主要是因为他作品中传达的"纯粹的希望"还有他赖以悠闲度日的"一派和谐"。当然,对于这样的评价,坦纳少不了会以讽刺回敬:"我们觉得编辑们也是在和谐中悠闲度日"。让坦纳感到不满的还有分配给作家们的篇幅。艾默生和华盛顿·欧文都各占15页的篇幅,而备受推崇的威廉·卡伦·布赖恩特则占了18页的篇幅。坦纳看重的麦尔维尔明显受到了怠慢。提到他的时候,编辑们就只讲他的海上冒险故事。在提到麦尔维尔的同一章里,威廉·吉尔摩怎么也占了6页的篇幅,但麦尔维尔却得到了仅仅4页的篇幅而已。其余的时候,麦尔维尔更像是存在于夹缝之中:"在讲到威廉·斯达巴克·梅奥和威廉·韦尔的作品中间有所提及。"②如果说编辑们的工作不细致,那定然也是不公允的。全面、完整、详细的参考书目就足以说明问题。坦纳显然不是批评编辑们没有尽到责任,而是他们不具备批评的精神,还算不上是真正的批评家。

第一卷出了这样的状况,那么艾略特审读的第二卷又当如何呢?

用坦纳的话来概括,就是"包罗广泛、毫无重点、毫无原则、优劣不辨"。第二卷表现出来的,是编辑们"不持意识形态的意识形态"。鉴于《剑桥美国文学史》独特的文化作用和将要产生的深远的影响,编辑们的这个基本立场可是一个不折不扣的过错。编辑们的作为,像极了医务人员,因为肩负防止病害发生的重任,便不管三七二十一,在所有的作品上都喷一遍消毒剂。他们也像是拆弹专家,像去掉炸弹引信那样,把作品中

---

① Tony Tanner,"American canon,"*Boundary 2* 37.2(2010):p.72.
② Ibid.

令人不安的因素清除得一干二净。编辑们滤掉了杂念、杂音,让第二卷显得清澈透明、一团和气。对惠特曼的评价就足以说明这一点:那些对于"诗人或者预言家毫无兴趣的三流读者"之所以会读惠特曼,为的就是要感受"个性鲜明、热爱同胞"的这么一个人和作家而已。①

显而易见,编辑们做出的轻重不分的评价并没有反映出美国作家和作品的独特价值。即便到了第三卷,对艾米丽·迪金森的点评依然沿袭了那种了不偏不倚:作为"清教主义的绝佳代表",迪金森那"古灵精怪的神秘感"总是令人迷恋不已。②

从坦纳做的粗略对比和统计来看,优秀作家在第二卷中得到的篇幅依然是差强人意。这就是为什么坦纳要说编辑们没能突出重点,优劣不辨了。梭罗、霍桑、朗费罗、惠蒂尔、坡和惠特曼这样一些带有强烈的本土意识的作家,得到的篇幅明显太少。"反映美国历史的作家""普雷斯科特和马特利""神学家和道德学家""杂志、年鉴和礼品书""通俗诗歌作者""短篇小说"等章节的篇幅都较长。"神学家和道德学家"篇幅达到了28页,差不多是整卷中最长的一章。

第二卷的"短篇小说"一章中竟然出现了凯特·肖邦!这倒是让坦纳颇感惊诧。不过,编辑们的评价似乎依然是避重就轻。肖邦"身上流淌着凯尔特祖先的血液,是天生的讲故事的人。她的创作富有激情,但却总是带着我们习惯称为法文[风格]的那种克制的态度"。③ 肖邦的父亲托马斯是信奉天主教的爱尔兰移民,母亲艾扎是法裔克里奥尔人。在坦纳看来,讲述肖邦的这段文字并没有切中要害,完全忽略了肖邦作为一流作家的杰出成就。在19世纪下半叶的美国,职业作家中越来越多地出现了女性的身影,她们的女性意识空前高涨,她们要唤醒女性的自我意识,为女性代言,让女性发出属于真正自己的声音。在这批女作家中,就数肖邦的文学成就最大。虽然两性关系是肖邦作品不断复现的一个主题,但中短篇小说《觉醒》(*The Awakening*)无疑是分量最重的。这部作品在发表后旋即引发了轩然大波。在小说中,肖邦刻画了埃德娜经历了怎样的觉醒、幻灭和最终的醒悟,如何认清了男权社会中社会习俗、制度等等对女性意识的压抑和禁锢。肖邦以埃德娜肉体和精神的复苏和觉醒,呼唤女性意

---

① Tony Tanner,"American canon," *Boundary 2* 37.2(2010):p.72.
② Ibid.
③ Ibid, p.73.

识的觉醒,使埃德娜成为这一时期新女性的代表。她一方面讲究实际,一方面又比较浪漫;她既渴望感官享受又思想保守;她唤醒了自我的力量,向往自由独立,但最终仍旧无力走出自己的困境。《觉醒》如此深刻地刻画了当时美国社会中的性别问题,现在早已是美国大中学校教材中的重要篇目,但《剑桥美国文学史》第二卷对此竟只字未提,这在坦纳看来实在是太不应该。

对于第二卷中"儿童文学"这一章,坦纳也有看法。这一章的结语实际上就是整卷的结论性评述:"美国的儿童文学取得了其他领域无法企及的卓越成就。"这个评述也让坦纳看到了美国文学当时所处的尴尬境地。在英国文学这个巨人面前,美国文学就像是乳臭未干的黄口小儿,尚处于身心发育不全、需要家长呵护的婴幼儿阶段。这样的评述对美国文学构成了巨大的伤害。坦纳由此把美国文学的处境概括为整体上"幼稚化"的结果。① 坦纳用"幼稚化"这个词是想强调,美国文学面临着通俗化、中性化的问题。换言之,美国文学并没有表现出应有的活力。

而事实上,按照坦纳的说法,《剑桥美国文学史》暴露出的绅士派头对美国文学具有明显的同化作用和去势作用。原本应该张扬美国本土意识的美国文学竟会急切地认祖归宗,归顺英国文学的伟大传统,怀着殖民地的柔情蜜意向帝国的荣耀致敬。这当然是令人匪夷所思的一件事情。对于这样的做派,作为英国人的坦纳尚且有意见,当时作为第二卷审读专家的艾略特又怎能没有想法呢?他又何尝不希望自己能借此机会重新认定美国作家的文学地位呢?实际上,从艾略特对最后一章所做的批注就可以看出来,他已经难掩自己内心的嘲讽和不满。

开拓美国文学罗曼司传统的"文化英雄"霍桑于是被推到了前台。霍桑特别关注人的心灵,关注深层次的个体心理,尤其擅长展现人物的内心冲突和震撼。他以一种崭新的手法来传达个体体验、反思价值观,并以现实主义者的情怀探索改变社会结构的多种可能性。艾略特把霍桑看作最有价值的美国作家,把他单独挑选出来进行了高度评价。他把霍桑与爱默生等作家进行了比较,认为只有霍桑才算得上是真正的美国道德生活的观察者。而在波士顿,没有哪个作家能有霍桑所表现出的那种"忠实、真实客观、一个真正艺术家的严格客观"。在艾略特的天平上,霍桑的著作"永远都有用处",但爱默生的散文早已成为食之无味、弃之可惜的鸡

---

① Tony Tanner,"American canon," *Boundary 2* 37.2(2010):p.73.

肋都不如的"拖累"。①

在结论部分，艾略特不仅对霍桑做出了公道了评价，还通过生动的比方说明霍桑的文学成就是多么来之不易。艾略特对霍桑盛赞到：

> 霍桑、坡和惠特曼都是值得同情的家伙；他们没谁取得了原本应有的伟大成就。不过，缺少一个高水平的文学群体本身并没有导致他们的这些缺憾，反而更加肯定地说是催生了他们的一些特色。*这些人的独创性*②，如果不把全部聪明才智都算进来的话，都是这个贫乏的环境造成的，逼迫出来的……就事实而论，美国人的苦处，在更宽泛的意义上讲是社会缺陷，而非缺乏知识阶层——知识阶层反而有可能毁掉他们的特性。他们的世界很贫瘠，它还不够。最糟糕的是，他们的世界是二手货；它不是原本固有的，也不是独立的——它是一个影子。坡和惠特曼好比玻璃瓶中的鳞茎，只会消耗掉鳞茎内部的养分。而霍桑则更多地是伸出触须，四下探寻，把花岗岩土壤中出现的每一个提供营养的微生物都吸食干净；但土壤大部分还是花岗岩。③

艾略特这番评论的新意，并不在于他将美国社会比喻成一块贫瘠的土地。欧文、库珀早就说过美国的土壤和社会无法为艺术提供滋养之类的话，詹姆斯对此也有类似的表述，且广为人知。④ 艾略特的新意，表现在那个比方所展现的张力。美国文学中表现出来的种种新奇性似乎都受到了美国社会的消极怠慢，用艾略特的话说就是，这种原创性是被一个贫乏的环境"逼迫出来的"。当然换句话说，这种原创性也是被这个贫乏的环境"逼迫进去的"。这就是说，无论哪种滋养，都必须发自内心。既然瓶子外面都是花岗岩，那么创作就应当如"玻璃瓶中的鳞茎"一般，从自我意识当中找到生长发育必需的养分。

显然，艾略特是想抓住这次做审读专家的机会，为审视、评价美国作家，为修正、重读美国文学正典提供一个崭新的思路。美国作家必须认识到，正是美国的环境给他们造成了疏离的感受，只有认识到这一点，他们才能从聪明才智中生发出真正属于他们自己的艺术。

---

① Tony Tanner,"American canon,"*Boundary 2* 37.2(2010):p.73.
② 斜体文字为原文强调样式。
③ Ibid.
④ Ibid, pp.73—74.

其实在重塑美国文学正典这个问题上的先知先觉者,绝非艾略特一人而已。早在 1915 年,范·威克·布鲁克斯就已经在《美国长大成人》(America's Coming of Age)一书中批评了美国文学传统中的"绅士派传统"。1918 年的这篇文章《论创造一个可以使用的过去》(On creating a usable past)与之一脉相承。在文章中,布鲁克斯严厉批评了"我们的教授们",因为这些教授们一部又一部地出了不少历史著作,重复的却是同样的观点。在不断的强化中,这些观点像是给美国的文学传统上了一道紧箍咒,用布鲁克斯的话说,就是"他们在美国传统上打上了一个犹太教法典的封印"。布鲁克斯戳破了人们头脑中那个美国文学史的幻象,指责它是一个"没有生命、缺乏价值的过去"。布鲁克斯继而呼吁人们大胆发现,开创一个"有意义的美国文学传统"。①

在布鲁克斯看来,那道封印大有名堂。当时的美国社会,是一个剥削成性的社会。那些编写历史著作的教授们之所以会受到布鲁克斯的严肃批评,主要还是因为他们大力推行的,是所谓"公认的美国文学正典"。而能够进入正典行列的文学作品也都是那些对美国社会中的剥削现象熟视无睹或者视而不见的作品。文学作品为自己的时代背书,继而得以经典化。如此看来,正典确立与社会体制之间确实存在一种共谋关系。

正是这一点,让坦纳忍不住提醒我们注意,在《剑桥美国文学史》中也存在同样的问题。教授们没有动脑子好好"反思美国历史上创作的冲动……反而去一次次肯定商业传统确立的价值观"。② 对那些真正展现出巨大创造力的作家,教授们竟然会以高度的默契集体性地失声,不着一字,不发一言,让这些作家被人们忽视,被人们忘却,无法在历史中留下他们的痕迹。就这样,这些真正富有创造力、真正能够代表美国文学传统的作家就被排斥在了经典之外。

布鲁克斯在文章中说到动情之处,还将那些被忽略掉的美国作家比作了他同时代作家的父亲、爷爷。让布鲁克斯痛心不已的是,19 世纪平庸风气里的文学翘楚都得到了狂风暴雨般的肯定;要是那些被忘却的美国作家能从其中分得"一点点阳光雨露",那么,"他们后代的环境不知又会好上多少"。然而,事与愿违。前辈作家遭遇的不公似乎阴魂不散。坦纳因此把那些真正具有独创精神的作家看作是"品钦的过去式",他们遭

---

① Tony Tanner, "American canon," *Boundary 2* 37.2(2010):p.74.
② Ibid.

受的,是"特权集团的漠视、刻意的忽略、藐视和除名"。①

在布鲁克斯看来,赫尔曼·麦尔维尔就是被专家们刻意漏掉的那些优秀作家的典型代表。坦纳显然也是认同布鲁克斯这个看法的。从坦纳梳理的对于麦尔维尔的评价当中,我们可以清楚地看到,在文学史中"封杀"这个伟大的作家有着深刻的社会和政治动机。坦纳首先引证的内容,便是乔治·华盛顿·派克(George Washington Peck)对1852年出版的小说《皮埃尔》(*Pierre*)②的评价。

> 对于《奥穆》和它的居民们,我们完全允许麦尔维尔想怎样写就怎样写:他若胆敢把他那些悲剧性的木偶作为我们这个种族的代表强加给我们的话,那我们就一定要向他挥起批评之盾,并让他哑然无声……他在用那只邪恶的(幸好也还是无力的)手攻击我们的社会根基。③

评论中提到的《奥穆》(*Omoo*)是麦尔维尔的第二部小说,主要讲述了白人冒险家侵扰塔希提群岛和马吉萨斯群岛后,给土著文化和南海岛民带来的灾难性后果。《皮埃尔》则不同,这是麦尔维尔专门为白人女性读者创作的故事。故事的主人公皮埃尔偏离了正常的生活轨道,尽力保护父亲的私生女,最终还是难逃陷入"极端的愚蠢和罪孽而不能自拔"的厄运。这部小说用跌宕起伏的情节,错综复杂的人物关系,讲述了一个青年的恋爱悲剧,揭露了一个扭曲变形的世界。毫无疑问,派克清楚地意识到《皮埃尔》与《奥穆》的不同,认识到《皮埃尔》对当时美国社会的价值观具有颠覆性的危险。评论中"让他哑然无声"的说法当然不是什么委婉表达,它传达的信息也不仅仅是言语上的威胁。事实上,麦尔维尔生前并未获得什么声望,他像很多作家一样,默默无闻地离开了人世。一定程度上讲,在压制麦尔维尔的文学声望方面,包括派克在内的特权集团确实是取得了成功。对于这样一位目光敏锐、才思过人、思想深邃的作家,美国批评界竟然无动于衷,以高度的默契的"集体失声"让一位文学巨匠抱憾终生。当然,对一个民族来说,湮灭一位伟大的文学先驱是一种更大的无法弥补的遗憾。

---

① Tony Tanner, "American canon," *Boundary 2* 37.2(2010):p.74.
② 《疆界 2》将《皮埃尔》(*Pierre*)误拼为《皮尔斯》(*Pierce*)。
③ Tony Tanner, "American canon," *Boundary 2* 37.2(2010):p.74.

坦纳随后提出的论据,是 1901 年出版的影响巨大的那部《美国文学史》(A Literary History of America)。哈佛大学教授巴雷特·温德尔对麦尔维尔的全部评价也不过寥寥数语,其完整评述摘录如下:

> 赫尔曼·麦尔维尔以他讲述南海的作品——据说罗伯特·路易斯·史蒂文森(Robert Louis Stevenson)声称这些作品是一直以来写得最好的作品——和他讲述海上冒险的小说,开始了有望取得文学成就的创作生涯,但这个希望终究还是落空了。①

仅此而已。与麦尔维尔得到的寥寥数语形成对照的,是欧文、布赖恩特、惠蒂尔、朗费罗、洛厄尔、霍姆斯等都用了整整一章来评述。值得一提的是坡和惠特曼。这两位作家虽然都占了完整一章的篇幅,但是,就热情和高度而论,他们得到的评价明显不够。温德尔是这么评价惠特曼的:"在惠特曼的风格里,有一种自我放纵的奇怪之处,更有一种与这个国家的精神格格不入的东西"。②

在学术界,作为哈佛大学的知名教授,温德尔是公认的学术权威,他也是 T. S. 艾略特在哈佛的老师。包括《英语作文》(English Composition)、《今日法国》(The France of Today)、《美国文学史》《特权阶层》(The Privileged Classes)以及《欧洲文学的传统:从荷马到但丁》(The Traditions of European Literature)在内,他的著作都具有很大的学术影响力。在《美国文学史》中,温德尔说过这样一句话:"在分开三个世纪之后,英国和美国终于又肩并肩站在了一起。它们的协调一致,让我们看到了帝国民主的希望。"温德尔的厚此薄彼,透露的是他根深蒂固的精英意识。霍华德·蒙福德·琼斯对《美国文学史》有过精辟的评价,认为该文学史传达的,是温德尔"精英治国"的理念:"应该由'保守的美国人'——即贤明而道德的人——进行治理。"③

显然,坦纳并不欣赏这当中所谓的精英理念和教授权威。在这种精英意识的影响下,"美国味"浓重的一些作家如麦尔维尔、爱默生、坡、霍桑、梭罗等被降格对待也就不足为奇了。写一部《美国文学史》,但却把表现"美国味""美国意识""美国精神"的作家打入批评的冷宫,对他们不吭

---

① Tony Tanner,"American canon," Boundary 2 37. 2(2010):p. 75.
② Ibid.
③ Ibid.

声不出气,让他们在默默无闻中随着流失的时光而被人们完全遗忘——这样的文学史、这样的文学史观又有什么意义?

文学史虽然是一种历史叙事,以文学创作实践为基础,对文学的发生、发展和嬗变进行梳理和总结,但它也绝非是单纯的文学叙事。文学史不仅仅要清晰地梳理出一个国家文学发展的脉络,勾勒出它的历史轨迹,也通常会在具体的历史和文化的语境中描绘、反映、塑造一个民族和国家的整体形象,加强或者反拨某个具体的意识形态。文学史记述的是过去,但关照的永远是当下和未来。文学史家虽然需要在文学与历史之间找准平衡点,但优秀的文学史家也应当是具有敏锐的学术眼光和强烈的历史责任的优秀的文学评论家。

布鲁克斯对于编写美国文学史提出的思考和主张显然更符合坦纳的文学史观:

> 要是我们还想摆脱自己现在对一个文明进行的滑稽模仿,实现崛起的话,我们又能到哪里去找寻我们必须具备的新的理想和更加敏感的态度呢?……发现或者创造一个有用的过去,这是我们当然能够做到的,而那也正是充满活力的批评往往要努力做到的。[……]这个过去是合适的态度和通时达变的思想取之不尽用之不竭的宝库……我们选择铭记的又应当是什么呢?①

坦纳指出,对于任何一个文学史家或者文化史家来说,布鲁克斯提出的,都是一个严肃而重要的问题。不过,在坦纳看来,布鲁克斯问题提得似乎并不完整,还应当补上一连串的相关问题:我们应该怎样去铭记?我们到底要选择什么?我们决定要忘却的是什么,是谁?文学史到底要发现什么,遗忘什么?所有这些问题都是一个文学史家必须审慎考虑的。文学史家做出的去与留的选择绝非一道简单的加减法运算。

在坦纳看来,美国的文学史家就应当像布鲁克斯那样,对以温德尔为代表的精英意识指导下的文学史观进行抵制。而事实上,布鲁克斯的呼吁确实得到了一些有识之士的积极响应,也很快就产生了积极的影响。从1920年起,在美国和加拿大代表语言和文学界的最高学术团体"现代

---

① Tony Tanner, "American canon," *Boundary 2* 37.2(2010):p.75.

语言协会"就开始承认"确有美国文学这么回事"。① 而在整个 20 世纪二三十年代,不少美国批评家和文学史家如弗农·L. 帕林顿和刘易斯·蒙福德都顺着布鲁克斯的思路,重新审视、评价美国文学的历史。他们要努力破除的,正是布鲁克斯说的强加在美国传统上的那道宣示正统和权威的封印。

这样,之前那些被打入批评冷宫的作家就得到了批评家前所未有的重视。马克·吐温、亨利·詹姆斯、德莱塞、麦尔维尔成了严肃、杰出的艺术家和伟大的——当然也是一流的——作家。溢美之言、批评的大量关注让我们明显地感受到,他们在美国文学史上的地位发生了巨大的变化。最具代表性的是麦尔维尔。他生前郁郁而不得志,没有获得期待已久的文学声望,默默无闻地离开了人世。恐怕他也从来都没有料到,有朝一日自己会得到美国文学的伟大前驱和文学巨匠的赞誉。麦尔维尔的价值之所以能够得到重新发现,一个重要的契机,便是志在颠覆精英意识的新文学史观的出现。新派的文学史家和批评家的一个共同目标,便是推动美国的民族文学能在世界文学中争得一席之位。为此,他们希望能推出一位真正的文学巨匠,一位挑战社会和时代价值观的伟大作家。而麦尔维尔在作品中针砭时弊,揭露欧美殖民主义对土著岛民犯下的滔天罪恶,是美国社会的叛逆者,也正是建构新文学史需要的文学巨匠的不二人选。

可以想见,在确立新的文学经典的过程中,在相反的方向上,那些深受英国文学和英国文化影响的新英格兰地区的名流,如惠蒂尔、朗费罗、洛厄尔、霍姆斯,便同时开始经历一个被淡忘,甚至被忘却的过程。

不过,布鲁克斯所代表的文学史观也有其自身的局限性。新一轮的经典化是否不存在任何问题,无可挑剔呢?坦纳认为,布鲁克斯等新派的文学史家多少都显得有些激进,而这些人自己也是这么认为的。既然他们批评那个时候的美国,认为它的文化艺术是"对一个文明进行的滑稽模仿",而且,既然他们祭出了捍卫民主政治和反对精英政治两面大旗,那么,他们就不得不面对一个难题——如何将这种激进的态度与美国社会的基本现实协调起来。事实上,当时中产阶级不仅队伍日益壮大,而且其价值观和生活方式也正逐渐发展成为美国社会的主流意识。怎样才能解决这个难题呢?新派文学史家从他们喜欢的作家那里找到了灵感。一方

---

① 转引自张冲(主撰):《新编美国文学史》(第一卷),上海:上海外语教育出版社,2000 年,"总序"第 iii 页。

面,他们对当时的美国社会现状强烈谴责,严加批判,另一方面,他们又极力赞美"美国",使之成为一个被他们"抽象化、绝对化、普遍化、人格化"了的概念。①

坦纳进一步指出,新派的文学史家宣称他们会致力于民主政治,但这个承诺本身就隐藏着一个潜在的问题。事实上,脑、体之别,或者说脑力劳动和体力劳动两者之间的矛盾,是作家和批评家都不得不谨慎应对的问题。在他们对其中一方表现出关切的时候,他们往往也不得不苛责、批判这对矛盾的另一方。他们似乎没有中间路线可走。坦纳于是提醒大家注意一个事实:鼓吹所谓高雅和庸俗之分的,不正是布鲁克斯自己吗?让布鲁克斯感到万般无奈的是,在高雅和庸俗之间,横亘着一条无法逾越的鸿沟。重要的美国作家强调的是精雕细琢,品味高雅,超然物外。但跟他们相对照的,是那些专为赚钱而进行创作的作家,包括"乔纳森·爱德华兹、本杰明·富兰克林、超验主义作家和庸俗的实用主义者"。布鲁克斯曾设想在高雅和庸俗之间找到一个中间立场,以便缓和对立,兼容并蓄。但这在坦纳看来完全是不切实际的幻想。其原因就在于,在美国文化的土壤中,根本不可能收获"中间立场"的果实。②

坦纳进一步指出,布鲁克斯看到的,也只是问题的表象。而问题的实质则在于,在写作与民众之间存在着一种非常复杂的关系。在威廉·卡洛斯·威廉斯看来,若要倡导大众化,美国的本土作家就不能脱离他们在社会中的真实体验。只有忠实于现实生活的作品才能真正地打动人,才能更好地传达思想意义。威廉斯的精辟论述得到了坦纳的高度评价。法西斯主义的土壤里无论如何都无法培育出伟大艺术的丰硕成果。除了写作与民众之间微妙复杂的关系问题,还有一个问题也让美国作家和批评家倍感困惑:在什么情况下"大众文学"会出现"大众"和"文学"在文字表述上的矛盾对立?③

这两者之间的矛盾引发了理论界的热议,F. O. 马蒂森在《美国的文艺复兴:爱默生与惠特曼时期的艺术与表达》(*American Renaissance: Art and Expression in the Age of Emerson and Whitman*)中也对这个问题阐述了自己的看法。马蒂森欣赏的作家有一个共性:对民主的可能性

---

① Tony Tanner, "American canon," *Boundary 2* 37.2(2010):p.76.
② Ibid.
③ Ibid, pp.76—77.

表现出的高度关注。而衡量"真正的学术"的标准,就是路易斯·沙利文提出的那个标准:作家的天赋是用来同情民众的,还是用来压制民众的。

恐怕坦纳也很难把马蒂森的观点认同为成熟的文学史观。而坦纳的质疑自有其道理。马蒂森看重的,并不是社会、经济和宗教原因构成的背景,而是"伟大艺术的永恒条件"和"通常情况下文学的本质",其去政治化、去历史化的意图①已是显而易见。主持编写《剑桥美国文学史》的哈佛大学教授萨克文·柏柯维奇对于马蒂森的评价能够说明一些问题。柏柯维奇说,马蒂森所选的五个边缘作家"代表的不仅仅是他们自己的时代,还有美国真正意味着什么"。马蒂森认为他那五个边缘作家代表了"伟大文学的普遍原则",他们是"美国因而也是民主的中流砥柱,也是[文学]表达的中流砥柱",但他对新英格兰的著名作家和女作家却不怎么待见,书中有一些提法显然缺乏细致的考证,对于一些作家的评价也有失公允,带有明显的偏见。②

马蒂森的这部著作可以说影响巨大。不过,坦纳还是怀疑,它是否代表着另一种精英意识。因为那五位作家都是男性,都是白人,都来自东海岸(四位来自新英格兰)。书中不见女性,不见黑人,更不见任何体现"人民"的东西。这样的选择,不正落入"高雅"之列了吗?即便马蒂森也有专著评析德莱赛、艾略特和詹姆斯,但不能不承认,社会或"现实主义"的小说完全被排除在正典之外了。

事实上,当时重要的批评家普遍认为,美国文学之所以有别于英国文学,正在于它反对所谓人是由社会建构的这样的说法。于是,豪厄尔斯、德莱赛、诺里斯、卡瑟等作家无法进入正典的行列,而迪金森和施泰因也经过了一个漫长的过程才成为重要的——亦即"高雅的"——作家。

马蒂森式的美国正典在很长一段时间里大行其道。罗伯特·斯皮勒③的《美国文学的周期》(*The Cycle of American Literature*)就是一部典型的马蒂森式的文学史。该书的引言,就已经把确立经典依据的社会有机论和去历史化的原则立场讲得再清楚不过了:一个重要的作家,一定要超越自己的时代,或者让自己远离自己那个社会;他对社会和知识史的

---

① 马蒂森本人虽然是基督徒,但他同情共产主义,还有,他是同性恋者。坦纳揶揄马蒂森,说对于这样一个有着复杂取向的人,要传达两个意图也就不足为奇了。

② Tony Tanner, "American canon," *Boundary 2* 37.2(2010):p.77.

③ 马蒂森和斯皮勒为第二次世界大战美国影响最大的两位文学史家。

价值,是给人们以象征主义的启示,而不是留下所谓忠于历史事实的记录。①

坦纳提醒我们注意一点:研究象征主义和象征主义的启示正是过去40年间评论美国文学的主要方法。而在"象征主义的启示"当中,有两点值得大家高度关注。其一,它是永恒不变的;其二,它具有无限的发现和操纵的空间。从定义上看,一个象征原本就有无限的可能的指涉范围;因此,在批评实践中,运用象征主义手法的批评家也就会得出漫无边际的结论。坦纳这番话,显然并不是要指责象征主义的定义有多么不妥,而是要说明当它成为文学史观的主要原则时,所确立的美国文学经典必定会与在一定程度上脱离它们所依托的时代。②

不过,马蒂森式的美国正典还是遭到了不断的质疑和批评。柏柯维奇就指出,让马蒂森式的正典具有合法化的舆论环境已经不复存在了。《意识形态与经典美国文学》(*Ideology and Classic American Literature*)和1986年夏季刊出的《批评探索》(*Critical Inquiry*),都深入地阐述了柏柯维奇的这个质疑。

但不可否认的是,这样的质疑和批评尚不足以撼动民族主义正典的地位。在美国正典的建构过程中,如果说布鲁克斯和帕林顿的作用是开启了一个传统,那么马蒂森的作用就是巩固了这个传统的地位,而斯皮勒的贡献则是他把这个传统进一步发扬光大了。

所以,一方面,尴尬在继续,麦尔维尔、迪金森、马克·吐温等作家继续受到忽视。而另一方面,也出现了不同的声音,要求把被边缘化、受到忽视的作家的经典之作纳入正典的范围。但更大的尴尬还在于如何认定这些新的经典。结果,第一部《剑桥美国文学史》的编辑竟有点像是古文物家,不加区分地列出一些姓名和标题,让这部文学史成了坦纳所说的"不能用的、不权威的正典"。另外还出现了一个声音,要求文学史关注性别、种族和阶级问题以及通俗(亦即所谓的"低俗")文化。但在哪些作家、哪些作品应当进入经典的问题上,还是存在较大的分歧。③

总而言之,在何为美国正典这个问题上,当代美国文学批评家显得颇为策略,他们既没有明确表态说该牢记哪些作家,也没有明确表态说该忘

---

① Tony Tanner, "American canon," *Boundary 2* 37.2(2010):p.78.
② Ibid.
③ Ibid, p.79.

却哪些作家。他们只是提议,在牢记美国作家的方式上应该有所变化。毋庸赘言,对于正典的任何攻击定会伤及文学本身。坦纳因此揣测,倘若批评家们真对新英格兰的名流重新进行经典化,这原本也可以成为一个极具轰动效应的事件,但尽管存在诸多的可能性,这样的事情却并没有真正发生。

回过头来再看柏柯维奇,他所提出的问题,其实正是饱受争议的经典作家的激进主义的问题——以前的舆论偏重的是所谓的"颠覆性"。柏柯维奇的意图,是想重新进行一次历史化,将这些作家放回到历史的坐标中,不再强调这个激进的或者说是颠覆性的美国文学传统脱离了社会的现实,而是强调它与美国社会文化始终是休戚相关。

就历史背景而言,19世纪中期的美国正在经历剧烈的社会变迁,进入了工业资本主义和杰克逊式的市场经济(Jacksonian Marketplace)。但思想认识的变化显然没能与这样的变化同步。事实上,先前的认识体系还在施展影响,而复兴时期的作品正是凭借这个认识体系,凭借美国早期的理想和核心价值来攻击一个崭新的、正在快速崛起的美国。本质上,这个认识体系并不着眼于当代文化而是所有的文化。这样一来,在独立、自由、进取精神、机遇、民主等构成美国意识形态的核心要素面前,美国社会刚出现的那些变化显得竟然是那么格格不入。这场对峙的实质,正是利用美国这一理念,或者说美国理想,来批判一个真实的美国的现实状态。

柏柯维奇的高明,在于提出了另一个可能的情形,柏柯维奇说:"我们的重要作家完全算不上是颠覆性的,或者可以这么说,在再现方式上他们是激进的,这种再现方式进一步肯定了这个文化,而不是对它进行侵蚀。"在经典的认同问题上,优势文化进一步展现了它的优势:要表达抗议、异见、对立都是可以的,但只能在美国理想,或者说美国理念,这一个限定的框架中进行表达。里根总统之所以也会在自己充满必胜信念的演讲中引述爱默生、梭罗、惠特曼、霍桑和麦尔维尔这一类作家,原因也正在于此。[①]

从本质上来看,在美国经典文学与它的批评对象——即美国社会和意识形态——之间确实是存在一种共谋关系。所以,不论你是赞美美国,说它代表的是世界上最美好的愿望,还是指责它,说它代表的是人类最残

---

① Tony Tanner, "American canon," *Boundary 2* 37.2(2010):pp.81—82.

酷的罪行，你都会落入一个俗套的表达程式当中。结果就成了这样：对于世界众多政治制度中的美国这个国家，你的表达既是对它进行的普遍化，也是对它进行的归化。难怪柏柯维奇会说，他反对那种"总是要评估美国文学中的颠覆性元素"的做法。①

新版《剑桥美国文学史》的一项重要任务，恰恰就是要审视经典美国文学中哪些作品表现出了应有的颠覆性的立场。但柏柯维奇却声明，他讲过的那些话绝对不是要贬低"文本本身的'审美情趣'"。他还进一步强调说："就批评家而论，那些话甚至并不要求人们对这个文化采取敌视的态度。"退一步讲，就算那些杰出的作家们没能发现主流意识形态是在美化现实或者掩盖现实，但那也没有关系。毕竟，他们的作品思想深邃，悲天悯人，同时又催人奋进。跟古往今来任何一个文化中那些追求解放、催人奋进的思想相比，这些作品传达的信念和希望也毫不逊色。基于这一点，作家们在作品中表达的，正是社会连续发展进程中至关重要的革命精神。而正是因为这一革命精神，我们才会在"美国"一词中看到现代时期一个光彩夺目的文化象征。柏柯维奇的话说得四平八稳，所以在坦纳看来，这番话传达出来的态度着实令人费解，出人意料：柏柯维奇竟会迫于压力，以这种方式主动妥协，弃械投降了。②

坦纳的不解清楚地表明，在文学经典的社会功用与文化价值这个问题上，他与柏柯维奇之间的分歧的的确确是存在的。不过，文学与社会之间原本就存在着错综复杂、千丝万缕的联系。坦纳的立场不可谓不可取，但柏柯维奇的态度也不可谓没有道理。客观地讲，历史时代的复杂性就决定了一点：没有哪个伟大的作家能够纯粹地待在某个生活侧面的空间里而不进入到更加波澜壮阔的社会现实中。因而他感受到的也绝不会仅仅是革命、颠覆、成就、进步。所以，美国文学的经典之作当然也不应当是单一维度的创作。事实上它们也已经在一定程度上证明了，善与恶、好与坏、进步与落后、革命与反动、功绩与暴乱之间的矛盾，是文化在对抗中发展不可或缺的侧面，而这当然也是美国的文艺复兴之所以能出现的重要原因。柏柯维奇认为，经典作家就是置身于由这样的矛盾交织而成的文化当中，从总体上来看，他们与文化之间存在着客观的同谋关系，只不过作家的使命是要惩恶扬善。隐藏在《汤姆叔叔的小屋》(*Uncle Tom's Cabin*)的巨

---

① Tony Tanner, "American canon," *Boundary 2* 37.2(2010): p.82.
② Ibid, p.83.

大成功和战争的不可避免背后的不是别的,正是一些相互作用、相互影响的相同的因素。①

柏柯维奇这话说得原本是有一定道理的。没谁能够选择自己的出身,也没有谁能够选择置身于什么样的社会文化——这些个话都没有错。坦纳之所以批评柏柯维奇,并不是在于他道出了这样一个基本事实,而是在于他错误地认为客观存在的就是不可抗拒的,就是应该接受的。正是这种四平八稳、妥协中庸的心态让批评的武器丧失了它应有的锋芒。所以坦纳才会说,柏柯维奇这个姿态是危险的。当然在批评的意义上,这个不痛不痒的态度也是有害的,因为他采取的实质上就是一种绥靖政策。②

有必要说明,新版《剑桥美国文学史》在编写的指导思想上具有明显的后现代理论的色彩,它并不恪守一致的观点,也不遵循线性发展的传统写作模式。相反,它努力拓宽文学史的疆界,尊重各种差异性。它承认美国文学的多样性与复杂性,及不同的知识群体,呈现不同的文学史观,采取"多重声音描述的策略",努力做到让"角度的多样性与所利用的文学和历史材料的巨大丰富性相对应"。③ 正如文学家无法选择自己的时代一样,文学史家、批评家也难以从复杂的社会历史背景和知识背景中抽身出来,进入一个纯粹的、恒久不变的审美空间。所以,一定程度上,柏柯维奇的《剑桥美国文学史》跟编写于各个时期的众多的美国文学史一样,带着它独特的时代性的胎记和烙印。在构建美国文学传统、确立经典作家的同时,它也在努力展现美国文学、文学理论的多元化格局。

坦纳显然更看重一部文学经典、一部文学史的反叛性的作用。在这篇文章接近结尾处,坦纳对这一关切表露无遗。但至于说该怎样界定反叛性,坦纳也没能给出一个具体的操作性强的答案。他更倾向于把反叛性笼统地界定为在强化或者反抗某个意识形态、某个程式或标准上作用:

> 如何衡量一个作家或者艺术作品的"反叛性"?[……]真能对反叛性的程度进行分级吗?在某个民主政治中,要是文学创作追求一些具体的审美标准,而不是直截了当地彰显其工具主义、功利主义、实用主义、宣传鼓动、推波助澜的意图,难道这样的创作本身不也构

---

① Tony Tanner, "American canon," *Boundary 2* 37.2(2010):p.83.
② Ibid,p.84.
③ 转引自张冲(主撰):《新编美国文学史》(第一卷),上海:上海外语教育出版社,2000年,第viii页。

成了一个反叛性的姿态吗？恐怕，这些都是没有答案的问题。①

自然，坦纳少不了要对当时风行于美国的意识形态的批评方法说上一二。新一代批评家和美国文学史家关心的"意识形态"其实是一个笼统的提法，他们既可能沿循马克思的路线，也可能秉承韦伯和曼海姆的思想。坦纳将前者称作"消极的"意识形态，而将后者称作"积极的"意识形态。而在对待作家与意识形态间的关系这个问题上，他认为大多数的批评家和文学史家都采取了路易·阿尔都塞的立场观点。在论述艺术与意识形态的关系时，阿尔都塞强调意识形态的决定性作用，认为艺术是无法逃避、无法超越意识形态的，而艺术"让我们了解的，正是意识形态，艺术脱胎于意识形态，浸洽于意识形态之中，它将自己从意识形态中脱离出来成为艺术，并间接指向意识形态"。但阿尔都塞式的意识形态批评似乎多走了一步，于是，坦纳忍不住要说那个提法并不太妥："也许我们应该把那段话修饰一下，说要是我们观察、阅读足够专心的话，那么它［艺术］就能让我们对意识形态有所了解。"②

没有答案的问题往往也是最让人感到纠结、难以释怀的问题。这篇文章不同寻常的结尾方式很能说明这一点。结论的第一部分，坦纳意犹未尽，长长的一大段继续阐明他对"反叛性"的认识。世易时移，麦尔维尔的豪言壮语、马克·吐温的悲观主义已经无法引起原来的那些共鸣。"反叛性"的衰减，也许意味着达成了某种"消极的共谋"。不过，当坦纳再一次审视麦尔维尔的时候，不管怎样，他还是发现有四部作品（《贝尼托·塞莱诺》〈Benito Gerene〉、《文书巴特尔比》〈Bartleby the Scrivener〉、《单身汉的天堂和少女的地狱》〈The Paradise of Bachelors and the Tartanes of Maids〉、《比利·巴德》〈Billy Budd, Sailor〉）带有一种反抗和挑战的精神。从人物的婚姻状态、身份、职业、地位出发，坦纳详细梳理了麦尔维尔作品中处于矛盾对立两端的人物——那些掌握并操控话语（法律）同时也操控弱势群体命运的人物，以及被剥夺了话语权、权力与自由并饱受剥削和压迫的人物。不过，要注意的是，坦纳并不认为这些作品直截了当地批判了法律不公、社会不公的基本事实。相反，他认为作家麦尔维尔采取的是更为隐晦的策略："作为叙述者，他暗指法律文件不完善、不公平，并

---

① Tony Tanner, "American canon," Boundary 2 37.2(2010):p.84.
② Ibid.

且暗示怎样在正史中删除或者'自然地删减'那些会让冠冕堂皇的公平正义显得不光彩、显得虚伪的事件。"① 无法苛求以写作谋生的麦尔维尔。无法苛求他为一个有缺陷的制度提出别的更好的选项。麦尔维尔的不凡之处在于,他把对立的观点含蓄地呈现出来,让我们清楚地看到反抗的声音是如何受到压制,变得无声无息的。而正是因为这艰难而勇敢的"暗示",才让坦纳把麦尔维尔尊奉为唯一一个敢向美国说一声"但是"的美国作家。

话已至此,确立经典的标准似乎已是十分明朗。不过,结论第二段的寥寥数语偏偏又一次道出了坦纳对于标准问题难以决绝的矛盾心态。他担心,审美的维度,特别是文学作品之为文学作品应有的魅力和美,会因为新版《剑桥美国文学史》的编写方式而显得无关紧要,并因此受到忽视。话不多,似乎是画蛇添足,但总归是必要的。坦纳也就此打住,正像他自己所意识到的那样,这个话头点出的是另一个普遍原则,牵扯出的是另一个问题。

表面上看,坦纳这篇文章迟发了近二十年,多少显得与我们的时代和学术风尚显得多少有点脱节,有些不合时宜。关于这一点,我们可以在文章配发的一段短短的编者按中找到答案。编者按的作者林赛·沃特斯曾在明尼苏达州立大学出版社任职,此后一直有心出版一部新编美国文学史,于是做了不少准备。为了计划中的美国文学史,沃特斯曾数度去剑桥拜访坦纳。坦纳的这篇文章正是沃特斯从自己搜集的资料堆中发现的。沃特斯记得坦纳将文章交到自己手上的时间是 20 世纪 90 年代初期。掐指算来,这篇文章藏身于资料堆中已有约二十年的光景,跨越了两个世纪首尾两端。退回到 20 世纪 90 年代,这篇文章可以说是正逢其时,应为当时的学术界正在热议的一个话题就是美国文学的正典化。何谓经典? 典律化是否有规律可循? 这些话题在当时发表的不少文章都有提及。

不过,《疆界 2》能够发表这样一篇令人挂怀的文章,主要的原因还在于作者托尼·坦纳独特的身份和他所提出的问题的现实性。作为英国剑桥大学的教授,坦纳对于美国文学有知遇之恩。1960 年,在剑桥大学国王学院攻读博士学位的坦纳就把自己的博士学位论文的选题定为美国超验主义作家的研究。要知道,20 世纪 60 年代,英国的大学并不专门开设"美国文学"这一课程,所以这个选题在当时可以说具有相当大的风险。1965 年坦纳以专著的形式出版了这篇论文。这部题为《见证奇迹》

---

① Tony Tanner, "American canon," Boundary 2 37.2(2010):p.87.

(Reign of Wonder)的专著引起了积极的学术反响,他也因此得到了剑桥大学英语系的教职。以此为契机,坦纳开始不遗余力地在自己的教学和研究中宣讲美国文学,并积极推动把美国文学纳入课程设置范围的工作。发表这篇迟到了近二十年的文章,《疆界2》不仅仅是向一位伟大的英国学者致敬,更是看到了这篇文章在历经近二十年的光景后对于我们今天研究美国正典,或者再笼统一点讲,探索文学正典化的基本规律,仍然具有重大的价值和现实意义。五十年、一百年以后,坦纳这篇文章又当如何呢?

参考文献:

Tanner, Tony. "American canon," *Boundary 2* 37.2 (2010): pp. 71–87.
张冲(主撰):《新编美国文学史》,上海:上海外语教育出版社,2000年。

"家庭生活"的另一种解读

——《超越感伤的家庭生活：伊迪丝·华顿，装潢，离婚》一文述评①

四川外国语大学英语学院　杨跃华

【摘要】　文章作者苏珊·弗雷曼(Susan Freiman)首先质疑了美国文化批评学者对与"私人空间"相关的"家庭生活""感伤主义"习以为常的理解以及模糊不清地使用"家庭生活"和"感伤主义"两个术语。她指出，学者们在使用两词时经常混用，很少进行区别，使得这两个词蒙上的消极色彩相互影响。苏珊·弗雷曼通过清洁革命，婚外家庭生活，静物内饰以及法国风格的闺房四个方面对伊迪丝·华顿《住宅装潢》一书进行了分析和阐释。弗雷曼明确地指出，"家庭生活"中的"私人空间"可以表达另一种意识形态，即它是女性隐居和享有宁静并能成就自我的地方。

【关键词】　伊迪丝·华顿；《住宅装潢》；家庭生活；感伤主义；私人空间

2011年第三期的《美国文学》(*American Literature*)杂志首篇刊登了苏珊·弗雷曼的《超越感伤的家庭生活：伊迪丝·华顿，装潢，离婚》(Domesticity beyond sentiment: Edith Wharton, decoration, and divorce)的文章。该文章通过对伊迪丝·华顿与奥格登·科德曼合著的《住宅装潢》(*The Decoration of Houses*)的解读，苏珊·弗雷曼质疑了被美国文化批评学者习以为常的两个术语："家庭生活"和"感伤主义"。对于美国文化学者来说，"私人空间"意味着"政治色彩，与国家和商业利益有着千丝万缕的联系"，而支撑这个概念的是"三个饱含意识形态并具有同延性的术语：家庭生

---

① Susan Fraiman, "Domesticity beyond sentiment: Edith Wharton, decoration, and divorce," *American Literature* 83.3(2011): pp.479—507.

活,感伤主义,女性气质"①。弗雷曼撰文的目的是要通过对华顿第一部出书《住宅装潢》的分析,挑战这些惯用的却有些含混不清的术语的内涵。

文章作者首先对美国文化批评学者关于"家庭生活""感伤主义"和"女性气质"进行了梳理:

> 学术界从1977年开始引发对此的讨论涉及美国文本中的感伤主义,妇女小说和家庭领地。此讨论常围绕斯陀夫人的《汤姆叔叔的小屋》为原型进行。讨论的发起人安·道格拉斯(Ann Douglas)的观点是,"女性文化是平庸和消费主义文化"。持相反观点的简·汤姆金斯(Jane Tompkins)等则指出了流行批评范式的偏颇。20世纪80年代和90年代,学术界对此的意见大概分为"坚决拥护妇女文化"和"文化有多层政治含义"两派。到了80年代末,持文化有多层政治含义的一派势头盖过坚决拥护妇女文化的一派。例如,吉琳·布朗(Gillian Brown)就将家庭生活同美国式自我的个人主义概念联系在一起,而劳拉·维克斯勒(Laura Wexler)则谴责感伤作为一种"温柔的暴力"方式是对社会控制的粉饰。90年代末,罗拉·罗梅洛(Lora Romero)反对把家庭生活一词贴上要么进步、要么保守的标签,因为在不同的语境中,该词是有"政治效价"的混合物。凯丝·戴维森(Cathy Davidson)撰文提出,不要把"女性化"的家庭生活文化同"男性化"的市场进行过度二分化。总之,家庭生活与多愁善感二词承载着消极含义。进入21世纪,艾米·卡普兰(Amy Kaplan)、萝莉·梅里西(Lori Merish)等将"家庭生活"也分别打上"服务于帝国主义"和"情感消费主义"的标签。劳伦·勃兰特(Lauren Berlant)②则在自己的书里将"情感文化"说成"多半是老套的爱情"。

弗雷曼接下来表明自己对"家庭生活,感伤主义"术语使用的质疑。她指出,通过对伊迪丝·华顿关于家庭生活的构想可以看出,女性并非是无私的、情感的动物,她对他人的关怀也并非与其对家庭的全心全意密不可分。弗雷曼承认,讨论华顿的书对性别和家庭的感伤主义提出的挑战

---

① Susan Fraiman, "Domesticity beyond sentiment: Edith Wharton, decoration, and divorce," *American Literature* 83.3(2011):p.480.
② Ibid.,pp. 479—480.

不是什么新的观点。艾米·卡普兰就曾认为,华顿的作品非常清楚地表明她不同于以往甚至现在对于女性普遍看法。但卡普兰沿袭的还是感伤的、谦卑的女性特质的观点,认为作为一名小说家,华顿的自我意识发展道路还是一种通过写作使自己走出家庭私人空间从而获得社会中公开身份的方式。但弗雷曼的观点是,虽然伊迪丝·华顿的其他文学作品对性别和家庭传统观念早就进行过挑战,但在《住宅装潢》一书中,华顿在无视阶级和性别角色规范的前提下,通过对自己家庭私人空间的打造,建立了自己作为职业女性的身份①。她进一步指出,第一,华顿看似对房屋内部装修的"偏爱"实质是她对自我的定义,一个超越传统已婚妇女的定义;第二,个人空间对于华顿缜密的室内设计理论至关重要。

苏珊·弗雷曼对《住宅装潢》的分析基于两个前提:一方面,华顿的小说是有关婚姻障碍的;另一方面,那些看似散发着传统家庭生活细腻情感,富有品味的家具绘图实际是典型的挑战性设计手册。弗雷曼认为,《住宅装潢》在体现"反感伤的家庭生活"②方面与所述的第二点有着更有共同之处。通过分析华顿《住宅装潢》一书的插图并对其做出阐释,弗雷曼希望该文能使学术界的"左派"学者们认识到"家庭生活"一词可以表达不同的意识形态。不仅如此,《住宅装潢》中的"反感伤的家庭生活"还能为读者提供一种更为复杂和灵活的方式对待家庭生活。

弗雷曼的详细论述分四个部分:第一、涉及伊迪丝·华顿小说的"清洁革命";第二,解读华顿住所"山峰"(the Mount)的"婚外家庭生活";第三,"山峰"的"静物内饰";第四,解读插图"法国风格的闺房"。以下笔者就这四个部分分别加以述评。

一、清洁革命

弗雷曼在此部分主要对伊迪丝·华顿的小说进行了概括性分析。她认为华顿的小说既表现了已婚妇女和有礼貌的攻击性人物形象,还有家庭生活中几乎不可救药的杂乱,关注的重点是女性在婚姻的浅滩中如何努力向前。但是,这些努力让读者感受到的还是人物的既可怜又可叹,以及他们的自我妥协。华顿最早的作品《住宅装潢》一书则预示着她后来的

---

① Susan Fraiman, "Domesticity beyond sentiment: Edith Wharton, decoration, and divorce," *American Literature* 83.3(2011):p.481.
② Ibid., p.482.

离婚小说对婚姻风俗隐晦的反驳。

少年时期的华顿似乎就已经意识到,故事需要一定的杂乱才能推动其发展。从小说家的角度看,杂乱无序的家庭生活是动态的表现,即有"可叙述性"。正如 D. A. 米勒所说,只有整洁的房间和人物关系,故事就没有可发展的空间①。简·奥斯丁的每一部作品也是如此。故事里都有一些家庭内部的争吵或者分离。奥斯丁把握故事结尾的诀窍是,在家庭小说中如何以婚姻的方式恢复秩序,即婚姻是最终的救命稻草。就像其他喜剧形式一样,从叙述的角度讲,婚礼已经成为一项行之有效的"打扫房间"办法:在大门关闭之前,将所有人和东西都归之其位,渲染出一个幸福家庭的诞生。

即使是奥斯丁,意味着整洁、干净的婚姻在华顿的小说里也被冠以反讽。19 世纪下叶,经过几十年的努力,妇女能够接受高等教育的机会多了起来。这项横跨大西洋两岸的妇女运动呼吁女性的自立自足,并在离婚和财产方面享有更多的权利。华顿所处的 19 世纪 80 年代正是这样一个时期。这个时期提倡"阳刚之气"的新女性和"阴柔之气"的男性,促发了传统婚姻中主导性别角色的危机。1880—1900 年间,美国的离婚率翻了一番,1920 年又翻了一番②。在此世纪之交的故事和剧目里,已婚夫妇并没有得到期望的稳定与秩序,而是令人失望的相反结局。华顿可能会加入亨利·詹姆斯,威廉·D. 豪威尔斯,托马斯·哈代等作家的队伍。在他们的小说中,女性往往是婚姻问题的引发者,而不是促使问题得以解决的角色。

华顿最受称赞的小说《欢乐之家》(*The House of Mirth*)和《纯真年代》(*The Age of Innocence*)充满着失败婚姻的故事。在《乡土风俗》(*The Custom of the Country*)一书中,离婚的复杂延伸成为小说的中心。此小说同豪威尔斯的《现代婚姻》(*A Modern Instance*)同被封为美国离婚教科书。在《看月亮》(*The Glimpse of the Moon*)和《母亲的赔偿》(*The Mother's Recompense*)中,小说又再次回到失败婚姻的主题。这些小说明显表露出作者对婚姻的担心以及对婚姻愤世嫉俗的看法。而这不仅仅是那个时代的情感,也是华顿自身痛苦婚姻的状况。在华顿的回忆录《回目》(*A Backward Glance*)以及传记作家们所提供的细节表明,伊迪丝·

---

① Susan Fraiman, "Domesticity beyond sentiment: Edith Wharton, decoration, and divorce," *American Literature* 83.3(2011):p. 482.

② Ibid. ,p. 504, Note 8.

华顿和特迪·华顿的婚姻从一开始就是一个灾难。这个极不般配的婚姻从1902年特迪·华顿患精神病时就更加恶化。华顿的好友亨利·詹姆斯简直不敢相信这种结合,认为"简直不可思议"①。尽管如此,华顿在这个难以置信(又没有孩子)的婚姻中却坚守了30年。一直到1913年,华顿才在一巴黎法院离婚。弗雷曼指出,早在与其丈夫合法分居前,华顿就在精神上和现实中已经开始在婚姻的体制内构建自己远离婚姻的生活了。

巧合的是,虽然《乡土风俗》是在华顿离婚数月后出版的,但对婚姻不稳定性的尖锐看法早在《特莱梅夫人》(*Madem de Treymes*)、《暗礁》(*The Reef*)以及《欢乐之家》中就已经埋下了伏笔。这些作品确立了华顿的职业身份和声誉。而这些成就也是华顿通过超越自己作为特迪的妻子并在和其紧张的关系中获得的。

除了小说,1897年华顿与奥格登·科德曼合著的《住宅装潢》也一直备受读者的喜爱且被当作家装的标准书籍。这是华顿出版的第一部书。其成就不在于它的文学价值而在于它被视为经典的家装指南。《住宅装潢》一书中高雅、整洁的房间图片,关于闺房的评价,小摆设的建议以及对家的崇敬,却与华顿小说里的混乱婚姻大相径庭。该书中那些母性的教养让我们印象深刻,窗明几净的客厅就是一例。但对弗雷曼而言,书中那些得意的家庭生活之作不仅反映出华顿对家装的喜爱,也预示着她后来的离婚小说对婚姻风俗的隐晦反驳。

弗雷曼认为,华顿的《住宅装潢》一书与她更为广泛的离婚大全进行的对话建构了真正的新英格兰式抗争。她对建筑的热爱实际上是对她自己压抑婚姻的矫正。这里有三点可以说明。第一,该书的出版和按其意愿修建名为"山峰"的住宅,对于华顿婚姻以外的职业自我的形成起到了关键作用。这个自我的权威建立在她的两个身份之上:杰出的作家和富有才华的家装及园林建筑专家。第二,"山峰"的布局在证明华顿具有专业水平的同时还体现了与其用途相应的特别设计,即"山峰"的建筑理念就是非常重视"私密性"。与那时时兴的开放式相反,华顿非常在意房间的私密性,包括专为女主人隔离的套间。"山峰"的突出特点是有一处隔离的套房专供华顿不受干扰地进行写作。第三,《住宅装潢》一书对内部

---

① Susan Fraiman, "Domesticity beyond sentiment: Edith Wharton, decoration, and divorce," *American Literature* 83.3(2011):pp.504—505, Note 10.

过于有序的设计不能简单地看成是华顿对其母亲传统标准的敬仰,而应该理解为是她的抗争方式。该书中那些整洁而没有人物的插图也可以解读为华顿对传统家庭中经历过的无序的批评与纠正。

弗雷曼在华顿的作品里还发现了矛盾因素的存在:小说中的混乱和房间的整洁有序。华顿在讲述婚姻生活的无序时,好像作为一种补偿,又给予另一种有序的视觉印象,如那些客厅、餐厅、舞厅和卧室。它们既入时有序又唯美。形式和感情上看似矛盾的处理,在意识形态上却是延续的。在接下来的论述中,通过《住宅装潢》中使用的插图和体现华顿建筑专业水平的设计,弗雷曼试图说明,隐含在家装设计中的反抗同更显公开反叛的小说一样,华顿都在反对传统婚姻和家庭生活的规范。

二、婚外家庭生活

"婚外家庭生活"这个标题将呈现的内容可能会让读者有些出乎预料。作者弗雷曼想说明的是,华顿对自己住所的设计理念和实现既保存了婚姻家庭生活的形式,又在其隐秘的私人空间里成就着自我。

19世纪90年代目睹了维多利亚时期的审美和家庭价值的逐渐衰落。在室内装潢方面推崇清新、简约的风格。1893年在芝加哥举行的世界哥伦比亚展览会以新的技术和光鲜的新古典主义建筑,为充斥着社会问题的美国城市带来一丝生机。与此同时,女性主义者们也在努力通过室内空间的重新设计讨论"妇女问题"。在这个"进步的时代",大家相信空间的重新创造可能对社会关系起到改革的效果[1]。华顿诉诸于建筑的策划是对其死寂婚姻的回应。

如前所述,华顿对自己的住所十分重视,对其设计和装潢投入了巨大的精力。亨利·詹姆斯说,"几乎人人都知道我们的伊迪丝一直在为自己打造一个住所。"[2]华顿的这项行动并非偶尔为之。少时在欧洲印在脑海里的"住所、房间照片式的记忆"[3],加之对她特别对待的导师的培养和大量自学使华顿具备了"几乎建筑学的专业水平"[4]。华顿几乎从结婚一开始就把注意力放在了自己的住所和写作上面,以此缓解对婚姻的失望和

---

[1] Susan Fraiman, "Domesticity beyond sentiment: Edith Wharton, decoration, and divorce," *American Literature* 83.3(2011):pp.485—486.

[2] Ibid.,p.486.

[3] Ibid.

[4] Ibid.

自身慢性病的折磨。华顿婚后的生活是不幸福的。传记作家们一致认为她与丈夫在智力、社会地位和性方面都不般配。1902年他们搬到罗德岛的纽波特。在这里特迪找到了自己的玩耍地,而伊迪丝则变得形同枯槁。传记作家莎丽·本斯托克写道,华顿刚结婚就开始认真学习建筑史,家具设计和家装①。理查德·G.威尔森更是明确地指出,华顿不幸的婚姻正是她全心全意投入其住宅设计的直接原因②。

到1890年,华顿已完成了基础美学教育。可以肯定,华顿一直在逃避不满的婚姻,而建筑学和装潢学实实在在地成为了替代物。这些都成为华顿《住宅装潢》一书的基础。威尔森认为"山峰"(the Mount)最终是伊迪丝自己的独创,是华顿环境理念的全部实现。华顿自己也十分欣喜地说,"山峰"是"我真正的家"。在其回忆录里她写道,"只有在'山峰'的家中,我才真正感到幸福"。这说明华顿一直在通过住宅的设计和家装来医治自己的心理疾病,而"山峰"的建造和进住的确彻底治愈了她的疾病。自从1902年搬进"山峰",华顿就结束了困扰她的慢性恶心和疲乏症。她在那年的六月给朋友写道,"我喜欢新的设计,特别是按伯克利的最佳风格修改过的设计和装饰。"③

与华顿逐渐好起来相反,特迪却陷入了精神疾病和婚姻的种种问题之中。这给他们本来就存在问题的婚姻雪上加霜,最终导致离婚的结局。在这种情形下,华顿对她在"山峰"生活的描述却是快乐和多产的:"在那里的十多年,我生活、做园艺、安心地写作,从此结束了以前的日子,即结束了因丈夫毫无起色的身体状况使得家变得十分沉重的日子。"而在新家"山峰",华顿感受到了"摆脱生活中必须的琐事,可以尽心投入写作"的生活。她还说,"乡间的寂静激发了我创作的激情。"④"山峰"新家的生活使华顿养成一种每天有规律的写作习惯,这使得她能够完成系列文章的发表,而且迅速完成了《欢乐之家》的润色工作。华顿表示,这本畅销书的写作过程使她"从一个漂浮不定的业余写手变成了职业作家"⑤。

那么华顿又是如何在十年的离婚挣扎中留着自己的美感和自由感的

---

① Susan Fraiman, "Domesticity beyond sentiment: Edith Wharton, decoration, and divorce," *American Literature* 83.3(2011):p.486.
② Ibid.
③ Ibid., p.487.
④ Ibid.
⑤ Ibid.

呢？莎莉·本斯托克把华顿整体的恢复很大程度上归功于"山峰"所处的气候条件以及有了自己的地和山林后的喜悦心情。苏珊·弗雷曼完全赞成本斯托克的观点并进一步指出，"山峰""策略性"的设计使华顿在有名无实的婚姻生活中能够有效地做到了婚姻生活以外的实事。换句话说，华顿没有采取完全抵制家庭生活的束缚，而是相当成功地把家庭生活的空间配置成个人的"避难所"并实现了自己的目标。也就是说，在传统的家庭私密空间里华顿又建造了第二个私密空间。在这个私密空间里，亨利·詹姆斯是她的常客。他称赞道，"山峰"的特点是"在它中有足够的它，有足够的隐匿与神圣"。① 也就是说，这处住所的隐秘空间使华顿得以进行自己的创作。弗雷曼评价道："在婚姻的城堡中也可以有自我隐秘的圣殿，它通向了华顿的自治与其专业性。而这种自治与专业性可以衡量性别的可塑性与即兴性。"②

弗雷曼以北翼二楼的设计为例，详尽地佐证了"山峰"的设计对私密性的重视。华顿在设计"山峰"的时候将北翼二楼的房间与其他地方隔离开来。这个二楼紧挨着特迪住的地方但不相通。她的房间不能从楼下公共地带的楼梯到达。每天早上，华顿独在二楼尽头的闺房里进行写作。她的闺房犹如一个防守严密的堡垒。"山峰"的设计既可保护华顿在写作时不受任何的干扰，又可以在家里接待客人和来访者。实际上，除了亨利·詹姆斯，好友瓦尔特·贝利、贝·洛奇，华顿还在其住所经常接待许多文学圈里的造访者。虽然在形式上远离社交场所，但华顿在自己家里招待圈子里的同仁并从这些客人那里弥补了婚姻中缺少的精神相伴。威尔森等学者强调，"华顿住所既有优雅的公共空间，又保证了她精神上的隐居。随着华顿作为一名作家的声誉越来越高，她也成为公众视野中的人物。而只有在'山峰'的住所里，她才能够在一定程度上避开媒体的干扰。因为媒体更感兴趣的是她的婚姻和后来的离婚"。③

华顿的"山峰"不仅保护了她家庭生活的隐私，而且保护了她本人的隐私（远离她的丈夫）。华顿的策略则是向内回归，在提升了的私人空间里找到避所。归隐"山峰"这个看似"过度女性化"的选择，实际上是实现

---

① Susan Fraiman, "Domesticity beyond sentiment: Edith Wharton, decoration, and divorce," *American Literature* 83.3(2011): p.488.

② Ibid.

③ Ibid.

角色的转换:伊迪丝·华顿和其丈夫在事业上的发展和收入上的巨大悬殊在沃尔夫看来就是"丈夫和妻子"角色的转换①。

弗雷曼认为,华顿在历史、技术和审美方面具备的广泛专业知识是对传统男女二分法的挑战。《住宅装潢》这本房屋内部装修的书籍没有只限于房屋的内饰,最后的点缀以及充满情感的饰物摆设,而是出乎预料地关注了诸如门窗、壁橱、楼梯等大型建筑框架的结构,提醒在家装时不要采用过于清淡的墙纸,沉重的帷帐,过多的家具饰物,以及过于注意细节和无用的填充饰物。该书关于房屋内装潢的概要表明,内部装潢也是一项男性的智力活儿。这就更使得华顿作为其作者的雌雄难辨。不仅如此,原来住宅建筑中男外女内的分工也在此书中变得模糊起来。

三、静物内饰

苏珊·弗雷曼这一部分的笔墨相对于其他部分要少一些。她在此部分对《住宅装潢》一书文字叙述的精细与插图华丽但简约之间的对照进行了阐释:

> 《住宅装潢》一书有五十六幅半色调印版装饰画插图,其中两幅为照片。绝大多数画为意大利文艺复兴时期的官廷家具和房间画,以及后来受其影响的意大利、法国、英国的设计图。该部分选用了插图一、插图二、插图三作为文章该部分的配图,展示了华顿家装的气势与审美。在《住宅装潢》中的场景更为古朴,并除去了人物和情感的要素。房间的装修去除了杂乱的家庭琐碎之物,完全不同于在华顿小说中看到的杂乱无章的房间。在华顿的小说里,读者一方面读到杂乱的故事,另一方面又看到整洁的房间。但在《住宅装潢》,类似的布局也隐隐见于文字性的部分和插图部分的比较之中。文字叙述以简明设计史开篇,说明人们在建造的同时也被其改造。弗雷曼想表明的是,在华顿的叙述里延续了她情节、人物以及冲突的精细描述方式,而在配图时却又策略性地抹去了这些。《住宅装潢》一书的前言解释了为什么文中的"文字论述与相应的插图之间存在着差异"——华顿认为这种差异是为了表达插图本身华丽但形式简约的

---

① Susan Fraiman, "Domesticity beyond sentiment: Edith Wharton, decoration, and divorce," *American Literature* 83.3(2011):p.489.

需要。①

弗雷曼认为,读者对于书中的插图可以从旅游者的角度去欣赏。这是因为书中的插图能吸引我们不是因为要告诉我们家是什么样子,而是要让我们离开家去领略异国他乡的韵味。插图体现的贵族味儿也是要我们从凡夫俗子的生活中来一次不同的假日旅行。

《住宅装潢》中的五十六幅插图有二十多幅是房间、厅和楼梯的。除三幅是18世纪英国的房间图,其他均为18世纪或更早的欧洲大陆宫廷饰图:宫殿的墙、穹顶、门和壁炉台等。这些图的整体效果表现了一种理想的秩序和静寂的姿态。书中插图非常整洁的画面让读者插上了华顿想象的翅膀,暂时逃离现实中家庭生活中的凌乱与琐碎,也就是,家庭生活中情感的纷繁和事无巨细、没完没了的家庭事务。在华顿完美的房间里,没有食物、饮料留下的污渍,体味与易于挥发的情绪和不雅的行为。如果说华顿的财富使她不用承受家庭生活中的种种劳苦,而摆脱这些劳苦对我们这些常人则有着巨大的诱惑。除了两幅图,其他的图没有一个人物,甚至家佣在里面。其他静物图如博物馆里的展品一般,一尘不染,摆放有序,是纯粹柏拉图式的。

四、法国风格的闺房②

闺房一图是弗雷曼文章中的最后一张插图,占了整整一个页面。他对于这幅图做了最细腻又令人茅舍顿开的解读。

如前所述,《住宅装潢》一书中除两幅图外都没有人物的出现,读者触及不到一丝的个人或情感的痕迹。这些图给人以冷静、精致、美观大方的视觉感受。而有人物的一幅图表现的是男女在一间意大利风格的沙龙聚会的场面,像是18世纪的宫廷生活。华顿采用这幅画是为了对其内饰墙进行建筑处理:图中富有装饰性的柱子与通道上实实在在的柱子交相辉映。另一幅图则是一位女士独自在闺房里阅读的情景。这幅图十分特别,具有更深刻的意义。如果说横扫房间的其他挂图吸引了客人、家佣和家人的注意的话,此图则是一位文学女性在自己私密王国的最私密之处

---

① Susan Fraiman, "Domesticity beyond sentiment: Edith Wharton, decoration, and divorce," *American Literature* 83.3(2011):pp.491—492.
② 评述者对此部分的标题做了改动。原标题为"透过锁眼的两个景象"(Two views through the keyhole)。

要表达的自我天地。将这幅图理解为华顿的精心所为一点也不过分。该图的画面为,在面积狭小、高空间的闺房里,女主人坐在书桌前秉烛阅读。她优美的线条与座椅椅背的弧线、裙摆以及墙上的装饰地球仪相得益彰。女主人头顶上方墙上的地球仪好似"思想的泡泡",预示着从这个固定的处所可以企及无限的心灵远方。女主人的姿势是放松的,她的手臂支撑在桌上,手心托着脸颊,下手臂把观者的眼睛从她的稿子带往她光彩的面颊,突出表达了她的安详与投入。弗雷曼指出,这幅画与其法国原创图相去甚远,因为那幅图的说明是,图中的女主人是一位被爱人抛弃的悲伤女人。但读者看到的这幅画中的女人却是在自己房间里怡然满足的样子,在安全而非笼中的闺房里,女主人正享受着自己的私密。

  当然,女主人也并非独自一人,在她裙摆的倒影边有一只狗。它是性欲的象征,而它的头却朝着壁炉,背向着女主人。弗雷曼认为,如果我们进一步挖掘这幅画,不禁要问:为什么华顿要将这只狗安排在现在的这个位置呢?虽然不能肯定地说华顿逃避传统婚姻的"避难所"就是她偏离正常性的空间以及职业上不分雌雄的表达,但婚姻中自我放逐的华顿是否在自己私密的闺房里仍然存在强烈的欲望呢?1909年夏天,华顿与莫顿·弗勒顿有过一夜情(当时特迪也与一名演员有染)。弗雷曼赞成威尔森关于华顿婚外倾向的观点:"在与特迪长期无性的婚姻中,建筑和家装不仅起到了转移华顿注意力的作用,而且成为性的化身。"[1]弗雷曼还认为,《住宅装潢》一书和"山峰"实际上在华顿正式离婚前就已经给予华顿事实上的离婚。同样,我们也可以更乐观地说,华顿与特迪的疏离与她专心致志投入家装碰巧发生在了一起。华顿在家装中采用等高线轮廓,优美的对称设计,精心的独立分区都无不显示出她在专业方面的才华。1912年华顿卖掉了"山峰",四个月后正式离婚。离婚后,华顿移居法国并在那里又为自己打造了两处十分特别的住所。1914年她投身于第一次世界大战的救援工作,在接下来的五年中为欧洲战场中的上千难民提供了避难所。在此期间,华顿没日没夜地为难民、孤儿勤奋地工作。她还将亨利·詹姆斯、让·科克托、萨拉·贝恩哈特、W.B.叶芝、约瑟夫·康纳德等名人的作品收录成册,并于1916年由斯克莱布诺出版。该册书与《住宅装潢》都是富有深刻意义的书籍。

---

[1] Susan Fraiman, "Domesticity beyond sentiment: Edith Wharton, decoration, and divorce," *American Literature* 83.3(2011):p.501.

弗雷曼在文章的结尾指出,"家庭生活"是一个被深深赋予了"女性化"的词汇,但这个词并不一定就只拥有传统"家庭价值",或保守的阶级、种族、自我以及民族的内涵。华顿式投身家庭的方式完全有别于感伤的性别、婚姻以及家庭观。虽然华顿小说里充满对婚姻问题的批驳,但在《住宅装潢》一书中却以另一种方式处理婚姻中的问题。该书没有提及婚姻的冲突或提倡拒绝家庭生活,反将"家"变成了女性隐居和享有宁静的地方。借助于经典的房间设计,华顿视"家"的目的为约束和平复情感的栖息地。当然,这种方式的确是一种在财富支持下的个人策略。华顿在第一次世界大战期间所从事的难民救济工作也表明她清楚地知道,安全和稳定的居家生活也是人类普遍的需要。华顿从个人隐居转向难民救济工作的行动说明"家"的概念远远超出大理石地板和好看得体的建筑装饰比例。

《超越感伤的家庭生活:伊迪丝·华顿,装潢,离婚》一文是苏珊·弗雷曼对女性作家非小说作品一种另辟蹊径的解读。她拓展了我们对于女性作家及其作品理解的维度:女性作家在确立自我身份、展示其能力和才华时不要仅仅盯着社会生活的公共地带,家庭生活的私人化同样可以成就自我。而这似乎更有意义。虽然,苏珊·弗雷曼承认华顿强大的经济能力对她赋予"家庭生活"和"感伤主义"更丰富的内涵起着十分重要的作用,也赞扬华顿身体力行为特殊时期的受难民众所做的贡献,但弗雷曼似乎并未明确指出华顿的策略与成功并不适用于绝大多数的女性。当然,伊迪丝·华顿的理念和相应的行动的确可以为特殊女性群体提供确立自我的另一种选择。

参考文献:

Fraiman, Susan. "Domesticity beyond sentiment: Edith Wharton, decoration, and divorce," *American Literature* 83.3(2011):pp.479—507.

辩证的后殖民怪异政治批判

——《帝国回祷：宗教、世俗和怪异评论》一文述评①

四川外国语大学英语学院　姜萌萌

【摘要】　同性恋恐惧和离散后殖民语境下的异性恋主义常常被阐释为缘起于西方种族主义，并形成了与女权主义、后殖民怪异政治学相关联的社会问题。尼基塔·达万(Nikita Dhawan)在《帝国回祷：宗教、世俗和怪异评论》一文中通过梳理从20世纪八、九十年代至"9·11"之后世俗主义与宗教之间的矛盾关系，详细剖析了与后殖民主义相关的怪异政治学论说。她聚焦朱迪斯·巴特勒的"常态暴力"观点以及后结构主义、后殖民主义学说中的重要论说，对那些不服从霸权常态的非常态主体的可生存性(不论世俗与宗教)提出质疑，探讨了后世俗拐点语境下怪异政治内的霸权同性恋主义，并进一步揭示了在努力超越世俗主义和宗教的划分中所形成的"再生产异性恋"的后殖民怪异论路线。由此，达万重释了欧洲启蒙运动与后殖民主义间的关系，探索它为后殖民怪异政治设下的挑战，以及在去殖民化规划中所扮演的角色。达万的研究不仅为当代的怪异性别身份问题提供了一个新的视角，并以更加辩证的方式推进了后殖民怪异政治学研究。

【关键词】　常态暴力；怪异政治学；后殖民主义；辩证

性别身份研究(Gender Identity Studies)是个较新的学术领域，涉及范围广泛，属跨学科研究，关注不同性别身份群体的话语权，重要领域包括男性身份研究、女性主义研究和同性恋文化研究。20世纪90年代后

---

① Nikita Dhawan, "The empire prays back: Religion, secularity, and queer critique," *Boundary 2* 40.1(2013): pp.191−222. (在本文中出现的对原文的引用将不再注明作者，只出现页码。)

随着"怪异理论"(Queer Theory)①的兴起,性别身份研究愈加升温并且与女权运动、后殖民主义、全球化、跨国主义等文化现象相关联,成为了西方学术界文化批评和政治批评的热点,并发展成一门新兴的跨学科研究——怪异政治学。

尼基塔·达万②现任德国法兰克福歌德大学"规范性秩序的形成"卓越群体中的性别身份和后殖民研究教授。她主要运用朱迪斯·巴特勒等的"怪异理论"来研究政治哲学、女权主义后殖民理论与怪异离散侨民。她近期发表的论文有:《不可能的发言:论无声与暴力的政治》(Impossible speech: On the politics of silence and violence),《后殖民理论:一个批判导言》(Postcolonial theory: A critical introduction),并且担当了女权主义杂志"女性主义后殖民理论""性别与去殖民化"等问题的客座编辑。《帝国回祷:宗教,世俗和怪异评论》(The empire prays back: Religion, secularity, and queer critique)是达万的最新代表作,发表在美国杜克大学出版的学术期刊《疆界》(Boundary)2013年春季发行的第二期上。

在引言中,达万简述了近十年来怪异政治学的发展情况与面对的问题。她指出现在是怪异政治学最好也是最糟的时代,在过去的十年里,社会文化和法规的收获都是史无前例的,其中包括废除反鸡奸法和全球范围内对少数性群体人权的认可,与之伴随的对怪异种族主义和全球同性恋政治的帝国主义议程的严厉批评,以及利用性别和性倾向作为对宗教群体——尤其是穆斯林——实施暴力的辩词的做法所引发的针对女权主

---

① 怪异理论(Queer Theory)又称"酷儿理论",是20世纪90年代在西方流行起来的一种关于性与性别的理论。它起源于同性恋运动,但很快便超越了仅仅对同性恋的关注,成为为所有性少数人群"正名"的理论,进而成为一种质疑和颠覆性与性别的两分模式,是后现代主义在性学研究上的典型表现。怪异理论认为性别认同和性倾向不是"天然"的,而是通过社会和文化过程形成的。怪异理论使用解构主义、后结构主义、话语分析和性别研究等手段来分析和解构性别认同、权力形式和常规。米歇尔·福柯、朱迪斯·巴特勒、伊芙·科索夫斯基·赛菊寇和迈克尔·华纳等是怪异理论的重要理论家和先驱。

② 尼基塔·达万1972年出生在印度,获得了孟买大学"哲学与德国语言文学"和孟买SNDT女子大学妇女研究中心(RCWS)"性别身份研究"的双硕士学位。2006年,她在波鸿鲁尔大学获得哲学博士学位。2006—2007冬季学年,达万在卡尔·冯·奥西茨基奥尔登堡大学做客座教授并进行性别身份研究。此后,她在尤斯图斯·李比希大学的国际文化研究中心进行研究工作,并于2008年获邀前往美国纽约哥伦比亚大学做访问学者。自2009年起,达万担当了法兰克福歌德大学德国政治科学协会(DVPW)"政治与性别身份"工作组织的发言者,以及"妇女与性别身份研究"科妮莉亚·歌德中心董事会成员。

义未来和怪异解放政治的一些基本问题。但同时,达万也表达了对社会中同性恋恐惧和离散后殖民语境下的异性恋主义的担忧和不安,因为它们常常被阐释为缘起于西方种族主义,或是一种反动。她引用了柯贝纳·默瑟的文章《去殖民化和沮丧:解读法农的性政治》(Decolonisation and disappointment: Reading Fanon's sexual politics)里的一句评论:"性别问题已经成为去殖民化内部疆界的划分,自由化的乌托邦计划已经困扰于此"(Mercer, 1996: p.125),并由此指出当今的社会问题:"不论是从怪异种族主义,还是作为近期在怪异后殖民学界和激进主义阿基里斯脚跟的后殖民同性恐惧角度来看,主体在面对'常态暴力'('normative violence')时是脆弱的。"(p.192)在文中,达万梳理了从20世纪八、九十年代至"9·11"之后世俗主义与宗教之间的联系,并指出:"后殖民怪异论学界针对世俗主义与现代性,自由与和平之间画等号的叙事提供了强有力的批判,从而驱离了世俗主义对进步叙事的所有权,也提供了对世俗化论题的挑战。"(p.193)此外,世俗女权主义者与怪异理论界追求性别平等和性自由时也发现两者所存在的相同压迫,因为在几乎所有宗教的神圣语境里,反女性和反同性恋的两种意识形态都是基于"反肉欲、反自然、反性欲"的论调(Alcoff & John D. Caputo, 2011: p.2)。针对这些论争,达万力图查明在北半球对怪异种族主义和同性恋民族主义的单一聚焦如何忽略了在后殖民划分的两极那些本应冲突的异性恋民族主义的意识形态,实际上是彼此合作的。她认为:

> 在其他情况下对峙的帝国和非帝国话语,有时也分享常态目的。自由世俗国家使用世俗语言来与某些宗教联合,从而暴露其双重标准。同样,宗教领导人和理论统治者可以便利地使用自由世俗语言,通过私有化公民的性爱私密,同时将非常态性活动标注为"西方",从而使他们本应享有的平等与自由非法化,进而放弃他们的保护职责。因此,不论是宗教还是世俗层面,人们可以实施暴力却仍然觉得是站在常态的一边而感到无过。(p.195)

达万从而在文中提出她要解决的问题:

> 怪异论政治内部反帝国主义和反种族主义评论的必要性必须与后殖民语境内"再生产的异性恋"评论并行。两者缺一则会强化暴力的压迫机制。同时,我们面临着如何防范自我批评被用于剥夺后殖民—怪异—女权主义视角的挑战,以及如何在这种过于武断的推论

领域里追求性别和性倾向的公正,抵制成为自由世俗主义者或理论大家们的战利品。(195)

针对以上问题,全文分别从三个方面进行了论述:首先,在"常态暴力和生存"中讨论朱迪斯·巴特勒关于"常态暴力"的观点,质问那些不服从霸权常态的非常态主体的可生存性(不论世俗与宗教)。其次,在"宗教、世俗主义和同性常态性"中讨论怪异种族主义和帝国主义,并在后世俗拐点语境下对怪异政治内的霸权同性恋主义进行评论。最后,在"自我批评的后殖民艺术"中努力超越世俗主义和宗教的划分,规划出"再生产异性恋"(盖娅特丽·斯皮瓦克)的后殖民怪异论路线。

结语"启蒙运动的要挟"部分则探讨后殖民主义与欧洲启蒙运动间的矛盾关系,以及它为后殖民怪异政治设下的挑战。为此,达万致力于在一个后殖民世界里进行无情(卡尔·马克思)批判的任务,并提出一系列疑问并努力做出解答:如果像西方哲学传统所坚持的那样"启蒙即是批评",那么,后殖民主义与欧洲启蒙运动之间,与批评实践之间是什么关系?是不是仅批判西方种族主义和帝国主义的运作就足够了,还是同时也该驳斥在后殖民地里的异性恋主义暴力?如果像雅克·德里达评论的那样,批评不是一种负面的实践,而首先是爱的举动,涵括了人不能不要的批判,批评如何与生存相关联?达万聚焦于怪异政治学研究,并立足于当今社会的后殖民主义语境,揭示了怪异政治在不同社会文化中所面对的困境和危机,同时也进一步反证了"9·11"之后的世界格局与不平等发展趋势,倡议无论是在帝国霸权主义的西方,还是在被后殖民的东方,都应进行辩证的自我批判,从而使怪异政治学研究更加完善深入并推进全球社会的共同进步。

一、常态暴力和生存

达万指出在朱迪斯·巴特勒最近的作品中都致力于对"常态暴力"[①]的论证。"常态暴力"被定义为那些决定什么或谁是文化层面易于理解的特定规范的暴力,那些不易被承认是合法主体的,有"社会性死亡"的危险。常态暴力既能实施身体暴力,同时又能拭去暴力的痕迹。霸权规范

[①] "常态暴力"(Normative Violence),朱迪斯·巴特勒的论著《性别麻烦——女性主义与身份的颠覆》中运用了此词条,Judith Butler, *Gender Trouble: Feminism and the Subversion of Identity*, 10th edn. London: Routledge, 1999.

在侵犯规范的身体上施展暴力,而那些服从规范的则受益。因此,规范与那些在社会、宗教、经济和文化的范畴里生产的、合法化的动机和许可联系在一起。

但是,巴特勒关于"常态暴力"的观点没有将暴力的媒介归咎于犯错的种族主义者或是同性恋恐惧者,而是归咎于规范本身。规范施展暴力的能力是双重的:一方面,存在着与规范特定表现相关的偶发性和伴随性的暴力;另一方面,因为机制性的"制造世界"和"赋予真实的能力"(Mills,2007:p.140)而存在着规范内的暴力。巴特勒认为当今社会最大的挑战之一在于使常态暴力显现出来。某些形式的暴力被认为是合法、允许的,因为那些处于接收端的暴力落在了霸权认可规范之外(Butler,UG:p.32)。同时,不服从直面霸权规范时的威胁,总是在提醒人们反抗规范就是在寻死(Butler,UG:p.34)。因为人们"依然生活在一个如果不顺从霸权规范就得被剥夺权利和遭受身体暴力的世界里"(Butler,UG:p.214)。

针对巴特勒的"常态暴力"阐释,达万一针见血地指出:

> 这种视角在两个重要的点上对制裁和规范的关系转换了问题的焦点。首先,只要权力不是作为禁止或压迫的东西被消极地理解,而是视之为生产性的,它就远离了将权力视为一个主体伤害另一主体的司法理解;它在令他者非法化的同时生产出某种常态主体。其次,这标志着远离主体作为理性存在,能做出选择服从哪一个规范的,有见地举动的自由理念的转换。巴特勒揭示出规范如何成为了政治的媒介场所,从而远离了一种唯意志论的抵制观。她的"常态暴力"观意在于说明一些生命如何变得不可能、不易辨识、无法实现、不真实、甚至不合法。常态暴力观没有暗示规范是不可协约的;相反,规范的可协约性暗示规范可能是暴力的,会是强制执行的。只要服从者有可能干预或改变,常态秩序都是正当的。然而,挑战霸权规范的能力要求以能与规范协商的能力为先决条件。因此,与霸权建构的批判交约,需要一场针对认可条款和常态判定内容的论战。(pp.197—198)

巴特勒认为:"批判现存规范的能力是与连贯不同种类的既存规范的能力相关联的。"(Butler,UG:p.3)但是,任何与规范的对抗都已经含纳在规范里了。因此,背离规范不是自动地需要颠覆。对顺承米歇尔·福柯的巴特勒来说,常态的变换发端自规范内部,规范本身就是既限制又促成的。由此,达万总结道:"政治对抗存在于稽越和重塑规范,停息于常态协商。"(p. 199)规范的不确定性为创新性政治媒介让路。即便主体出现于常态秩序之内并依赖之,他们并没有完全受之决定,所以"规范不会施展一种最终或致命的控制"(Butler, UG: p. 15)。规范既促成又阻碍主体的可辨识性和智性。通过对巴特勒"常态暴力"的分析,达万揭示出人类所面临的常态困境,即可与巴特勒一辩:"尽管我们需要规范来生活,活好,去寻求方向来改变我们的社会,我们也受规范约束,它们有时对我们施暴,出于社会正义,我们必须反抗。"(Butler, UG: p. 206)虽然社会规范是必要的,但由于它为权力阶层服务因而也存在局限性与不平等,且常常形成一种不为大众所能意识到的霸权规范。那么,针对这种常态暴力,我们更需要提高服从者的思想意识,逐渐达到能与霸权对话的平等地位,从而通过论争的方式揭示出规范的局限性,颠覆霸权话语。

在这一部分论述中,达万显然从辩证的角度来分析了权力、规范、暴力等一系列被运用于政治话语中的现象,并由此认为虽然"常态暴力"揭示了霸权者对规范接受者的约束与暴力行为,但是政治本身就体现为规范的超越、协商、重塑和新的常态秩序确立过程。因此,社会在需要规范性的同时也无法逃脱稳定阶段所存在的常态暴力,关键在于对于常态暴力的敏感性和具有与其协商的能力。只要是能够通过与霸权平等协商对话来达到新的社会平衡与稳定的政治规范模式,都是值得肯定的。达万关于"常态暴力与生存"的论证为当代后殖民怪异政治学的探讨做好了理论基础的铺垫。

二、宗教、世俗主义和同性常态性

达万认为巴特勒主要是在对异性恋常态性进行批判的语境下发展她的观点,并揭露出伴随着异性恋倾向霸权的"常态暴力"。但是,在近期的怪异论学界,作为对异性常态霸权的特别稽越,怪异性的自我理解越来越受到驳斥。有论调认为自由论点让怪异主体处于内在解放者的地位,至令对异性常态的稽越成为怪异论的理想目标。所有人,不论其文化、国别或其他附属性质,都被期待以同种方式去反抗普世的异性常态,从而怪异论媒介只作为对异性常态的抵抗力量为人所知。这忽视了怪异政治在其他霸权结构中的同谋性(Puar, 2007: pp. 22—23)。

这些洞见源于对所谓的同性常态性的批判,也就是说,是一种不对抗反而支持和维系主导异性常态性假定和机构的怪异政治形式。同性常态性已经将怪异者从与艾滋病打交道的死亡形象转变为具有再生产性的市民，他们与不断追逐权力、同性婚姻和家庭价值相联系，从而使他们融入到优化生命的生命政治中去(Puar, 2007: p. xii)。然而，由于个体性倾权力赢得了全球一致性，新自由议程已然去掉了怪异政治的锋芒，致使同性常态性霸权日益显现。由此，达万提出了一系列问题：特定于北半球的怪异政治，在宣称对抗性等级的同时，会不会再生产阶级和种族等级？民族主义和资本主义在怪异组织中扮演什么角色？法人化和新殖民主义之间有哪些会合之处？(p. 200)

针对这些因反抗"常态暴力"而形成的"同性常态性"所滋生出的后殖民问题，达万指出："地理政治学的同性恐惧症绘图将西方标注为世俗现代性的地域，而东方则永远是宗教、传统和独裁的国度。西方被编码为性启蒙和性容忍，而其他则被贬斥为怪异压迫之地。"(p. 200)因此，将当下关于怪异性倾向和再生产性异性恋常态性的辩论置于殖民主义背景的语境下是十分重要的，在这个过程中，异域和异族人提供了新的性经历的可能性，即便他们对欧陆想象来说可能既是令人兴奋的也是怪异畸形的。在殖民话语内部，"偏离的"性倾向是东方化的，受文化熏陶的，并且是种族化的，殖民地是作为"对欧陆想象来说的情色热带——欧洲将其禁止的性欲望和恐惧一并投射其上的一盏心灵的奇异魔力提灯"(McClintock, 1995: p. 22)——来运作的。性冒险和快感的许诺依赖于这样一种假设：非欧洲的即是不道德的、堕落的和放荡的。因此，将性差异东方化同样也有助于勾勒在大都会里的常态行为。

在过去的几十年里，性倾向在欧美主体性构建中所扮演的角色经历了剧变：女权主义者和怪异论者的坚决斗争，导致了法律和社会文化层面对非常态身体、欲望和实践的认可。这并不是说怪异者不再面临歧视或在劳动力市场中的经济劣势，也不是说个人的性取向是一种没有附带责任的自由选择，无关乎公民身份——这个后怪异世界尚未建立。显然，在短期内，怪异论题已然从病态和违法转变为欧美性启蒙和性容忍的标识。

达万发现，"欧美的怪异者解放运动一直伴随着种族主义和帝国主义运动"(p. 201)。关于同性恋避难者被迫向带有"怪异反公共策略"(Gandhi, 2002: p. 87)的更加性启蒙的西方文化寻求赦免的救赎叙事大量存在。欧美占主导地位的性倾向话语以一种不断发展的叙事出现，它始于私密的、"前政治的"同性行为，终于被解放了的、政治化的、现代同性恋主体性(Gopinath, 2002: p. 151)。自由逻辑宣称,性越是越界,就越解放。因此,"走出来"就成为了文化成熟和进步的标识,个人也成为全球男同性恋兄弟会和女同性恋姐妹会的一部分(Hawley, 2001: p. 7)。

按这种逻辑,达万认为:"怪异解放政治成为了将东方再殖民重构为一个性别落后、性压迫之地的诱因,与保证自由性选择的西方平等主义语境有强烈反差。"(p. 201)因此,就像当年殖民统治者们宣布,被殖民者由于其对待女人的"野蛮"态度而不宜自主统治,在怪异时代的同性恋身份也成为西方现代性和东方落后性的标志。由于在"这些文化"中解放怪异者的"失败"也令欧美支配地位合法化(Gopinath, 2002: p. 151)。

与此同时,与欧洲殖民者谴责假想的东方世界的性放荡不同的是,现代西方对其断言的性自由压抑指责有加。因此,即使在欧洲殖民期南半球的许多地方,同性恋都是违法的。欧美还是表露出了历史性遗忘,因为与非西方的他者相比,它将自己构建成了性启蒙之地。将西方构建成一种常态权力的过程,留下了一系列的暴力和剥削系统,而这都是借现代性、进步、理智、解放、权利、公正与和平之名得以实现的。东方所能做的就是照着欧洲的样子去做,或是违其所愿在暴力下被迫"开化"和现代化。这就是臭名昭彰的帮助"落后"社会克服其"文明婴儿期"(Mehta, 1999: p. 59)的殖民主义学究计划。

达万发现这些新殖民主义议程仍然在运作并表现在:一方面,美国福音会传教士正在印度和乌干达这样的后殖民国家活跃于抵制同性恋的行动;另一方面,进入欧洲的移民必须接受移民测试和融合课程来获得公民权(p. 202)。她以荷兰和德国通过强制性公民测试(在当地被称为"穆斯林测试")来评测后殖民地移民的"性忍受力"的做法为例,认为如此一种话语抹去了怪异移民的存在,移民被当作同性恋权利的异性恋他者和性进步障碍而遭到质问。正如离散怪异学者们指出的那样,通过同性恋恐惧症的东方化和牺牲移民,德国同性恋为保全自己而融入国家。这是"一个少数派别牺牲另一个来延长生命,一个集团通过剥夺另一个集团来保障自己的权利"(Harithaworn & Jennifer Petzen, 2011: p. 121)。同性恋常态政治施展的影响超出了欧美的疆界,并宣称借助欧洲中心怪异政治获得跨国合法性,从而以此类动机和政策来全面地从欧美主要的

LGBTIQ①权力机构获得支持。

针对当今怪异政治的常态性,人类面临一个新的挑战:假定"宗教和种族主义团体比起主流怪异群体来说更为恐惧同性恋"(Puar,2007:p.15),那么当批判解放政治被用来骚扰和歧视少数派别时,会发生什么?怪异者被当作西方帝国主义计划设立的辩词而起作用,同时,那些怪异自由主体名流处于国家强制和国家暴力的非西方语境下,至令任何形式的后殖民怪异媒介无效化。怪异自由世俗性通过稽越宗教规范来实现(Puar,2007:p.15)。因此,将怪异性假定为一种与世俗化自我理解无法分化的东西抹去了同性社交性的宗教形式,也拭去了同性爱欲的以及怪异宗教身份。性倾向和宗教少数派别间的二律背反是通过将宗教中立化为一种屈从的、受压制的缺媒介的性倾向场所,从而得到巩固的。同性恋世俗性本身就是建构为解放性的,而少数宗教虔诚却被斥为落后。将怪异政治解读为仅限于驳斥异性常态,就抹杀了其与其他规范(如人种,阶级或性别)间的共谋(Puar,2007:p.15)。

事实上,巴特勒在批判西方世俗性的压迫性、散漫性的实践,批判将性自由工具化,目的在于向宗教少数派发动进攻(Butler,2008:p.3)。她质疑常态世俗化理论,认为它用民主和公正去填充世俗主义,令其可以再现性进步和宗教少数派别的任何交互关系,而不是使之再充斥利益冲突。巴特勒强调需要聚焦于对国家暴力及其强制机制的批判,以产生替代的政治框架(Butler,2008:p.6)。她解释说,她不支持把性自由作为一种规范放弃掉,而是提倡去抵制利用其强制性(Butler,2008:p.6)。

达万通过对巴特勒关于宗教、世俗主义和同性常态性之间错综复杂关系及相互作用力的进一步解读,揭示了世俗主义对于宗教少数派的压迫性,以及同性常态性中所滋生出的新殖民主义。当今欧美语境中的怪异论说往往是以西方为话语权者,而东方与宗教少数派则被当作无语的他者。作为推行殖民主义的工具,西方的怪异文化也成为一种政治学且其中充满了悖论。当西方作为"文明、进步与发达"的象征去拯救东方时,东方既可以被话语为性放荡的野蛮之地,也可以被当作是落后不开化的同性恐惧之地。因此,西方一直充当着性启蒙者的角色并对东方实施着常态权力下的暴力。此外,西方文化语境中所出现的以学术研究机构、社

---

① LGBTIQ:Lesbian(女同性恋),Gay(男同性恋),Bisexual(双性恋),Transgender(变性人),Intersex(阴阳人) and Questioning(性别身份问题者)。

会团体为载体的怪异性身份合理化、政治化本身也是"怪异常态性"的体现,也难免不导致对性自由的偏激。

三、自我批判的后殖民艺术

达万指出,关于将怪异政治利用为在欧美境内的歧视和境外的军事行动作为辩词的批判是近期后殖民怪异学界最为重要的贡献之一(p. 204)。但同时,她也指出权力和暴力不仅仅是从西方自由国家流出;更确切的是,它们有着深度纠葛的多重源头(p. 204)。由此,达万从与强迫性异性恋常态性交约的后殖民女权主义出发来剖析怪异学政治。她认为在区分性别的殖民资产阶级和宗教民族主义主体的生产中,强制性异性恋倾向对后殖民国家的建设是极为重要的。身体、欲望和快感成为了铸就阳性宗教及民族集体性的场所。帝国及其反抗者——反殖民国家,都是深层的异性恋常态工程。如果阳刚性是殖民权力的源头,那么对照被殖民的男人们的"女性化"或同性恋化,就能够为征服和支配正名,反殖民民族主义者的努力就成为了恢复"失去了的"本原阳刚性,这为后殖民异性常态性铺平了道路。尽管有同性恋民族主义也将怪异者囊括进国家建设中去,国家——不论西方或非西方——都具有深层的异性恋常态性。异性恋被当作仪式来提倡,作为国家叙事,并保其完整。

这一部分中,达万运用多位后殖民理论家的论述从不同视角出发来评析后殖民形成的异性常态基础。弗朗茨·法农视同性恋为乱序,对他来说"有黑人恐惧症的人是受压抑的同性恋者"(Fanon, 1967: p. 156)。另一方面,法农将西方种族想象为无同性恋的群体。默瑟则认为法农对"同性恋疆域"的恐慌和他对黑人同性恋的蓄意避讳是同性恋恐惧症的固着症候,也是在黑人解放话语中拒不承认阳刚性的政治机体(Mercer, 1996: p. 125)。顺承同样的路数,玛丽-艾米·赫利-卢卡斯觉察到法农称颂身处阿尔及利亚自由斗争中的女人们的做法存在危险(Helie-Lucas, 1999: p. 281)。她揭示出在女权被指责为对革命、国家、宗教和文化根基的背叛时,尚未到卫护女性权利的最佳时机。同样,墨西哥女权主义者格洛丽亚·安扎尔杜华在她的文字里强调挑战原生的异性父权制与殖民种族主义之间的合作纽带是十分必要的(Anzaldúa, 1987: p. 182)。哈尼夫·库雷希的《我美丽的自动洗衣店》(*My Beautiful Laundrette*)由于同时涉及种族主义、同性恋恐惧、阳刚性、去殖民化、公共身份和离散意识形态的诸多问题,在英国的多个南亚社群里引发了丑闻,他们反对对跨种族的怪异欲望进行描绘(Gopinath,2005:pp.2—3)。斯皮瓦克在引用像赫利-卢卡斯这样的女权主义者时,解释说:"再生性异性恋常态性"是最宽泛最陈旧的机制,它先于资本主义和社会主义,即便是殖民者和反殖民民族主义者都在利用它,它也还是在维系殖民和后殖民结构(Spivak,2007:p.193)。根据这些洞见,达万提出对怪异政治的后世俗转点时出现的这些困境进行关注的紧迫性,并探讨它们对批判后殖民怪异女权主义者的思想和实践所形成的挑战。

虽然,一些离散怪异组织开始关注世俗和宗教规范的暴力,但在后"9·11"的语境里,批评界越发聚焦于东方主义、种族主义和帝国主义,而在少数社群的同性恐惧的问题上显得相对无声。同时,离散社群并没有授权任何正面或负面的代理,相反,它们被再现为一种遵循至上全能话语的群体。事实上,仅考虑到怪异离散者们在主流社会中抗击种族主义,在反种族主义政治中对抗异性恋常态性中所做出的努力,而把问题简化为种族主义和异性恋主义护卫诱因而忽略它们之间的纠葛,是不负责任的。由此,关于非欧洲宗教即是性压抑和同性恐惧的东方主义话语亟待驳斥,以相反的逻辑认为在宗教和同性恐惧之间完全没有联系的说法也是不通的。由此,宗教代理人们也常常是国家代理人,受制于强制性的宗教服从,这是通过将"西方"在最基本层面上理解为对后殖民国家和人民的威胁来获得合法性的。

在怪异政治的语境下,对西方及其支配和暴力的形式进行专门聚焦,会有忽视在/来自南半球的怪异者所经历的异性恋暴力的风险。达万认为,"实施多方批判是至关重要的"(p.208)。由怪异离散学者们启动的重要工作揭示出怪异移民如何从他们自己的社群和主流社会经历了歧视和耻辱。怪异移民在他们自己社群的同性恐惧和厌女倾向以及新家园(移民国)的种族化、阶级化、东方主义的异性恋态度与实践之间深陷泥潭。离散男女被视为他们社群的传统的源头,他们的性行为被视为集团价值的"证据",因此是非常政治化的。但是,在近期关于怪异种族主义和帝国主义的讨论中,这些视角都被漠视了(p.209)。

达万在论述中提到了一个事例,2007年在结束了哥伦比亚大学的讲演后,穆罕默德·阿玛迪尼雅德被问及关于在伊朗发生的针对同性恋实施的暴力惩罚,他回答说,在伊朗没有此类人群。不肯轻信的听众嘲笑了他的回答,而他也仅仅是回应以微笑。① 这是帝国主义者与民族主义者,自由世俗与宗教,民主与神权统治的"常态暴力"勾结运作的征兆。在这种时候,回溯之前关于巴特勒的"常态暴力"和生存的观点就十分有启发性了。令巴特勒担忧的问题关系到一个非常态个体受制于暴力所会发生的事,因为在这种语境下,会有一种特别的悖论需要应对。巴特勒解释说:"如果暴力是对那些不真实的人实施的,那么从暴力的角度来讲,它没能伤害或否定那些活着的人,因为那些活着的已然被否决了。"(Butler, *PL*: p. 33)常态暴力在此通过"激进抹杀"而起作用,因此,"从来没有人类,从来没有生命,也就从来没有发生过谋杀【或死亡】"(Butler, *PL*: p. 147)。在此,巴特勒关注的是这个问题:是什么构建了合法的政治主体,那些当前被排除在其条约之外的人需要做些什么来改变那些在将来带来风险的规范。理解此种常态的关键是"生存性"的理想目标。

  为更好地阐释后殖民理论中存在的局限性,达万引用伊朗、埃及、沙特阿拉伯等国的典型案例,对斯皮瓦克和约瑟夫·马萨德的后殖民理论进行探讨和批判。按照斯皮瓦克在"属下能说话吗?"("Can the Subaltern Speak?")②中的思路,达万指出可以将急需从棕色异性恋者手中解救出来的棕色怪异受害者与在非西方世界没有同性恋和同性恋恐惧的宣称相提并论。这两个命题都同时在抹去"性属下"的代理,又同时使彼此合法化。在两种相互竞争的意识形态间,有性别的下属主体代理仍未被染指,因为各方都宣称要为各自利益出言和行动。尽管斯皮瓦克在后殖民怪异学界被广泛引用,她的批评的这一面却常常反复被忽略,从而使得焦点局限在来自于自由、世俗西方的"常态暴力"。

  另一个生动的例子是马萨德的论辞,他说在阿拉伯世界对同性恋的惩罚,缘由于他们日益增加的透明度,以及他们与西方同性恋文化实践的相似性。③ 他将在后殖民世界提升同性恋权力的做法视为西方东方主义者的阴谋,并大谈由他所谓的"同性恋国际"来协调的"传教"活动。用马

---

  ① "Ahmadinejad on the treatment of women and homosexuals," video clip from a speech by Mahmoud Ahmadinejad at Columbia University on September 24, 2007, televised by CNN, posted on YouTube by "seethroughit," September 24, 2007, www.youtube.com/watch? v=xou92apNN40&feature=related.

  ② Gayatri Chakravorty Spivak, "Can the subaltern speak?," in *Marxism and the Interpretation of Culture*. Urbana and Chicago: University of Illinois Press, 1988.

  ③ Joseph A., *Massad*, *Desiring Arabs*. Chicago: University of Chicago Press, 2007.

萨德自己的话来说:"正是同性恋的国际话语生产了同性恋,男同性恋和女同性恋,他们本不存在。"(Massad,2007:pp.162—163)他还宣称,那些从事于同性关系的中产阶级成员已然选择了西方身份,而其他人则觉得不需要以"同性恋"身份自居,因此也就不需要同性恋政治了(Massad,2007:pp.172—173)。马萨德关于开罗 52 人事件[①]的分析更让人特别不安。他说:"埃及警方压制的并非同性性行为,而是这些以同性恋自居的男人们的行为与西方同性恋身份和公开性相似的社会政治性遭到了镇压。"(Massad,2002:p.383)借此,性倾向被私有化为一种生活作风的抉择,而不是关乎政治经济后果的事情。马萨德将压制性反动行为和任何可能的反同性恋立法归咎于跨国怪异激进分子,总结说有"充分证据证明作为选择的同性恋性带来的不是'解放'而是更多的压迫,导致越来越少的阿拉伯男人实践同性接触"(Massad,2002:p.383)。

其实,将某些事件和议题标注为"西方",从而令之变得无法认知,不易辨析甚至不合法,这在原生父权体制中有着悠久的传统。在后殖民语境下,非常态性实践和身份会受到终身监禁甚至死刑的处罚,那么为了减少同性恐惧症暴力的批判,对一种"东方主义者的冲动"来说是一种背叛的举动。因此,南半球怪异运动的批评家们指向的是他们对诸如彩虹旗、骄傲游戏和各类活跃分子的特权背景这样的性倾向"西式"象征的利用,也指向基于阶级、种姓和性别因素的怪异社群内部的歧视。正如斯皮瓦克提醒的那样,排他性再现政治的解决方案不是后再现的拐点;更准确地说,需要直面创造更多在批评话语中倾诉与倾听的公平政治的挑战。达万由此总结道:

> 在马萨德的论证核心处存在着一种双重标准,那些拥抱宗教或种族主义身份的——两者都是殖民遗产——被视为合法的政治代理人,而那些拥抱性身份的则被贬斥为"西方"(p.213)。

马萨德对身份的基础主义性分类的跨历史和跨文化运用的批判是引人注目的。然而,他没有承认西方和非西方的性认知论有着复

[①] Fifty-two men were arrested on May 11, 2001, aboard a floating nightclub called the *Queen Boat* on the Nile in Cairo and were charged with "habitual debauchery" and "obscene behavior" under Article 9c of Law No. 10 of 1961 on the Combat of Prostitution. Another two were charged with "contempt of religion" under Article 98f of the Penal Code. All fifty-two men pleaded innocent.

杂的纠葛,没有纯粹的前殖民身份,因此,就像用女权主义者或马克思主义者的术语一样,那些运用怪异术语的后殖民主体并不单单是虚假意识的受害者或帝国的不知情代理人。抵抗不总是对权力说不;更确切地说,就像霍米巴巴在关于模仿的文字里所洞见的那样,霸权规范必须被协商、窃用、改变、重新示意和再宣示(p. 214)。

此外,与马萨德不同,其他后殖民学者把有色(离散)怪异者看作是同性恋民族主义的主要"目标",也是乌托邦未来性和怪异世界塑造的代理人。① 显然,把有色(离散)怪异者简单再现为怪异帝国主义的做法遮蔽了他们处于跨国性的特权一方的事实。并且,将他们归为有抵制倾向的主体和怪异解放运动的代理人的做法,物化了作为"差异之处"的带肤色怪异者,尽管这意味着在新殖民机构中否定了后殖民离散主体的杂乱同谋。② 达万认为,如果把主要聚焦点放在"同性恋国际"和西方"同性恋民族主义"上,就会有忽视在后殖民国家由西方"前家庭"式的宗教组织出资去阻碍进步立法或甚至引入强制性立法的风险(p. 215)。因而,第三世界落入了更为晦暗的阴影之中。北半球的反种族主义政治与南半球的去殖民化进程相关,但并没有伴随着继续下去。

但是,在性公正的问题上,在南北半球的怪异政治(无论黑人白人)之间不存在"天然的"同盟关系。与称颂或让有色怪异者受迫害形成反差的是,首要任务应是承认霸权秩序间的共谋,而不是将他们理解为一种麻烦。从斯皮瓦克那儿得到启发,达万认为不论是自由世俗的还是神权统治的,后殖民国家已经系统地放弃了保护其最脆弱的公民的责任。在国际和国家文明社会成为经济和性公正的先锋时,国家的再分配权力已经被彻底侵蚀了。国家依赖性的缺失让公民失去了重新制宪的可能。在第三世界的语境下,因为其民主的脆弱,国家好似一个法尔马孔,既是毒药也是良药。在这种背景下,近期在后殖民怪异学界内部的反国家主义者的姿态令人警醒,因为它忽略了国家对于那些不能通过跨国反公共领域来处理其愤懑的公民所起的重要作用(p. 217)。

---

① José Esteban Muñoz, *Cruising Utopia: The Then and There of Queer Futurity*. New York: New York University Press, 2009.

② Nikita Dhawan, "Can the subaltern speak German? and other risky questions: migrant hybridism versus subalternity," *translate, webjournal of eipcp—European Institute for Progressive Cultural Policies*, http://translate.eipcp.net/strands/03/dhawan-strands01en.

所以,当前后殖民怪异批判的一个主要困难是这种态度,认为启蒙运动及其遗产可以轻易规避。他们甚至想对抗通过权利和政策来为非常态性倾向提供社会认可和法律保护的政治目标,因为这意味着要承认那些无法被简化为西方种族主义和帝国主义的其他暴力存在形式,就算它们不是完全与之割离开的。任何人在少数文化中探讨同性恐惧的问题就是种族主义分子,任何关于同性恐惧暴力的言谈都会给性少数派别所在的社群和国家制造麻烦。任何支持平等,自由和解放理想的人都会被贴上"西方的"标签,或者成为自由和保守势力的战利品。在许多后殖民怪异书写中,可以发现某种对因不受(西方)同性恋/异性恋的二元侵扰,从而也不存在同性恐惧症的纯粹非西方的性认知的怀念。

达万为此认为人们需要预想一种可以针对世俗和宗教异性常态性和同性常态性进行多方斗争的政治(p.218)。这会是一种对强制世俗主义进行批判而不会丧失批判宗教强制性实践能力的批评。反世俗主义批判为超越世俗主义的"拐点"而争辩,即使宗教身份仅限于被它们的脆弱性编码,由此拭去所有宗教暴力的元素。即使是在欧洲传统内部有一道深刻的"断层线",去殖民化的计划不是通过摒弃启蒙运动来进行"后殖民复仇"(Chakrabarty,2000:p.45)。在后殖民怪异批判中缺失的是后殖民地与启蒙运动的矛盾关系。后殖民怪异学界需要开发一种它所继承的批评的更具批判性的工具。达万通过对南北半球存在差异性的后殖民主义理论的辩证剖析与批判,为后殖民怪异学的完善与发展提出问题并给予了启发。更值得肯定的一点是,达万在怪异政治学研究中,发现了同性常态性和异性常态性同帝国主义、民族主义与后殖民性别身份之间的紧密联系,并对应着阳刚与阴柔、男性与女性、霸权与他者、西方与东方等一系列权力抗衡。

四、结语:启蒙运动的要挟

达万从德里达与福柯的争论出发论证了后殖民主义与欧洲启蒙运动间的矛盾关系,以及它为后殖民怪异政治设下的挑战。在德里达看来,理性借无声之名来审判理性,而如果不寻求一种压制这种无声的话语则无法实现。德里达的命题具有挑拨性的原因在于他暗示在排斥理性的过程中不可能避开共谋。只要人在使用语言,他就在无声化过程中参与了合作。德里达认为福柯的计划是具有迷惑性的,因为他主张在理性话语的倾注中戒除自身。五年之后,福柯在一篇题为《我的身体,这纸,这火》

(My body, this paper, this fire)①的文章中回应了德里达,在其中他对自己和德里达实施了双重批判。福柯暗示,即便德里达的论证"取消"了福柯的,它还是剥夺了德里达问题中的所有潜在政治力量。如果像德里达争辩的那样,排斥和暴力不是历史性的而是经济上的,即是对语言机构来说是基础的,那么排斥疯癫就是普遍情况,也正是言说可能性的构成基础。18年后,在他的讲座"如何避免说话:否认"(How to Avoid Speaking: Denials)里,德里达将针对无声的责难归咎于秩序或者是"一定要言说"的许诺,从而"一定不要回避言说"。在回应关于话语对峙无声的伦理问题时,德里达强调,"一定不要回避言说"并且要坚持"言说的必要性,即便要付出理性语言与自身发生战争的代价",因为"语言在其自身内部承载着批判自身的必要性"(Derrida, 1996: p.11)。

在福柯与德里达论战中处于风口浪尖的不单是批判界限的问题,而是批判工具的界限问题。马克思警示说"批评的武器当然不能替换对武器的批评"(Marx, 1976: p.182)。这就在后殖民思想者与殖民主义提供的批判工具间的关系上施加了压力。查卡拉巴提提出把这当做是与一个反讽和平共处的一个挑战,这个反讽就是,在我们批判欧洲启蒙运动的暴力遗产时,它却为我们提供了最有力的工具。达万由此提出问题:我们如何去面对把我们自己从"支持或反对启蒙运动的智性要挟"(Foucault, 1984: p.45)中解放出来的任务?如果欧洲思想既不可或缺,又对非西方世界的政治现代性的经验理解得不够充分,那么欧洲启蒙运动是如何从/为后殖民世界所窃用的?(p.220)

在描绘通过作为"促生侵犯"的殖民化来接近欧洲启蒙运动的过程时,斯皮瓦克建议即使侵犯是再协商的,也一定要策略性地利用这种允许(Spivak, 2007: p.263)。后殖民性和启蒙运动的联系——还有其现代性、世俗主义、民主、人权、科学、技术、霸权语言的遗产——都被判定为"进退两难",由此斯皮瓦克建议,既不应当指责,也不该原谅欧洲哲学家们;而应该涉入启蒙运动经典文本的基本命题,去观察如果以其自身条款转向一种更公平民主的后殖民性时,它如何得以利用(Spivak, 2007: p.259)。斯皮瓦克提倡启蒙运动的从下利用。这既不是误用也不是滥用,而是与我们如此熟悉地栖居的结构紧密相关的。她说,当受压迫的少

---

① Michel Foucault, "My body, this paper, this fire," trans. Geoffrey Bennington, *Oxford Literary Review* 4.1(1979): pp.9—28.

数派别寻求民权和政治权利时,他们就是在我们所谓的启蒙话语里提出要求。因此,她推荐"从下利用"而不是一股脑儿地把启蒙运动拒斥为危险和欺诈。"为了把它的好的结构变成适合于所有人栖居,我必须把启蒙运动敞开给它受迫排斥的,但定要借由批评的方式。"(Spivak,2007:p.259)因此,斯皮瓦克把启蒙理解为调整公共空间和给政体去封建化的一种编码。

通过对福柯、德里达、查卡拉巴提以及斯皮瓦克关于启蒙运动对后殖民主义影响的议论和探析,达万最后提出,相比起文化相对主义者对启蒙运动遗产的抨击,或是对一种"纯粹的"非西方知识系统的民族中心主义的研究,去探索西方和非西方理论生产要更加引人注意(p.221)。人们应该去拯救启蒙运动的精华,对其与"去合法化知识"的关系进行再思考,并关注启蒙运动在去殖民化计划中的角色。这将标志着与反殖民主义批判的分道扬镳,重点在于记住民族主义是帝国主义的产品,并纠结在其暴力结构中。因此,欧洲启蒙运动和后殖民主义之间老生常谈的对立是一种背叛的举动,需要通过探索我们的批判意识在多大程度上是被启蒙运动塑造来进行质疑。达万将宗教、世俗主义与后殖民怪异政治学结合起来进行剖析和评论,从它们相互之间的矛盾和联系中揭示出在东方和西方,北半球与南半球的不同文化语境中后殖民话语的演变和利用,尤其是在怪异政治学中的反映。事实上,达万的论作并没有单一地偏向东方或是西方,殖民宗主国或是被殖民国,而是以马克思的辩证唯物主义思想,对西方的帝国霸权主义与东方的宗教世俗主义都进行了批判。作为一位具有双重身份的社会学学者,达万既有东方(印度)的土生身份同时也拥有西方(德国)的教育经历和身份,这使她更能从一种更加广阔与辩证的视角来审视怪异身份问题。因而,其论作不仅剖析了世界全球化背景中散居移民的生存状态,更推进了怪异评论、身份研究的进程。然而,东方与西方的哲学文化本身就存在着巨大差异,当今世界格局中帝国主义强权也无处不在,因此怪异政治研究也不得不在跨文化语境的交融中因地制宜。

参考文献

A., Joseph. *Massad*, *Desiring Arabs*. Chicago: University of Chicago press, 2007.

Alcoff, Linda Martin & John D. Caputo eds. *Feminism, Sexuality, and the Return of Religion*. Bloomington: Indiana University Press, 2011.

Anzaldúa, Gloria. *Borderlands/La Frontera: The New Mestiza*. San Francisco: Aunt Lute Books, 1987.

Butler, Judith. *Gender Trouble: Feminism and the Subversion of Identity*, 10th edn. London: Routledge, 1999.

——. *Precarious Life: The Powers of Mourning and Violence*. London: Verso, 2004.

——. "Sexual politics, torture, and secular time," *British Journal of Sociology* 59. 1(2008): pp. 1—23.

——. *Undoing Gender*. London: Routledge, 2004.

Chakrabarty, Dipesh. *Provincializing Europe: Postcolonial Thought and Historical Difference*. Princeton, NJ: Princeton University Press, 2000.

Derrida, Jacques. "How to avoid speaking: denials," In Stanford Budick and Wolfgang Iser (ed.), *Language of the Unsayable: The Play of Negativity in Literature and Literary Theory*. Stanford, CA: Stanford University Press, 1996.

Dhawan, Nikita, "The empire prays back: Religion, security and queer critique," *Boundary 2* 40.1(2013): pp. 191—222.

——. "Can the subaltern speak German? and other risky questions: migrant hybridism versus subalternity," *translate, webjournal of eipcp—European Institute for Progressive Cultural Policies*, http://translate.eipcp.net/strands/03/dhawan-strands01en.

Fanon, Frantz. *Black Skin, White Masks*. Trans. Charles Lam Markmann. New York: Grove, 1967.

Foucault, Michel., "My body, this paper, this fire," trans. Geoffrey Bennington, *Oxford Literary Review* 4.1(1979): pp. 9—28.

Foucault, Michel. "What is enlightenment?" In Paul Rabinow (eds.), *The Foucault Reader*. London: Penguin Books, 1984.

Gandhi, Leela. "Loving well: homosexuality and Utopian thought in post/colonial India," In Ruth Vanita (eds.), *Queering India: Same-Sex Love and Eroticism in Indian Culture and Society*. New York: Routledge, 2002.

Gopinath, Gayatri. *Impossible Desires: Queer Diasporas and South Asian Public Cultures*. Durham, NC: Duke University, 2005.

——. "Local sites, global contexts: the transnational trajectories of Deepa Mehta's file," In Arnaldo Cruz Malave and Matin Manalansan (ed.), *Queer Globalizations: Citizenship and the Afterlife of Colonialism*. New York: New York University Press, 2002.

Harithaworn, Jin& Jennifer Petzen. "Integration as a sexual problem: an excavation of the German 'Muslime Homophobia' panic," In Koray Yilmaz-Günay (eds.), *Karriere eines Konstruierten Gegensatzes: Zehn Jahre "Muslime versus Schwule" Sexualpolitiken seit dem 11. September 2011*. Berlin: Schmohl, 2011.

Hawley, John C. ed. Introduction to *Post-colonial, Queer: Theoretical Intersections*. New York: State University of New York Press, 2001.

Helie-Lucas, Marie-Aimée. "Women, nationlism, and religion in the Algerian liberation struggle," in Nigel C. Gibson (eds.), *Rethinking Fanon*. Amherst, NY: Humanity Books, 1999.

Massad, Joseph A. *Desiring Arabs*. Chicago: University of Chicago Press, 2007.

——. "Re-orienting desire: the gay international and the Arab world," *Public Culture* 14.2(2002):pp. 361—385.

Marx, Karl. Introduction to "Contribution to the critique of Hegel's philosophy of right," In *Collected Works*, vol. 3, *Marx and Engels: 1843—1844*. New York: International Publishers, 1976.

McClintock, Anne. *Imperial Leather: Race, Gender and Sexuality in the Colonial Contest*. New York: Routledge, 1995.

Mercer, Kobena. "Decolonisation and disappointment: reading Fanon's sexual politics," In Alan Read (eds.), *The Fact of Blackness: Frantz Fanon and Visual Representation*. London: Institute of Contemporary Arts and Institute of International Visual Arts, 1996.

Mehta, Uday Singh. *Liberalism and Empire: A Study in Nineteenth-Century British Liberal Thought*. Chicago: University of Chicago Press, 1999.

Mills, Catherine. "Normative violence, vulnerability, and responsibility," *Difference: A Journal of Feminist Cultural Studies* 18.2(2007):pp. 133—156.

Muñoz, José Esteban. *Cruising Utopia: The Then and There of Queer Futurity*. New York: New York University Press, 2009.

Puar, Jasbir K. *Terrorist Assemblages: Homonationalism in Queer Times*. Durham, NC: Duke University Press, 2007.

Spivak, Gayatri Chakravorty. *Other Asias*. New York: Routledge, 2007.

——. "Can the subaltern spesk?," in *Marxism and the Interpretation of Culture*. Urbana and Chicago: University of Illinois Press, 1988.

生态批评的新途径

——《对"自然"无话可说时我们何以言说》一文述评①

四川外国语大学英语学院　力勇

【摘要】　进入21世纪,随着社会形态的后现代转向,生态批评的后续发展面临挑战。生态批评的研究对象若仅聚焦于"自然"这一形而上学的概念,批评的敏锐性就会日渐耗散。拉马达诺维奇(Petar Ramadanovic)的论文《对"自然"无话可说时我们何以言说》试图揭示生态批评中关于"自然"的话语的定位问题。作者在文章中提出"可持续的普适性"概念,取代"自然"这一概念。"可持续的普适性"反映了自然科学和后结构主义的有机结合,只有在后结构主义的科学体系里生态批评才能找到若干可持续发展的因子。拉马达诺维奇提出后结构主义的科学观,旨在为"自然"建立一个悖论性的"非场域",这一"非场域"呈现出整体性,不仅能够弥合人文科学和自然科学的后结构主义分歧,而且为"可持续性"提供一席之地。

【关键词】　生态批评;自然;可持续的普适性;后结构主义科学观

　　生态批评发轫于20世纪70年代的美国,到20世纪末,在主流的文学批评领域已占有一席之地。美国生态批评经历了三个阶段。第一阶段主要研究"自然"与环境是怎样在文学作品中被表达出来的;第二阶段把重点放在努力弘扬长期被忽视的描写"自然"的文学作品上,对美国描写"自然"的文学作品的历史、发展、成就及其风格体裁等做了深入的探讨和研究;第三阶段试图创建一种生态诗学,通过强调生态系统的概念,加强

---

①　Petar Ramadanovic, "How to talk about nature when there is no more nature to talk about: Toward a sustainable universal," *Comparative Literature Studies* 50.1(2013): pp. 7—24.

生态文学批评的理论建设。① 但进入21世纪,学者蓦然发现,随着社会形态的后现代转向,如果生态批评仅聚焦于(囿于)对"自然"的研究,批评的敏锐性就会日渐耗散,因为这是与后现代主义的文化逻辑背道而驰的。弗雷德里克·杰姆逊宣称:后现代主义就是"现代化过程已经完成、自然状态一去不返时,人们所拥有的一切"。② 那么,怎样为"自然"的概念明确地定位? 怎样给生态批评注入新的话语资源? 这关乎生态批评在文学批评领域的地位,成为影响这一批评范式进一步发展的当务之急。

美国比较文学重镇《比较文学研究》(*Comparative Literature Studies*)2013 年第 1 期编发了《生态批评的依托:比较的视角》(Sustaining ecocriticism: Comparative perspectives)特辑,对以上问题进行了探讨。开篇之作即是由新罕布什尔大学学者佩塔尔·拉马达诺维奇所写的《对"自然"无话可说时我们何以言说》(How to talk about nature when there is no more nature to talk about: Toward a sustainable universal)(副标题:建立一种可持续、普适的生态批评观)。拉马达诺维奇受到法国科学知识社会学(sociology of scientific knowledge,简称 SSK)"巴黎学派"的领军人物之一布鲁诺·拉图尔和后结构主义的社会建构论的影响,研究涉及生态批评及比较文学的交叉领域。在文章中,作者以后结构主义和自然科学的有机结合为研究进路,解构了"自然"这一形而上学的概念,并提出"可持续的普适性"(a sustainable universal)概念,旨在为生态批评的纵深发展提供一个新的参照维度和一种新的途径。

拉马达诺维奇引用爱尔兰先锋派剧作家萨缪尔·贝克特最钟爱的剧作《终局》(*Fin de patie*)里的一句台词作为文章的开篇题词。在剧中主人公哈姆说道:"大自然已不复存在了! 你吹牛。"作者以此为出发点,试图揭示生态批评中关于"自然"的话语的定位问题。

拉马达诺维奇首先指出"自然"的概念在生态批评中的窘境:

> 在过去二十多年里,生态批评在文学领域已经掀起了一股浪潮,但是这样的成功无疑是要付出代价的。生态批评越富有创造性,关于"自然"的新的理论阐述可以发挥的空间就会越小。1995 年劳伦

---

① Cheryll Glotfelty & Harold Fromm, ed, *The Ecocriticism Reader: Landmarks in Literary Ecology*. Athens: The University of Georgia Press, 1996, p. iv.

② Fredric Jameson, *Postmodernism, or, The Cultural Logic of the Late Capitalism*. Durham, NC: Duke University Press, 1991, p. ix.

斯·布伊尔（Lawrence Buell）的《环境的想象》（*The Environmental Imagination*）一书把研究的焦点从人类历史转向自然历史，但到了2005年，布鲁诺·拉图尔（Bruno Latour）在《大自然的政治学》（*Politics of Nature*）一书中提到，应该放弃"自然"这一概念，因为那只是形而上的观念而已。拉图尔的主张虽然听起来有点生硬，但事实上，这是行得通的。正如他所解释的那样，"'自然'一词是影响大众（关于环境）话语发展的主要障碍"。①

诚然，正如拉图尔所指出的，生态批评可以按照它目前的发展步调摒弃宽泛的"自然"概念，从而完成二十年前杰姆逊颇有预见性地提出的命题，他说，后现代主义就是"现代化过程已经完成、自然状态一去不返时，人们所拥有的一切"。但生态批评发展似乎也存在另一种极大的可能性，那就是蒂莫西·莫顿（Timothy Morton）所谓的"没有'自然'的生态学"，亦即把"自然"的概念保留下来，但需要把它重新诠释为一种着眼于可持续性的新的生态研究途径的组成部分。然而，构建这种可持续性（意即"平衡"状态和"平衡"过程）的话语突显了极大的困难。

旧的"自然"观的窘境是由原有的生态理论造成的，原有的生态理论以生态学为主但缺乏话语支撑，这主要是因为人文科学与自然科学之间的分歧，以及这种分歧造成的失衡。因此他质疑这种生态理论在未来还能否作为一个整体发展下去。由此，他认为：

> 我们面临的问题不再是生态学和生态批评将朝什么方向发展，而是怎样建构一套关于"可持续性"的普适的新话语。假如这种可持续性的话语具备了普适性，那么自然科学与人文科学之间，尤其是与后结构主义之间，就一定能找到互相对话的方式。自然科学一定能认识到后结构主义的文化建构理论、真理观、现实观等观点的重要意义。同样，后结构主义在阐释文化基础的时候也一定会吸纳生物学和化学的观点。这一切是极有可能实现的，因为如果我们方法正确，后结构主义能和自然科学相互对话的话（反之亦然），我们就有可能

---

① Lawrence Buell, *The Environmental Imagination: Thoreau, Nature Writing, and the Formation of American Culture*. Cambridge, MA: Harvard University Press, 1995; Bruno Latour, *Politics of Nature: How to Bring the Sciences into Democracy*, trans. Catherine Porter. Cambridge, MA: Harvard University Press, 2004, p. 9.

获得一种新的知识,以及与之相伴的新的生存方式。

在论述"'可持续性'的普适的新话语"时,作者厘清了三个问题:

第一,为什么单单是"自然"的观念受到排斥呢?简单地说,是由于自然本身所表现出来的整体性,一种为后结构主义所质疑的整体性。自然发展的历史表明,假如生态批评要成为一种切实可行的话语,那么它便会找出一种方法来应对"自然"——这一环境保护主义的"主要障碍"(拉图尔语)。生态批评解决这一问题并非要试图清除"自然"的观念,而是要试图转变我们对"自然"的理解,这正如约翰·梅尔(John Meyer)在《政治化的自然界》(*Political Nature*)所提出的,生态批评将会转变人类的"自然观念"。[①] 否则,我们面临的危险就是,"回归被压抑的状态"(心理分析术语)和可能出现一种非历史话语。这一观点可能对关注时下热点的政治学没有多大影响;但对于以生态思维为指导、会发挥长效作用的学术性学科来说,这一观点却意义重大。问题的关键并不在于是否我们应该寻求一种新的思维方式来看待自然,而是我们可以怎样阐明这一新观念,到底需不需要从后结构主义和自然科学的角度阐明这一新观念。

第二,我们能否假定一种生态批评(即可持续的生态批评)是全方位的批评方法,且其话语构成一个整体?

对于生态学而言,答案是不言自明的。美国生物学家巴里·康芒纳(Barry Commoner)指出,在环境中,"任何事物之间都是相互联系的"。环境是一个全球化的整体,而生态学指称的就是一种全球化的思维方式。依据生态学的这一说法,生态批评就具有了"普适性"——按照这一术语新的字面意义,"普适性"指涉的是为所有生物提供栖息场所的地球。(我们可以说,生态的普适性就是影响整个生态系统的特性。)

从认知意义上来讲,生态学也具有普适性。正如休伯特·扎普夫(Hubert Zapf)在讨论埃德蒙·威尔逊(Edmund Wilson)时所言,生态学的目的就是"打通现代认知领域之间的区隔"。威尔逊所追寻的知识的融合"实际上就是一种知识的'迸发和汇集',这种'迸发和

[①] John Meyer, *Political Nature: Environmentalism and the Interpretation of Western Thought*. Cambridge, MA: MIT Press, 2001, p.34.

汇集',把客观事实和各学科之间以事实为基础的理论联系在一起,从而产生了解释的共同基础。"①

谢里尔·格洛特费尔蒂(Cheryll Glotfelty)的《生态批评读本》在生态批评领域里具有重大的影响。也许受到威尔逊的启迪,她在序言里提出:生态批评是"对文学研究的补充和完善"。她解释道,生态批评填补了文学研究中后结构主义者只着眼于社会现实所留下的认知空白;按照她的说法,后结构主义者的研究方法忽略了自然界。这种补充和完善使文学研究有可能深入"整个生态圈",从而"把我们的注意力引向那些值得思考的事情上去"。② 生态批评填补了文学研究的空白,使文学研究拥有了明确而且重要的目标,从而使文学研究更加扎实稳妥。

最近有很多例子证实了这种整体的生态观的巨大魅力。生态学被视为"全新的、全方位的世界观",约翰·梅尔尽管对此颇有微词,但他仍主张,"与自然的斗争"对地球上"所有人"的"政策、政治以及社会秩序的愿景"都是至关重要的。因此,即使从完善知识的角度来说生态批评不具有普适性,但生态批评能为综合考察政治、文化、科学问题提供一个视角,从这一角度来说,它也具有普适性。

除了约翰·梅尔之外,另一个反对整体生态观的举足轻重的人物就是布鲁诺·拉图尔。例如,他在《大自然的政治学》里提及生态批评需要把各个交叉学科的工具融合在一起的困难,他写道:政治生态学"无法将地域化和特殊性的行为整合为一套全面的分级程式"。但是,布鲁诺也不能摆脱整体论的思想。他认为"每个单一的事物都源于整体",生态学研究的目标是"为构建一个美好的大同世界而进行的具有进步意义的创造"。

在《生态思维》(*Ecological Thinking*)一书中,女性主义哲学家洛林·柯德(Lorraine Code)把生态批评与哲学史上最近一次革命——康德的"哥白尼式转向"(知性为自然立法)相提并论,并认为前者可能取代后者的地位,以凸显生态批评的重要性。③ 生态批评

---

① Hubert Zapf, "Literary ecology and the ethics of text," *New Literary History* 39.4 (2008):p.848.

② Cheryll Glotfelty & Harold Fromm, introduction, in *The Ecocriticism Reader: Landmarks in Literary Ecology*, p.xix,p.xxiv.

③ Lorraine Code, *Ecological Thinking: The Politics of Epistemic Location*. New York: Oxford University Press, 2006,p.3.

的新话语也被认为无所不包,它正在彻底改变人们的认知基础。正如柯德表明的那样,生态批评诠释了一个全新的"在世界上栖息的方式",弥合人(主体)与自然(客体)传统的二元对立,从而催生了一种新的本体论。

休伯特·扎普夫认为,即便是生态伦理观也需要话语的一致性。他设想,随着不同学科发展的多样性,"当代科学的各个独立分支"会彼此对话,再度融合。扎普夫的观点无疑会使人做出推论:在承认人们对待自然有不同态度的前提下,文化的差异将会妥协消弭。(虽然人类对待自然的态度不一致,但是他们却有着相同的目标,一个相同的终极目标,因为他们有且只有一个星球。)

由此,我们就能够得出一个众所周知的结论:生态学话语指涉的无非是一切事物的集合——整个自然界;一切生态知识就是力图解决一个我们称之为"环境"的问题的话语。生态批评意味着环境保护主义的普适性亦即全球化,是适用于每个人的。

第三,尽管大家普遍认为生态批评一定是全方位的、全球性的现象,但是没有人试图解释生态批评怎样才能和后结构主义理论相契合。1997年,维丽娜·康丽(Verena Conley)的《生态政治学》(副标题:"后结构主义思潮下的环境")开篇着眼于环境问题,但环境问题仿佛只是与书写、存在、声音等诸范畴并列的一个类别而已;她接下来介绍了20世纪60年代法国思潮的知识史,而不是考察新的生态批评的理论基础。康丽着重解释一些法国作家关于自然环境的言论,但未说明生态学给后结构主义带来的巨大挑战,也没有说明后结构主义给生态学带来的挑战。《美国现代语言学协会会刊》(*PMLA*)上最近发表的文章《可持续发展的人文学科》(The sustainable humanities)表明近期的生态批评在这方面的研究并没有多大进展。该文的两位作者斯蒂芬尼克·勒梅纳热(Stephanic LeMenager)和斯特凡尼·富特(Stephanie Foote)指出:人文学科如何才能有助于"社会生态学"的发展,以及怎样面对"超级工业化的现代性"。可是,他们呼吁跨学科合作的时候,没有提及人文学科怎样才能和自然科学同步发展,而这一点恰恰是任何追求"平衡发展"或"可持续发展"的学科的话语得以维系的最重要的先决条件。同期刊物上另一篇文章作者斯特西·阿莱莫(Stacy Alaimo)甚至提出:生态实践"很重要,只有自然科学家才能处理"。这种看法未免太极端了。

总之，传统的生态批评似乎很满足于"解构必然与新的认识论相联系"的预设前提；它理所当然地认为，消解了"人类中心主义"的主导范式就可以创造环境主义者的后人文主义范式（洛林·柯德在《生态思维》中的观点就是一个例子）。传统的生态批评不考察这种解构性的颠覆和抵抗是怎样导致可持续的生态实践，或者我们如何从对科学（和自然）乃至任何一项环境政策的质疑中得到启发。它更不会提及，环境观念的建构是人文学科中前无先例的一个全新领域，这一新的话语会与人类、自然的历史融为一体——在全球范围内这一观念才开始被哲学所接受。

值得庆幸的是，除了生态批评之外，一些有价值的后结构主义研究也在不同的语境下成功地解决了部分有关的问题。我认为，有一些论著涉及后结构主义理论"伦理学转向"之后的人与动物关系，例如凯利·奥利弗（Kelly Oliver）的《动物的训诫》（*Animal Lessons*）就是这样的论著。这些作品为总体上理解人与自然间的关系提供了直观的范例。然而，这些作品未能深入论述动物和人类相互影响下的语境，暴露出当下后结构主义理论的局限性。

在引论的结尾，拉马达诺维奇亮出了自己的主要观点：

我们提出了当代环境主义所面临的关键问题：生态批评中是否存在一个关于可持续性的普适的理论？它是全方位的（即具有科学的体系），能够呈现出环境问题的整体关联性、紧迫性和中心地位；同时，它还能兼顾到后结构主义理论，避免落入"普遍性"（即康德所谓的"适用于一切事物"的观点）的窠臼；后结构主义理论认为，绝对的、包罗万象的话语只是抽象的、形而上学的概念；碎片化（fragmentariness）是世间万象的根本特征——世上没有中心，也没有唯一的理论。

同时他提出了自己的着眼点："着重讨论后结构主义话语建构'自然'的方式，从而证明：确实存在'后结构主义科学（poststructuralist science）'这样的领域。"

一、自然

在小标题为"自然"的部分，拉马达诺维奇以一个结构主义的文本——克洛德·列维-斯特劳斯的《亲属的基本结构》（*The Elementary*

Structures of Kinship)作为研究的开端:

列维-斯特劳斯的论著开篇介绍了社会和自然相互关系的一般性理论,通常被认为是否认自然作用、开启文化构建理论的标志性文本。然而,我们的解读恰好与此相反。我们认为,列维-斯特劳斯的观点是西方哲学史上第一个把自然和文化联系起来进行科学考察的系统理论。

如同弗洛伊德一样,列维-斯特劳斯坚信自己是一个自然科学家。他认为,人"既具有生物性,又具有社会性"。[①] 人类的亲属关系是由自然生物学的血缘关系和具有文化意义的社会关系两个网络构成的。问题是,自然性和文化性之间到底是怎样相互影响的。列维-斯特劳斯认为,两者之间的关系不会是彼此独立的二元结构,因为"物理——生物刺激和心理——社会刺激通常都会激起类似的反应"。人类的主体行为体现了"生物性与社会性的相互融合"。这样一来,对列维-斯特劳斯来说,研究人类的科学就不仅仅是一门生物学,也不仅仅只是文化构建理论的变体。因为,生物性和社会性的二元结构构成了人类、自然和文化,两者之间密不可分,相辅相成。

以此为基础,列维-斯特劳斯希望找到一个自然形成、明确体现社会规约的人类生活的实例,从而揭示"自然——文化"统一体的存在。他选择的实例是"乱伦禁忌"。作为弗洛伊德理论的信徒,列维-斯特劳斯认为,乱伦禁忌是普遍存在的,适用于任何文化环境和任何时期。但是,这一禁忌之下隐含着一个更加根本的观念,即:人们认同一条反映人类发展趋势的普遍规约,来规范社会秩序以及他们的性生活,这样的规约也能达到与禁忌相同的目的。按照列维-斯特劳斯的这一思路,我们就可以知道:人类天生就具有社会性,能依据自觉建立的标准来规范他们的性生活,规范他们所创造的一切事物(包括价值、文化)。这样看来,人类依靠规范性生活来创造文化,和蜘蛛结网的作用是一样的,这样做的最终目的无非就是确保物种的生息繁衍。由此可知,人是一个生物体,这也就意味着人是文化的产物,不

---

① Claude Levi-Strauss, *The Elementary Structures of Kinship*. trans., James Harle Bell et al. Boston: Beacon Press, 1969, p. 3.

过,塑造了人类的文化其本身也是大自然的产物。

从对列维-斯特劳斯兼具自然和文化属性的"乱伦禁忌"的探讨,作者对"自然"这一概念做出了社会建构主义的定义:

> 严格来讲,假如我们接受了这种思维方式,就意味着我们承认,自然界的一切都是由自然和文化同时建构而成的,并且自然和文化之间相互影响。因此,当我们从这一角度来给"自然"下定义的时候,我们就会赋予它一个双重的作用:自然界是一个整体,人类的生存作用于自然。但是,自然本身也是一种推动力,促使我们采取各种方式来创造自然,无论是创造真实的"自然",或是话语建构的"自然"。
>
> 把"自然"理解为一种"自然—文化"统一体,意味着人类对世界的理解是"人为的",也就是说,对其他的物种而言世界是不同的。既然如此,我们就可以创设一种遵循物种自身存在方式的非人为的知识系统。

二、最近的争论

在分析后结构主义的"自然"观以前,拉马达诺维奇描述了最近关于"后结构主义科学观"的争论,即"自然科学是否能够接受社会建构主义的观点?"他引证了伊恩·哈金在《社会建构的是什么?》(*The Social Construction of What?*)这一争议颇大的论著中的观点[①]:

> 哈金认为自然科学与社会建构论是水火不容的,因为自然科学家把认知看做是客观的,而社会结构论者则认为认知是主观的。但哈金进一步解释道,自然科学的客观性是从认识论而言的,即与事物的认知相关;相反,社会建构论(以及整个人文学科)的主观性是从本体论而言的,即与事物的存在相关,由此他提出了一种将自然科学和社会建构论相结合的方法。

他分析道:

> 认知的客观条件不依赖于任何个体的特征,也就是说,如果条件相同,对事物的理解也必然相同。例如,物理学上"夸克"的定义是超

---

① Ian Hacking, *The Social Construction of What?*, Cambridge, MA: Harvard University Press, 1999, p.63.

越文化和历史限制的定义,因为我们对"夸克"的解释和测量有赖于学术界公认的通则,而不受我们掌握这类定义的条件(如时间、地点、环境、个人观点等)的影响。当我们的认知确实依赖于这些条件时,我们就涉及了哈金所说的认知的本体主观特征,这些特征是具有可变性的。分配、定义、测量等等都是由某些特定的人在特定的社会语境中,根据某些标准和原因,在某一特定时刻做出的具有一定意图的认知指令。

如果哈金的观点是正确的,那么自然科学和人文科学就很容易吻合一致。自然科学可以有其客观性,人文科学也可有其社会建构性,这两个领域采用的是两种标准,探讨的是认知的两个方面。哈金认为,从科学的角度讲,他的方法的局限在于它其实是不全面的,因为自然科学所承认的社会建构就仅仅是"夸克"这一个观点而已。这里,哈金的意思是,自然科学承认各种现象的科学名称是在一定社会语境中被定义(建构)的,但是,关于"建构在认知中是否起决定性作用"这一点,依然有待证实。

哈金指出,"科学观"的问题在于其本身依赖于一个可能不科学的认知定义。这是因为我们建构的认知,无论从认识论意义讲是客观的,还是从本体论意义讲是主观的,从列维-施特劳斯的观点来看,总是与特定的物种有关的,是自然和文化结合的一个产物。它是人类独有的认知,是从人类独有的存在方式中产生的。

拉马达诺维奇认为哈金的观点实质上仍然割裂了自然科学和社会建构论的有机联系。基于以上分析,他提出了"科学的世界观"与"非科学的世界观"的概念,来取代哈金提出的"认识客观性决定的话语"与"本体主观性决定的话语"。他认为自己提出的两个概念"本身是由人类物种的独特性决定的"。他探讨了"科学的世界观"与"非科学的世界观"的不同之处:

"科学的世界观"与"非科学的世界观"的不同之处首先在于怎样看待认知。从科学的角度来看,认知和语言一样有独立的地位,是我们如何看世界的直接或相近的体现。从非科学的角度讲,认知依赖于某个客观实际存在,客观实际的呈现是透明的,不限于某些特定的物种。其次,我认为,从哈金的观点来看,"认识的客观性"和"本体的主观性"不过是同一事物的两个方面而已。对于科学的话语而言,两者都是不可或缺的;但若从非科学的观点看,这两者都不存在了。这是因为认识的客观性不是绝对的而是相对的,是相对于某些可变的、本身又具有本体主观性的标准而言的。这些标准是由特定的个体在特定时间和地点制定的,并且一般而言,它们是我们人类独有的。(这里再重复一下,"我们人类独有"就意味着,我们找不到一个普遍的观点可以超越这一特殊的、兼具主客观性质的人类认知,从而建构一种对所有物种都有效的科学。)

从科学的角度来看,万有引力定律之所以是正确的,不是因为这一定律能够解释苹果总是从树上落下这一自然现象,而是因为这一定律的正确性是相对于某些标准而言的。这些标准是由人为制定的,由于条件的变化,它们不仅可以被重新规定,而且可以被不断地修改。归根结底,客观性之所以客观,是相对其标准的主观性而言的,并不具备绝对的意义。同样,对于任何本体主观的标准而言,要符合条件成为标准(而不是任意的奇想),就需要达到某些认知性的客观要求。(而且,别忘了,这仅仅是人类建构的认知,是人类所特有的认知。)

在"科学世界观"与"非科学的世界观"两个概念的基础上,他进一步区分了"科学话语"与"非科学话语",讨论了"世界观"与"认知"的关系:

科学话语承认所有认知都是相对的、可调节的,是根据特定的规则建构的;非科学话语则假称是"自然"的话语,可以直接地、全面地接近真实世界。我们将前者称为科学的,因为它假定认知是相对的,需要证实的,并且因不同的物种而不同。我们把后者称为非科学的、绝对的或者刻板的,因为它认为话语与自然现象之间的巧合使其观点不证自明,而且它从未考虑到物种的多样性。

严格地讲,非科学的世界观也是反科学的。它否认任何形式的认知活动,无论是自然科学的认知还是人文科学的认知;它认为世界有一个内在的秩序,认知只不过是在透明的语境中,借助毫无意义的工具,用符号对该秩序做出的一种适当的、依赖性的表达。它能否正确地反映自然,完全取决于是否与认知对象完全一致,它唯一的标准就是认知对象,这是不言自明的。当它提供了正确的认知时,它也是绝对的认知。非科学的世界观的缺点在于其刻板拘泥,非科学的陈述在该话语之外无法被独立地证实。它的结论的正确性只有用不证自明的方式才能被证明,因此信仰是非科学话语的基础,非科学话语相信:造物主(或自然)与我们有着相同的语言。

另一方面,按照科学的世界观,一切认知都是一种建构,甚至包括不太可能发生变化的热力学第二定律。认知很像一幅地图,地图也许与它绘制的领土完全一样,但两者从本体论上说是不同的,因为认知(包括其所有元素)从某种意义上讲是由某个特定的物种建构的。当建构的认知满足认识客观性的要求(相同的条件和假设)时,任何理解者(当然,他们是人类或者能够明白我们观点的理解者)所认为的夸克(一种新事物)都应该是一样的。若非如此,我们不把结论和决定看做是某些独立、具有认识客观性的思维过程的结果,那么就不可能有理解的存在,就会出现一些直接的或绝对的直觉——亦即反科学的世界观所认为的"认知"。

"对于为什么本体主观性与认识客观性是所有认知形式(无论是通过数学计算还是文学分析获得的认知)必不可少且不可分割的两个方面",他得出了与哈金不同的结论:

> 我们认为,认识客观性与本体主观性是彼此相关的、互相依赖的两个概念。第一,认识客观性要求认知应被看做是一种独立的、可以再现的形式(或建构),这是认知存在的客观前提。第二,本体主观性要求认知应根据一些能够被证实且可以被重新定义的标准来创建。我们可以证明并且改变这些标准,这样的话,虽然认知具有客观性,认知标准本身依然是主观的(因物种而异)。这就意味着,认知要成为客观的同时,必须也是主观的。如果没有满足以上两点,不经过一定过程,普通的信息不可能上升为认知。

拉马达诺维奇将后结构主义社会建构论的维度融于自然科学对"认知"的探索之中:

> 一个相信自己为整个自然界代言的科学家不是真正的科学家,他顶多是一个为自然界解码的诗人。如果他的理论符合正确性的某些标准,那他的理论可能还是有科学价值的,就像牛顿的万有引力定律一样。——事实上,牛顿并不是一个真正的科学家,而是一个提出了一些重要科学理论的炼金术士。若另一种理论提出了一种新的解释框架,从而使他的理论无法继续满足正确性的这些标准时,它就不

再被认为是正确的。

他认为:"这种逻辑也适用于或者应该适用于人文科学。一个人文学者的信仰并不决定其研究的价值,其研究的价值依赖于这门学科的认识标准。"这一观点为下文"后结构主义科学观"的提出做出铺垫。"后结构主义科学"观是全文的立足点,自然科学和后结构主义的有机结合是作者"可持续、普适的生态观"的理论前提,因为只有在后结构主义的科学体系里生态批评才能找到若干可持续发展的因子,这些因子彼此依存,相互作用。

三、后结构主义科学

拉马达诺维奇的"后结构主义科学观"深受社会建构主义的影响。他认为,认知是人的建构之物,因此认知不具有整体性:

> 认知是人的建构之物,它不可能是一个封闭、完备、整合的系统;人类不可能对其全貌进行描述,每一个新理论对这一建构之物不断"添砖加瓦"而已。早期的哲学家,例如康德,就意识到认知能够认识到什么(现象界)和不能认识到什么(本体界)之间的区别,但康德补充说,人类为认识世界而创设的再现形式仍然可以被绝对地认为是世界本身的再现。后结构主义的观点和康德的观点不同。他们认为,由于结构的原因,人类对于世界的认知建构不可能形成一个整合或绝对的封闭体,这是人类再现的属性所决定的。亦即是说,就属性而言,人类的认知是开放的;就本质而言,它是不完整的。依照这一思路,我们得出结论:科学不仅是一种独立存在的话语形式,而且是一种不完整话语形式,它不能完全自我描述。

> "科学的世界观"和"非科学的世界观"之间的区别,可以用雅克·德里达备受争议的观点予以表达,即结构之外不存在文本。他认为,区分文本和非文本的一套独立的标准并不存在。因此,后结构主义并不把文本称为对象,它否认外部对象的存在;它认为文本即对象,对象即文本,合二为一。而在我称之为"非科学的世界观"看来,文本和对象泾渭分明、内部和外部区隔明显,这种拘泥的观点预设了外在于人类的异己的力量的存在,而且认为这一存在是不证自明的事实。

四、德里达

在题为"德里达"的一节里,拉马达诺维奇首先选择了德里达的文章《动物故我在》(The animal that therefore I am)[①]来讨论后结构主义对"自然"是怎样言说的。他申明了选择的理由和这篇文章的主旨:

> 我之所以选择这篇文章,是因为文章涉及身体、主体、政治、团体、伦理学等各种关键问题,并在物种差异的层面上得以集中阐述。首先,我同意文章的主旨可以被非常直白地解读为:动物给人以他之所以为人的启示,这一启示解构了两个物种之间的差异。引起我很大兴趣的是这一启示的假设前提:动物和人类共有一个空间,因此他们具有相同的主体性(这并不意味着他们之间没有区别)。

接下来他解释道:

> 我试图说明的是,如果这一启示成立,如果其他动物的存在能使人意识到自身的存在,那么这种意识产生的条件不光是由于动物的存在,还应包括和人类共有空间的所有生命体的存在,人这一动物(humananimal)理应属于一个更广泛的实体——自然界!我们并不偏激地试图抹杀人与动物的区别;我们只想在一个新的语境下(我们称之为"自然界",甚至"天地万物")重新诠释如何确定这种区别。支配人和其他物种共处的空间的普遍规律不同于科学的普遍规律,传统意义上的科学规律是基于某一类别的普遍规律。支配自然的普遍规律一定是科学可以认知并以概念证实的一个整体。

继而他论述:

> 《动物故我在》的情节非常简单。德里达从浴室里出来,看见他养的猫的眼睛,意识到他本人是赤身裸体的。通常这样的遭遇往往使哲学家们意识到人类对于动物的优势所在,原因很简单——只有人才能写出关于动物的论文。这样的遭遇有助于哲学家解释人类伦理观的意义所在,正是伦理观把有羞耻感的物种和没有羞耻感的物

---

① Jacques Derrida, "The animal that therefore I am (More to Follow)," in *The Animal That Therefore I Am*, Marie-Louise Mallet (ed.), David Wills trans. New York: Fordham University Press, 2008.

种区分开来,把有"面子观"的物种和没有"面子观"的物种区分开来,把面对冲突有反应的物种和没有反应的物种区分开来。而德里达的观点则相反——人之所以具有有别于动物的羞耻感,是在人与动物不断的接触中历史地形成的。即使动物没有羞耻感,它作为一个反例仍然参与了"羞耻感"这个定义的建构,参与建构了人之所以为"人"这一概念。对于德里达而言,物种的差别对于认识伦理的某些关键范畴(如羞耻感、责任感、个性等等)是十分必要的。因此,动物对于人而言不仅仅是一个简单的"他者",它还是一个新的统一体的一部分,这一统一体可以被称为人—动物的统一体(humananimal entity),动物参与了人的主体性的概念的建构。

他举出沃纳·赫尔佐格的纪录片《秘境梦游》(Cave of forgotten dreams)的例子,试图说明人和动物一样都是"所有物种中的一员":

> 观看沃纳·赫尔佐格的纪录片《秘境梦游》,我不禁想到人们追述绘画的历史(确切地说,人物肖像画史),就能得到与德里达一样的观点。——在这里,我不禁要当一回业余美术史家。人物肖像画的历史并不是像一般人认为的那样起源于对人的面部的描摹,而是起源于对类似的动物面部的描摹。现今发现的最早的人物面部像是公元前23000年的《布拉桑普伊的维纳斯》(The Venus of Brassempouy),画中女性的脸没有鲜明的个性特征,画法和动物头部没有区别,人不过是所有物种中的一员。具有个性特征的人物肖像是更晚些时候才出现的。从这一点我们可以看出,人的个性本来就脱胎于他是动物中的一员,是从动物群体中产生的成果。

由此他引申出:

> 这就意味着,动物(看见赤身裸体的德里达的那只猫)尽管没有"面子观",它在建构人这一特定的概念中发挥着独特的作用。正因为如此(德里达对"人的身份"的确定是哲学家在与猫的接触中不断反思自身的结果),这只动物已经历史地成为一个"场"(field)的一部分,这个"场"界定了作为主体的人(和作为附属于主体的客体——动物)。从这个角度看待这只动物,德里达意识到:人和动物这两个活动着、对视着的生命体共有一段历史,共处一个空间。
>
> 然而,这种活动和对视除了暗示人与动物之间的联系外还另有

一层含义,它把这些动物(它们活动对视的存在方式、它们存在的历史)和其他不动的生物区分开来——那些不动的生物本身不会活动,缺乏视觉,(就我们所知)对外部世界没有感知力,因而它们也不属于以人—动物关系界定的道德伦理范畴。它们包括树木、植物等一切没有历史(即缺乏个体身份)的东西。

若依德里达的思路追寻下去,我们不禁要问德里达谈论的生命体是否也包括它们?如若不然,又是什么原因造成的?(难道他不会像生态批评家一样,注意到我们手上的水珠、呼吸的空气、透过窗户看到的大树,而不仅仅是那只猫?)

既然他注视的是个体——它的眼睛、身体、动作和感知,那么更大范围的自然(包罗万物的整体)就不在他的考虑范围之内。他认识到:有史以来,主流的话语形式中对动物的反思的诗学(而非哲学)一直占有一席之地,他的观点中理应包含对这些他者的思考。但是,诗学描述的对象不光是动物,还应该是包罗动物和人的统一体——自然。实际上行文至此,德里达提及"自然"。当他的笔触由对猫的凝视及其效果的讨论转向凝视者自身"我"的时候,他描写了大约是清晨时分"缺乏生机的自然"。当然,对德里达这样一位海德格尔的信徒来说,这是他讨论这一独立本真的统一体所能运用的唯一的措辞。否则,他就会否认这一统一体的存在,即如在《被馈赠的时间》(*Given Time*)一书中,他认为"自然并不存在,存在的只是自然的效果——非自然化和自然化"。

拉马达诺维奇指出德里达的局限在于仅仅意识到人和动物的互动关系。德里达的理论由于缺乏自然科学的维度,他没有对人与"自然"(即包含了所有生命和非生命物种的统一体)的共生关系给予应有的关注:

> 德里达承认他的讨论很少涉及"自然科学"。除了从"虚无"的角度阐释以外,他对"怎样讨论生命体和非生命体的共存和互动"似乎也知之不多。因此,当我们意识到德里达对他与猫共处的诠释有所缺失时,事情的另一面就得以呈现。德里达裸身走过他的宠物猫,描写这次遭遇之时,我们不难想到,其实他所提到的人与动物之间的差别并不比他未提到的差别更大。从自然科学来说,一切身体都是裸露的,人的身体、动物的躯体以及所谓的"物体"都是彼此共存的。羞耻心、话语权和敏感不会是科学上的话题,这点和哲学不同。

把所有的生物都包含在伦理学的定义里,并不意味着我们主张树木的权利。动物的权利和人权一致,这纯属无稽之谈;树木的权利也是无稽之谈。树木和动物已经拥有的权利,是"人类中心论"中"人权"概念的延伸。正如德里达所言,人权从来都不仅仅局限于"人"的范畴,是相较于"动物"而言发展起来的概念。人权既不是某种所谓"人类固有的本性或特质",也不是诸如责任感、语言能力之类的派生物。"人权"的概念是起源于人类以外的环境,在历史发展的过程中不断被赋予人的。然而,德里达认为"人权"的概念只是相较于"动物"而言,他实际上摒弃了多次多彩的"生物"和"环境"的概念——借用海德格尔的比喻,他关闭了"存在之屋"的大门。

拉马达诺维奇转而申明了他的"自然"观实质上是基于后结构主义的自然科学观的:

> 如果我们定义"人的主体性"时包含了与其他生物的关系,那么伦理学就会处理人与环境的关系问题,环境本身就可以被理解为"所有事物及生命以可持续的方式存在并发挥作用的集合体"。在这个集合体中,看到德里达的猫不过是多种事物的代表而已。猫和德里达之间的关系被描述为生命体之间的关系,是基于"彼时他们在场"的事实,而不是基于某些固有属性,例如对某人裸体的意识,具有视觉,被豢养,具有感知,等等。如果后结构主义认为"德里达和猫之间的关系仅仅是两个生命体之间的关系",那么在对"人的主体性"的认识上后结构主义的观点与自然科学的观点就是不谋而合的——自然科学的观点认为人的主体性基本上是一个特定生物体的主体性(这一点解构了主体性其他社会意义方面的特征,如视觉、理性、感知等特征,也消解了我们为女性主义、酷儿理论、民族主义等观点辩护时习以为常的主体立场)。

德里达解构了人的"主体性",把"主体性"延伸到动物身上。但在拉马达诺维奇看来,这并不足够。一切事物都具有"主体性"。对西方哲学的解构就等于消解了封闭体系和开放体系的差异。因此,"自然"除了包括人和动物,还应涵盖一切生物和非生物。"自然"是一个普适的、开放的、可持续发展的实体:

> 总之,德里达的论文涉及动物的主体性,他实际上承认了一切事

物的主体性,因为解构了人的主体性并不等于只强调人的动物性。(这一点显而易见,尽管哲学上对此的论述颇费周章。)对西方哲学的解构就等于消解了封闭体系和开放体系的差异。如果独立于动物体系的人类系统并不存在,人类—动物系统同样不会在一个更广泛的包容所有生物的体系之外独立存在,这一体系过去被我们称作自然史的一部分,现在我们认为它是可持续发展的一部分。

我们按照系统解构或系统开放的思路看待这一更广泛的实体,我们就不必把它设想为一个抽象的整体。这个新实体只能被看作一个相对的整体,它不是一个封闭体,而是一个内部互相联系的系统。(即便一个天体也没有明确的边界,对它的界定是相对于它的大气层、卫星、其他行星以整个太阳系而言的。)

在话语的层面也发生了类似剧烈的转变(开放化)。一旦我们把"主体性"的概念从专属人类的领域延展开来,区别自然科学和人文科学的理论支持就荡然无存了。

人文科学和自然科学的边界一旦突破,后结构主义和自然科学能够有效结合,生态批评里濒临枯竭的"自然"观就可以从中找到丰富的话语资源。

五、什么是自然性

对于后结构主义如何言说"自然",拉马达诺维奇在"什么是自然性"一节里做出了最后的总结。首先他阐明他的结论是德里达式的解构性的:

> 杰拉德·布兰斯在诠释德里达的理论时指出:德里达在《我是谁》(Who am I)一文对人的身份的追问也许"根本没有固定的答案可言",这样的追问比萨特的观点更具颠覆性。德里达对这一问题的回答提供的并不是一个答案,而是处理问题的策略。这一策略就是力图"避免把抽象的概括变为类似身份识别的机械动作"。同样,我们总结后结构主义的"自然"观时也应采用类似的方法。我们用"后结构主义科学观"的概念消解了人、动物与其他物种的差异,结果可能产生原有的知识领域中无法确知的其他若干差异性。因此,我们在讨论"自然是什么"将拒绝任何定义性的描述,甚至把"可持续性的定义"也排斥在外。
>
> 我试图另辟蹊径,总结得出我的结论。因为我们可以给出答案,

也可以拒绝给出答案,这样的方法是有清晰的理路可循的。我质疑对于"自然"的任何定义,哪怕将"自然"视为"自然界的差异性"也会导致物种歧视。

我意图说明目前的生态理论需要达到两个重要目标:让自然科学接受后结构主义观点;让后结构主义观点与普遍的理论相结合。把"自然"视为存在"自然差异性"的系统,这一全新的解释就可以实现上述目标。物种差异是自然存在的,因为它们都属于同一个复杂的系统或栖息环境,彼此都以对方的存在界定自身的存在。套用索绪尔关于"语言"的观点来说,一个物种身份的建构是相对的,它是以共享同一星球或生态系统的其他物种的存在来界定自身的。

总之,后结构主义科学观的前提假设,就是物种之间的差异是自然赋予的,是其他差异性的标准;每个物种都有相对于其他物种的特定作用——从后结构主义的角度去理解,这是一个开放或不完整的体系,我们建构的相关知识都是针对各个具体的物种而言的。

只有当我们界定了这个内部物种彼此依存的系统并具备了某种全局观(不管这种全局观有多么局限),我们才能进一步明了什么是可持续发展的举措,因为各项可持续发展的举措之间是互相依存的。

布伊尔在论述美国生态批评浪潮时指出,第一波生态批评家将"环境"视作"自然"环境,评估"文化对于自然的影响,其用意是赞美自然,批判自然破坏者并扭转其政治行动的危害"。第二波生态批评家则更倾向于追问构建环境和环境主义的有机论模式,即文学与环境研究必须发展一种社会性生态批评。布伊尔认为第二波生态批评的发展将生态批判的伦理和政治引向了一个更加社会中心化的方向。[①] 当今的生态批评否认关于"自然"的话语价值,他们认为"自然"实质上是一种普适性的存在。拉马达诺维奇在文章中提出用"可持续的普适性"的概念取代"自然"这一形而上学的概念。"可持续的普适性"反映了自然科学和后结构主义的有机结合,因为只有在后结构主义的科学体系里生态批评才能找到若干可持续发展的因子。既然科学是"决定任何话语是否具有可持续性的唯一先决条件",他提出后结构主义的科学观,旨在为"自然"建立一个悖论

---

① Lawrence Buell, *The Future of Environmental Criticism: Environmental Crisis and Literary Imagination*. Malden: Blackwell Publishing, 2005, p.20.

性的"非场域"(non-place)①,这一"非场域"呈现出整体性,不仅能够弥合人文科学和自然科学的后结构主义分歧,而且为"可持续性"生态批评的发展提供一席之地。

20世纪末,生态批评在西方的人文艺术主流领域已占有一定地位,但有关"自然"的话语资源日渐稀薄,生态批评面临学术转型与创新。21世纪以来,种种后现代话语策略(例如后殖民生态批评、女性主义生态批评,等等)的提出,为生态批评的纵深发展(如哲学—伦理学方向的转向等)提供了不同的视角和全新的维度。而拉马达诺维奇的文章引入后结构主义的维度,把自然科学的"可持续性"与"自然"这一形而上的概念进行嫁接,无疑为生态批评注入了新鲜的活力。当然,拉马达诺维奇的这一理论创新,还需要得到批评诠释和生态实践的进一步检验。

参考文献

Buell, Lawrence. *The Environmental Imagination: Thoreau, Nature Writing, and the Formation of American Culture*. Cambridge, MA: Harvard University Press, 1995.

——. *The Future of Environmental Criticism: Environmental Crisis and Literary Imagination*. Malden: Blackwell Publishing, 2005.

Code, Lorraine. *Ecological Thinking: The Politics of Epistemic Location*. New York: Oxford University Press, 2006.

Derrida, Jacques. "The animal that therefore I am (More to Follow)," In *The Animal That Therefore I Am*. Marie-Louise Mallet (eds.). David Wills Trans. New York: Fordham University Press, 2008.

Hacking, Ian. *The Social Construction of What?* Cambridge, MA: Harvard University Press, 1999.

Glotfelty, Cheryll & Harold Fromm, eds. *The Ecocriticism Reader: Landmarks in Literary Ecology*. Athens: The University of Georgia Press, 1996.

Jameson, Fredric. *Postmodernism, or, The Cultural Logic of the Late Capitalism*. Durham, NC: Duke University Press, 1991.

Latour, Bruno. *Politics of Nature: How to Bring the Sciences into Democracy*. Trans. Catherine Porter Cambridge, MA: Harvard University Press, 2004.

Levi-Strauss, Claude. *The Elementary Structures of Kinship*. Trans. James Harle

---

① 王治河:《后现代主义辞典》,北京:中央编译出版社,2004年,第60页。

Bell et al. Boston: Beacon Press, 1969.

Meyer, John. *Political Nature: Environmentalism and the Interpretation of Western Thought*. Cambridge MA: MIT Press, 2001.

Ramadanovic, Petar. "How to talk about nature when there is no more nature to talk about: Toward a sustainable universal," *Comparative Literature Studies* 50. 1 (2013): pp. 7—24.

Zapf, Hubert. "Literary ecology and the ethics of text," *New Literary History* 39. 4 (2008): pp. 848—852.

王治河:《后现代主义辞典》,北京:中央编译出版社,2004年,第60页。

《简·奥斯汀〈爱玛〉的"德化"叙事》一文述评[①]

四川外国语大学英语学院　林　萍

【摘要】 希瑟·克勒曼（Heather M. Klemann）是耶鲁大学比较文学专业博士生，是专门研究奥斯汀及其作品的青年学者。在《简·奥斯汀〈爱玛〉的"德化"叙事》一文中，克勒曼从叙事的角度对《爱玛》（*Emma*）进行了深入的分析，认为《爱玛》是一部成功而巧妙的道德训诫小说，奥斯汀的"德化"叙事策略成就了《爱玛》精妙的道德训诫效果。文章认为，奥斯汀的"德化"叙事既是情感策略，又是修辞手段。从情感策略的角度来看，"德化"叙事是对文学中感伤主义情感范式的消解，是对"以情感人"写作模式的彻底颠覆。通过对"孝顺而终身未婚的女儿""激动人心的订婚""高贵身份的最后揭秘""看望穷人的善举"以及"情感信物的馈赠"等五大具有原型意义的情感母题的细致处理，奥斯汀实现了对 J. 托姆逊《秋天》（*Autumn*）中拉维尼亚式"以情感人（pathos）"写作模式的消解，以及对煽情式的视觉文化的反讽，进而创造性地发展了现实主义。从修辞手段而言，奥斯汀通过设置字谜、文字游戏和转换叙述视角等方式，不断调动、启发和暗示读者，实现小说价值观念和道德规范在读者中的内化，并达到在潜移默化中塑造读者的目的。

【关键词】《爱玛》；"德化"叙事；"以情感人"模式；情感策略；修辞手段

一、引言

《简·奥斯汀〈爱玛〉的"德化"叙事》（Ethos in Jane Austen's *Emma*）一文原载于《浪漫主义研究》（*Studies in Romanticism*）2012 年冬月刊第

[①] Heather M. Klemann, "Ethos in Jane Austen's *Emma*," *Studies in Romanticism* 51.4 (2012): pp.503－532.

51期,该杂志1961年由美国著名浪漫主义研究学者David Bonnell Green[①]创办,由波士顿大学研究生院主办,每期选登全世界著名学者(特别是年轻学者)的浪漫主义研究前沿成果,是美国浪漫主义文学研究最权威的杂志之一。文章作者希瑟·克勒曼,是耶鲁大学比较文学专业在读博士研究生,是专门研究奥斯汀及其作品的青年学者。

关于奥斯汀及其代表作《爱玛》的定位,学界一般认为,奥斯汀是一个道德小说家,而《爱玛》则是一本道德训诫小说。MacDonald在一篇《爱玛》的专论中认为,《爱玛》"首先是一部教育小说","很多评论家都把爱玛受到教育、接受道德启示作为小说的主题"。[②] Shannon也认为,奥斯汀首先是个"道德小说家"。[③]持类似观点的还有A. Kettle。Kettle认为,"如果《爱玛》不是一部通过人际关系(特别是婚姻关系)来表现社会价值的小说,那就很难想象它到底写的是什么"。[④]同样,Klemann也认为,奥斯汀的《爱玛》是一部非常成功而且极为巧妙的道德训诫小说。在此基础上,Klemann从叙事的角度对《爱玛》进行了深入的分析,认为奥斯汀"以德化人"(ethos,简称"德化")的叙事策略成就了《爱玛》精妙的道德训诫效果。他认为,奥斯汀的"德化"叙事既是修辞手段,又是情感策略。"德化"叙事是对文学中感伤主义情感范式的消解,是对"以情感人"写作模式的彻底颠覆。读者阅读《爱玛》的体验,就是随着奥斯汀进入小说描绘的海伯里社区,冷静地思考文本所反映出的道德风尚、价值观念,对照自身价值观念和行为模式,从而受到潜移默化影响的历程。在文章中,Klemann对《爱玛》的"德化"策略和"德化"效果进行了细致入微、颇有见地的深入探讨,现将该文的主要观点和论证思路概述如下。

二、海伯里的"德化"叙事

在探讨海伯里的"德化"(ethos)叙事之前,Klemann首先对ethos进行了界定。他认为,Ethos是一个非常复杂的术语,关于这一术语的界定

[①] 本文涉及的一部分外国人名没有统一的中文译名,故仍使用其英文原名,便于读者识解。

[②] Richard McDonald, "And very good lists they were: Selected critical readings of Jane Austen's *Emma*," *A Companion to Jane Austen Studies*. USA: Greenwood Press, 2000, pp. 97–114.

[③] Edgar F. Shannon Jr., "*Emma*: Character and construction," *PMLA* 71.4(1956): pp. 637–650.

[④] Arnold Kettle, "Jane Austen: *Emma*," *Emma an Authoritative Text, Backgrounds, Reviews and Criticism*. New York: W. W. Norton & Company Inc., 1972, pp. 393–399.

简直就像万花筒般多样不一。他首先列举了 M. Halloran、W. Scott 和 C. Cage 夫人的界定：

> Ethos 强调的是一种公众而非个人，常规而非个别的意蕴。在希腊语中，该词的确切的含义是"习惯性的聚会之地"。我认为，该词之所以蕴含性格、气质之义，就在于人们常常聚集在公共场合，分享并体验不同的观点。(Michael Halloran)

> Ethos 即性格，也就是我们所认为的习惯或者反复的行为。(Michael Halloran)

> 奥斯汀小说中的人物行为都建立在某种动机和原则之上，读者可能会意识到这些动机和原则，进而引导读者自身及其朋友的生活。(Walter Scott)

> 我整天都生活在海伯里，（通过阅读《爱玛》）我感觉结识了一群新朋友。这种由衷的感觉令人心生惬意，除奥斯汀外没有人能写出这种感觉。(Mrs. C. Cage)

但与上述界定不同的是，Klemann 更加关注这一术语在伦理、社区、地域及修辞层面的含义。《爱玛》一书的背景是海伯里这一大社区，这是一个"习惯性的聚会之地"，那儿的人们交往密切。小说对此类交往活动着墨甚多，比较典型的有科尔家对众乡邻的宴请，博克山的郊游，奈特利先生邀请亲朋好友参加的草莓会，弗兰克·丘吉尔提议举办的舞会，以及爱玛与哈丽特对新婚夫妇埃尔顿一家的拜访等。通过这些交往活动，海伯里的居民和阅读《爱玛》的读者，他们彼此分享经验、交流心得，一方面彼此交流价值观念，另一方面还塑造并测试自身性格。用 Scott 和 C. Cage 夫人的话来说，阅读《爱玛》的体验，实际上就随着奥斯汀进入海伯里社区，冷静思考文本反映出的道德风尚、价值观念，对照自身价值观念和行为模式，从而受到潜移默化影响的历程。

在小说《爱玛》中，海伯里居民的相互拜访是世代沿袭的传统，是人人倡导的行为，这一点颇像中国人对邻里之间礼尚往来的尊崇。邻里互访使居民的社区归属感得以确立，进而发展并完善拜访者的性格。小说中的奈特利先生是一位标准的英国绅士，富有英俊、正值睿智。他住在离海伯里一英里的地方，是海伯里的常客，非常受人尊敬和羡慕。在小说中，他一出场就是拜访爱玛一家。他的拜访虽然迟到了一个小时，但却丝毫不影响他受欢迎的程度。同样，按照海伯里的价值观，贝茨夫人、贝茨小姐、科尔夫人经常拜访哈特菲尔德，以此表明她们的仁慈和善良；佩里先生经常拜访哈特菲尔德，表明他是一位绅士；而不注重邻里互访、长期从兰德尔斯消失的弗兰克·丘吉尔则被认为其性格存在问题。后来，弗兰克开玩笑说，他想通过在福特店（一个大家经常聚会的地方）买点儿东西，以此"证明属于那个地方，是海伯里的一个真正居民。"[1]

正如 Julia Brown 所说，海伯里没有等级体系，这个社区的人们互相依靠，互相观照，互相影响，互相改变。[2] Klemann"德化"首先探讨的是小说人物与社区的关系：即个体对社区价值的认可和服从，一方面在一定程度上表现为价值体系对个体行为的约束，另一方面表现为个体偏离该体系而受到的嘲讽。因此，个体对社区价值体系的遵守，不是指其行为在何种形式上偏离了这一体系，而是指其行为在何种形式上依据这一体系而进行了自我调整。跟18世纪早期的道德训诫意味更浓的小说相比，《爱玛》中的人物并非道德楷模。跟奥斯汀的其他女主人公一样，爱玛这一人物充满了道德训诫的意味。她俊俏聪明，富有快乐，充满爱心而富有见地，可是，爱玛也有虚荣心，常常自以为是，犯了不少主观臆断而忽视客观事实的错误。每当回顾自己错误的言行时，她时常充满了懊悔，并希望对自己的性格有所调整和改进。但是，即便是在爱玛自我调整、自我反思的过程中，《爱玛》的道德教育也比其他以性格为核心的小说更强调社区和习俗概念。Marilyn Butler 认为，"如果说 Caleb Williams 和 Belinda 是通过自我反思而变得成熟的话，那么爱玛则是通过将自身的主观想象转换成常识而变得成熟的"。[3]

教育的理想在于培养能够自我约束、自我反省的人。在爱玛不断走向成熟的过程中，奥斯汀对其进行了细致而丰富的心理刻画，即爱玛积极的心理反思。这些心理刻画不仅要展示给读者看，而且意在让读者效仿，产生某种"言后行为"。《爱玛》的道德训诫意义在于，读者在阅读的过程中对自身的情感进行积极的思考，而经常不停地思考就会帮助读者养成习惯，进而塑造性格。在 Klemann 看来，与其他时代的作家作品相比，奥斯汀显然技高一筹。那些作家虽然也能取得道德启示的效果，但其手法

---

[1] Jane Austen, *Emma*. Fiona Stafford (eds.), London: Penguin, 1996, p. 187.

[2] Julia Prewitt Brown, *Jane Austen's Novels: Social Change and Literary Forum*. Cambridge, MA: Harvard University Press, 1979.

[3] Marilyn Butler, *Jane Austen and the War of Ideas*. Oxford: Clarendon Press, 1975.

则矫揉造作、流于肤浅。《爱玛》的"德化"叙事之所以成功,是因为这一叙事不仅体现在文本之内,而且超越了文本,走向文本之外。Klemann 进一步运用 ethos 的修辞学意蕴,对小说超越文本的"德化"叙事进行了进一步的分析。

从词源来看,"ethos"一词来源于"eethike",意为性格或道德品质。根据亚里士多德《修辞学》一书的观点,修辞或说服的艺术涵盖三个维度,即喻德(ethos)、喻情(pathos)和喻理(logos)。也就是说,从修辞学的角度,ethos 就是指作者诉诸"德"(而非"情"〈pathos〉或"理"〈logos〉)而使读者心悦诚服,即所谓"德化"叙事。

"德化"叙事离不开作者和读者的互动和对话。除了海伯里这一社区以外,奥斯汀还建构了一个"关于爱玛"的读者社区。她收集了她的家人和朋友对该小说或褒或贬的各种评价,表明她对读者的反应和感受极度重视。这些评价当中,有很多是关于小说的道德层面的。比如,奈特利先生最受读者的喜爱,而读者认为弗兰克·丘吉尔配不上那么好的结局,对埃尔顿牧师的描写可以更公正、更细腻一些等等。这些文献记录对于"德化"叙事特别重要,表明作者在努力地理解读者的价值观,并为传达自己的价值观做好准备。

超越文本之外的"德化"叙事当然离不开读者的积极参与,它需要读者与作者一起构建小说的价值体系。奈特利向爱玛求婚的叙事耐人寻味,引起了不少评论者的关注,作者 Klemann 从"德化"叙事的角度给予了阐释。奈特利先生要向爱玛求婚了!奈特利先生将以何种方式向爱玛求婚?他将向她说些什么呢?爱玛如何作答?这是小说情感的高潮,兴奋的读者对这些问题的答案充满了期待。但是,小说叙述者突然闯进,"她怎么说的?——当然是一个女人应该说的那些。"[①]叙述者的突然干预使读者的情感需求顿时受阻。叙述者通过提问"她怎么说的?"邀请读者参与叙事。同时,这个反问句使读者意识到,小说之中一直存在着读者和叙述者之间的对话。从接下来的破折号后面,读者知道爱玛说了她"应该说的那些"。叙事者预设读者不仅能够想象出她应该说的那些,而且能够准确权衡根据海伯里道德风尚怎么说才得体。破折号后的"当然"一词很口语化,与较高层次的伦理诉求"应该"形成对照,表明爱玛的得体并不是源于她道德上多么高尚,多么与众不同,而是源于可以与读者分享的再

---

① Jane Austen, *Emma*. Fiona Stafford (eds.), London: Penguin, 1996, p.404.

普通不过的社区道德风尚。

在感伤小说里,剧情高潮时刻男女主人公的对话是至关重要的,作者往往浓墨重彩大加渲染。奥斯汀摈弃当时流行的感伤小说的写法,她一反常规,坚持使用即将消亡的现实主义写法。但她并没有一味地模仿五十年前的现实主义写法,而是加入了自己的理解,从而发展了现实主义。读奥斯汀的《爱玛》没有眼泪,只有对情感的适度约束。奥斯汀没有呈现给读者一个煽情的、感伤的故事。读者没有掉泪,也没有多少现场的即刻的反应,她有意推延了读者的思考和反应,以此让她小说中的人物和读者学会克制约束自己的情感。因此,克制约束在小说《爱玛》中既有主题上的意义,又有叙事结构上的意义。

三、消解拉维尼亚:海伯里"德化"叙事对"以情感人"写作模式的颠覆

作者 Klemann 比较了詹姆斯·托姆逊《秋天》中"以情感人"的写作模式与《爱玛》"以德化人"的叙事模式。作者认为,奥斯汀通过反讽巧妙地挑战和颠覆了"以情感人"的写作模式。

18 世纪的英国崇尚理性,简·奥斯汀深受 18 世纪传统思想的影响,她的大部分作品反映了这个时代的主题——理性。奥斯汀的《爱玛》改变了"以情感人"的写作模式,这正好符合了当时阅读领域的历史性改变。在 18 世纪,曾经非常流行的感伤主义阅读方式开始让位于更加理性、温和、沉着的阅读方式,道德训诫小说的阅读尤其如此。到了 18 世纪末,感伤式、煽情式阅读(尤其是妇女的阅读)受到了作家和教育学者的普遍关注。例如,Maria Edgeworth 在《给女作家的信》一文中详细论述了将同情心浪费在浪漫故事和诗歌方面的严重后果。① 同样,Mary Wollstonecraft 也强烈谴责以小说、诗歌和音乐为灌输工具,使女人变得更加多愁善感的方式,她认为这种方式会使读者的逻辑理性功能变得迟钝,不利于她们成为一个理性的、对社会有用的人。② Hannah More 也批评一些作家"将他们的才能都用于激发情感、煽动情绪",说他们"以原则

---

① Maria Edgeworth, *Belinda*. Vol. 2. *The Novels and Selected Works of Maria Edgeworth*. London: Pickering & Chatto, 2003.

② Mary Wollstonecraft, *A Vindication of the Rights of Woman*. Oxford: Oxford University Press, 1999.

为代价,将道德和精神的高尚换成了怜悯和同情"。① 许多小说家,如伦诺克斯、海丝、沃尔斯通克拉夫特和维斯特等都倡导理性,反对过于煽情,主张引导读者思考。虽然这种弘扬理性的作品对于现代读者来说,会稍显单调而缺乏吸引力,但是跟感伤小说相比,道德训诫小说就是要去除人物的理想化色彩,突显主旨的朴实无华。

然而,与反对感伤的先辈们相比,奥斯汀的做法更加低调。她的作品毫无盛气凌人的训诫意味,她决不把自己的观点强加给读者。她的道德启示被完美地编织在小说的情节和结构之中。在自己的作品中,奥斯汀会首先考虑的是读者对作品的情感反应是否得体,她不会让读者陷入唯我独尊的个人情感之中。她认为,好的情感反应应该是合理的、道德的、符合社区风尚的。跟其他作家不同的是,奥斯汀没有在小说的序言里以说教和辩护的方式直接批评"以情感人"的写作模式。

在《爱玛》中,奥斯汀孜孜不倦地对具有原型意义的情感母题进行了精心的处理。这些情感母题包括:让人同情的、孝顺的、终身未婚的女儿,激动人心的订婚,高贵身份的最后揭秘,看望穷人的善举以及情感信物的馈赠等。Klemann 详细论述了奥斯汀如何对这些具有原型意义的情感母题进行细致地处理,从而颠覆了"以情感人(pathos)"的写作模式,体现奥斯汀的"德化"叙事(ethos)。奥斯汀在《爱玛》中对贝茨夫人和贝茨小姐的描写与詹姆斯·托姆逊在《秋天》中对寡妇和女儿的描写正好形成鲜明的对照。奥斯汀熟知托姆逊在《秋天》中的关于拉维尼亚和帕利蒙感人的田园爱情故事,所以当她描写贝茨夫人和贝茨小姐时,其脑海中很可能浮现的就是那些浪漫感人的情景。的确,这个故事的道德启示虽然在当代被遗忘了,但是在整个 18 世纪直到 19 世纪早期,却被人们大量地引用着。这个故事被收入了《佳句摘录》(*Elegant Extracts*)等诸多文学和道德文集。故事的田园风光和感人的恋爱情节为奥斯汀写作《爱玛》提供了有用的模型参照。托姆逊《秋天》的故事以《圣经》中露丝的故事为原型,女主人公是年轻可爱但不幸的姑娘拉维尼亚,她帮寡居多年的母亲干着拾麦穗的低下农活。富有英俊的帕利蒙在田野散步时发现了这个美人,并得知她就是他已故赞助人的女儿,于是他向她求婚。故事开始几行描述的场景跟贝茨小姐的情形非常相似:

---

① S. Michael Halloran, "Aristotole's concept of ethos, or if not his somebody else's," *Rhetoric Review* I 1 (1982):pp. 58—63.

> 年轻可爱的拉维尼亚小姐曾经有一些朋友：
> 命运的捉弄使得她出身低贱，
> 因为，在那些清贫无助的日子里，
> 她一无所有，唯有天真和上帝，
> 居住在一个小木屋里，贫穷、偏远……
> 却也知足，懒得去愁明天的食物。①

《爱玛》中的贝茨小姐虽然不"可爱"也不"年轻"，是个"不美丽又不聪明"的女子，却全身心地照顾着她年老体衰的母亲，依靠一笔微薄的收入艰难地支撑着全家的用度。贝茨小姐与拉维尼亚有颇多相似之处：母亲守寡、家道中落，与母亲相依为命，都有孝顺谦卑、知足常乐的优点。虽然如此，奥斯汀的"德化"叙事却挑战了托姆逊对拉维尼亚的塑造，温和地颠覆了"以情感人"的写作模式。

托姆逊对拉维尼亚及其母亲充满诗意的描写极大地唤起了读者的同情。拉维尼亚的"无助"和"贫穷"正好与她的美丽和美德形成对照。然而，奥斯汀对于贝茨小姐和贝茨夫人的描写却更加实事求是，并无丝毫情感的渲染。贝茨小姐没有坏心眼，却好跟人闲聊，经常忽略听众感受而喋喋不休地谈论些琐碎的事儿，好几次都成了爱玛揶揄的对象。可以说，奥斯汀对贝茨小姐的描写是让读者忍俊不禁，而不是让读者感动。拉维尼亚和她的母亲离群索居在一个树林里，而《爱玛》中的贝茨小姐却是社区的活跃分子，她热衷于茶会、舞会等各类社区活动，她的家虽然简陋无比，却热闹非常，是小说中人们固定的聚会场所。这些不带感情色彩的细节描写消减了读者对贝茨母女的同情心。

简是贝茨小姐的侄女。在小说中她似乎很容易成为读者同情的对象：美丽聪慧、举止文雅，接受过良好的教育，是海伯里的第二大美女，但她出身低微，前途未卜，靠做家庭教师谋生。但是，爱玛对简却充满了嫉妒，这种嫉妒之情消减缓和了读者对简的同情之心，"以情感人"的模式再次受到挑战。与简在一起的时候，爱玛会莫名其妙地一改友好的性情。人们普遍认为她会与简成为好朋友，而爱玛对此却不以为然。她向奈特利先生吐露了心声，"她永远不会跟简成为好友，她也不知道为什么，简

---

① James Thomson, *The Seasons*. James Robert Boyd(eds). New York: A. S. Barnes, 1856.

太冷淡,太矜持,不管简开心与否,她都很冷漠,而且,简的姨妈似乎永远喋喋不休,大惊小怪"。① 当爱玛第一次拜访简时,简没有说出关于弗兰克·丘吉尔的性格和相貌的有趣细节,叙述者在该章结尾处简洁地结了尾,"爱玛不会原谅她"。②而且,弗兰克·丘吉尔的玩笑话(后来我们知道他以此故意掩盖他跟简的关系)激起了爱玛对简的轻视。韦斯顿夫人认为奈特利先生不仅尊敬简而且爱慕简,这加剧了爱玛对简本人以及她低贱出身的轻视。当爱玛知道了简与弗兰克·丘吉尔的私情后,她说道:

> 这对简来说是好事,但对弗兰克来说,却是一件糟糕的事:降低身份,让人耻笑。弗兰克怎能忍受有贝茨小姐那样的亲戚?——贝茨小姐会经常往唐沃尔跑,为了弗兰克好心好意地跟简结婚而成天向他千恩万谢:你人太好了,给了我们那么大的帮助,你总是那么心地善良。接着,还没说完就转到了她母亲的那条裙裾的话题上。③

爱玛最初对简的同情变成了嫉妒,爱玛嫉妒其他人对简的尊敬,这种嫉妒又转化成了轻视和嘲讽,虽然这些似乎有损于爱玛"完美"的性格。故事的绝大部分内容采用的是爱玛的视角。爱玛所强调的我们很容易接受认同,而她所忽视的信息则容易给我们造成蒙蔽。所以,从上面这段文字中,我们可以看出爱玛的嫉妒扭曲了读者的对简的潜在的同情。韦斯顿夫人注意到了爱玛对简的态度,她说,"这不公平,爱玛!别嘲笑她!你的玩笑让我觉得不安。"④爱玛诙谐风趣但不合礼数的行为最后得到了纠正,因为它们不符合海伯里的道德风尚。

为了实现对"以情感人"写作模式的消解,奥斯汀对情感母题的精心处理除了体现在她对"让人同情的、孝顺的、终身未婚的女儿"这一母题以外,还体现在她对"激动人心的订婚"这一母题的处理。在小说结束的时候,弗兰克和简订婚了,奥斯汀描述订婚仪式的语言异常简洁低调。韦斯顿夫人端正克制的举止使得这些语言显得更加冷静。这一传统上扭转命运、激动人心的事件在《爱玛》中却被作者做了这样的冷处理。然而,在托姆逊的《秋天》中,当拉维尼亚的父母得知女儿与富有的帕利蒙订婚的消息时,他们激动不已。拉维尼亚的人生一下子闪亮起来,托姆逊热情洋溢

---

① Jane Austen, *Emma*. Fiona Stafford (eds.), London: Penguin, 1996, p. 156.
② Ibid., p. 159.
③ Ibid., p. 210.
④ Ibid.

地描述道：

>消息很快传到了她的母亲的耳里，
>当时，她正忧虑重重，憔悴不堪，
>独自担忧拉维尼亚的命运，
>惊讶，不相信她的所闻，
>疲惫的容颜闪现出欢乐，
>沐浴在傍晚夕阳的光芒之下，
>老两口欣喜若狂。①

在《爱玛》中，贝茨一家对简订婚的反应是这样描述的："老夫人很安静、很满足，她的女儿很兴奋，但可能是因为太兴奋却没有像以前一样说个不停，这是一场令人满足的、比较感人的场面。"②可见，托姆逊情感横溢的描写在奥斯汀海伯里式克制的道德氛围中仅仅成了"令人满足的、比较感人"的场面。这句话虽然可以看作是奥斯汀克制陈述的典型，但她所使用的这种技巧却带有海伯里社区的特点。在小说中，爱玛是通过与韦斯顿夫人的对话才了解到贝茨一家的高兴心情的。这句话的开始使用了间接引语，以告知读者后面的叙述源于韦斯顿夫人的叙述。韦斯顿夫人不可置疑的社区礼仪使得她的描述语言非常克制，出于同样的原因，爱玛和韦斯顿夫人都对各自的情感采取了克制的态度。奥斯汀这样做的意图很明显：小说的读者也应该克制情感、冷静思考。

"订婚"母题的处理还体现在奥斯汀对爱玛订婚细节的描述上。在描述爱玛将自己订婚的消息告诉父亲伍德豪斯先生时，奥斯汀顽皮而又不失老练地戏仿了这个文学作品中反复出现的母题。《秋天》中的拉维尼亚直接把自己订婚的消息告诉了妈妈，而爱玛却没有这样做，她有意地将这一消息予以了推迟。跟拉维尼亚一样，她很在意父亲的感受。爱玛的父亲伍德豪斯先生鳏居多年，他跟拉维尼亚的母亲一样，为女儿的命运忧心忡忡、疲惫不堪。他为各种事情忧心劳神：他认为结婚会带来各种烦恼；大型聚餐、聚会迟到、天气恶劣、消化不良，凡此种种，都会让他心神不宁、担惊受怕。爱玛知道，自己订婚的消息肯定会让父亲心生不安，因此爱玛并没有第一时间告知父亲这消息，而是不断地延后。当伍德豪斯最终知

---

① James Thomsom, "Autumn," *The Seasons*. New York: A. S. Barnes, 1856, pp. 301—307.
② Jane Austen, *Emma*. Fiona Stafford (eds.), London: Penguin, 1996, p. 391.

道这一消息以后,他的反应也跟拉维尼亚的母亲大相径庭:拉维尼亚的母亲是欣喜不已,而他则既不意外也不高兴。他不能马上接受这个现实;他需要时间也需要有人向他不停地重复这个事实。有趣的是,他最后终于同意了。他之所以同意,是因为他有一个现实的考虑:女儿与女婿奈特利的结合也许并不是什么坏事,因为奈特利可以吓跑偷鸡贼。

奥斯汀对"人物高贵身份揭秘"这一母题的处理,也可以看出她对"以情感人"写作模式的消解。拉维尼亚和帕利蒙故事中出身贫寒、地位低下之人最后竟出身高贵、尊崇富有,这样的情节在18世纪的浪漫故事中十分常见,很多作家也因此赚取了读者的大量热泪。而《爱玛》却并非如此。小说一开始,哈丽特·史密斯小姐的神秘出身就构成一个悬念。根据浪漫故事的传统,某相貌不凡的私生女其出身一定不凡,结果导致爱玛对哈丽特的出身做出了错误的判断。叙述者在描述哈丽特的出身时使用了一个模糊的词语"somebody(某个人物)":"哈丽特·史密斯是某个人(物)的私生女。几年前,那个人把她送进了戈达德学校。最近,那个人又把她从普通生提升为特别寄宿生。"[①]跟爱玛一样,读者不知道"somebody"指代的是某个不知姓名的人呢,还是指代某个重要的人物。这两种互相对立的所指为奥斯汀最后的颠覆埋下了伏笔。当最后真相大白时,哈丽特并不是某重要人物的私生女,也不是什么上流社会人士或某绅士的后代,而只不过是某商人的女儿。因此在《爱玛》中,真相的最后揭示不是人物阶层的提升,进而将小说推向一个浪漫的高潮并引起读者的情感共鸣,而是一种稍显突然、略带尴尬的结局,一种很快就消退在聚光灯之后的结果:哈丽特与佃农罗伯特·马丁匆忙相好并最终订婚。奥斯汀也仅仅用了一段话来揭示哈丽特的出身真相,因此读者没有太多的时间去思考或做出反应,因为小说快结尾了,另外一桩婚姻的举办也迫在眉睫了。

"探视穷人"是奥斯汀消解"以情感人"写作模式的第四个母题。小说中对爱玛和哈丽特12月份探望海伯里附近穷人的场景进行了描述。按照18世纪浪漫主义的传统,此类描写似乎应包括穷人如何贫穷绝望,爱玛和哈丽特的善良如何深深打动读者心灵这样的东西,这也是对该类情感母题的常规处理方法。然而在《爱玛》一书中,两人在探望穷人的途中偶遇贝茨小姐时,爱玛对家境贫寒的贝茨小姐却缺乏善意,甚至略带轻视。说到底,这是因为她对于贫穷本身并没有多少同情。她曾说过:"一

---

① Jane Austen, *Emma*. Fiona Stafford (eds.), London: Penguin, 1996, p.23.

个贫穷的单身女人必然遭到大家的耻笑,必然不讨人喜欢。"①就这样,奥斯汀对"探视穷人"这一母题的描写并没有任何情感高潮,小说的叙述者只是如实地、理智地记录了爱玛如何了解了穷人的无知和愿望,爱玛也"没有期望的突出的美德,对于这点,教育也没起多大作用。"②虽然这些穷人也让爱玛触动,虽然她离开时也获得了某种自我认可感,但是穷人的困境在她的脑海里瞬间即逝。她对哈丽特说:"很可能在今天剩下的时间里我的脑子里都装满了这些可怜的穷人。但是,谁能说,他们在我的脑子里能停留多久?"③爱玛并没有沉迷在那些情感之中,女友哈丽特陪伴着她,她们很快就聊起了埃尔顿先生,这一切使她的心灵恢复了平静,而心灵的平静对于产生满足感和快乐感是必要的。读者跟爱玛一样,很快摈弃了救助穷人这一传统中典范的情感母题,而去关心哈丽特与埃尔顿之间的感情发展。

  奥斯汀消解"以情感人"写作模式的第五个情感母题是"情感信物的馈赠"。情感信物与普通物体的区别在于,小说中往往存在情感信物与其主人的相关叙述。但在《爱玛》中,奥斯汀有意分裂了这种关系,这种分裂导致信物的叙述语境缺失,使小说中的情感信物不再激发伤感或同情。在《爱玛》的第三部分,哈丽特的包裹里装着橡皮膏和曾经属于埃尔顿的旧铅笔头,包裹上面印着几个字:最珍贵的宝贝。这些东西看起来似乎是爱情信物,但是关于这些东西的历史却在小说中缺失了。叙述者省略了先前关于埃尔顿如何用爱玛的小刀划伤了他的手,哈丽特如何看着他用旧铅笔头记下酿制云杉酒的过程,以及哈丽特如何悄悄地把它们藏起来,等等。因而,读者也没有关于这些东西的浪漫记忆。所以,当这些东西最后出现时,哈丽特与埃尔顿先生的婚姻并没有因为它们的出现而增加任何可能,这些"情感信物"可能的情感价值已经消失殆尽。这些东西不但未能激起伤感同情,反而在这样的描述中显得滑稽可笑。在此基础上,奥斯汀以一种幽默的方式进一步对这些"情感信物"的实用价值进行了反讽。爱玛说,"哈丽特,有必要烧掉那块橡皮膏吗?至于那截旧铅笔头,我没话可说,可是橡皮膏或许有用呢。"④爱玛对哈丽特"情感信物"的反应

---

① Jane Austen, *Emma*. Fiona Stafford (eds.), London: Penguin, 1996, p. 83.
② Ibid., p. 84.
③ Ibid.
④ Ibid., p. 319.

消减了哈丽特天真的情感——"上帝保佑我吧！我绝不会想到将弗兰克·丘吉尔玩剩的橡皮膏小心翼翼地保存在棉花团里！"①我们同情小说中人物的悲惨遭遇，因为我们害怕那样的事情会发生在我们身上。然而，爱玛这种"非同情"的反应正是对读者"同情"反应的一种反讽和戏仿。

在《爱玛》中，奥斯汀不只是巧妙地通过反讽向煽情叙事发起了进攻，她还反讽了煽情式的视觉文化。

在18世纪的油画、刺绣以及出版物中，拉维尼亚和帕利蒙的感人故事始终是一个流行而颇受欢迎的题材。在约翰·拉斐尔·斯密斯1780年的版画中，帕利蒙双手紧握，深情款款地注视着美貌的拉维尼亚。拉维尼亚则目光下垂，面部微侧，显得温柔谦卑，似乎有意让帕利蒙欣赏她转头一瞬的雅致。同样的场景还出现在亨利·辛格顿1792年画的油画之中。在亨利的油画里，帕利蒙的右手搁在胸前，眼睛注视着拉维尼亚，眼神中充满了恳求。他左手拉着拉维尼亚的右手，拉维尼亚则转过头去，脸上充满了娇羞。在托姆逊的这一故事中，视角美是一个至关重要的元素，其重要性使该故事在视角艺术中占据了原批评的位置：在所有这些艺术作品中，帕利蒙成了一个隐喻，他代表着观察者，充满深情和渴望地凝视、欣赏着面前美丽无比的"图画"。

就像艺术家们为拉维尼亚和帕利蒙的感人故事作画一样，爱玛也故意以哈丽特为模特为其现场作画，并让埃尔顿作为现场观众，以此打动观众埃尔顿的情感。她为哈丽特作画的目的并不是要画得逼真，而是要埃尔顿欣赏并喜欢哈丽特。为此，"她打算稍稍修改一下身体的线条，让她显得高一点儿，更雅致些"。② 有趣的是，爱玛在为哈丽特绘画的过程中，很想复制斯密斯或辛格顿等画家的作品中帕利蒙的那种凝视和画中的人。哈丽特表现出"年轻姑娘非常甜美的面貌"，埃尔顿站在爱玛后面，有机会不停地凝视他前面的画中人。埃尔顿不停地夸画中哈丽特的美貌而似乎忘了爱玛是有意将她的朋友画得比她本人更美丽更雅致。埃尔顿说，"我觉得任何方面都像极了。"他激动得语无伦次，"史密斯小姐纯正的神态——整体说来——啊，简直无与伦比！我简直不愿将目光挪开。我从没见过这么好的画像。"③后来，当埃尔顿的真实动机曝光之后，他的那

---

① Jane Austen, *Emma*. Fiona Stafford (eds.), London: Penguin, 1996, p.318.
② Ibid., p.46.
③ Ibid., p.47.

些溢美之词就变成了空洞的奉承。所以,在《爱玛》中,视觉艺术没能产生爱玛预想的浪漫效果,没能成为提升感情和品质的试金石,相反却被投机者利用,成了欺骗的工具。奥斯汀通过爱玛为哈丽特作画的情节巧妙地反讽了煽情式的视觉艺术。

除了上述例证之外,推进《爱玛》情节发展的悬念设置也消解了读者对某些人物的同情。在《爱玛》中,由于读者不知道弗兰克和简的私情,所以无法明白简玩拼字游戏和在博克斯山游玩时表现出的尴尬和窘迫,这种尴尬与窘迫甚至会误导读者,以为简跟迪克森先生之间存在私情。因此,读者并没有像支持拉维尼亚和帕利蒙一样站在简的一边,奥斯汀以此暂时地中断了读者对她的同情。直到后来他们的婚约公布之时,读者才在冷静地回忆和思考中明白了简之所以有那些反常表现的原因。除此以外,小说还有一个更大的悬念:爱玛会结婚吗?她会跟谁结婚?然而,在小说的绝大部分篇幅里,这个问题一直悬而未决。读者并不知道爱玛爱着谁,就连爱玛自己也是到小说快结束时才知道自己爱着奈特利。换句话说,小说从头到尾占据读者心灵的,是小说的悬念而不是同情。

在浪漫故事中,求婚、父母答应婚事、婚礼等都是典型的浪漫时刻和情感高潮。每当这些时刻来临,小说中的人物往往激情显露、不能自已。然而在奥斯汀的笔下,这些事情似乎都无关紧要、无足轻重。奥斯汀对它们的处理是轻描淡写,极力使情感反应变得温和,只有在恰当的情形下情感才能给予。在她看来,只有这样,随着小说情节的展开,读者的性格才能通过阅读得到塑造。

虽然奥斯汀有意地保留了情感反应所需要的重要信息,但每当读者重读小说、意识到人物行为的内在驱动力时,读者的情感反应却会加强。举个例子来说,重读小说的读者绝不会对简玩拼字游戏时隐秘的痛苦置若罔闻。同样的,爱玛在博克思山嘲讽了贝茨小姐,这在当时并没有引起强烈的情感,可是过了好几页之后,爱玛开始对自己的行为进行反思。因此,在《爱玛》中,强烈的感情是存在的;需要引起注意的是,无论是对小说人物还是对读者来说,强烈感情乃是反思或行为反复的结果。《爱玛》"德化"叙事的目的,就是通过习惯或者反复的行为来塑造人的性格。

此外,小说叙述还以季节为框架,强调了季节式的重复更替在性格发展中的重要性。小说中爱玛成熟的标志不在于她的订婚,而在于她结婚希望的破裂。当爱玛因为暴风雨而被困室内、陷入深思时,叙述者说,"爱玛下决心改进自己的行为……希望自己今后更理智,更多了解自己,少做些让自己后悔的事情。"① 爱玛意识到，一个人性格的成熟不只是在恋爱的考验中，而是在人生四季的交替与沉浮兴衰中。这一启示既是爱玛获得的启示，也是读者获得的启示，所以爱玛不是一个浪漫故事的主人公，而是一个道德训诫小说的主人公。

四、言语即行为：海伯里"德化"叙事的修辞效应

根据言语行为理论，我们说话的同时就在实施某种行为，所谓言语即行为。Klemann 认为，从言语行为理论和"德化"叙事的修辞效应来看，奥斯汀通过设置字谜和文字游戏，转换叙述视角等方式调动、启发和暗示读者，实现小说价值观念和道德规范在读者中内化，并在潜移默化中塑造读者的目的。奥斯汀要做的，就是让读者明白，自身观点的形成实际上就是小说价值和道德规范对读者产生影响的结果。

从言语行为理论的角度看，《爱玛》蕴含着高超的情感文体学技巧。小说中出现了多处字谜和文字游戏，如"woe-man"（暗含 the woe of man 与 woman 两重含义）、"court-ship"（暗含"求爱"与"道德审判"两重含义），读者不能只是在视觉上用眼阅读，还要出声朗读，用耳细听才有可能猜出这类文字游戏的情感意蕴。同样，在爱玛出游博客斯山时，韦斯顿先生的字谜——代表完美的两个字母，其谜底是"M"、"A"，意指爱玛（Emma），也需要出声朗读。虽然这些字谜只是些小游戏，却表明了该小说的情感文体学的特点：文本的意义在于文本的语言以何种方式展示给读者（斯坦利·费什语）。在《爱玛》中，字谜和文字游戏只能通过发音才能解决，暗示了读者的参与是小说构思的一部分。

此外，小说中爱玛的骄傲和虚荣导致她犯了不少错误，此时男主人公奈特利扮演着爱玛的"老师"的角色。这种安排呼应了柏拉图的观点，即"爱的最真实和最坚实的基础是知识的给予和接受"。虽然奥斯汀是从爱玛的视角来陈述故事的大部分内容，但读者的道德启蒙体验却超越了爱玛与奈特利之间所蕴含的师生关系。

有意思的是，读者的困惑还体现在哈丽特这个人物之中。在拼字游戏的这一重要情节里，读者在阅读的过程中不自觉地站在了哈丽特的视角。从弗兰克将那几个字母放在简的面前那一刻开始，读者就开始绞尽脑汁，努力地想猜出那个特殊的单词。在读者猜出之前，许多事情发生

---

① Jane Austen, *Emma*. Fiona Stafford (eds.), London: Penguin, 1996, p.396.

了,奥斯汀用了六个英语句子描写发生的事情。当我们发现不同角色对这个神秘的字有不同的反应时,读者的期待加剧了。简瞥了一眼,微微地笑了一下;哈丽特抢着要猜,可是没猜出来。此时读者会想:为什么那个字让简微微地笑了笑?为什么这个字与同其他字混成一团?为什么弗兰克递给简那个字以后让简产生那种反应?为什么叙述者花了那么多时间去描述那个单词的行踪和效果?如果那个单词不与其他词混在一起,又将会怎样?

  读者对那个小游戏的兴趣正好反映了哈丽特的孩童般的热情。值得注意的是,描述那个小游戏的段落大多由一些简短的句子组成,它们使阅读节奏加快,似乎催促读者赶快找到答案,哈丽特也显得特别急切。最后,是读者跟哈丽特一起不约而同地读出谜底——"谬误"。紧跟"谬误"这个词后面的是一个冒号,冒号的使用也许是为了给读者以思考和享受发现后的愉悦的空间。从冒号后的那句话中,我们知道哈丽特几乎与读者同时说出那个词。从这段话的风格和排版中可以看出,奥斯汀将读者的体验与哈丽特的体验等同了起来。

  可以看出,奥斯汀时刻在尽量启发和暗示读者。Preston 认为,塞缪尔·理查德逊等 18 世纪的小说家喜欢让读者的视角与作品中某人物的视角相互接近。① 理查德逊在《克拉丽萨》(*Clarissa*)中就是以书信和悲剧情节的方式达到这个目的的。跟理查德逊一样,奥斯汀也希望她的读者能充分参与到文本中。她启发我们提问,调动我们的想象力去猜出游戏中的字谜,但是她坚持认为我们应该耐心等待,直至小说中的人物发现谜底。当读者认为他是跟奈特利的视角相同时,结果却发现自己似乎被捉弄了,他跟哈丽特的视角相同。奥斯汀将读者跟哈丽特等同并不是巧合。实际上,读者跟哈丽特一样,在阅读整个小说的过程中,经历了被教育以及接受海伯里道德风尚的过程。正如爱玛所说,"她会关注哈丽特;她会使哈丽特提高,让她远离那些以前的不体面的人,引见她进入上流社会;还要培养她的思想和举止。"②

  我们结识爱玛的过程就是爱玛结识哈丽特的过程。在小说的大部分篇幅里,爱玛不断引导读者经历了一个个谬误后,在最后一章里,当我们

---

① John Preston, *The Created Self: The Reader's Role in Eighteenth-century Fiction*. London: Heinemann, 1970, p. 46.

② Jane Austen, *Emma*. Fiona Stafford (eds.), London: Penguin, 1996, p. 24.

放下小说,我们知道爱玛与哈丽特"亲密关系渐渐淡化","友谊只能转化为较为冷静的关怀……任其自然发展下去。"①哈丽特最后回到了农场,一个真正属于她的地方。在海伯里的"德化"叙事里,结婚并不是叙述的高潮,正如奥斯汀所说,爱玛的"婚礼跟其他婚礼非常相像。"②爱玛、哈丽特和简的婚礼标志着她们的注意力将转向作为妻子的义务;当然,也标志着读者"慢慢地、自然地回到他们的日常生活中去"。

五、结语

在这篇论文中,作者 Klemann 采用的视角可谓新颖独特。小说《爱玛》描写的都是日常生活的琐事,既没有不同寻常的事件,也没有激动人心的情感,但小说却同样别具魅力。批评家们如沃尔特·司各特(Walter Scott)认为,正是奥斯汀逼真的现实主义,也就是对现实生活的生动复制使读者沉浸其中,进而接受具有道德指导意义的故事结尾。但作者 Klemann 认为,奥斯汀不只是一个对现实语境的准确复制者,更重要的是一个对文学体裁精准而熟练的操纵者。《爱玛》的道德训诫超出了现实主义的范畴和控制。在小说《爱玛》中,奥斯汀并没有一味地模仿五十年前的现实主义写法,而是加入了自己的理解。她的现实主义写法避免了现实主义小说在浪漫主义的创作浪潮中消亡,为三十年后出现的批判现实主义做了铺垫。《爱玛》引领英国小说历史走向批判现实主义阶段,因此也直接参与了书写英国小说史。作者 Klemann 通过细致翔实的文本分析,论证了奥斯汀是如何通过戏仿和对文学体裁效果的操纵来调动吸引读者,使读者受到潜移默化的影响,从而揭示了奥斯汀如何在《爱玛》中创造性地发展了现实主义。

《爱玛》从伦理的层面多形式地反映了海伯里的道德风尚。但是,作者 Klemann 并不是意在探究海伯里特别的伦理。他充分挖掘了 ethos 这个词的伦理、社区、地域和修辞内涵,并创造性地运用到小说的分析中。他敏锐地注意到奥斯汀使读者的情感反应变得温和,只有在恰当的情形下,她才会给予激情。这跟浪漫感伤小说的情感策略截然不同。那些小说以情动人,夸张的情感是读者与文本的纽带。这两种模式均有各自的感染力,却又特色各异。正如昆体良所说,pathos 是"生动的、活泼的,而

---

① Jane Austen, *Emma*. Fiona Stafford (eds.), London: Penguin, 1996, p. 451.
② Ibid., p. 453.

ethos 是温和的、冷静的……前者意在命令,后者意在说服;前者困惑扰乱人们的心,后者软化捕获人们的心。"①Klemann 认为,《爱玛》巧妙地消减了文学和艺术中感伤主义的情感范式:它在感伤的时刻有效地制止了读者的同情心。这种小说中不断反复的情感克制构成了《爱玛》中的社会美德。海伯里的"德"就是对情感的良好克制,久而久之形成良好的性格。所以,Klemann 的 ethos 视角非常巧妙,它有效地揭示了奥斯汀独到的道德训诫策略和"德化"效果——"不是针砭,不是鞭挞,也不是含泪同情,而是乖觉的领悟,有时竟是和读者相视莫逆,会心地笑。"(杨绛语)同时,Klemann 的视角也唤起了我们对文学社会功用的再思考,我们不禁轻声吟诵:"其为人也温柔敦厚,诗教也。""经夫妇,成孝敬,厚人伦,美教化,移风俗。"对于文学,对于人伦风俗,这不失为一种温馨地回归!

参考文献:

Austen, Jane. *Emma*. Fiona Staffordz (eds.), London: Penguin, 1996.

Brown, Julia Prewitt. *Jane Austen's Novels: Social Change and Literary Forum*. Cambridge, MA: Harvard University Press, 1979.

Butler, Marilyn. *Jane Austen and the War of Ideas*. Oxford: Clarendon Press, 1975.

Edgeworth, Maria. *Belinda*. Vol. 2. *The Novels and Selected Works of Maria Edgeworth*. London: Pickering & Chatto, 2003.

Halloran, S. Michael. "Aristotole's concept of ethos, or if not his somebody else's," *Rhetoric Review* 11(1982): pp. 58—63.

Kettle, Arnold. "Jane Austen: *Emma*," *Emma an Authoritative Text, Backgrounds, Reviews and Criticism*. Stephen M. Parrish (eds.). New York: W. W. Norton & Company Inc., 1972, pp. 393—399.

Klemann, H. M. "Ethos in Jane Austen's *Emma*," *Studies in Romanticism* 51.4 (2012): pp. 503—532.

McDonald, Richard. "And very good lists they were: Selected critical readings of Jane Austen's *Emma*," *A Companion to Jane Austen Studies*. USA: Greenwood Press, 2000, pp. 97—114.

Preston, John. *The Created Self: The Reader's Role in Eighteenth-century Fiction*. London: Heinemann, 1970.

---

① Quintilian, *Quintilian's Institutes of the Orator*, Trans. J. Patsall. London: np, 1774, I: 368.

Quintilian. *Quintilian's Institutes of the Orator*. Trans. ,J. Patsall. London:np,1774.

Shannon, Jr. , Edgar F. "*Emma*: Character and construction," *PMLA* 71. 4(1956): pp. 637—650.

Thomson, James. *The seasons*. James Robert Boyd (eds.). New York: A. S. Barnes,1856.

Wollstonecraft, Mary. *A Vindication of the Rights of Woman*. Oxford: Oxford University Press, 1999.

基督教教育理念中的种族融合

——《〈汤姆叔叔的小屋〉中的基督教教育法》一文述评①

四川外国语大学英语学院　文一茗

【内容提要】　比彻·斯托夫人的《汤姆叔叔的小屋》(Uncle Tom's Cabin)以浓厚的基督教教义话语色彩呈现19世纪美国废奴运动这一历史议题,莫里·法瑞尔(Molly Farrell)在其论文《死亡启示:〈汤姆叔叔的小屋〉中的基督教教育法》中,以"教育法"为视角,重审斯托夫人表达的反奴主题,认为在撰写该小说时,斯托夫人将反奴制度这一特定历史课题的讨论,置于个体自我如何通过共同的价值取向——对基督之爱的信仰,体现出基督教教育手法实现不同个体的得救之道。在这一理念的实现过程中,基督教教义所折射出的教育观如何成为一套可以量化、可具操作性,并且可以供不同主体模仿、复制的教育手法。斯托夫人通过将《汤姆叔叔的小屋》置于19世纪对教育的重新阐释中,使跨种族的紧密关联重新展现出在同一社群内部的局外他者的位置这一问题,从而传达了关于跨种族融合的前景,也使这部小说从新的视角来展现社会局外人地位的殖民问题,参与了一场关于基督教教育理念的对话。

【关键词】　自我;他者;教育;种族融合

一、引言

作为一部呼吁种族融合,消除种族歧视,提倡平等互爱的经典巨著,比彻·斯托夫人的《汤姆叔叔的小屋》(Uncle Tom's Cabin)以浓厚的基督教教义话语色彩呈现19世纪美国废奴运动这一历史议题,而一直为人称道。莫里·法瑞尔在其论文《死亡启示:〈汤姆叔叔的小屋〉中的基督教

---

① Molly Farrell, "Dying instruction: Puritan pedagogy in *Uncle Tom's Cabin*," *American Literature* 82(2010): pp. 243—269.

教育法》(Dying instruction: Puritan pedagogy in *Uncle Tom's Cabin*)中，以"教育法"为视角，重审斯托夫人表达的反奴主题，认为在撰写该小说时，斯托夫人将反奴制度这一特定历史课题的讨论，置于个体自我如何通过共同的价值取向——对基督之爱的信仰，体现出基督教教育手法实现不同个体的得救之道。莫里在该文中详述了基督教教义的教育理念如何体现于斯托夫人的叙述策略中，并传达了她对不同种族如何通过共同的宗教信仰，在一国之内实现"家"一般的文化融合。在这一理念的实现过程中，基督教义所折射出的教育观如何成为一套可以量化、可具操作性，并且可以供不同主体模仿、复制的教育手法。而在这个以自我救赎，从而实现文化融合为最终教育目标的认知过程中，尚待"教化"的他者是自我实现的必经之路径；从而形成与自我彼此印证身份的关系。通过自我与他者之间的这种互为镜像关系，莫里认为，斯托夫人的终极教育目的是：消除种族乃至血缘之间"人为"的小我之界限，才可以有效地教化每个个体，从而使之领受基督的普世大爱，从根本上认识自由、融合和种族问题。

二、历史起源

在斯托夫人的创造年代，根据传播福音所体现的教育精神，美国就出现一批教育家致力于全民而非精英的教育模式改革——这不仅是一次教育工程，而更是一次文化融合的工程——使教育手法体现亲民的特点的同时，更注重惠泽全民：使学校的功能从培养社会领袖转变为对社会个体公民的修养；使教育人员代替父母的角色；并使学校兼任家庭和教会的职能，成为多元种族的大家庭。要实现教育范式的如此转换，必须赖以一个前提：使基督教义精神与跨种族情感交织于一体。

然而，19世纪50年代的美国并非做好了准备，将跨种族的福音式教育手法扩展并落实到社会的每个小家庭当中；事实上，直到19世纪60年代，斯托夫人在其创办的家政手册《美国妇女之家》(*The American Women's Home*)中，曾一直呼吁政府为从前曾是奴隶的自由人，孤儿以及堕落的妇女实施福利及培养系统。因为这些福音改革者们坚信：将家庭、教堂及学校集合为一体的宗教教育模式，可以获得斯托夫人父亲宁曼·比彻所描述的"观念、情感及福祉的一致性，从而将我们的民族立于磐石之上"。换言之，一个国家的内在凝聚于和统一性不是仅仅靠领土疆域或强制法律体制将不同种族的人捆绑于一体就可保证的，而更多的是通过一种不囿于家族关联局限的普世情怀——共同的终极价值取向。

斯托夫人在小说中所追寻的，不是以"国家"之名，从外到内，从上至下地统一的不同人群，而是用书中所描绘的宗教理想，通过塑造亲密无间的情感纽带和政治利益，从内到外、从下至上地构建一个精神维度的社群。

在其论文中，莫里追溯了斯托夫人在小说中所体现的宗教教育理念来源，乃19世纪早期大量印刷、多次改编并广泛出版，用以福音堂主日学校教材之用的新教故事，素材内容都是关于皈依信仰的历程见证。其中，尤以詹姆斯·简尔纬于17世纪创作的故事集《致孩子的纪念物》(*Token for Children*)为代表。另有玛丽·谢尔伍德受詹姆斯影响而创作的《小亨利及其脚夫记》(*History of Little Henry and His Bearer*)，也是用以纪念天使化身的圣童的早逝。以这一题材改编的故事是当时主日学校最初也是最为盛行的教材。在这些故事集中，斯托夫人发现了尚未皈依基督的局外他者的故事——就像《汤姆叔叔的小屋》中的黑人女仆托普西那样——被收容、吸纳并最终融入了基督社群中。事实上，斯托夫人本人就是教育改革者之一，提倡在"无我"的大爱之下，用温和耐心的态度和发自内心的关爱作为最有效的方式来教育（教化）哪怕看似"不可救药"的学生（就像小说中伊娃的爱感化了黑奴托普西，也柔化了白人基督徒女管家奥菲利亚原本厌弃托普西的心）——而这正是斯托夫人提倡的美国公共教育系统之基础。许多教育提倡者，像曼、比彻、霍拉斯及布什奈尔，都活跃于主日学校运动，都渴望从詹姆斯极具符号意义的故事集中学习并运用宗教情感的教化力量。

斯托夫人所面临的语境是：当国家的边界延伸到一个两难的境地，即如何在吸收容纳贫穷白人劳工及移民的同时，也收容本地人民和曾为奴隶，但获得自由的人。她正是从这些教材中汲取并学会运用自我规训式的教育法，将她所处时代的政治核心问题置于这种教育模式中，得以概念化甚至是某种意义上的策略化。而莫里在其文中所强调的，正是斯托夫人通过将《汤姆叔叔的小屋》置于19世纪对教育的重新阐释中，使跨种族的紧密关联重新展现出在同一社群内部的局外他者的位置这一问题，从而传达了关于跨种族融合的前景，使这部小说从新的视角来展现社会局外人地位的殖民问题。也就是说：《汤姆叔叔的小屋》参与了一场关于基督教教育理念的对话；而若能认识到这一点，就可以进一步意识到19世纪宗教理念的成果。

三、核心理念

当我们不再从感伤主义和废奴主义这对伴随语境来重审这部小说，而意识到它如何参与了一场关于基督教教育观的对话中时，我们会明白这是一部 19 世纪反映宗教理想的作品。它敏捷地穿梭于区域和整体的范围，穿梭于国内空间和边疆之间。在此，"国"与"家"是以类似的话语来表达，而教育新的群体不仅是可能的，而且如斯托夫人所描述的那样，可以构成那些已经"身在家中"却尚未"归家"之人的身份。

莫里认为，"家庭—国家"是斯托夫人宗教理念的核心概念——国家被想象为一个家，或者说家被构建为一个微型的国。所以，一个国家必须根据道德精神而非血缘纽带，来重塑人与人之间的关系，以融合"有罪之人"并使之得到救赎。莫里指出，就这一点而言，反映了斯托夫人欲整合传统清教对于血缘关系的矛盾价值：即一方面对他者报以好奇的开放心态；而另一方面，坚持血缘繁衍乃"伟大的目标"。莫里认为，在这样的传教士氛围的家庭—国家中，出入于血缘世袭边界的局外人反过来起到催化了宗教情感皈依的作用，鼓舞着教育热情并持续激发教化他者的欲望。事实上，19 世纪的美国弥漫着归化他者的焦虑。为了一个家庭王国的前景，教育理念必须扩大核心家庭的"小我"定义，而跨越种族之间的界限。主日学校的教材正体现出浓郁的向他者传播福音的精神，并同时为那些自恃信主，但面临他者时爱心不够的白人基督徒（如小说中的奥菲利亚小姐）提供了一面自我内省之镜。

小说中被迫逃亡的黑奴乔治在现实重压下徘徊在信仰门槛、充满疑虑，但当置身于由虔诚信徒们组成的庄园中，他竟然生平第一次浮现出"家"的朦胧定义：

> 乔治这是平生第一次与白人平等地坐在一起用餐……这确实是个家，"家"这个词的含义乔治以前从未真正理解过。对上帝的信仰、对上帝旨意的信赖之情，开始在他心中萦绕，就好像在一片信心之云的庇护之下。厌恶世人、不信神、对黑暗和痛苦的怀疑，以及可怕的绝望都在活生生的福音光芒前消失得无影无踪了。这福音从一张张鲜活的面孔上散发出来，从千百个充满着友善的下意识举动中体现

出来,就像以圣徒名义施舍给人的那杯凉水,一定会得到报偿。①

四、叙述原型

在接下来的一个半世纪中,主日学校所用的这些故事集在儿童读物出版界一直占据主导地位。故事集的情节大致相仿,事实上,都沿用一个素材:天使般的基督徒幼童在尘世上的向爱姿态及其早逝。小主人公总会以特别的气质展现于世人面前,对其同龄人及长辈影响颇大,都预知自己的早逝并将之作为神赐的恩典而欣然接受。这些圣童总会被塑造为对世人(不管是信徒还是他者)具有启示意义的一课,一种可以从中学习、成长的一课,一个体现基督教教义的教育者。伊娃圣徒般的生命及其充满喜乐的死亡是斯托夫人小说的核心情节,并与汤姆基督般得胜的死亡形成自然的呼应。伊娃的形象源于清教儿童故事的教育策略,表达了多元种族社会的核心模式。詹姆斯通过创作并传播圣童的故事来纪念他们。

为什么刻意让一个孩子来承担这个教育他人的角色呢? 在此,"孩子"是一个爱的符号:一方面,孩子可以是血缘天然的延续,更是指在信仰上灵性成熟之人所需教育的对象;正因为此,灵性意义上的"孩子"可以不受年龄、血缘之限。比如,《汤姆叔叔的小屋》中伊娃的(充满怀疑主义气息、善良而愤世嫉俗的)父亲圣•克莱尔,(信仰坚定却面对黑人缺乏真正大爱的)姑姑奥菲利亚,以及(完全自我否定的)小黑奴托普西,在很大程度上,他们都是年幼的伊娃所爱和所需教育的"孩子"。因为他们对神的道的领悟,对世人的爱以及对自我与神的关系上都不如伊娃"成熟",伊娃反而是他们初熟的果子。"尽管伊娃仍然保持了儿童的喜欢幻想的特性,可是她常常在无意中说出的话中的思想深度和超凡智慧听起来就像是神的启示"②。《汤姆叔叔的小屋》中,圣•克莱尔与汤姆的一段对话中似乎说明他多少能理解伊娃的这份灵性的"成熟":"好像只有儿童和像你这样可怜的诚实人才能看见我们看不见的东西。"圣•克莱尔说,"这是怎么回事啊?""你将这些事,向聪明通达的人隐藏,却向婴孩揭示。"汤姆喃喃地说,"主啊,因为你的意愿本是如此。"③《新约•马太福音》中耶稣曾为小孩祝福:"让小孩到我这里来,不要禁止他们,因为在天国的,正是这样的

---

① 斯托夫人:《汤姆叔叔的小屋》,林玉鹏译,南京:译林出版社,2010年,第137页。
② 同上书,第258页。
③ 同上书,第298页。

人。"(马太福音 19:p.14)。另一处,耶稣曾言,天国里小孩为大:"我实在告诉你们:你们若不回转,变成小孩的样式,断不得进天国。所以,凡自己谦卑像这小孩的,他在天国里就是最大的。凡为我的名接待一个像这小孩的,就是接待我。"(马太福音 18:pp.3—5)。事实上,尘世的智慧与灵性的成熟并不一定成正比,真正的智慧源于对神的敬畏;所以,涉猎尘世不深的孩子更有可能是灵性成熟的个体。孩子,即爱的对象;而爱,正是基督最大的诫命,也自然是贯穿基督教育理念的核心词。对每一个所需教育的对象,都要给予像对孩子般的爱。诚如《汤姆叔叔的小屋》中所言:孩子是伊甸园里的玫瑰,是上帝专门抛下来送给那些可怜卑贱之人的礼物,他们从别人那儿得到的东西实在太少了。[1]

故事集的叙述原型要求接受主体做出的相应阅读姿态是:重复。詹姆斯就其故事集的内在结构曾强调过:重复对于故事的理解相当重要。在其出版序言中,詹姆斯建议家长让它们的孩子"上百次地"阅读此书;而故事集本身也是不厌其烦地重演同一个情节(只是人名和地名做了更改)。可以说,正是通过让幼小的读者反复与同一个文本对话,从而强化了詹姆斯对皈依基督的坚持。因为在这个重复的阅读过程中,詹姆斯坚信可以将儿童读者无序的"愤怒"转变为对主耶稣的虔诚归顺,从而强化教育效果,打磨原有的自我。

故事集要求的另一个叙述策略是:模仿。在主日学校教材所用的故事集中,每个孩子都通过成为另一个原型的副本而皈依了神。伊娃模仿主耶稣基督的"爱人如己";奥菲利亚模仿伊娃;而托普西因模仿伊娃而选择去非洲传教。在小说中,每个人都是另一个人所需"学习"的一课:伊娃是教育和学习的典范;而在托普西身上,又实现了模仿性的宗教教育循环的延续。诚如斯托夫人所呼吁的那样,让北方的教会以基督的名接受那些苦难的人,用基督共和社会及学校去教育他们,直到他们多少获得一种道德和心智上的成熟[2]。

伴随这个模仿过程中的一个标志性行为是:流泪。詹姆斯认为,儿童读者脸上的泪水是他们放弃原有自我,归顺更高权威力量的象征,是为基督之爱而深深感动的标记。莫里认为,托普西哭泣的姿势——把头放于两膝之间啜泣——既是祷告也是归顺。流泪,是自我得救必有的表征。

---

[1] 斯托夫人:《汤姆叔叔的小屋》,林玉鹏译,南京:译林出版社,2010年,第174页。
[2] 同上书,第368页。

一个真正得救的个体,必然是拆毁了旧有的自我,而这个过程如分娩一样,必定是痛苦的,必然伴随着新生婴儿般淋漓尽致的哭泣。若禁果是"自我"之符,那么,眼泪则是放弃自我的那一刻的仪式。

五、禁果之符:自我

《圣经·旧约》中第一章"创世纪"记载了人类始祖犯下原罪乃是因为抵制不了魔鬼撒旦的诱惑而吃下知识之树的禁果。然而,这种诱惑力的源头并非魔鬼撒旦,而是禁果所承诺的"自我意识"——分辨善恶的能力——这里的"善"与"恶"是指从个体自我角度认知所得的"善"与"恶",即什么对"我"而言是善的,什么对"我"而言是恶的。因此,禁果是自我之源的符号,它诱惑着人将自己的自由意志高于上帝的意志。受这种高于神旨的自我意识而驱使的人世,必定是一个彼此疏离、自我失落,在孤芳自赏中自我沦陷的世界;因为每个个体的自我就是他者的敌人,自我与他者的关系在异化与同化之间进退两难。

莫里在文中提及的三类主体的自我意识迥然不同,却以各自的方式与路径在神的爱里得到了救赎。

伊娃在小说中以"无我"的形象示人,与以自我感受为中心的母亲玛丽相反,年幼而体弱的伊娃从未为自己是否被爱是否快乐而困扰,反而总是不停地寻求基督之爱的真谛,一直向周围的人辐射出自己的爱。她不仅感化了"不可救药"的托普西,帮助姑姑奥菲利亚实现内省;为在信仰的门槛上徘徊不定的父亲圣·克莱尔做工;也成为汤姆坚守信仰之路上的慰藉。不管在与谁的关系中,伊娃都不受自我意识所驱,而是以爱来润泽每个人个体的心,伊娃充满教化意义的向爱姿态,渗透了没有信仰的灵魂。而伊娃的向死姿态,则是无我的最高体现:"我能理解为什么耶稣愿意为我们去死了……当我在那艘船上看见那些可怜的人又的失去了母亲,有的失去了丈夫,有的母亲为孩子而痛苦时……还有许多许多次,我都感觉到自己很乐意去死——如果我的死能否结束这一切苦难的话。汤姆,如果可能的话,我愿意为他们而死。"[①]

托普西在奥菲利亚眼中是一个不可救药的异教徒,她的症结是:自我否定。固执地认为自己"坏",不配得到爱。这种彻底自我否定的态度曾让精明能干的奥菲利亚感到头痛不已,并一度放弃了教育的希望,以反

---

① 斯托夫人:《汤姆叔叔的小屋》,林玉鹏译,南京:译林出版社,2010年,第271页。

感、敌视来恶化托普西的自我否定:"奥菲利亚宁可碰一只癞蛤蟆也不肯碰我。"莫里认为,正是伊娃让托普西从内心感受到了被爱,从而向读者展示出:爱是教育感化和训导对象的前提,诚如圣·克莱尔总结的,"无爱的施舍是没有用的。""托普西,你这可怜的孩子,不要灰心,我会爱你的,虽然我比不上可爱的伊娃。我希望自己已经从她身上学到了一些基督之爱。我会爱你的,真的,我要尽量帮助你成长为一个好基督徒。"[①]而最终皈依了基督的托普西,在故事中的身份也发生了戏剧性的对立转换:对于圣·克莱尔家族而言,托普西既被它所收容,也成就了它的救赎。

伊娃与托普西之间的故事也为奥菲利亚上了生动的一课,为后者演绎了如何用爱教化邻人。伊娃死后,奥菲利亚延续了伊娃的这种爱,并最终使托普西脱胎换骨。在托普西自我蜕变的这条路上,也完成了奥菲利亚自己的救赎。作为他者的托普西反过来成为奥菲利亚自我认知和蜕变所经由的路径。而正是这种不同自我之间互为镜像的关系,才能为每一位读者提供一种可依循、可复制的教育模式。

六、纪念物:救赎之符

斯托夫人在这些幼小的基督徒故事中发现了(从情感上)收容并教育家庭以外的孩子的模板。这些故事通过纪念死去的圣童,汲取了传播福音的力量,使局外人皈依基督。这些故事中经常出现代表失去或缺席的纪念物品,诸如某位圣童留下的赞美诗、发束或关于某位基督徒人物(如汤姆)的纪念碑等——斯托夫人在其小说中探索新形式的"亲人"关系时,这些纪念物品成为核心家庭的占位标志。纪念品是一物代替不在场的缺席的另一物;它既是指该物品曾经所有者的逝去,也是指尚未皈依的他者所体现出的"他性"(otherness)。纪念物是爱的标记,既强化了固有的亲密联系,也标志着为实现跨种族融合所需克服的本质区别;既敞开了原来狭隘的家庭门户,又寄寓一种盼望,即千禧年到来之际,国家不会有局外他者,不再面临将不同种族视作没有灵魂的动物这样的问题。而斯托夫人则将纪念物想象为亲密和友爱的福音式教育的关键。当贝德夫人分享失去的儿子所留下的纪念物时,这些纪念物成就了像贝德夫人和伊扎莱儿子哈利之间跨种族的母子关系。在小说中最有力的纪念是汤姆叔叔的小屋,由年青的废奴主义者乔治·谢尔比所刻。汤姆的小屋作为一种担

---

① 斯托夫人:《汤姆叔叔的小屋》,林玉鹏译,南京:译林出版社,2010年,第295页。

保政策,确保乔治本人从奴隶主种植园转换为让他的奴隶自由的仁爱主人。乔治立志这一纪念奖提醒获得自由的奴隶"要成为像汤姆那样诚实和虔诚的基督徒",尽管这一号召用适用于黑人也适用于白人。汤姆叔叔的小屋不像发束或衣服那样容易损坏——这也是小说想寄托的宗旨:希望奴隶的自由可以长存。乔治发表的演讲说明,对汤姆的纪念对他产生的力量已经经历了詹姆斯在纪念物故事中所描绘的那种通过回忆而完成的精神教化转换:"朋友们,就在他的坟前我向上帝发了誓,只要有可能就让黑奴获得自由,我今后不再拥有一个黑奴了……每当你们看见汤姆叔叔的小屋,就应该想到你们获得的自由,要让小屋成为一座纪念碑。你们要以他为榜样,做一个像他那样正直、虔诚的基督徒。"正是用这种构筑纪念的(写作)行为,斯托夫人将书中所有人物统一起来,并发现书的标题。通过这种命名行为,斯托夫人将自己的书变成具有皈依力量的纪念仪式,重现詹姆斯故事中圣童早逝所引出的对精神转化。《汤姆叔叔的小屋》本身成为一个实体的纪念物,以供人们反复阅读,而斯托夫人希望她的读者可以传承这个纪念符号,以重新教化并增强美国社会的向心力。基于纪念的使命工作一方面为他者敞开了拥抱的大门,另一方面又使他者视自己为孤儿。正如莫里所指出:斯托夫人无法想象曾经一度的局外人/学生,在美国社会这个大的教育机构中组成自己的家庭,无法想象他们只会是这个成为过程中的一个主体。正如托普西接受伊娃的爱之前必须坚持认定自己"举目无亲",她必须是一无所有的孤儿。面对斯托夫人和那些视文化他者为孤儿的人而言,像托普西那样的学生不得不承受社会意义上的死亡,才能通过教育复活。必须让原来自我完全虚空,方可容下在基督之爱中成长的新我。

七、结语

莫里让我们感受到斯托夫人在小说中传达的一个信息是:必须在自我与他者之间实现"爱人如己"的诫命,才能实现跨种族的融合。而每一个自我,必须弱化甚至消除小我的自我意识,才能努力去领悟、感受这种爱,这种爱不是一般尘世意义上的由血缘、家族、民族或区域等(体现人的意志)所连接构筑的爱,也不是"你来我往"彼此互动的可以量化的有条件的爱;而是基督教义中耶稣无条件为恨他、不理解他甚至抛弃他的世人而主动背负十字架并流尽自己宝血的普世之爱。这种爱是信仰中而生的爱,包含却超越了无信仰的世人所能理解的情感;不囿于尘世中社会地位、等级差异、长幼先后,而是因自我对他者的感化而随时发生戏剧性的身份转化。而这正是莫里认为斯托夫人在小说中寄寓的价值取向。

莫里清晰地论述了斯托夫人在小说中所寄予的整体价值取向,理清了其理论源头,叙述原型和历史文学语境;小叩大开,为我们提供了一个有别于废奴主义的新视角来重审这一废奴主义经典作品。沿着莫里开启的这扇窗,我们可以继续深化探讨这一教育理念的具体落实模式,比如:不同于盎格鲁-撒克逊白人在面临"非我"的他者时,所遇到的悖逆心态:即渴望皈依他者追求终极价值同化的同时,又始终需要一个尚未皈依的他者来强化自我的身份并激发自我的"教育"激情。另外,在追求终极价值取向的普遍同一目标过程中,如何看待并处理相对形而下的具体行为模式差异、民族生理差异、文化达意差异等。在拆毁原来文化语境中的自我时,如何保证自我转化和文化认同的同步实现。最后,作为他者的自我又应当如何在摆脱旧有自我的同时,通过这一教育模式实现自我转化和终极的归宿感,比如,当前美国黑人既要主动要求历史的补偿,更要主动的向爱姿态,活跃于文化融合的新语境。

参考文献

Farrell, Molly. "Dying instruction: puritan pedagogy in *Uncle Tom's Cabin*," *American Literature* 82(2010):pp.243—269.
斯托夫人:《汤姆叔叔的小屋》,林玉鹏译,南京:译林出版社,2010年。

有关现代主义中宗教问题的新思考

《驻足于山洞前——由〈印度之行〉
重看现代主义中的信仰》一文述评①

四川外国语大学英语学院　伍红军

【摘要】　克雷格·布雷肖·韦尔费尔（Craig Bradshaw Woelfel）在文中首先批判了人性中根深蒂固的针对信仰问题的二元对立思维模式，质疑用这种简单、一致的方法去探讨纷繁芜杂的现代主义中的信仰问题。继而韦尔费尔从来自社会学、宗教研究和哲学领域里有关世俗化的争论中提出了一种探讨现代性中宗教参与的新思维模式，他尤其借鉴了查尔斯·泰勒 2007 年发表在《世俗年代》（*A Secular Age*）里的"交叉压力"观点，认为在固有的世俗框架中，宗教传统和世俗人文主义之间形成了一个多样而相关联的复杂关系。韦尔费尔进而以福斯特及《印度之行》（*A Passage to India*）为例，分析了福斯特的交叉压力观和分裂的现代信仰观，以及其作品《印度之行》里既肯定宗教体验的真实存在，又质疑和批判宗教体验超验统一目的中存在的认识论层面的问题。韦尔费尔借用威廉·詹姆士在《宗教体验的多样性》（*The Varieties of Religious Experience*）中的观点来佐证了福斯特的不可知论主张。韦尔费尔认为福斯特的无信仰不仅针对宗教信仰，也针对自由人文主义、科学和怀疑主义，所以两者都不是人通向知识和真理之路。因此，韦尔费尔的结论是分裂的信仰观对文学现代性具有重大意义，他提出一个可能的解决办法即是去关注宗教体验的情感内容，置美学为一个空间来探讨处在一个广泛的世俗背景下的现代宗教参与。

【关键词】　文学现代性；宗教体验；世俗人文主义；分裂信仰观

---

①　Craig Bradshaw Woelfel, "Stopping at the stone: Rethinking belief (and non-belief) in modernism via *A Passage to India*," *Twentieth-Century Literature* 58. 1(2012): pp. 26—59.

一、引言

在《驻足于山洞前——由〈印度之行〉重看现代主义中的信仰》(Stopping at the stone: Rethinking belief〈and non-belief〉in modernism via A Passage to India)一文中,克雷格·布雷肖·韦尔费尔提出了一种思考现代主义中宗教问题的新模式。他批判了人性中就信仰问题而存在的根深蒂固的二元对立思维模式,质疑其探讨纷繁芜杂的现代主义中信仰问题的合理性。韦尔费尔从来自社会学、宗教研究和哲学领域里有关世俗化的争论中提出了一种探讨现代性中宗教参与的新思维模式,他借鉴了查尔斯·泰勒2007年发表的《世俗年代》(A Secular Age)里的"交叉压力"观点(既抵制宗教正统,又抵制理性),认为在固有的世俗框架中,宗教传统和世俗人文主义之间形成了一个多样而相关联的复杂关系。即很难纯粹地把一个作家或一部作品判定为是有信仰的,或世俗的,或者即使是有信仰的,也不是固定不变的。韦尔费尔进而以福斯特及其《印度之行》(A Passage to India)为例,分析了福斯特信件及作品中体现出来的交叉压力观点和分裂的现代信仰观,以及其作品《印度之行》里既肯定宗教体验的真实存在,又质疑和批判宗教体验的超验统一目的中存在的认识论层面上的问题。韦尔费尔认为福斯特的无信仰不仅针对宗教信仰,也针对自由人文主义、科学和怀疑主义,两者都无法通向知识和真理。因此,韦尔费尔的结论是这种分裂的信仰观对文学现代性具有重大意义,可能的解决办法即是去关注宗教体验的情感内容,在美学(直接探索情感的领域)的空间里去探讨处在一个广泛的世俗背景下的现代宗教参与。

二、福斯特和失落的信仰

韦尔费尔首先批判了在研究宗教问题时人性中固有的对二元对立思维模式的依赖。我们总是以这种方式在观察事物:黑/白,是/不是,信教的/世俗的。现代性一直被等同于全面的宗教失去,世俗等同于不信教。在文学的现代主义研究中,这种有问题的方法最体现在我们诘问作家和作品的宗教问题时,如"他是什么时候失去信仰的?""这个作品证明了信仰吗?""体现在哪些地方?"诸如此类的问题把事情简化为二元体、一致的模式和线性的描述——而这些正是我们在关注广阔、复杂的现代性时应极力避免的。韦尔费尔从社会学、宗教研究和哲学领域里有关世俗性的争论中找到了一种新思维模式,通过梳理有争议的现代作品和作家对宗教的批判性接受,韦尔费尔期望能以实例来展示这种新思路如何可以带我们走出思考现代性中宗教问题的陈旧模式,并赋予旧话题新意。韦尔费尔也很明确地指出此种思路也许会背离传统的"现代性中宗教已失去"的清晰论断,但其复杂性却无疑更适合这个话题。

接着韦尔费尔以福斯特为例,在个人和社会大环境的交叉维度上系统梳理了福斯特宗教信仰的变迁和复杂性。他从一个广阔的视角(覆盖了福斯特的私人信件、文章、小说、评论及生平)追溯了福斯特一生宗教信仰的发展变迁(从失去基督教信仰——到自由人文主义——再到怀疑人文主义及宗教体验)。根据福斯特1959年的描述,他是在剑桥国王大学期间失去对基督教的信仰的。他看到了耶稣信息里丑陋而有悖其人文主义价值观的一面:"远离人世,只是说教和威胁,太强调追随者、精英,太少智慧的力量,如此缺乏幽默,我的血液都凝固了。"难能可贵的是韦尔费尔用发展和辩证的眼光来考察了福斯特的信念观。福斯特在1937年写的一篇文章《三代人》(Three generations)中把从1900年到1937年的历史分成三阶段:有希望而没有信念(世纪末自由主义的全盛时期——第一次世界大战);好奇期(20世纪20年代);以及有信念而没有希望(大致始于1930,结束于一个欧洲强国轰炸另一国的首都)。韦尔费尔认为福斯特自己是认可第一阶段的。第一次世界大战使得包括福斯特在内的自由主义者们自动调整了自己的期望,开始怀疑和批判之前的乐观主义理想——理性和个人主义就能通向进步。正如韦尔费尔所说:"当进入到作为散文家和大众文人的第二职业生涯时,福斯特对于他早期小说中所宣扬的天真自由人文主义开始采取越来越矛盾的态度。"韦尔费尔还总结说:"因此,福斯特成长了,世俗的消减完成了:先是信教的,然后天真自由主义被抛弃掉,剩下的是世俗而怀疑的无信仰者。"至此,福斯特丢掉了基督教和自由主义,开始走向了怀疑的人文主义。但同时韦尔费尔从福斯特的短篇小说中发现此时的福斯特业已开始探索宗教体验,尤其印度教提供了一种对宗教本身的经验性认识,即神秘主义。印度教对福斯特的终生产生着持续的影响,提供了一个空间让福斯特去探求表象下超验的真实。

三、《印度之行》:神秘主义,怀疑主义和现代主义

然后韦尔费尔综述、深入分析并批判了评论家们就《印度之行》中或神秘主义、或怀疑人文主义的各执己见的交锋和各自的偏颇。一开头韦尔费尔就提出在这个作品里,福斯特的两面(怀疑的人文主义者和宗教幻

想者)融洽地结合在一起,作品体现了这两种张力。他质疑把这个作品解读为政治小说的一贯做法,并引用了福斯特的一段谈话来证明其非政治性和哲学意识:"尽管是它的政治方面引起大众关注和赢得销量,这本书不是真正有关于政治的。它所涉及的比政治广泛,是有关人类寻找一个更永恒的家园,蕴涵在印度天空和大地间的宇宙,蛰伏在马拉巴山洞的恐惧,以及克利须那神诞生所象征的解脱。它是,或者我更宁愿它是哲学和诗意的。"而评论家们分裂成两大阵营,赞成怀疑主义的认为神秘主义因为无法带来认识论上的确定性和肯定的政治、社会和个人的改变而被颠覆,而宗教一方则指出作品里无所不在的讽刺、矛盾、颠覆以及强调人意识的局限均体现了印度教对多种视角、混乱等兼容并包的能力,构建了一个肯定的宗教立场[①]。他特别以评论家迈克尔·罗斯齐雷恩为例,论述了其主要观点,并批判其实际上的神秘主义二元对立立场和偏离其主要观点的论证[②]。总而言之,韦尔费尔认为评论界是从一个错误的角度来讨论这两种力量的交汇,把世俗和宗教作为互相排斥的思维模式(不是世俗的不信仰,就是宗教的信仰)是错误的。这种方法反映了对世俗理解模式(这里指怀疑人文主义)和现代性中宗教参与这两者之间复杂关系的天真理解,不能真正解释现代性中宗教参与的复杂性,也不能给予《印度之行》的复杂性一个公道的评判。韦尔费尔注意到了这些评论中的二元对立倾向,宗教/世俗,神秘主义/怀疑的人文主义,非此即彼,这恰恰印证了他在文章最开头提出人类在讨论宗教问题时有错误的二元对立倾向的论点。

四、一种新范式:交叉压力下的福斯特

韦尔费尔进而开始寻找一种新的方法来阐释世俗怀疑主义和神秘主义之间的关系。他在查尔斯·泰勒2007年发表的《世俗年代》里找到了理论依据。在泰勒看来,现代性无疑是世俗的,但这不应使我们排除掉宗教。把宗教和世俗化对立起来的世俗化理论并没有从一个正确的角度去

---

① 肯定神秘主义立场的评论家包括 Adwaita Ganguly, Michael Orange, Doreen D'Cuz, Tracy Pintchaman, Jeffrey Heath, Michael Roeschlein 等,他们都认为小说里的印度神秘主义吸纳或战胜了小说里明显的怀疑主义,因此建构了一个肯定的宗教立场。

② Roeschlein 的宗教立场和其他赞成对作品进行宗教阅读的评论家如出一辙,不同的是他的论据取自福斯特的风格和形式。他的主要论点是世俗的思维模式和词汇无法解释作品中的宗教层面。

看待现代性。泰勒还展示了宗教参与现代性的众多新模式,而且这些新模式正是植根于广阔的世俗背景中。泰勒认为这些新模式产生于一种"交叉压力"——既抵制宗教正统或传统,又抵制排斥超验力量的理性思维(他称之为排外的人文主义)。泰勒还指出这种"交叉压力"在一个默认的、世俗框架里产生了多样的位置,最终的结果是在宗教传统和世俗人文主义之间形成了一个越来越复杂的领域,卷入了越来越广泛的参与者,他们之间出现了多样的亲密关系。"交叉压力"所导致的是一种和高度的文学现代主义同样的空间:在其间人们可以在所有的信仰之间或周围游荡,而无须明确无误地锁定于某一个。韦尔费尔以为"交叉压力"观点对于理解《印度之行》里的宗教参与有两大启示:

一、我们不应该把宗教从现代主义思维中排除出去,或把两者对立起来,后者是前者产生的背景,唯有把宗教置于实际的、怀疑的、审美的、或者现代和世俗的理解模式中,我们才能恰当地理解这种现代宗教参与。

二、我们不应只在作品里、或福斯特的思想中去寻求简单的信仰/不信仰的立场。相反,我们必须弄清楚宗教和世俗的框架是如何不相互排斥的,信仰和不信仰如何不再是非此即彼的关系。

因此,韦尔费尔认为我们对宗教的思考方式还滞留在前现代时期,是线性的和连贯的。韦尔费尔摆脱二元对立的传统思维模式,用泰勒的"交叉压力"观点来考查福斯特给我们提供了一个崭新的方向,更有利于解读他反宗教,怀疑自由人文主义,以及对印度宗教体验痴迷这三方面复杂而矛盾的结合。

五、福斯特和现代宗教体验

接下来,韦尔费尔用这种"交叉压力"的观点来论证了福斯特的现代宗教思想。他从福斯特1919年写给友人的一封信中看到了"交叉压力"的充分展示,正如他所说的:"我想强调的是这是一封充满交叉压力的信——不可能完全按信教或不信教去解读,不能看作是宗教的或世俗的。尽管它不是介于两者之间,也不是不确定的。我们可以这么解释说福斯特对宗教问题有一种世俗的兴趣。"福斯特一方面否认了科学理性能探求真相,他确信有一种超越理性的东西存在着,并反映了生活的真相。但另一方面他也意识到宗教的经验性概念中存在认识论上的问题,所以福斯特说:"我确信科学永远不能解释终极构成……我们也不应该通过预先决定我们想要真理是什么来认知真理。"韦尔费尔还引用了罗伯特·沙夫对宗教中"体验"一词复杂性的研究来印证了福斯特对宗教体验的批判。在沙夫看来,"体验"有两层意思：一是参与、经历,二是认识论意义上的感知和意识。但就宗教体验而言,这两层意思是互相矛盾的。第一层意思意味着这种体验是间接而需要行动来表现的,而第二层则暗示这种体验是直接、不需要任何干涉而无法言喻的。因此,沙夫指出的是宗教体验在认识论上的一个悖论：不把它及物的话,"体验"就没有确定的意义,而一旦及物,它就失去了最显著的特征——其直接性,就不再可能是不容置疑的了。沙夫认为宗教体验是一个自相矛盾、自我解构和空洞的词语,因而他提出了一个逻辑的解决办法,即不要把宗教体验指涉向任何具体的体验,换言之,即不要认为其是真实的。韦尔费尔指出福斯特也从三个层面出发(意识形态、现实和认识论)对宗教体验进行了批判,这在《印度之行》里的马拉巴山洞之旅、戈德博尔的幻想体验和印度神克里希纳节日都得到了充分体现。尽管如此,福斯特并没有欣然接受沙夫提出的解决办法。韦尔费尔认为《印度之行》体现了福斯特的现代宗教观,他称之为"分裂的信仰"——一面坚持对宗教体验进行本质上理性的、现实的和认识论上的批判,另一面又肯定其是真实的。因此,对于福斯特,宗教体验成了这样一个可能的空间,他的怀疑人文主义可在其中提供怜悯和宽容来抵消宗教信仰的负面影响。韦尔费尔另辟蹊径,在二元对立的传统思维模式之外为福斯特错综复杂的宗教观和世俗观(现代性)之间找到了一个很好的平衡点,这对于无论是研究这位终身倡导相互理解和容忍的现代作家还是其复杂的作品都无疑是中肯而有益的。

六、一阵雷声,没有闪电伴随

在接下来的一部分里,韦尔费尔结合《印度之行》实例分析了这种分裂的现代宗教观。在作品里,各种信仰的持有者和无神论者(包括英国人和印度人)聚集到印度的钱德拉波尔城,每个人都极力想克服自己的偏见,和他人成为朋友或爱人,但事实证明政治和社会关系层面的连接都失败了,马拉巴山洞之旅提供了进行精神连接的可能性。福斯特笔下的马拉巴山洞象征着宗教体验,不仅体现了它超验的希望,还表现了前面所讨论过的对宗教体验的三重批判。一方面,福斯特着重强调了山洞的超凡脱俗、无法言喻,早于人类而存在、一成不变、难以进入和黑暗无边,女主人公穆尔夫人和阿德拉在里面都遭遇了非同寻常的体验,并因为这种体验而改变了她们人生的轨道,马拉巴山洞似乎产生了一种原始的、强有力的影响力,这种影响力颠覆了语言和意义。这正是为什么阿德拉靠她那实际和逻辑的头脑总无法明确弄清楚在山洞里到底发生了什么。种种事实证明了山洞所象征的超然、强大的神秘力量的确存在着,并对人们的身心产生巨大影响。但另一些细节又反映了福斯特对山洞宗教体验(或神秘主义)的质疑,如:山洞无边的黑暗暗示其拥有的真理本质上是无法企及的;最终真正参与山洞之旅的是两个信仰不确定或开放的人;山洞里超验的经历也是间接描述的;岩石上火柴的投影是扭曲的而不是事物本身;穆尔夫人的洞穴体验只存在于其回忆里,没有具体细节的描写。韦尔费尔认为尤其通过山洞回声对穆尔夫人的影响和她的挣扎都突现了内存于宗教体验的目的(超验的统一和绝对的知识)里的认识论问题:真正包含一切的统一世界是无意义的,要想赋予意义和价值,我们必须区分、排斥、定次序和等级,而这样一来又牺牲了统一。神秘体验提倡完整的统一,而且坚持认为这种完整可以用爱、善良、完美等正面词语来衡量,但实际上这个包容一切的统一里也应包括所有的坏,如此一来,这个统一就无意义了。

也许正是在山洞统一而单调可怖的回声里洞察到了自己一直以来所信奉的统一、开放、仁爱的宗教观最终只能走向虚无,开明、宽容而充满人文主义情怀的穆尔夫人才会对人、人世如此心灰意冷,精神萎靡直至最后死亡。穆尔夫人的信仰危机及结局成了福斯特对神秘主义批判最有力的注脚。神秘的宗教体验像巨大的雷声震撼人的心灵,使人如醍醐灌顶般猛然从自己主观上一直信奉的信念中醒来,但其神秘性、广袤而不可知又无法为迷途知返的人们指点迷津,像闪电般启蒙和点亮人们混沌、不知所措的心灵。这也许就是为什么韦尔费尔会把这一部分冠名为"一阵巨大的雷声,却没有闪电相随"吧。

在下一节"戈德博尔和石头"里,韦尔费尔继续讨论了《印度之行》里另一个有关印度教和神秘主义的人物戈德博尔,以进一步探讨福斯特的现代宗教观。作为印度教徒的戈德博尔教授是福斯特笔下一切生灵统一的宗教思想的代言人[①]。评论家们认为戈德博尔的宗教体验取代了穆尔夫人的失败,他似乎能接受人类意识的有限以及人类探索未知的必然失败。韦尔费尔却认为福斯特对于戈德博尔的幻境及其所代表的印度教给

---

① E. M. 福斯特:《印度之行》,Laura Heffernan 导读,季文娜译,天津:天津科技翻译出版公司,2008年,第39页。

予了和山洞事件同样的批判。韦尔费尔在福斯特有关印度教的信件中总结出：尽管福斯特痴迷于印度教的出神（或忘形），他却并不认为它比其他体验更能让人接近真实，他感到因为其无所不包，所以无法从混乱中得出实际的知识、次序、美和行动。因此，戈德博尔的疏离感和他对山洞事件的麻木反应都显示出：尽管印度教更能容忍矛盾，鼓励个人对神的理解，其宗教体验在小说里是受到批评的。韦尔费尔进而从认识论和经验论的高度来切入，认为这个问题显得更为复杂。戈德博尔似乎能从驱使穆尔夫人疯狂的体验中找到意义，但他从自身体验中所得出的意义总是囿于一个他接受为真实的特别意义体系里。这就意味着他从未超越过习惯和偶然所规定的界限，其幻境也必然受制于他特定的文化和语言背景，他得到的意义只能是被建构的。在宗教体验（或神秘体验）方面，如果说戈德博尔比基督教传教士索尔利先生走得远的话，但他没有像穆尔夫人一样真正进入山洞进行直接体验，没有听到那回声，而是驻足在了山洞前，恰恰是他的宗教行为（祷告）阻止了他的山洞之旅。韦尔费尔似乎是指出印度教的神学理论和实践都阻碍了戈德博尔获得真正的神秘体验，他只能苟且在自己习得的宗教哲学里找到现成的解释和安慰罢了。他试图将石头、穆尔夫人以及黄蜂都放进他构想的宇宙一体的图景中去，但他失败了，被从幻境中带回到自我意识。因此，韦尔费尔指出对于福斯特来说，石头象征着意义超越的界限，戈德博尔之驻足在山洞前也就标志着其洞察力的局限。换言之，他的宗教体验只停留在早已构建好的自我意识中，因而是唯我论的和局限的。

七、分离的信仰和福斯特的双重视野

在文章的下一部分里韦尔费尔进一步深入分析并总结了福斯特分裂的信仰和双重视野。韦尔费尔指出，虽然福斯特认为印度教信仰比基督教更接近他的价值观，但他仍对印度宗教体验采取了怀疑性的阅读，认为其没有解决任何明显的问题，没有让我们更接近真理。如果说福斯特拒绝了沙夫的极端立场——因为逻辑上的不可能而否认宗教体验的真实性的话，同样重要的是他也拒绝了另一个极端——接受神秘主义立场。韦尔费尔比较了当今两种对立的宗教体验观来探讨福斯特的第二个拒绝。一方是威廉·詹姆斯的《多样的宗教体验》，另一方是伊夫林·昂德希尔的《神秘主义》。在昂德希尔看来，神秘主义是通向个人和神之间永久神秘结合之路，这种永恒的联合超越所有的逻辑、认识论、交叉压力，对怀疑和世俗的理解免疫。而詹姆斯则坚持认为虽然这种神秘体验被证实了，但其批判性特征包含短暂性、被动和不可言喻，独特的纯思维性。对于詹姆斯而言，宗教体验在认识论上存在着真正的问题。昂德希尔把神秘主义的体验认识论当作获取知识的唯一合法途径，而詹姆斯却认为神秘主义证明了知识的界限以外有一些其他的意识形态存在着，没有它们宇宙的全貌不可知晓，它们打开了一个领域，禁止我们过早结束对真实的描述。韦尔费尔认为在这两种观点中福斯特无疑是站在詹姆斯一边的。福斯特认为他笔下最成功人物拥有"双重视野"，即他们有自己的视野，同时也能看到自己视野的局限性。这种双重视野虽然是一种精神上的混乱状态，让人陷于行动和不行动的两难中，但它让我们认识到了原始事件所拥有的潜力，我们将承认他者对于这个领域有一样的要求权。认识不到自己视野的局限就会让我们简单地排斥他人或把他人纳入自己的体系。宗教体验不授予任何一种信仰获得真理的权利。

  在本文最后一节"不信仰者，非信仰者，无信仰者"里，韦尔费尔追根究底地探求了福斯特的终极宗教立场。从他的文章和访谈中韦尔费尔发现福斯特更宁愿被称为"无信仰者"而不是"非信仰者"，前者表示一个人没有肯定的信仰，而后者却是一个积极、主动的立场，相信神不存在。韦尔费尔发现福斯特认为信仰任何东西都是很难的，而且伦理上也是错误的，因为"相信"或"信仰"都意味着对于生活和真理的多样性的自我封闭，这样做是一个令人窒息的过程。韦尔费尔强调说福斯特的"无信仰"不仅是针对基督教和印度神，它也指向自由人文主义、科学、怀疑主义，甚至信仰本身。韦尔费尔更愿意把福斯特称作"不可知论者"，认为这个词恰如其分地否认了一些人可以通过启示获得明确知识的说法，也就是说我们不应该相信我们的信仰就是真理。如果说福斯特用不可知论质疑了信仰的真实，在获得真理方面福斯特同样不信任事实，正如他的传记作家弗尔班克回顾他回复乔茜·达琳有关第一次世界大战中事实的话题时所说的："乔茜，不要对我说什么事实……现在每个人都总在提它，但事实是我们不可能面对事实。他们就像一个房间里的四面墙，如果你面对其中一面，那么你就得背对其他三面。"

  基于以上论述，无论怀疑人文主义还是神秘主义都不是人通向知识和真理之路。韦尔费尔的结论是分裂的信仰观对文学现代性具有重大意义，他提出一个可能的解决办法即是去关注宗教体验的情感内容，置美学（直接探索情感的领域）为一个空间来探讨处在一个广泛的世俗背景下的现代宗教参与。这并不是用艺术作为世俗的替代品去取代失去的宗教信仰,因为"替代"这个词否认了理解宗教事务的背景已发生了急剧变化。信仰迷失而导致人们对体验、意义和超验的理解的改变根本上改变了理解与信仰密切相关问题的背景。因此,我们必须首先转变我们思考宗教参与的方式,唯有如此,我们才能在现代文学研究和世俗研究之间建立起有益的对话,并因此丰富和完善双方。

八、评论

从最初的政教合一到后来的政教分离,从西美尔所谓的有形的宗教到无形的宗教性,无论是制度性宗教的衰落、个人宗教的兴起,还是今天的宗教多元化,宗教始终如一地是西方甚至全人类社会的一大普遍文化现象,并在人的生活里扮演着重要的角色。随着现代社会知识结构的发展和人们认识世界倾向于多元和复杂化,那种认为现代社会是"解魅"时代(整个社会走出宗教的控制,生活在一个理性主义的世界,在生活世界实现世俗化)的想法已一去不返。后现代的解构作用更是促成了现代性与宗教在哈贝马斯理论中的结盟[①]。当今社会越发形成了多元化、差异化、去中心化和东西方打通的思维态势。因此,宗教在世俗化和现代化的进程中并没有削弱或消亡,在现代社会里仍然呈现出旺盛而多样的生命力。虽然在这篇文章里韦尔费尔探讨的是现代主义中的宗教参与问题,事实上其某些观点已不可避免地打上了后现代主义的印记。因此,宗教作为一种深深植根于社会的文化现象,必然会体现出当今社会多元、世俗、生态等时代精神,并以多种形式参与现代性和后现代性中。对宗教的这种认定无疑为解读现代主义和后现代主义文学中的宗教问题提供了广袤的可探讨的空间,也必将为文学及文学批评的发展注入新的活力。而且韦尔费尔最终把宗教和现代主义的结合问题落脚在艺术上,这和作为评论家的福斯特在其文学批评名作《小说面面观》里所秉持"历史向前发展,艺术恒久不变"的信念是不谋而合的。

参考文献
Advani, Rukun. *Forster as Critic*. Kent: Croom Helm Ltd., 1984.

[①] 熊方亮、张小山:《二维视野下的社会理论——哈贝马斯论现代性与宗教》,《社会》2003(3),第28—23页。

Bradbury, Malcolm. *The Modern British Novel*. London: Secker and Warburg, 1993.

Forster, E. M. "Three generations," *The Creator as Critic and Other Writings by E. M. Forste*. Jeffrey M. Heath(eds.). Toronto: Dundurn Press, 2008.

Woelfel, Craig Bradshaw. "Stopping at the stone: Rethinking belief (and non-belief) in modernism via *A Passage to India*," *Twentieth-Century Literature* 58.1 (2012): pp. 26—59.

E. M. 福斯特:《印度之行》,Laura Heffernan 导读,季文娜译,天津:天津科技翻译出版公司,2008 年,第 39 页。

熊方亮、张小山:《二维视野下的社会理论——哈贝马思论现代性与宗教》,《社会》2003(3),第 28—32 页。

寓言性的"废墟"

——《历史中的今时主义:受难的士兵、本雅明的"废墟"和美国早期历史小说的话语根基》一文述评[①]

四川外国语大学英语学院　张　婷

【摘要】　莱特(Joseph J. Letter)一文以追述美国早期试图建立独立话语身份的文学运动开始,提出一段以受难的士兵和战争的废墟为中心意象的寓言所诉说的小历史,认为它映照、对抗着官方大历史的进步主义民族史观,这样的一段民间历史以不同的叙事形式和话语意图出现在以詹姆斯·费尼莫尔·库珀的《间谍》(*The Spy*)和约翰·尼尔的《七六年》(*Seventy-six*)为代表的早期历史小说中。莱特站在以"历史解构论"为理论基础的今时主义的视角,剖析两者的"寓言性结构"所表达的开放的意义,揭示了美国民族身份和话语的建构中所经历的含混、破碎、不为人知的另一面。莱特的文学解读展现出一种新今时主义与新历史主义视域融合的可能性,为研究历史小说提供了一种的思路,但也与常见的新历史主义文学解读一样暴露出其研究方法本身的局限性。

【关键词】　本雅明的废墟;寓言;象征;美国民族文学;历史小说

在《历史中的今时主义:受难的士兵、本雅明的废墟和美国早期历史小说的话语根基》(Past presentisms: Suffering soldiers, Benjaminian ruins, and the discursive foundations of early U. S. historical novel)一文中,约瑟夫·莱特采用"新今时主义"[②]的视角,结合本雅明"寓言性的废墟"概念,对早期美国历史小说中的两部代表作《间谍》(*The spy*)和《七

[①] Joseph J. Letter, "Past presentisms: Suffering soldiers, Benjaminian ruins, and the discursive foundations of early U. S. historical novel," *American Literature* 82.82(2010):pp.29—55.

[②] Presentism 的汉译有"今时主义""现时论""当下主义""表意主义"等几种,本文采取第一种,以对应"历史主义"。

六年》(Seventy-six)的"受难的士兵"形象做了解读,研究其对于早期美国文学话语建构的意义。从文章标题即知,"今时主义"和"本雅明的废墟"是本文的两个基本理论支点,莱特巧妙地将这两者结合并运用于美国早期历史小说这样一个文类(genre),为我们展示了一种解读历史小说、历史文本的新方式。自然,"历史"是莱特该文的一个重要的关键词,它联结着"今时主义"的文学解读方法和本雅明的"寓言性的废墟"概念。那么,针对"历史",作者为何要采取"今时主义"的解释路径呢?"寓言性的废墟"又与"今时主义"有怎样的联系呢?作者采取这样的视角对于美国早期历史小说的解读开启了怎样的新视野,又存在哪些局限性呢?本评述将从这几个方面具体展开。

一

"今时主义"作为西方主要流行于20世纪的一种文学、历史研究方法,与"历史主义"相对,旨在关注文学、历史文本,尤其是以莎士比亚作品为主的早期现代文学在当下的意义。用 Terence Hawkes[①] 的话来说,今时主义作为一种文学批评方法根植并紧紧牵连于此时、当下,这一点在其文学批评活动中十分显著,并被视作第一原则来实行(Headlam Wells)。但是,历史主义者对今时主义者往往颇有微词,认为他们仅仅关注那些与当下相关的历史,缺乏严谨的历史研究精神,只取其相关、而去除其他,认为这是史学家的一种"奴役"历史的行为,是以今天的期待来扭曲(warp)历史的行为(Rosenberg)。但我们无法否认的是,只要研究文学或历史,就不可避免带着当下的"视域",就必然有意识或者无意识地希望以历史为师,就必然是某种意义上的"今时主义者"。

笔者认为莱特在该文中所采取的是"新今时主义"(critical presentism)视角[②],这是因为文中所运用的"权力话语"概念和本雅明对"寓言"与"象征"的概念区分都浸染着后结构主义和解构主义的色彩,强调文本的建构性和意义的相对性。有趣的是,这一点却是"新今时主义"和"新历史主义"的共通之处;不少理论家认为它们的区别仅仅在于:当以

---

① 本文中部分外国人名没有统一的中文译名,故采用其英文原名形式,便于读者识解。
② Critical Presentism 是今时主义研究被运用于浪漫主义文学研究以后的名称,见 Robin Headlam Wells, "Historicism and presentism' in early modern studies," *The Cambridge Quarterly* 29.1(2000):pp.37—60.

史蒂芬·布拉特为代表的"新历史主义者"声称他们希望与"逝者对话"的时候,"新今时主义者"则是与"活在当下的人对话"。因而,从研究方法上来讲,新今时主义刚好逆转了新历史主义的研究路径。此外,他们还有一个极为相似之处,那就是在行文方面两者具有类似的话语构架,即"新今时主义"的文学批评与"新历史主义"一样,往往都以一段文学往事开头,引出一个本质上是政治性的中心母题,该母题在其后文的不断推进中重复出现直至结尾引出结论。

这篇文章正是以一则有关美国早期文学的往事开始的。莱特在文章的引言部分娓娓道来:1820年1月英国作家西德尼·史密斯发表了一篇著名的文评,批评美国没有属于自己的文学,因为"天下四方无人在读美国人写的书"(p.29)①。我们知道,1820年美国独立不久,正处于建立自己的国家身份的初期,国家文学作为建立国家身份的一个重要的话语基础(discursive foundation)自然也还没能确立起其独立性,显得十分羸弱。在这样的背景下,可想而知,英国人必然会抓住各种机会攻击美国文学无法脱离其"宗主国"文学的影响,并称美国作家只会"卑屈地仿效"英国的文学模式。为了回应这样的羞辱,美国作家、时任海军部长詹姆斯·科克·波尔丁发表了一篇后来改名为《民族文学》(National literature)的论文,该文初版名为《天才的陨落》(The wreck of genius),谴责英国作家对年轻的美国文学无情的挑衅,并且号召文学界建立起真正属于美国的民族文学。

莱特在引述这段历史的时候,将笔墨重点放在波尔丁论文结尾的一则短小的叙事场景:叙事者透过乡间旅馆的窗子,看到对面教堂后院坟地里游走的一位疯老人,他身上穿着破烂的士兵服,看得出来是位参加过独立战争的老兵,手里还拿着一些证明其身份的文件向路人诉说自己的情况,乞讨食物和休憩之处。然而当旅馆里的看客走出去想要进一步了解这位疯老人的情况时,老人却消失在教堂里。

这里,莱特借用同一个文学史轶事,把文章的主题从宏观引向具体,将美国民族文学在英国文论家的挑衅下反思自身身份的问题自然地转向了本文的中心母题,即一段被忽略的、几乎隐遁的历史对于美国民族身份的建立所产生的影响。莱特认为早期民族身份的确立很大程度上是通过民族话语根基的建立来完成的;而与早期民族身份的模糊相呼应,早期话

---

① 后文对莱特一文的引用仅将相关页码注解在引文后的括号中,不再重复作者信息。

语根基也摇摇欲坠般地委身于"逐步消散的关于独立战争的记忆碎片之上,给早期的民族文化染上了一层焦虑"(p.30)。这样的焦虑,通过莱特的视角找到了一位化身,即波尔丁文中的那位疯掉的老兵,一个被战争所折磨却无法获证其身份的合法性、无人认可的残缺之躯,一段足以颠覆官方话语但却逐步隐灭的记忆。那么这样一种关乎民族文化之存亡的焦虑是通过什么方式得到释放和表达的呢?又是怎样的一种话语机制在这其中发挥关键作用从而奠定了美国作为独立国家的文化根基的呢?莱特将其研究定位于早期的历史小说之上,认为正是历史小说的出现和传播使"'这段几乎消失的记忆将历史逆转'"(引自 Michael Kammen),从而对"早期民族文化产生了重要的影响"(p.31)。

而在这一过程中历史小说成为该话语机制的主要承载物。据莱特所说,历史小说为"这个国家建立之初所呈现的话语性含混赋予了文学的形式"(p.31)。这里,我们首先应理解什么是他所谓的"话语的含混"(discursive ambivalence)。美国独立战争胜利以后,政权上脱离宗主国(mother-country)的控制,尤其是 1812 年战争美国海军完胜英国之后,一种无往不胜的独立、自由精神开始弥漫于社会其他领域。McCloskey 在其 1935 年发表的文章《1812 年战争后美国民族文学期刊运动》(The campaign of periodicals after the war of 1812 for national American literature)中表达了这样一种洋溢着激情与憧憬的主流话语精神,认为这次战争之后,美国文学界开始相信"海军的胜利证明我们在政治上已经不再依赖于英国,而我们的文学期刊则要求塑造美国在思想和文学上的独立"(p.262)。这种热情、激昂的论调显然与莱特文中开头部分反复出现的"残留的记忆"(living memory)、"活着的废墟"(living ruins)等词所表达的情绪截然不同;事实上,莱特明确指出,与官方历史的言说相对,战争后被共和国政府所忽略的士兵们及其对战争的记忆构成了民间的历史话语,这种言说通过口口相传、片段式的回忆散布在民间,构成了对官方历史的威胁。而当时正发生于国会内的关于战争伤残人员补偿措施的政治斗争则成为这种话语冲突的焦点,揭露出美国独立后从共和制过渡到民主制过程中的政治话语矛盾。

刚才提到,McCloskey 在 20 世纪 80 年前研究 1812 年战争后美国民主期刊树立民族文学独立精神的那场运动,如果说他的研究梳理了当时美国主流话语的发展脉络,那么莱特的文章则展示出在话语主流之下隐藏着的那一波又一波的话语暗流。有趣的是,McCloskey 在文中专门描述了《门廊》期刊(*The Portico*)关于书写战争史的原则,而这些原则恰好反衬出莱特所定义的历史小说的话语机制。McCloskey 谈道:

> 《门廊》杂志将 1812 年战争视作我们的历史之中继独立战争之后最为重要的一次事件。因而对于那次斗争,该杂志要求进行细致的书写,包括认真的调查以揭示战争的动机、起因和结果。它要求对该战争的历史描述要基于清醒的理性,并摈除一切偏见。进而杂志要求历史学家要严谨地对待和研究与战争相关的一切外交照会、政治历史和战争中的所有环节。(p. 271)

通过这段回顾,《门廊》杂志所代表的主流话语历史观跃然纸上,即对重建历史抱有充分的信心,认为 1812 年战争就如同其他一切重要的历史事件一样都可以通过细致的历史考证而呈现出最"正确"的原貌,而该段历史的"复原"对于建立"充满自信心"的美国民族文学具有重要的意义。根据彭刚的论述,这种基于"朴素经验主义"的传统"重构论"史观是建立在对史学家理想主义的认识之上的,"认为只要史家排除偏见,使自己能够不偏不倚而又秉持史学家法来处理史料,过去的某个层面或片段自会呈现在我们眼前"(p. 47)。

然而与之截然不同,莱特本文对美国早期历史小说的研究所依据的史观则属于彭刚所归纳的历史学解构论。"解构论"是于"西方史学理论在 20 世纪 70 年代以来发生了语言学的转向"在"重构论"和"建构论"史观之外发展出来的论点,认为历史学研究的本质不是"复原"或"再现"历史,"历史学文本在其产生过程中,除了受制于历史学的家法与技艺(这其中当然最首要的就是史料的约束作用)之外,其虚构、创造、想象的因素与文学并无二致",因此史学家所书写的历史"与文学家工作的产物一样,同为文学制品"(彭刚,p. 48)。这也就是说历史研究本质还是文本性的,如海登·怀特所说,历史叙述就是一种"言辞虚构,其内容既是被发现的,又是被创造的"(White, p. 82)。既然历史是具有话语性的"言辞结构",那么历史与和历史相关的文学作品之间的边界就变得十分模糊;而事实上,不少新历史主义者对历史的界定就几乎可以和历史小说等文艺作品的定义相互替换了。例如海登·怀特就具有把历史诗学化的倾向,"即通过赋予历史一种想象的诗性结构,认为历史是一种'文学虚构的历史文本'……历史的深层结构是诗性的,是充满着虚构和想象加工的。这样,历史不过都是'关于历史的文本',而历史文本不过都是一种'想象的修辞'"(杜彩,p.64)。

二

那么莱特在本文中是如何对待历史和历史小说的关系的呢？或者说,他是如何通过他所认定的历史与历史小说之间的关系去解读文中的两部流行于当时的历史小说的呢？这里,"寓言"修辞成为莱特联结文学与历史的一个关键概念,他以詹姆斯·费尼莫尔·库珀的《间谍》和约翰·尼尔的《七六年》为19世纪美国早期历史小说的代表,认为其"寓言性的结构"可以通过今时主义(presentism)的概念加以理解(p.32),从而进一步揭示出早期美国文学话语和民族身份的建构方式和过程。

莱特首先将历史小说看作一种特殊的寓言。我们都知道,寓言作为一种文学修辞古已有之,是运用一系列的隐喻通过故事性的叙述来指涉某种观念或者道德意义;因而寓言的意义往往由叙事生发出来、在故事之外,至于故事本身的意义却并没有寓言这种形式本身所试图表达的意义更重要。如莱特所述,寓言是19世纪美国文学界最主要的一种文学话语模式,这与其迫切需要建立民族身份的文化背景是一致的,因为传统的寓言无疑是通过叙事传达某种道德价值或国家理想的最为便捷的途径之一。然而此种"程式性"(张旭春,p.170)的"寓言"与莱特所说的"寓言性"结构有很大的不同,后者基于本雅明的"寓言"概念,将之作为一种文学批评方法来分析历史小说中的"材料内容"的修辞意图。众多文论家都曾细致区分过"象征"和"寓言"的区别,探讨过它们之间的联系[①],但莱特却试图将这样的区分和联系与历史的观念结合起来,示意这两个文学修辞的概念亦可与历史、时间概念相互阐发。

象征和寓言作为基本的文学概念在文学家和文论家的阐释、争辩中不断映射出文学理论、思潮的发展,这里莱特则根据本雅明对"寓言"的解释建立了指向新"今时主义"的历史小说批评。通过解构主义对浪漫主义象征/寓言对立的反驳,我们可以理解本雅明所建立的"寓言——废墟"这

[①] 罗良清(2009)从词源和历史发展的角度比较了寓言和象征相似的结构和区别,并综述了历史上关于两者的争论。见罗良清:《寓言和象征之比较》,《中国文学研究》2009(1),第12—15页。张旭春(2013)梳理了自伽达默尔以来的寓言与象征概念、浪漫主义试图将象征凌驾于寓言之上的论证、解构主义的颠覆,以及他本人基于传统体验美学对企图将"寓言"和"象征"一分高下的论断的批判。见《寓言与象征——艾布拉姆斯与保罗·德·曼之争》,《浪漫主义、文学理论与比较文学研究论稿》,上海:复旦大学出版社,2013年,第156—180页。

对概念之间的内在联系。虽然"词源意义上的寓言和象征具有相同的表意结构,字面义都为隐含的指涉义服务"(罗良清,p.12),但在以柯勒律治为代表的浪漫主义者看来,象征所代表的共相和殊相的统一与"寓言"相比是固定的、自足的和完满的,因此在象征的修辞中,世界可以"不再被视为一个由各种毫无关联的、孤独漂浮的意义所组成的庞杂混合体,而是一个由各种象征构成的统一和谐的、具有整体性和普遍性的意义世界"(张旭春,p.162)。当象征成为历史的叙事修辞,那么历史便将"一切异质的、暂时的、此刻的东西"融入一个整体,"一切历史的片段被纳入一个连续的统一体,成为一种精神或知识的逐步显现"(张旭东)。然而这种能够通过"历史之鉴"看到某种必然发生的"精神或知识的显现",即传统历史观所倡导的"历史理性"恰好是本雅明试图消解的。

本雅明在《寓言与悲剧》中谈到历史,认为历史与自然的矛盾关系表达了历史的实质:"只要自然变得有意义,它就成为了历史",而因为自然被赋予意义的本身却是一个遭到损耗、消磨和破灭的过程,因而,历史也是一个不断走向湮灭的过程(Cowan,p.117)。本雅明继而通过"建筑物的废墟"(the architectural ruin)的意象来表达这样的一种湮灭,认为具有巴洛克风格的建筑废墟通过自身突兀的衰败感突显了碎片、残垣的意义,从而使历史从废墟中浮现出来,这些残存之物成为关于力量的寓言,叙说着人类和自然的无能。很明显,对于本雅明所代表的解构主义者来说,能够与这些碎片、衰败、毁灭的历史相对应的不是象征,而是"寓言"。寓言并不言说统一,却指向分裂,因为其内容与形式之间彼此独立、可以分离;其表面义可以具有多重指涉义,因此它瓦解了象征体系的完整性和至上理性。寓言理论指向一种秩序并不明晰的历史,瓦解了述说着某种必然的传统历史理性,在历史的主流话语之外提供了其他话语可能性——那些足以颠覆官方话语的、表达"迷失、异端、开放意义"的他者话语,这也便是莱特试图通过历史小说揭示的一种"有意识的修辞结构"(p.32)。

莱特认为,寓言作为历史小说的修辞话语所表达的"开放的意义"最为关键,因为它"在帮助我们理解早期历史小说的今时主义导向方面很有价值"(p.33),莱特解释道:

> 关于独立战争的叙述不断受制于历史时间和记忆的"迷失",这使得历史小说家发现在历史事件与今天关于事件意义的争论之间存在着一种对话。他们已不再是简单地书写那些关于代表着美国独立

>精神的小说人物的爱国主义神话,而是探索当下关于独立战争不同的言说,开拓了一个从各种关于独立战争不同的叙事版本中出现的、在主流话语之外的他者话语的渠道。(p.33)

虽然莱特在文中表明自己并不想暗示说以前的批评者"没能将早期历史小说作为寓言来解读"(p.33),但很明显,之前的解读并不是从本雅明的"寓言"概念出发来进行的,因为这些阅读"几乎都透过现行的意识形态有意图地揭示这些早期历史小说文本中体现的所谓的进步主义的历史观"(p.33),因而与莱特此处试图解构主流历史话语的意图是截然相反的。在莱特看来,这些只关注"那些指向未来和历史进步的叙事成分的阅读大大削弱了早期历史小说本身的复杂性",而更糟糕的是,这样的解读还进一步地"强化了这样一种观念,即历史小说作为一种文类除了包含一些服务于主流历史进步主义的爱国主义情怀之外便别无其他了"(p.33)。可以说,这种"服务于历史进步主义"而简化小说意义的解读是为了把历史小说作为一种"象征"来看待,而非"寓言"性的叙事,它们将历史人物、事件和细节有机化,纳入一个象征性的整体,放置在一种线性的、进步性的时间观念中,是从"未来视角"加以书写的"目的论的历史"(洛伦茨,p.25)。

如果说莱特反对以"未来主义视角"去解读历史小说,那么他对于"历史主义"的视角又有什么态度呢?对此,他并没有在文中表明,但是,通过他对"今时主义"的强调,我们可以看出"历史主义"倾向也与他的阐释路径背向而行。从话语的角度讲,福柯(Foucault)的历史主义和莱特这里对民间话语的强调并不矛盾,前者认为对待历史中的某个言辞(statement),研究者理应"找到它发生之时确切的特性(the exact specificity of its occurrence),以及包括它存在条件的所有相关的言辞",才能完整地认识其"在场的过去"(its embeddedness in the past)(p.21)。试图完整认识过去的话语系统中的各个方面,其目的是对先在地设定话语意义的拒绝,而这则与莱特在本文中所强调的对官方历史话语的挑战目的一致,都是为了能够更"确切地描述历史遗留的残迹之间的关系"(p.51)。然而今时主义和历史主义的区别在于其时间观念的差异,当后者指向过去、以历史为中心之时,前者则指向当下、现在、今时,以历史与现在之间指向现在的对话以及它们之间的距离感为中心。而这种距离感亦为"寓言"的本质特征。莱特在文中引述本雅明的观点指出:

>历史从来不是静止的;相反,它指示着一种流动性,确切地说它

是当下的一个时刻,这个时刻与来自过去的某个事件或者物品相关。而寓言则恰好捕捉到了历史事件曾经的意义与今天的意义之间的距离:曾经的一个宗教圣地、一座过去的庙宇所处的空间,在当下则以聚集起来的一堆残垣、瓦砾的方式而存在,向各种可能的意义敞开。(p.34)

这样,莱特从文章开头就一直突显的早期美国历史中的"受难的士兵"形象便具有了双重意义:一方面,他作为残存的记忆代表着民间的历史话语,与官方历史话语的完整与宏大构成对照;另一方面,"受难的士兵"表达着"寓言性"的阐释框架所强调的历史与今天之间的距离感,即本雅明所谓的"建筑的废墟",指涉着相对于当下而言的历史的无可复苏及其随之而来的意义的开放性。

此外,莱特还进一步找到了与"受难的士兵"相对应的官方历史话语的象征物,即民族之父华盛顿的形象:"华盛顿在美国国民中的形象在19世纪早期象征性地上升为文化权威,这为民族叙事带来了话语性的终结;因此华盛顿出现在表达着国家使命和命运的历史叙事之中则具有强化历史进步主义的话语企图"(p.34)。而"受难的士兵"的形象则无法提供这种"话语性的终结",恰恰相反,他代表着"话语性的开放",动摇了历史的过去,"为美国的那一段原本确定的历史进程带来了含混和疑虑"(p.35)。莱特强调,这些"含混和疑虑"并非指向过去或未来,而是指向历史的当下,它们通过给当下带来关于这个国家早期历史的"矛盾的时间性",使人们更加关注历史小说中的非主流的叙事结构,即那些关于"废墟"、"受难的士兵"等异质于"国家独立"、"国民之父"的意象。从这个角度来说,这些历史小说的功能不是"训导性"(pedagogical)的,而是"施为性"(performative)的;从本雅明的观点来说,它们的"寓言性"叙事本身的形式"则完全成为内容的内容",这种内容作为一种哲学的内容、一种历史的真实是通过这种艺术形式而被"寓说"了的(张旭东,p.150)。

三

莱特在文章的第二部分运用上文所详解的"寓言性"结构分析了詹姆斯·费尼莫尔·库珀的《间谍》和约翰·尼尔的《七六年》这两部流行于美国19世纪早期的历史小说,从新今时主义的视角论述了它们对于建构美国早期历史话语的代表性意义。在莱特的"寓言性"叙事视角中,两部小说都通过其中处于核心地位的"废墟"寓言撼动了美国民族主义和进步主义立场上的"大历史";而其中,《间谍》侧重表达了"废墟"的遗失所带来的含混不清,《七六年》则鲜明地成为"废墟"的代言人,以更为直接和决然的方式颠覆了主流历史话语。

从《间谍》的书名就不难看出,小说里的"间谍"伯奇(Birch)是主要角色,他是潜伏在英军队伍里的美军间谍,但知道其身份的人并不多,除了华盛顿和他口袋里一张华盛顿亲笔签名的便条之外,意外地知道了这个秘密的只有他的情人弗朗西斯。伯奇表面身份与实际身份的异质性本就暗示着一种历史性的失声,或者借用莱特的话来说,伯奇表征着"历史记忆那朦胧的边缘之处"(p.39)。莱特文中引用了一些学者对这样一个"边缘人物"的解读,他们大多都注意到"间谍"角色代表着"沉默"的话语,但却认为这种"沉默话语"象征着被国家"大历史"的主流话语覆盖的存在物,因而依赖并服务于主流的历史话语;对此,莱特是反对的,他认为这样的"沉默"恰好便是早期流行小说的"寓言性"话语(p.39),它作为"废墟"的一种言说方式理应被认为是《间谍》的主要叙事结构。

莱特的叙事通过寻找几位主要人物的"寓言性"意义来展开。小说的高潮部分,华盛顿与间谍伯奇在其位于山顶的屋舍之中密谈,一显一隐的两个人物同时出现在高地之上,象征着"国家建立之初的纷杂"(p.39)。而碰巧见证了这个关于国家诞生的秘密的是同为华盛顿的"女儿"和伯奇情人的弗朗西斯,就此莱特认为弗朗西斯暗指着"唯一存留下来的关于这个神秘时刻的记忆",而她的去世则意味着"个人记忆与官方民族史之间无法弥合的裂隙,因而呼应着库珀试图揭示的有关美国早期所经历的'历史性的遗失'这个危机"(p.40)。这样一个表达着"历史性的遗失"的角色,据莱特看来,并没有自此在小说中失声,相反,她与弗吉尼亚人大陆军少校佩顿·邓伍迪的婚姻,象征着这个年轻的共和国南北的统一,而他们的儿子、后来参加了1812年战争的沃顿·邓伍迪则使她成为共和国的母亲。这位民族"母亲"的形象身上集中体现了历史的"间隙性"(liminality,又译"阈限性"),因为"她既是效忠英国的贵族地主的女儿,又是民主人士'间谍'的情人,她象征着官方的历史又代表着民间个人的记忆,她既是拥护美国独立的爱国主义者邓伍迪的妻子,同是又是亲英'效忠派'的亲妹妹"(p.41)。弗朗西斯身份的"间隙性",以及她和间谍的去世所象征的关于一个历史秘密的记忆的完全遗失,突显了国家建立之初诸多纷繁复杂的、说不清道不明的显隐交织。经过莱特的分析,《间谍》的叙事话语暴露了官方历史话语的空白、碎裂之处,使其"完整性"和"进步主义"言说受到了挑战。

如果说在莱特看来,《间谍》里弥漫着一种关于历史之"废墟"的遗失感,那么他对《七六年》的解读则是试图突出这种"废墟"自身所发出的对抗的声音,一种相对于"遗失感"来说更自发的、更洪亮的对抗官方话语的声音。尼尔的这部历史小说是由一位虚构的叙事者约纳森·欧得利来讲述的,这样,小说的文体转化为回忆录,使这段历史成为了一个由"饱受战争摧残的残存之躯"所发出的来自"今时的、对抗着进步主义的历史"的呐喊(p.43)。莱特认为,约纳森本人就是本雅明"废墟"的一位化身,他是"承载着历史进步烙印的沦落的自然"的人格化表现;除了他在战争中失去的那条腿以外,他身上的伤疤"充分地展示着一种寓言性的言说所具有的修辞力量"(p.45),因为"这个伤疤对于他的身体来说就如同这些民间记忆对于独立战争史来说具有同样的意义",它们都再现了"随着年月的流逝而愈发变得模糊、逐渐消隐的那个历史原初神秘的时刻"(p.45)。似乎尼尔的写作就是为了抗拒这样的一种"逐渐消隐",在他的笔下,这些历史性的"废墟"具有"扰乱性的能量",不断地撼动着美国民族建立之初试图建立的超验性的民族想象的根基。他的主角们在战争所引发的接连不断的个人悲剧的逼迫下,从具有独立精神的"拜伦式英雄"转变为"健康每况愈下、参战动机愈发复杂和模糊的"个体。莱特看到,小说的主角阿奇博尔德(Archibald)表面上的战争英雄主义背后隐藏着复杂的行为动机;为了保护自己的爱人、为了给被联盟德军强奸的母亲报仇等等私人恩怨成为他走上战场的真实目的,而他"从来不是真心地为了国家的独立而战"(p.46),这无疑暴露了美国早期民族叙事中存在的话语矛盾。

有趣的是,《七六年》的作者尼尔正是前文所提到的《门廊》杂志的编辑之一,该杂志要求对1812年战争进行"细致的书写"以确立属于美国自己的不依附于任何其他国家的民族文学。尼尔的书写虽然不能说是促进了进步主义的历史叙事话语,但确实也以"清醒的理性"试图揭示主流历史所忽略掉的那些"小历史"。正是在这个意义上,莱特认为历史小说成为今时主义立场上审视历史的一种寓言,这种"寓言性的话语作为一种书写形式从本质上来说是不完整的,它并不能毫无疏漏地彰显其所指的全部意义",它"代表着早期美国小说的修辞性策略,指导我们去寻找阅读和讲授早期民族历史文本的途径"(p.49)。从这个角度上讲,虽然尼尔试图秉直书写那段复杂的历史,从办《门廊》杂志的指导方针来说他顺承了试图穷尽历史的"一切环节"的态度,但其作品本身却彰显了一种"不完整性""碎片性"和"矛盾性",而这或许本就是莱特站在今时主义视角试图让我们接受的这么一个事实,那就是历史本身就是本雅明所说的一种悖论,即它"既是一切苦难和误解的本源,又是通过这些苦难和误解使意义和救赎得以实现的媒介"(Cowan, p. 116)。顺承着这样的一种废墟——寓言——当下的逻辑,莱特似乎暗示着这样一个观念,即立足当下、回望那片历史的废墟,我们永远看不到历史的全部,而这正是历史的"伎俩",是历史的寓言给我们的最终提示:作为后人我们要永远去揣测、质疑那被"确认"的"大历史"。这样,我们就可以理解莱特在文末所说的这句话的涵义:"今时主义的寓言并不是为'所有的时代'所书写的;他们一旦被讲述就立即开始丧失(其已被阐释的)意义。"(p. 49)

四

无疑,莱特运用本雅明的"寓言"概念去支撑其"新今时主义"的立场、并由此赋予美国萌芽时期的战争史和文学史以一层新的意义,其论断有许多启发意义,其论述方法也不乏令人耳目一新之处;他将本雅明关于寓言所代表的历史之不断湮灭和意义之开放的观点与新今时主义所秉持的植根于当下的视野理解历史文本的观念结合起来,展示了两者逻辑上的顺承性,还令其得以互为阐发、互生新意。通过莱特的论述和文本分析,我们看到了"寓言"概念在解读美国历史小说这种文类当中的适用性。而与此同时我们也看到,"寓言"突显了"废墟"的意象,促使"今时主义"去寻找历史的遗迹。莱特在文章标题中强调,他的分析是基于"历史的今时主义"(past presentism)这个视角,也就是说,他是站在这个当下研究19世纪初期的小说家立足于那个当下对国家建立之初的历史书写。今日的当下与历史的当下这两种时间观念的重合,使其视角本身便呈现出"今时"与"历史"的勾连。他在文中讲述了两部历史小说主要角色的历史原型和美国历史上针对退伍军人退休金的国会辩论,这使其后面的文本解读更具说服力,与传统今时主义天真地、简单地以今人今时的视角去解读历史的方法相比他更注重对历史文本的考据和细读,提供了一种使"'新今时主义'与'新历史主义'对话和结合"[①]的一种可能途径。

---

① Robin Headlam Wells, "Historicism and presentism' in early modern studies," *The Cambridge Quarterly* 29.1(2000):pp. 37—60.

然而不论是新今时主义还是新历史主义，作为倚重社会文本（历史文本和当下文本）的一种文学阅读方法，两者都表现出对文学作品本身的美学特征和读者的审美体验的忽略，似乎文学的一切目的就在于再现历史或者再现社会话语权力的演变。这一缺憾可以说在几乎所有的"新今时主义"或"新历史主义"视角的文本解读中都可以预见得到（predictable），而莱特的这篇文章自然也未能免俗。

莱特在文末总结道，"作为美国历史的一片遗迹的'受难的士兵'所代表的话语在其文本结构中仍然包含着它创作瞬间的一些残存之迹"，作为一种今时主义的寓言，它们将随着其"意义的不断呈现而持续表现出不同的意义和文化价值"，正是从这个意义上讲，"早期历史小说和传说故事通过捕捉了这样一些意义的演变而使其成为（被时间）'风干的字谜'，诉说出一段美国文学的萌芽史"（p.49）。莱特得出这一结论并不意外，因为从前文我们就多次读到了类似的论断，可以说莱特花了大量篇幅不断确认了这样一个可以预见的关于历史话语的论断，也就是说他再一次通过两部历史小说重述了本雅明关于"废墟"的寓言。在这样的一种话语中，读者或许会误读出这样的信息，那就是历史小说要么是确证、要么是颠覆官方历史的一种文体，而至于其文学性、作为一种文艺作品其本身所应具有的复杂性和审美性似乎只是其附属属性，被淹没在历史和政治的话语意义之中。从这一个角度来说，莱特在本文中所强调的"流行历史小说"之"流行"之意，只是单纯地突显了民间对抗官方的权力话语这一方面，却并没有充分提及民间文学消费的历史情形加以佐证。笔者认为，如若作者能够从读者接受、审美体验这一角度给予相应的篇幅，那么他试图论证的早期历史小说对于建构美国文学所谓的"话语基础"的重要意义会更加具有说服力。

参考文献

Cowan, Bainard. "Walter Benjamin's theory of allegory," *New German Critique* 22 (1981):pp.109—122.

Foucault, Michel. "The unities of discourse," *The Archeology of Knowledge*. London: Routledge, 2002.

Headlam Wells, Robin. "Historicism and presentism' in early modern studies." *The Cambridge Quarterly* 29.1(2000):pp.37—60.

Letler, Joseph. "Past presentisms: Suffering soldiers, Benjaminian ruins, and the discursive foundations of early U. S. historical novel," *American Literature* 82. 82(2010):pp. 29—55.

McCloskey, John C. "The campaign of periodicals after the war of 1812 for ntional American literature ,"*Modern Language Association* 50. 1(1935):pp. 262—273.

Rosenberg, John S. "The American civil war and the problem of 'Presentism': A reply to Phillip S. Paludan," *Civil War History* 21. 3(1975):pp. 242—253.

White, Hayden. "The historical text as literary artifact," *Tropics of Discourse*: *Essays in Cultural Criticism*. Baltimore: The Johns Hopkins University Press,1978.

杜彩:《新历史主义"历史若文学"的辩证分析——兼论目前历史题材的电视艺术创作》,《现代传播(中国传媒大学学报)》2011(4),第 63—67 页。

罗良清:《寓言和象征之比较》,《中国文学研究》2009(1),第 12—15 页。

洛伦茨,克里斯:《从历史到记忆:近代史学的时空架构与记忆研究的兴起》,《山东社会科学》2012(9),第 18—31 页。

彭刚:《历史事实与历史解释——纪西方史学理论视野下的考察》,《北京师范大学学报:社会科学版》2010(2)。

张旭春:《寓言与象征——艾布拉姆斯与保罗·德·曼之争》,《浪漫主义、文学理论与比较文学研究论稿》,上海:复旦大学出版社,2013 年,第 156—180 页。

张旭东:《本雅明〈论波德莱尔〉中的主题和形式》,《西方文艺理论名著教程》,北京:北京大学出版社,1988 年,第 501—519 页。

城市生态学的文化空间和政治空间

——《城市生态学之纽约学派——〈纽约客〉，雷切尔·卡森和简·雅各布斯》一文述评①

四川外国语大学英语学院　赵惠君

【摘要】　城市生态学介入社会科学界面，让人们开始关注生态学与社会历史文化之间的互动。罗文(Jamin Creed Rowan)指出《纽约客》(The New Yorker)的理想社会范式和卡森作品中反映出的生态联系观和整体观以及雅各布斯提出的"相互关联的公共关系"思想实为一脉相承，是生态意识对城市生活社会结构和社会秩序的观照。罗文所称的"纽约学派"将生态学的核心概念和思想植入当代美国的历史文化土壤，试图通过生态哲学思想来回应当代美国城市所面临的新的情绪问题和秩序问题，他们的叙事模式、思想视阈将社会秩序、社会结构和都市生态意识相互融合，拓展了城市生态学的内涵和外延，为生态学的社会文化介入提供了新的思路。罗文以跨学科的视野既深入到文本内部的修辞和美学特征，又导入了生态哲学思想和社会政治文化的界面，他的研究角度对文学文化研究者具有深刻的启迪意义。

【关键词】　城市生态意识；情感修辞；叙事策略；社会秩序；社会结构

一、引言

杰明·克里德·罗文在《美国文学》(American literature)上发表了《城市生态学之纽约学派——〈纽约客〉，雷切尔·卡森和简·雅各布斯》(The New York school of urban ecology: The New Yorker, Rachel Carson, and Jane Jacobs)一文，以文学的叙事资源和情感资源为出发点，

---

① Jamin Creed Rowan, "The New York school of urban ecology: The New Yorker, Rachel Carson, and Jane Jacobs," American Literature 82.3(2010):pp.583—610.

探析了生态意识对城市生活所产生的文化影响和政治影响。他指出《纽约客》(The New Yorker)的理想社会范式和卡森作品中反映出的生态联系观和整体观以及雅各布斯提出的"相互关联的公共关系"思想实为一脉相承,是生态意识对城市生活社会结构和社会秩序的观照。城市生态学是一门新兴学科,其研究有两种倾向,一种着重城市的生物生态学研究,另一种着重城市复合生态系统的研究,即对人类社会、经济和自然三个子系统间相互关系的研究。城市并不是人类和生态系统的简单组合,芒福德指出,"不论是从形态学角度还是从功能性角度看待城市,如果不追溯到早期与非人类物种的共存模式中去考虑人类和生态系统的关系,就无法理解城市的发展。"[1] 由此看见,城市生态学并不是针对人类居住地或者人类赖以生存的生态系统各自独立的研究,而是关于人类——生态系统共同进化的研究。城市生态学介入社会科学界面,让人们开始关注生态学与社会历史文化之间的互动。雷切尔·卡森和简·雅各布斯借用生态学逻辑和情感修辞资源,拓延了城市生态学的丰富内涵,她们将生态学的核心概念和思想植入当代美国的历史文化土壤,在探析生态学所指涉的文化空间和政治空间过程中,企图找到更好地理解和改善城市生活的方法,这一初衷和《纽约客》"挖掘城市生活的复杂性"的宗旨不谋而合。罗文所称的"纽约学派"试图通过生态哲学思想来回应当代美国城市所面临的新的情绪问题和秩序问题,他们的叙事模式、思想视阈将社会秩序、社会结构和都市生态意识相互融合,拓展了城市生态学的内涵和外延,为生态学的社会文化介入提供了新的思路。

二、《纽约客》的社会理想

《纽约客》被视为美国精英文化的标志,是文类学和"意见类"刊物的代表。罗文在文章的第一部分"城市的生态剪影"中首先分析了《纽约客》的历史转型。一开始,他借约瑟夫·米歇尔 1951 年 1 月发表在《纽约客》的人物剪影《海港尽头》(The bottom of the harbor)一文提出了纽约的城市改造项目所带来的"社会创伤",由此引出了由于城市本身和社会秩序改变所带来的焦虑促使都市知识分子不断写书和讨论城市生活的话题。自 19 世纪末以来,纽约的发展经历了包括外观、经济秩序、文化秩序和社

---

[1] Marina Albert, *Advances in Urban Ecology: Integrating Humans and Ecological Processes in Urban Ecosystem*. New York: Springer Science + Business Media, LLC, 2008, p. 252.

会秩序等等一系列变革,进入20世纪五六十年代,"城市改造"项目大规模拆除老街区,城市的文脉发生着不可逆转的断裂。在罗文看来,由于城市本身的变化和社会秩序的改变,人们普遍产生了焦虑情绪,这些新的社会现象要求人们用一种更为成熟的眼光看待城市的变化。第一次世界大战后美国国内都市文学的主要作家,如多萝西·帕克尔、约翰·奇弗、里维斯·芒福德、约瑟夫·米切尔、A.J.利布林,开始使用描述工业城市社会生活的叙事策略来回应城市改造给人们带来的心理创伤,而《纽约客》则成为了描述城市生活最重要的平台。

接着罗文分析了《纽约客》自创刊以来风格和主题的变化。在创刊宣言中,第一任主编哈罗德·罗斯就对杂志做出了准确的定位,"《纽约客》是一个以轻松、讽刺的风格反映大城市生活和紧跟当代时务的幽默杂志,这种风格使它不会成为供'杜布克的老太太'消遣的刊物"。[1] 罗斯借用"杜布克的老太太"来指代那些因循守旧的普通城镇居民,以突显与纽约这个现代大都市的强烈对照。罗文指出,罗斯期望《纽约客》的风格是"'杜绝空话'且'有人情味',摒弃19世纪伤感文学的'空话',坚持传统修辞的情感诉求:唤起受众情感上的共鸣,用一种'不动声色的同情话语'来表达对某个话题的理解"。[2] 在罗斯的领导下,《纽约客》形成了特有的风格:通过感性的文字关注理性的问题,挖掘都市生活的复杂性。它所包装的这种美学和情感的特殊混合体,建立了品牌效应,也确立了它在美国中产阶级和精英文化中的地位。随着社会的变革发展,《纽约客》也在经历着嬗变,但其核心精神却始终未变:"保持高度的时代敏感性"[3]。在第二任主编肖恩的领导下,它承载了更多的社会责任感和人文关怀意识。出于职业敏感性,肖恩于1950年买下了雷切尔·卡森《环绕我们的海洋》(*The Sea Around Us*)这本共14章节作品的其中9章,之后他压缩了这些章节,于1951年6月在杂志的"人物剪影"专栏分三部分出版了这部作品,这一举动非同寻常。很多评论家觉得很难理解卡森在这本杂志上的露面,如罗文列举的哈里森·史密斯在《星期六文学评论》(*Saturday Review of Literature*)中对《环绕我们的海洋》一书做出的评论,"《纽约

---

① 转引自魏寅:《与时代共舞——〈纽约客〉主编哈罗德·罗斯》,《出版科学》2009(6),第94页。
② Jamin Creed Rowan, "The New York school of urban ecology: *The New Yorker*, Rachel Carson, and Jane Jacobs," *American Literature* 82.3(2010): p. 588.
③ 欧亚:《从文化标签到时代镜鉴——解读美国中产阶级杂志〈纽约客〉的历史转型》,《新闻与写作》2007(2),第31页。

客》愿意出版这样一本有悖于其一贯风格作品的大部分似乎非常奇怪。"①但是罗文却认为这一具有冒险性的举动意义非凡。在他看来,卡森的作品让《纽约客》敏锐地捕捉到了群落生态学思想对现代城市生活的启示,它为《纽约客》开启了另一扇大门。卡森的作品突破了传统生态学的界限,关注的是生态学中蕴含的社会性和政治性,她引入的生态话语让人们开始从不同的文本和经验视角去思考都市生活。同时,她也为自然科学和人文科学之间搭建了一座桥梁,她以动人的文学修辞探究严谨的科学问题,这不但并不悖于《纽约客》的一贯风格,反而更开拓了它的文化视野。

罗文在分析《纽约客》风格和主题时,将重点笔墨落在了杂志的"人物剪影"版块,他认为"人物剪影"版块采用的特殊叙事策略有意识地塑造了《纽约客》版本的"恰当的城市社会性"。罗文借资深专栏作家玛格丽特·凯斯·哈里曼之口,道出了《纽约客》文体特征的情感本质:期待与读者建立某种情感上的联系。从1933年开始,哈里曼就一直为"人物剪影"专栏撰稿,她对这一版块有着深刻的理解。在她眼中,"撰写人物剪影的作家既没有偶像杂志作家那么八卦,也没有传记作家那么高深,当然他们更不仅仅只是采访者"。②"人物剪影"作家对采访对象的选择取决于对象们对叙事主体的了解,他们都"对叙事主体非常了解,要么对其奉若神明,要么对其嗤之以鼻"。③哈里曼的描述反映出"人物剪影"中叙事主体和其他人物之间的情感关系,既没有阿谀逢迎,也没有妄加非议,折射出一种多角度的客观的叙述视角。

克利夫顿·法迪曼认为"人物剪影"专栏的文体特征已经和小品文、十四行诗、独幕剧一样具有独特的辨识度;然而,和这些成熟的文体一样,随着时间的推移,"人物剪影"也经历了不同方向的发展,逐渐成为了一种多面的文体。罗文指出早期的"人物剪影"大多试图通过心理分析的视角解读他们的叙事主体,他分析了《纽约客》第14期沃尔多·法兰克发表的名为《有趣的腿》(Funny legs)一文,文章将查理·卓别林描述成一个"精神总是处于高度紧张状态,像谜一样的人物",④认为这是典型的弗洛伊

---

① Jamin Creed Rowan, "The New York school of urban ecology: *The New Yorker*, Rachel Carson, and Jane Jacobs," *American Literature* 82.3(2010):p.584.
② Ibid.,p.588.
③ Ibid.
④ Ibid.,p.589.

德视角。如弗兰克和其他早期作家所践行的,人物剪影的使命就是给读者一把解开叙事主体"秘密"心理的钥匙。《纽约客》作家们利用这个新兴领域的概念和方法为读者们揭露了叙事主体灵魂深处尤为黑暗邪恶的秘密。但是罗文认为这种视角的缺点是它离间了读者和叙事主体之间的情感联系,叙事主体被放置在公众无法接近的位置,使得叙事主体脱离于他所生活的城市环境。正如他在文中所述,"它描绘出的城市基本上到处都是独立于他人和读者存在的成功人士,普通人无法企及他们的高度。它所构建的是一种私人关系而非城市公共关系。"[1]

  罗文接着指出,随着"人物剪影"的发展,另外一些剪影作家开始探寻其他更能满足情感和美学双重需求的视角。迈耶·伯杰、阿尔瓦·约翰斯顿、约瑟夫·米切尔、A. J. 利布林这些作家并没有将剪影人物从时代背景抽离以期让读者和剪影人物之间建立一种情感上的亲密联系,相反,他们将剪影人物和特定的环境和时代背景交织在一起,让读者去感受剪影人物普通人生活的一面。在罗文看来,当读者从《纽约客》的文字中了解到从地铁承包人、簿记员到烟店老板、夜店经理等等形形色色的人物丰富多彩的生活,他们也就意识到了让城市生活赖以存在的是人们之间的相互联系。"人物剪影"展示了牵绊着城市人的各种依存关系,并让这些关系富有个人的感情色彩。罗文提出,和叙事主体的生平细节比较起来,更让"人物剪影"作家感兴趣的是他们特定的圈子,并以米切尔所写的关于售票员马奇·P. 戈登的剪影和利布林的《快乐大楼》为佐证。米切尔采用嵌套的模式,将很多当地其他人物的微型生活嵌入主要人物玛奇的剪影中,这让读者认识到要想了解玛奇,就必须先了解和她关联的人群。如罗文所述:

  剪影作品没有把叙事主体塑造成父亲或母亲,丈夫或妻子,儿子或女儿的形象,它的叙事模式让读者和叙事主体之间缺失了情感联系,却让这种文类具有了"不动声色"的特点。它摒弃了让早期家庭化叙事栩栩如生的情感纽带,从家庭关系转向为公共领域,用合作关系代替同情作为联系人物的情感纽带。[2]

米切尔并没有通过玛奇的家庭角色或者个人生活来获得读者情感上的认

---

[1] Jamin Creed Rowan, "The New York school of urban ecology: *The New Yorker*, Rachel Carson, and Jane Jacobs," *American Literature* 82.3(2010):pp. 583—610.

[2] *Ibid.*, p. 591.

同,而是将原先从家庭关系中获得的情感联系转向了公共领域,使读者们清楚地看到了《纽约客》中的城市人通过日积月累的公共接触相互关联,他们之间的亲密关系不是通过有意培养产生的。

  罗文还剖析了利布林的剪影作品《快乐大楼》(Jollity building),认为它明显地反映出了《纽约客》既关注社会性又体现复杂情感这一独树一帜的特点。他指出:

> 利布林关注的是城市中的某个小环境,而不是某个个体,他的作品综合重组了《纽约客》美学责任和情感责任。利布林对叙事主体非同寻常地遴选让他能够全面地调查和描述身处社会中的人物,只刻画一个相互联系的都市社会,从而突出他所谓的城市的"社会结构"。①

罗文认为《纽约客》一直致力于挖掘城市生活的社会性及其复杂性,它既注重美学修辞又兼顾情感诉求,一方面为城市错综复杂的社会秩序赋予了感情因子,另一方面不断探寻适合都市人的理想社会结构。这种兼顾美学责任和情感责任的叙事策略反映出城市中的人际关系相互关联却不相互牵制,人们随意的公共接触编织出不可分割的社会大网,这正是《纽约客》所追求的理想社会结构。

三、卡森的"蚌类之城"

  罗文在引言部分提出,卡森在《纽约客》上的剪影作品标志着一个飞跃,这说明自 20 世纪中期以来,一种新的生态话语开始影响人们对于城市生活的跨学科思考。生态学不仅已经成为我们文化的"自然解说者",还为城市知识分子提供了一种能够解释城市及其社会秩序的语言。早在 20 世纪 20 年代,罗伯特·帕克、路易斯·沃斯和其他社会学芝加哥学派②的支持者们就开始借用 19 世纪至 20 世纪初动植物生态学中的竞争、

---

① Jamin Creed Rowan, "The New York school of urban ecology: The New Yorker, Rachel Carson, and Jane Jacobs," *American Literature* 82.3(2010): p.591.

② 芝加哥学派(Chicago School)是 20 世纪初至 20 世纪 30 年代,围绕芝加哥大学社会学系形成的社会学学派。该学派的研究领域包括社会心理学和城市社会学。其代表人物包括早期的乔治·赫伯特米德(George Herbert Mead)、威廉·I.托马斯(William I. Thomas)和后期的罗伯特·帕克(Robert Park)及其弟子欧尼斯特·W.伯吉斯(Ernest W. Burgess)和路易斯·沃斯(Louis Wirth),帕克是城市社会学的奠基人。

适应、共生、继承等概念来暗喻芝加哥社区的发展,通过人类生态学研究方法或"准生态学"研究方法来解释芝加哥的城市发展进程及其对社会群体所产生的影响。[①] 20 世纪 50 年代标志着生态学发展史上一个重要的转折点,随着柏林学派[②]影响力的日益壮大,生态学家们的研究对象从以植物群落或动物种群为中心变成了以整个生态系统为中心。卡森被誉为"生态学的推广者",她早期的作品也明显传达了对生态系统全局的把握和对群落生态学社会意义的思考。卡森与《纽约客》长达十年的合作是城市生态学发展的标志。在两次世界大战间隙期,很多科学家开始意识到生态界最基本最紧要的问题是合作,而非早期生态学界达尔文理论所称的竞争。卡森的剪影作品在《纽约客》的出版促使生成了现代生态学的标志范式——种间关系中的共存关系模式取代了竞争主宰关系模式。在生态学发生概念性转变期间,城市成为了现代生态学家的"新领地",历史也证明了它是理解群落生态学全新思维模式的富饶领地。城市生态学家们的第二次浪潮开始利用群落生态学全新的科学原则倡导人们重新理解城市的社会秩序。城市规划专家们参考了群落生态学的理念,为之前由于缺乏情感因素而被忽略的都市人际关系赋予了新的社会价值。

罗文在文章的第二部分"卡森的'蚌类之城'"中深入探讨了卡森的修辞艺术和叙事策略,认为卡森在她的剪影作品中,用隐喻的方式阐释了其对复杂的社会结构和社会秩序的理解,她的生态话语更精准地表达了利布林《快乐大楼》中隐含的社会理想。《纽约客》致力追求的是情感修辞和诗意事实,卡森的作品在形式和文体上都接近这个目标。一方面卡森的"诗化现实"准确地表达了《纽约客》所追求的感情诉求;另一方面,她所借用的生态学逻辑和通用语言又贴合了杂志"不动声色"的话语要求。罗文深度分析了卡森在《纽约客》上颇受欢迎的两部剪影作品——《海洋》(The sea)和《海洋的边缘》(The edge of the sea),指出它们刻画了海洋生物赖以存活的多重依赖关系,同时也展现了卡森"对城市社会结构的感受力"。他首先提出:

[①] Matthias Richter, Ulrike Weiland (eds.), *Applied Urban Ecology: A Global Framework*. Chichester: A John Wiley & Sons, Ltd., 2012, p. 4.

[②] 柏林学派(Berlin School)又名完形心理学或格式塔心理学。1912 年创立于德国,之后在美国发展为西方现代心理学流派之一。其代表人物是 M. 韦特海默(M. Wetheimer)、W. 苛勒(W. Kohler)和 K. 考夫卡(K. Koffka)。该学派强调整体组织,反对元素分析,主张"部分相加不等于全体,整体并不等于部分的总和"。

卡森采用了充满诗意的比喻作为开篇,让读者摆脱对海洋的先入之见,跟随她进入了神秘的海洋世界,这一策略从一开始就把握了读者的情感节奏。在描述大海时,卡森并没有使用笃定无疑的科学论断,相反却使用了举棋不定的措辞。当她谈及海洋创造生命的特征时,提到我们"很难说海洋具体通过哪种方式创造了那些被称作原生质神秘又奇妙的东西",但是"特定条件下的压力和盐度,一定对从无生命的物体创造有生命的物体至关重要"。"我们很难说"和"一定"这两个措辞之间存在的认知差距,她通过讲述一个关于"海洋——创造生命的母亲"的"故事"填补了这个差距。①

罗文接着分析了卡森作品里关于血缘关系的隐喻:

如卡森所述,海洋独有的特性产生了"生生不息的生命之流",其中包括从"简单的单细胞生物"发展成为"具有独立的摄食器官、消化器官、呼吸器官和生殖器官的生物"。在卡森关于生命起源的故事中,海洋就像是一个倾其所有包容一切的母亲,她将鱼类、两栖类、爬行类、温血鸟类和哺乳动物全部拥入自己的怀抱。卡森所隐喻的这种广泛的谱系划分法为读者提供了对于血缘关系全新的认识。在卡森的阐释中,每个生物血管里都有的"盐液"取代了血液,不仅成为联结各种生物的纽带,也让生物得以和其他所有的有机体联结在一起。②

在罗文看来,卡森通过将读者的情感从家族领域转向自然领域,让读者重新认识了大自然和生物物理,唤起了读者将人类和自然世界有机地联系在一起的情感共鸣。

罗文指出,"卡森的剪影作品中将情感话语和科学话语并置,重新编码了群落为中心的意识形态。"③罗文将群落生态学的文化介入追溯至

---

① Jamin Creed Rowan, "The New York school of urban ecology: *The New Yorker*, Rachel Carson, and Jane Jacobs," *American Literature* 82.3(2010):p.593.
② *Ibid.*, p.593.
③ *Ibid.*, p.596.

《动物生态学原理》(Principles of Animal Ecology)一书①,认为该书最先在生态学领域创建了一个新的知识谱系,讨论了生态学应该履行的文化义务。罗文指出,"它将道德哲学的社会理想移植到生态学语域中,认为动物天生的'合作雏形'是联结个体及其群落的纽带。"②他认为卡森对海洋的描述体现了这一"合作雏形",卡森在生态学语域中找到了表达思想的最佳途径,他通过分析文本加以佐证:

> 海洋不仅仅是一个众多远亲近邻和谐共处的大家庭,更重要的是海洋生物之间相互关联的关系模式。了解了阳光普照的海洋上层的硅藻就可以洞悉163米以下在某个峡谷边岩石上躺着的鲜鱼,也可以知道铺满近海浅滩颜色各异鲜艳华丽的海肠,还有在1600米深的海水里隐藏在海床柔软淤泥里的明虾。卡森用隐喻的方式探讨"一种奇怪的生物群落"。③

卡森的剪影作品借用了公共空间而非家庭空间的关系模式来暗喻海洋生物的结构,这和利布林对快乐大楼里社会结构的描述不谋而合。罗文对此的结论是卡森的生态学逻辑绘制了"相互关联"这个隐含在《纽约客》剪影中的特点,暗指发生在城市中某个群落某个个体身上的事情一定会影响这个群落的其他成员。

罗文进一步指出卡森在第二部作品《海洋的边缘》剪影中对群落生态学思想发挥到了巅峰状态。在这部作品里卡森详细地向读者介绍了潮间带动物多层群落的子集,罗文分析到:

> 在海洋的边缘,"生物分层而居,一种生物要么依附于其他生物,要么生活在其他生物之下,要么在其他生物之外,要么在其他生物之中。"她声称在很多岩石海岸的低水位区,常常可以看到布满红色海藻的"蚌类之城",海藻和它上面的苔藓一起形成了一个硬壳,里面有上百个临近的隔区,住在里面的生物常常会将触角伸出来。卡森也

---

① 《动物生态学原理》是美国动物生态学家 W. C. 阿利(W. C. Allee)和其他四位动物学家阿尔弗雷德·艾默生(Alfred Emerson)、奥兰多·帕克(Orlando Park)、托马斯·帕克(Thomas Park)和卡尔·斯密特(Karl Schmidt)共同编写的著作,该书被视为群落生态学的集大成之作,首次提及了生态学的文化意义。

② Jamin Creed Rowan, "The New York school of urban ecology: *The New Yorker*, Rachel Carson, and Jane Jacobs," *American Literature* 82.3(2010):p.596.

③ *Ibid.*

承认潮间带生物"共存行为"背后的原因还不得而知,但是这反映出了生物间不同程度的合作关系。她还告诉读者,管虫幼虫"在选择居住地之前会尝试各种可能适宜居住的地方",表现出"强烈的群居本能,这种本能最终会将它们带到同种生物建造的居住地"。海洋生物所拥有的这些社会本能将他们从独居种群转变成了和其他生物亲密依存的群居种群。①

最后,罗文总结道,《纽约客》编辑发现卡森的生态话语和逻辑准确地表达了利布林《快乐大楼》中隐含的理想社会范式,她的剪影作品暗示"蚌类之城"和其中"居住的生物"相互依存的关系联结在一起,而快乐大楼的住户和其他纽约人也正是通过这种关系相互关联。

四、雅各布斯的社会网络

在文章的第三部分"简·雅各布斯和城市生活的本质",罗文首先肯定了作为文化风向标的《纽约客》将群落生态学的思维习惯和情感习惯融入都市美学中,这让我们更好地理解了为什么城市观察家们转而借用生态学语言和逻辑来回应城市改造工程。随着20世纪五六十年代纽约城市改造项目的发展,初露端倪的生态都市主义在政治领域和大众思想中都更加深入。由于激进分子和社区团体带来的压力,政府官员开始借用保护自然的幌子来伪装城市改造。罗文通过雅各布斯在西界都市改造区(WSURA)项目的影响指出,雅各布斯借群落生态学的概念表达了对城市改造运动中"推土机意识形态"的强烈反对。在雅各布斯看来,城市是有生命的,多样性才是城市的天性;人们过去对待纽约的方式太过粗鲁无情,这实际上破坏了纽约的经济关系和社会关系。在《美国大城市的生与死》出版后不久,雅各布斯做出解释,当一个人认识到城市中不同部门、不同的人相互支持的必要性后,他就会感受到通过强行转移居民、公司和其他机构的方式干涉城市生活是多么不道德的行为。在看待城市的视角上,正统的城市规划理论关注城市的物质性空间,而雅各布斯关注的则是一种社会性、政治性的空间。罗文指出,雅各布斯的《生与死》促进并巩固了20世纪50年代中期城市生态学的文化建构,这一变化在20世纪50

---

① Jamin Creed Rowan, "The New York school of urban ecology: *The New Yorker*, Rachel Carson, and Jane Jacobs," *American Literature* 82.3(2010): p.597.

年代的《纽约客》上有明显体现。

　　之后,罗文简要提及了雅各布斯的记者经历及其生态思想的启蒙,认为雅各布斯的生态灵感来自埃德加·艾默生,正是艾默生启发了她开始使用生态思想的权威来巩固和表达对城市生活的看法,尤其是对城市改造的反对。他指出雅各布斯反驳了自19世纪末以来就一直影响着美国城市的"城市规划的伪科学",提出了植根于"生命科学"的关于城市生活思考的"新策略"。雅各布斯指出大城市所面临的"有序的复杂性"这一问题,几十年前生态学也曾面对过,她鼓励读者运用生态学的思维习惯换一种更有人情味的方式来看待城市。

　　紧接着,罗文提出了贯穿《生与死》(*Life and Death*)"相互关联的公共关系"这一核心思想,指出在《生与死》现代图书馆1993年版的前言中,雅各布斯解释说,一个城市的生态系统由其构成要素复杂的相互依赖性构成,"它脆弱易碎,很容易被瓦解毁灭"。他认为,"雅各布斯通过借用群落生态学话语和逻辑,编织出在城市生活中不可或缺又至关重要的人际关系大网,这种网状关系是建立在日常公共生活基础上的。"[①]罗文又分析了雅各布斯所强调的日常公共交往的重要性和必要性。罗文指出雅各布斯虽然维护流行于白人社区的亲密社会关系,但是她想取代这种人们想象中温馨内视的城市社区,而不是强化它。

　　　　雅各布斯说出了这样的警句,"'共有'是规划理论中一个古老的理想,用'令人恶心'一词来描述它是很恰当的。"她认为,假如城市人"并不能够在不公开的、私下的方式中互相认识,而且在大多数情况下他们也不会去想到用那种方式来互相认识",那他们就需要可以相互接触的空间,但如果城市人之间有意义的、有用的和重要的接触都只能限制在适合私下的相识过程中,那么城市就会失去它的效用,变得迟钝。因此,她声称"街道及其人行道,城市中的主要公共区域,是一个城市的最重要的器官",并由此提出了一个由人行道交往关联整个城市的关系模式。很多正统规划理论家,甚至有些居民都认为,人行道或者小道上的聚众标志着道德败坏和社会机能不良,而雅各布斯则认为一个城市社区成功与否基本上完全取决于具有合理的人行

[①] Jamin Creed Rowan, "The New York school of urban ecology: *The New Yorker*, Rachel Carson, and Jane Jacobs," *American Literature* 82.3(2010):p.603.

道交往的社会结构。人行道上的简单交往并不代表任何私人的承诺,因此城市居民可以承受与邻居或陌生人之间的简单交往,虽然他们没有多少共同点可言。雅各布斯认为城市的邻里关系不是靠亲戚关系,或者亲密友谊,或者义务责任联系起来的,而是靠简单的公共接触累积起来的。①

罗文指出,雅各布斯在《生与死》中提出一个重要的且普遍存在的原则,"城市对于一种相互交错、互相关联的多样性的需要,这样的多样性从经济和社会角度都能不断产生相互支持的特性。"②她从群落生态学中借用这一原理,来描述和保护她和其他都市记者们几十年来一直报道的社会网络。与此同时,雅各布斯试图将群落生态学中的文化意义引入不被重视的"人行道交往"。她借用生态学中经常使用的"生命之网"的类比,来解释城市社区的每一个居民随意组成的公共生活大网,包括那些贫民区的住户和移民。雅各布斯把她所住的哈德逊街外面每天的人行道情景比作一场复杂的芭蕾舞蹈,"每个舞蹈演员在整体中都表现出自己的独特风格,但又相互映衬,组成一个秩序井然,相互和谐的整体"。③ 这些舞者混杂了居民、工人和游客,他们大多相互并不了解。在罗文看来,雅各布斯对"哈德逊街芭蕾舞团"的描写通常被解读为对社区里亲密关系的颂扬,但实际上它更接近群落生态学家对群落聚居区的描述。如同卡森在《海洋的边缘》里所述的海洋生物的群落一样,哈德逊街的居民也形成了一张相互关联的社会大网。虽然他们可能从未相互打过招呼,但他们为彼此提供了雅各布斯所描述的"错综的相互支持"——这是从群落生态学借用过来的核心概念。这些城市人相互并不关心,却一直无意识地合作着,这才是整个社会网络的本质。

罗文还分析了城市中这种合作关系雏形的情感地基"同情"(sympathy),④他认为雅各布斯和《动物生态学原理》的编者们一样,借用了道德哲学家的"同情"概念来描述这种合作关系中所产生的"相互理

---

① Jamin Creed Rowan, "The New York school of urban ecology: *The New Yorker*, Rachel Carson, and Jane Jacobs," *American Literature* 82.3(2010): p.603.
② 简·雅各布斯:《美国大城市的生与死》,金衡山译,南京:译林出版社,2006,第13页。
③ 同上书,第52页。
④ 关于"sympathy"这个话题,罗文在 2008 年的博士论文 *Urban Sympathy: Reconstructing an American Literary Tradition* 中有更为深入的分析论证。

解"。雅各布斯用商业语境中的公共人际关系来暗喻"同情"的意义所在，她指出"城市合作关系的融洽交错就如同俄罗斯茶馆、售卖过季貂皮的店铺和英国跑车租赁店可以在卡内基大厅附近生意兴隆，或者说在同一个街区里资深的玄学家、激情澎湃的演说家和'月光露营'的合伙人都发现可以和音乐工作室和平共处一样。"①罗文指出理解了雅各布斯在这个商业语境中的"同情"，才能更清楚地看到支撑她倡导的人行道交往社会结构的情感地基。雅各布斯感兴趣不是在和谐共识上产生的社会秩序，而是一个可以帮助无数人自由制定并执行无数计划的城市。她的理想的城市是不同的人，出于不同的目的，在不同的时间出现在同一个街道。有时候，对都市里的邻居产生"同情"甚至并不需要言语交流。

在罗文看来，雅各布斯的生态都市主义并不是那种传统意义上的设身处地为他人着想的同情，它意味着需要通过使用和保护城市的公共空间来稳固他人的地位。城市人不一定非要完全相同，但他们和城市生活环境密不可分。只有当他们在城市的人行道、公园和其他公共场所建立了每天的生活轨迹，才能认识到执行计划的能力在很大程度上取决于其他众多人的"相互支持"，包括那些素昧平生的人们。罗文还指出，雅各布斯提出让城市人使用公共领域并和它融为一体的唯一方式就是保留相异性，她控诉城市改造正在让相异性消失。她认为没有人愿意不断重复地从一个地方到另一相同的地方，即便那不费什么力气，但是不论从建筑风格、商业机构还是人口统计资料来看，大城市基本上没有什么区别可言，这种"相同性"几乎无一例外都是改造项目的副产品。对雅各布斯来说，相互合作的依存关系构成了有活力的公共生活，而要维系各种相互依存性就需要在城市生态系统中保持自然多样化、经济多样化和社会多样化。她解释到只有存在相异性才能带来城市的"同情"心，复制是没有效果的。

在文章的结尾部分，罗文首先肯定了雅各布斯的城市生态学更新了人们对城市社会性的认识，也巩固了关于工业城市和正在萌芽的后工业城市社会生活的写作传统和思维传统。但她的局限性是简单地将种族问题和阶级问题归置于生态多样性的范畴，这会让我们陷入威廉姆斯·桑德斯所称的"舒适的卡布奇诺式城市主义的消极愉悦"中。从总体来看，罗文对雅各布斯及20世纪50年代的城市生态学家们持肯定态度，认为

---

① Jamin Creed Rowan, "The New York school of urban ecology: *The New Yorker*, Rachel Carson, and Jane Jacobs," *American Literature* 82.3(2010):p.603.

他们的生态学视角为之后对种族阶级问题比较敏感的都市知识分子们提供了语言上和逻辑上的援助,让他们在面对新的社会问题、政治问题和经济问题时得以保护和强化自己的城市社区。

五、结语

虽然有不少文章专门研究卡森和雅各布斯,但是,基本上研究卡森的文章都被放置于生态文学的语境,而雅各布斯的作品也都离不开城市规划的文本。罗文以敏锐的洞察力洞悉了卡森和雅各布斯与《纽约客》的渊源以及她们在城市生态学的文化构建中所扮演的重要角色,为我们提供了新的维度重新审视《纽约客》、卡森和雅各布斯作品的审美价值和文化价值。同时,罗文从叙事策略和情感修辞等文学资源入手探讨城市生态思想的文化属性和政治属性,依托文学文本的分析模式考察了《纽约客》剪影作品、卡森和雅各布斯的作品,探寻其中映射出的城市环境和人类社会之间的复杂关系,以及关于人与环境、社会与自然的生态伦理观。罗文以跨学科的视野既深入到文本内部的修辞和美学特征,又导入了生态哲学思想和社会政治文化的界面,他的研究角度对文学文化研究者具有深刻的启迪意义。

参考文献

Albert, Marina. *Advances in Urban Ecology: Integrating Humans and Ecological Processes in UrbanEcosystem*. New York: Springer Science + Business Media, LLC, 2008.

Kinkela, David. "The ecological landscapes of Jane Jacobs and Rachel Carson," *American Quarterly* 61(2009):pp. 905−929.

Marzluff, John M., Eric Shulenberger, et al. *Urban Ecology: An International Perspective on the Interaction Between Humans and Nature*. New York: Springer Science + Business Media, LLC, 2008.

Richter, Matthias, Ulrike Weiland (eds.), *Applied Urban Ecology: A Global Framework*. Chichester: A John Wiley & Sons Ltd., 2012.

Rowan, Jamin Creed. *Urban Sympathy: Reconstructing an American Literary Tradition*. Ann Arbor: ProQuest LLC, 2008.

Rowan, Jamin Creed. "The New York school of urban ecology: *The New Yorker*, Rachel Carson, and Jane Jacobs," *American Literature* 82.3(2010):pp. 583−610.

简·雅各布斯:《美国大城市的生与死》,金衡山译,南京:译林出版社,2006年。
欧亚:《从文化标签到时代镜鉴——解读美国中产阶级杂志〈纽约客〉的历史转型》,《新闻与写作》2007(2),第30—31页。
王诺:《雷切尔·卡森的生态文学成就和生态哲学思想》,《国外文学》2002(2),第94—100页。
魏寅:《与时代共舞——〈纽约客〉主编哈罗德·罗斯》,《出版科学》2009(6),第94—96页。
殷晓蓉:《"现代专门杂志"与城市脉动的关系——以美国〈纽约客〉为例》,《杭州师范学院学报(社会科学版)》2006(9),第24—29页。

翻译学研究

《处在十字路口的翻译学》一文述评[①]

四川外国语大学英语学院　刘　嘉

【摘要】　巴斯奈特(Susan Bassnett)的《处在十字路口的翻译学》是一篇对翻译学从创建、发展、挑战到前景进行批判性审视的文章。她在文中以一个学者和亲历者的身份，回顾了翻译研究三十多年来的发展历程，指出了人文学科的翻译转向给翻译学带来的前所未有的挑战，并为处在十字路口的翻译学应该何去何从点明了方向。

【关键词】　翻译学；比较文学；多元系统论；后殖民主义；文化记忆；翻译转向

　　《处在十字路口的翻译学》(Translation studies at a cross-roads)是翻译研究学派创始人之一、英国著名比较文学家兼翻译理论家巴斯奈特发表在 Target 杂志 2012 年第一期上的一篇文章。她在文中以一个学者和亲历者的身份，回顾了翻译学(translation studies)作为一门独立学科从草创到成熟这三十多年来的发展历程，并一针见血地指出，翻译学在得到广泛认可的同时，未能打破传统观念的壁垒，从而面临着被发轫于世界文学、后殖民主义和文化记忆研究等领域的更具创新性、更激动人心的跨学科研究所超越的危险。巴斯奈特进而提出，翻译学已经走到一个十字路口，唯有充分利用各相关学科出现的翻译转向的契机，向其他人文学科延伸拓展，才能真正扩大学科的影响力[②]。概尔论之，巴斯奈特此文围绕翻译学展开论述，其脉络可从四方面予以概括：创建、发展、挑战和前景。

一、创建

　　1976 年 4 月 27 日至 29 日，巴斯奈特作为一名新近获得比较文学博

[①]　Susan Bassnett, "Translation studies at a cross-roads," *Target* 24.1(2012): pp.15—25.
[②]　Ibid., p.15.

士学位的年轻学者,离开父母和出生不久的孩子,乘坐长途汽车从伦敦出发,经过 15 个小时的长途跋涉,来到比利时洛文大学参加一场后来被根茨勒誉为"具有历史意义"(Gentzler, 2001)的研讨会,题为"文学与翻译"。巴斯奈特从两个层面对洛文会议的历史意义进行了详细阐述:其一在于高瞻远瞩地指出翻译研究应与其他人文学科建立沟通渠道,其二则是就翻译学作为一门独立学科的命名和研究范畴等问题达成了一致。

巴斯奈特着重谈到了比较文学与翻译的结合。洛文会议之前,很多像她一样在学术生涯中刚刚起步的年轻一代比较文学学者们对于他们所进入的专业领域抱怨颇多,因为在他们看来,"比较文学作为一门学科已经过时了"①。他们已经"无意求索作家与作家之间的影响与被影响的模式与途径,也无心讨论文本与文本之间的差异与相同。前辈学者的比较文学研究在他们看来,已经成了一具'史前的恐龙',对他们已经没有任何吸引力"②。

1975 年 12 月,东英吉利大学召开了英国比较文学协会成立大会。以色列文化理论家佐哈尔强行介入由韦勒克、柯特等比较文学元老们把持的大会发言,激情昂扬地呼吁比较文学从文本和传统观念向语言学以及文化领域拓展。佐哈尔对于巴斯奈特等处于沮丧之中的比较文学学者所带来的启发,犹如《圣经》中的耶稣门徒亚拿尼亚对在前往大马士革途中整整三天失去光明的保罗所产生的影响一样巨大。正是亚拿尼亚前来为曾经参与迫害耶稣门徒的保罗治愈了双眼,使保罗重拾信仰,接受洗礼,转而成为了最具影响力的基督圣徒;同样,正是佐哈尔的发言令巴斯奈特等学者"灵光顿悟"(epiphany),坚定了他们摆脱旧识,向外拓展学科领域的决心。

时隔不到半年,这群志同道合的学者再次相聚于洛文会议,他们一致认同霍姆斯在《翻译研究的名与实》(The name and nature of translation studies)一文中所提出的观点,即翻译研究与其他领域之间缺乏合适的沟通渠道。诚如霍姆斯所言:"现有的研究渠道还需要从旧学科(包括这些学科在研究模式、方法和术语等方面已然形成的规范)向其他学科延伸拓

---

① Susan Bassnett, *Comparative Literature: A Critical Introduction*. Oxford & Cambridge: Blackwell, 1993, p.161.

② 谢天振:《论比较文学的翻译转向》,《北京大学学报(哲学社会科学版)》2008(3),第 46 页。

展,这样译者们就可以在各类学术领域的杂志期刊上读到主题为翻译的文章。显而易见,翻译研究需要绕过传统学科,与来自其他任何学科背景的,致力于翻译研究的学者之间建立沟通渠道。"①

一方是研究领地越来越窄,亟待突破创新的比较文学,另一方是强调跨学科探讨模式的翻译研究,霍姆斯所说的新的"沟通渠道"就此打通。事实上,除比较文学外,文化研究也早已向翻译学开放了研究空间。既然不少学者都认为翻译首先是一个文化问题,翻译的"亚学科"前途也是文化研究的关注点,那么翻译研究与文化研究的视阈融合必然有其合理性与必然性。也正因如此,女性主义、解构主义、阐释学、后殖民理论、目的论等诸多文化理论相继登场,极大地拓展了翻译研究的领地。由此可见当年洛文会议上对跨学科意识的强调是富有远见卓识的。

会议的另一个重大意义是就翻译学作为一门独立学科的命名和研究范畴等问题达成了一致。在霍姆斯看来,名称不统一是阻挠他实现译学构想的一个障碍,而更大的障碍却是人们对该学科的研究范围和学科架构缺乏共识②。这两大障碍在洛文会议上均得以移除。就名称而言,与会者们一致认同采用霍姆斯建议的"翻译学"或"翻译研究"(translation studies)来称呼该领域,以摒除使用其他名称所产生的纷争和误解。勒菲弗尔在会议上的发言即使用"翻译研究"作为学科名称。此外,巴斯奈特等比较文学学者更是下定决心将自己列入翻译研究学者之列,其所著的第一本学术专著正式定名为《翻译研究》(*Translation Studies*)。正如王宁所指出的:"《翻译研究》可以说是奠定巴斯奈特作为一位主要的翻译研究学者地位的重要著作,同时也是近20年内比较普及的一本翻译研究教科书"③。该书截至2012年已经出版了共4版,被译成多国文字在学术界广为流传,这无疑证明了著作完成时尚处于草创期的翻译学已经吸引了越来越广泛的关注。

除学科命名问题之外,与会者就学科的研究范围和架构也达成了共识,这一点从两年后以论文集形式出版的会议记录中可窥见一斑。该论文集命名为《文学与翻译:文学研究新视角》(*Literature and*

---

① Susan Bassnett, "Translation studies at a cross-roads," *Target* 24.1(2012): pp. 16–17.

② James S. Holmes, "The name and nature of translation studies," Lawrence Venuti (ed.), *The Translation Studies Reader*. London and New York: Routledge, 2000, p. 173.

③ 王宁:《比较文学与翻译研究的文化转向》,《中国翻译》2009(5),第24页。

Translation: New Perspectives in Literary Studies),由霍姆斯、兰姆伯特和布罗依克主编。书中收录了勒菲弗尔发表的一份长达两页的"宣言":《翻译研究:学科的目标》(Translation studies: The goal of the discipline),"宣言"中总结了与会学者的各种观点,并道出了大家的一个共识,那就是翻译研究终于开始迈步走向霍姆斯在《翻译研究的名与实》一文中所构建的译学宏图。这说明霍氏译学构想中的"最大优点",即"对翻译学各分支领域的合理划分"[①]已然得到与会者们的广泛认可。

可以说,洛文会议既是翻译学的一个起点,也是一座光辉的里程碑。其历史意义在于强化了跨学科意识,并就学科命名和研究范畴等问题达成了一致,从而为翻译研究作为一门独立学科的草创和建立扫清了障碍。从这个层面上讲,洛文会议无疑是标志着翻译学或翻译研究作为一门正式学科成立的历史事件。

二、发展

自洛文会议以后,经过三十多年的发展与建设,翻译学在学科构架方面取得了长足的进步:成立了翻译研究中心,建立了翻译学学位点,有了专门致力于翻译学研究的权威教授;不仅如此,还创办了翻译研究领域的专业学术杂志 *Target* 以及其他各类期刊,出版了"翻译研究丛书"、百科全书等在国际译界产生广泛影响的理论专著。如此专业的学术机构,如此庞大的学科队伍,这些在三十年前只是纯粹的幻想,如今却变成了现实。此外,翻译学的研究范畴也越来越广,研究路径得以不断拓展。

巴斯奈特重点回顾了佐哈尔的多元系统论对以文本为导向的传统研究范式的挑战及其为文学翻译研究开辟的新路径。1976 的洛文会议上,佐哈尔宣读了论文《翻译文学在文学多元系统中的位置》(The position of translated literature in the literary polysystem)。文中指出,翻译的地位及其实践取决于翻译在多元系统中所处的位置,在脱离历史语境的理想状态下,无法对"什么是翻译"的问题给出一个假设性的回答。就其本质而言,翻译是一项对某种文化系统有着依赖关系的活动[②]。此文发表之

---

① Gideon Toury, *Descriptive Translation Studies and Beyond*. Amsterdam/Philadelphia: John Benjamins Publishing company, 1995, pp. 9—10.

② Itamar Even-Zohar, "The position of translated literature within the literary polysystem," Lawrence Venuti (ed.), *The Translation Studies Reader*. London and New York: Routledge, 2000, p. 197.

前，翻译界盛行的是以文本为导向的研究范式，即孤立地对译文与原文进行脱离社会文化语境的比较。佐哈尔的这套在俄国形式主义和捷克结构主义的基础上发展而成的动态系统理论无疑极具革新性，也面临诸多批评和挑战，需要同样具有开拓精神的翻译学者们摆脱旧有观念的束缚，沿着这条新开辟的路径大胆创新。

巴斯奈特本人就是其中一位。佐哈尔的系统论令她兴奋不已，原因在于巴斯奈特对其博士论文选题"20世纪意大利、法国和英国剧作家对爱因斯坦相对论在戏剧舞台上的阐释"长达六年的研究令她深刻体会到文本解读必须延伸至文化和语言学领域。为此，她义无反顾地从比较文学领域转入翻译学界，尝试对翻译文本的译介做理论研究，从全新的视角改写文学史。

除巴斯奈特外，多元系统论所开辟的新路径还得到了众多后继研究者的认可和拓展。例如提莫志克在1986年发表了一篇关于翻译在中世纪法国文学从叙事诗向传奇文学转变过程中的作用的文章，她在文中对中世纪的学术成就发出挑战，指出多元系统研究方法有助于改写12世纪法国文学史。又如科比特在其著作《用苏格兰民族的语言书写》(Written in the Language of the Scottish Nation)中指出，从中世纪发展至21世纪的苏格兰文学史与其翻译史之间有着密不可分的关联，任何对苏格兰作品的研究都必须将翻译因素纳入研究范畴①。可以说，"多元系统论给翻译研究开辟了一条描述性的、面向译语系统的、功能主义的、系统性的新途径，推动了翻译研究的文化转向，催生了一个跨国界的翻译研究学派"。②

多元系统论的例子告诉我们，翻译学要谋求发展，需要不断向外拓展新路径。在学科创建之初，研究者们针对翻译的一些基本问题展开了激烈论战，包括对等的本质，忠实与不忠实的对立，功能翻译，语言学研究方法和文化、文学研究方法的对立，笔译与口译培训之间的关系，翻译理论与实践之间的相关性等等。这样的论战有助于来自不同学科的研究者们交流思想和方法，对翻译研究的发展大有裨益。一旦学科的影响力得以彰显，研究者们便开始向外拓展新路径：有的立足于翻译史，对伪译和翻

---

① Susan Bassnett, "Translation studies at a cross-roads," *Target* 24.1(2012): pp.18–19.

② 伊塔马·埃文—佐哈尔：《多元系统论》，张南峰译，《中国翻译》2002(4)，第20页。

译中的比喻进行历时研究,并在不同的理论背景下绘制出不同的翻译史地图。还有的着眼于翻译的道德问题,就译者主体性、翻译机构、文化身份、权力关系等方面展开论战。另外又有一些支路和岔路从这两条主干道中分离出去,日渐引起理论家和译者们的关注①。种种发展态势表明:经过三十多年的发展,翻译学已然走到了一个十字路口。

三、挑战

巴斯奈特犀利地指出,在我们为翻译学三十多年来取得的成绩倍感欣慰的同时,应该就成绩本身引发一些思考:在一系列前沿的跨学科研究成果中,究竟有多少源自翻译学内部,又有多少来自其他领域?这着实是一个令人尴尬的问题。诚然,"翻译学作为一门独立学科最终得以成功创建,翻译研究的时代从某种意义上说也已经到来",但由于该学科内部的研究者们未能主动打破学科壁垒,与其他相关领域建立适当的沟通渠道,形成一种自内而外的跨学科研究模式,继而导致"翻译学的研究成果对于文学、语言学、历史学、政治学、人类学、文化研究、媒体与传播研究等翻译相关学科所产生的影响力微乎其微"②,反倒是来自其他人文学科的学者自外而内,源源不断地在为翻译研究开辟新道路,提供新视野。这一问题不容忽视。

巴斯奈特为此举了两个例子。其一是美国学者布罗德斯基在《此骨可生乎?翻译,生存与文化记忆》(*Can These Bones Live? Translation, Survival and Cultural Memory*)一书中关于翻译重要性的一段精辟表述:"翻译既受制于也反映出不断变化着的,来自译入语特定文学历史环境的外部条件。正如任何关于作者身份、主体性、多元文化、后殖民主义……研究缺少了性别这一来自交叉领域的分析就变得不可行一样,任何翻译相关领域的研究若忽略了翻译在其中发挥的必要作用,其后果也是难以想象的。如今的翻译既可看作一种政治学,也可理解为一种诗学,既是一种伦理学又是一种审美学。翻译不再被视为一种有着严格规定,仅与专业或局部利益相关的技术方法;事实上,无论多么有益或是多么腐

---

① Susan Bassnett, "Translation studies at a cross-roads," *Target* 24.1(2012):p.19.
② Susan Bassnett, Ibid., pp.18—20.

朽的文化活动,总有翻译参与的迹象。"①

布罗德斯基的此番论述将翻译之于其他相关领域的重要性等同于性别研究之于各人文学科的重要性,一针见血地道出了翻译研究的跨学科意义。然而布罗德斯基并非来自翻译研究领域,而是一位专门研究生命写作的比较文学教授。她的这本著作被列入"当代文化记忆"系列丛书,而非"翻译研究"系列丛书出版。像布罗德斯基这样从其他领域审视翻译的学者为数不少,他们的切入点各不相同,对翻译研究领域所发表的学术刊物也没有给予过多关注,但他们以跨学科的视域对翻译所做出的丰富思考和独到见解"足以令我们这些还在为翻译研究领域三十多年来的不断拓展而倍感欣慰的翻译研究学者感到震惊"②。

另一个例子是后殖民理论家巴巴界定的"文化翻译"对比较文学、世界文学和后殖民研究学者的重要启示。巴巴扩展了"翻译"的范围,将那些无家可归的,边界断裂的,却又承载着文化意义的移民文化所处的居间空间(in-between space)纳入翻译的考查范围。他提出了"杂合"(hybridity)、"阈限"(liminality)等术语,并指出移民和少数族裔文学中的表述特点正是通过"文化翻译"的方式得以昭显。至此,"翻译"成了一种隐喻,用以探讨那些殖民文化边界以外的文学和文化现象③。在巴巴看来,翻译性无疑是文化的重要特征之一,因为随着旧的民族疆界的坍塌,文化已经变成一个翻译式的、跨民族的意义生产过程。巴巴借用翻译的研究目的,正是通过占据移民或少数族裔文化这种混杂的居间空间,来言说一种"翻译式世界主义"④。

特里维迪对于巴巴关于"文化翻译"的界定提出了质疑,认为巴巴在单一的语言环境中探讨翻译,显然忽略了翻译本是语际间的转换过程这样一个重要事实。在 2009 年英国沃瑞克大学主办的硕士研讨班上,特里维迪更是向全体翻译研究学者抛出了疑问:"作为当今最热门话题之一的

---

① Bella Brodzki, *Can These Bones Live? Translation, Survival and Cultural Memory*. Stanford: Stanford University Press, 2007, p. 2.

② Susan Bassnett, "Translation studies at a cross-roads," *Target* 24.1(2012): pp. 20–21.

③ Ibid.

④ Homi Bhabha, "Unpacking my library... again," Iain Chambers and Linda Curti (eds.), *The Post-colonial Question: Common Skies, Divided Horizons*. London: Routledge, 1996, p. 299.

翻译如今被单语文学理论家们占尽上风,隐喻般地用来探讨散居者、移民或流放者的文学创作。既然翻译似乎已然成为众多文学学者们竞相加入的潮流,翻译研究为什么不能成为这一潮流的中心舞台?"①特里维迪提出的问题尖锐而深刻,值得每一个翻译研究学者认真思考。

赫曼斯在几年前发表的一篇论文中就曾发出过警告:"如果翻译研究这门学科批判性地对自身的运行方式和获取知识的途径进行一番审视,就会发现现行研究有必要向其他领域拓展。"②赫曼斯的警告道出了翻译研究的一个内在危机,那就是过于强调学科的独立性和合法性,反而为此所累,无法大胆地越界展开跨学科的前沿研究。翻译学若不能自内而外地扩大在人文学科中的影响力,而只是一味被当成其他领域研究者的一种工具或手段,便始终无法摆脱学科的边缘化境遇,始终难以走到学术舞台的中央,掀起一场翻译研究的大潮。如何面对这一挑战,使翻译学真正地走出去,在巴斯奈特看来是当务之急,这一使命与三十年前创建该学科的使命一样意义重大。

四、前景

令人欣喜的是已经有一些翻译研究学者开始着手迎接挑战。巴斯奈特首先提到的是尼可拉奥和克里特斯编著的论文集《翻译自我:在语言与文学之间的体验和身份》(*Translating Selves*:*Experience and Identity Between Languages and Literatures*)。在这本书的导言中,两位编者提出:当过去二十年间建立的诸多理论范式已然走到尽头时,翻译研究进入了一个过渡时期。他们进一步指出,透过译者个人及其相关因素来审视翻译实践,强调译者的任务和自我身份的构建,已成为当今译界越来越受到关注的一个研究趋势③。

在巴斯奈特看来,这是一个颇有价值的研究课题。承认译者自我身份的建构使得译者与作者的相似性得以凸显。诚如克里斯蒂娃所说,作

---

① Susan Bassnett, "Translation studies at a cross-roads," *Target* 24.1(2012):pp. 21—22.
② Theo Hermans, "Paradoxes and aporia in translation and translation studies," Alessandra Riccardi (ed.), *Translation Studies*:*Perspectives on an Emerging Discipline*. Cambridge:Cambridge University Press, 2002,p. 22.
③ Paschalis Nikolaou & Maria-Venetia Kyritsi (eds.), *Translating Selves*:*Experience and Identity between Languages and Literatures*. London:Continuum, 2008,p. 2.

家所做的工作，就是用语言将一种感性的、倔强的异质性翻译出来①。当今社会有不少这样的作家，他们在创作过程中运用各种新的方式，在语言、文化和世俗的限定中进行积极协商，创作于他们而言即是一种对感性世界的翻译。因此，完全可以在翻译研究领域内运用某种理论框架，对这类作家的写作方式进行考察，此举必将扩大翻译研究在文学领域的影响力。国内已有研究者关注到这一理论生长点，探讨栖居于几种文化中的族裔散居作家（diasporic）在文学创作过程中的文化翻译问题，如陈曦、王心洁二人合著的《离散视角与华裔美国作家的文化翻译创作》（2012）一文就在这方面做出了全新的尝试。

此外，巴斯奈特还特别谈到了霍弗梅尔的跨学科成果《班扬随我行：〈天路历程〉的一部跨国史》（The Portable Bunyan: A Transnational History of the Pilgrim's Progress）。作者在书中探寻了英国17世纪清教主义作家班扬的《天路历程》自1678年出版以来在两百余种语言，包括八十多种非洲语言之间的传播旅程，并剖析了作品在非洲以及英国本土的地位和影响力如何随着时代和接受语文化的变迁而发生改变，从而对文本跨国传播中的意识形态问题进行了翻译视阈下的研究②。霍弗梅尔此书的一大亮点在于从多个领域吸纳了与翻译研究相契合的观点。例如，"场域"（field）这一术语本是来自布迪厄社会学的一个空间隐喻，研究者将翻译纳入场域理论中，认为译者带着由一系列译者定势组成的惯习和资本，在权力场中争斗，从而形成翻译场域。文中使用的另一术语"化学反应"（chemistry）则与早期的阐释学学者们关于翻译是"炼金术"（alchemy）的隐喻相契合，布迪厄在其社会学理论中使用"社会炼金术"这一概念来指代意识形态。尽管该书尚未完全打破翻译研究的学科壁垒，但书中展现的跨学科成果无疑为翻译研究提供了新思路。

2009年，巴克曼-梅迪克在《翻译研究》期刊中提出了"翻译转向"（translational turn）的概念。她认为：总的来说，所有人文学科都面临着翻译转向所带来的挑战，尤其是翻译学。或许我们应该转换观念，让现有的学科壁垒逐渐消弭，延伸至与翻译相关的所有人文学科。只有如此，所

---

① 罗岗、孙甘露：《作家，在本质上是要把内心的语言翻译出来》，《当代作家评论》2009（2），第83页。

② Susan Bassnett, "Translation studies at a cross-roads," Target 24.1(2012): p.23.

谓的翻译研究学者们才有机会与来自其他学科的研究者接触沟通①。巴斯奈特在结尾处提到这一点，笔者认为是在借此论断为处在十字路口处的翻译学应该何去何从指明方向。

20世纪90年代末，当代西方翻译研究完成了文化转向，如今包括文化研究在内的各人文学科则陆续实现了翻译转向。这两种转向的交融对于翻译学而言既是一种挑战也是一种机遇。翻译研究者们若无法走出封闭的研究模式，就会被从其他学科越界探讨翻译的跨学科研究者们所击败，从而使学科的合法性和影响力受到质疑，这对翻译学来说将是前所未有的挑战。但若研究者们抓住这种来自人文学科的翻译转向契机，与其建立沟通渠道，并搭建跨学科渗透交叉的平台，就有可能扩大学科的影响力，真正掀起一场翻译研究的热潮，使翻译学与其他各人文学科之间形成一种互为补充、互为丰富的关系。三十多年前，比较文学与翻译的结合是一座光辉的里程碑，不仅促成了翻译学的诞生，也昭示了翻译研究的跨学科本质。相信今天的翻译学秉承这种与生俱来的特质，与各人文学科相互交融，也定能走向下一个光辉的里程碑，在人文领域大放异彩！

参考文献

Bassnet1, Susan1. *Comparative Literature: A Critical Introduction*. Oxford & Cambridge: Blackwell, 1993.

Bassnett, Susan. "Translation studies at a cross-roads," *Target* 24.1(2012): pp.15—25.

Bhabha, Homi. "Unpacking mylibrary... again," Iain Chambers and Linda Curti (eds.), *The Post-colonial Question: Common Skies, Divided Horizons*. London: Routledge, 1996.

Brodzki, Bella. *Can These Bones Live? Translation, Survival and Cultural Memory*. Stanford: Stanford University Press, 2007.

Even-Zohar, Itamar. "The position of translated literature within the literary polysystem," Lawrence Venuti (eds.), *The Translation Studies Reader*. London and New York: Routledge, 2000.

Gentzler, Edwin. *Contemporary Translation Theories*. 2nd edn. Clevedon and Philadelphia: Multilingual Matters, 2001.

Hermans, Theo. "Paradoxes and aporia in translation and translation studies,"

---

① Susan Bassnett, "Translation studies at a cross-roads," *Target* 24.1(2012): p.23.

Alessandra Riccardi (eds.), *Translation Studies*: *Perspectives on an Emerging Discipline*. Cambridge: Cambridge University Press, pp. 10—23.

Holmes, James S. "The name and nature of translation studies," Lawrence Venuti (eds.), *The Translation Studies Reader*. London and New York: Routledge, 2000.

Toury, Gideon. *Descriptive Translation Studies and Beyond*. Amsterdam/Philadelphia: John Benjamins Publishing company, 1995.

罗岗、孙甘露:《作家,在本质上是要把内心的语言翻译出来》,《当代作家评论》2009(2),第82—85页。

邵璐:《翻译社会学的迷思——布迪厄场域理论解释》,《暨南学报(哲学社会科学版)》2011(3),第124—130页。

王宁:《比较文学与翻译研究的文化转向》,《中国翻译》2009(5),第19—26页。

谢天振:《论比较文学的翻译转向》,《北京大学学报(哲学社会科学版)》2008(3),第43—50页。

谢天振:《译介学》,上海:上海外语教育出版社,1999年。

伊塔马·埃文-佐哈尔:《多元系统论》,张南峰译,《中国翻译》2002(4),第19—25页。

打开译人的黑匣子

——《翻译研究的新语言—认知取向》一文述评①

四川外国语大学英语学院 夏歆东

【摘要】 House 首先在文中批判了社会—文化进路的诸项翻译研究,批判它们忽略了翻译的客观层面,也批判了翻译过程研究里的内视式和回视式研究,指出它们的前提有误、解决问题的效力有限,还批判行为实验研究无法解决认知层面上的问题、批判双语的神经—造影研究结论不能解释自然状态下的翻译过程,然后在神经科学家 Paradis 的语言—认知研究实践与她自己的显性/隐性翻译理论的基础上提出了翻译研究的新语言—认知取向。

【关键词】 翻译研究;Juliane House;显性翻译;隐性翻译;语言—认知

一、引言

当译人处在翻译行为中时,到底有什么样的事情正在他的头脑里发生? 译人的头脑就像个黑匣子一样,不但吸引着神经语言学②研究者们

---

① Juliane House, "Toward a new linguistic-cognitive orientation in translation studies," *Target* 25.1(2013):pp.46—60.
② 神经语言学(neurolinguistics)是语言学的分支学科之一,它研究产生、接收、分析、储存语言的神经机制以及这一机制与语言的关系。作为一门跨学科的学问,神经语言学涉猎到语言学、认知科学、神经生物学、计算机科学及其他学科的知识,研究者也来自不同的背景,带来各种不同的实验技巧及理论视野。神经语言学的这种开放性也是 House 可以把自己的翻译理论嵌入该学科的条件之一。该学科广泛采用电子生理学方法——即通过生物电的测试来观察大脑在言语过程中的活动——来进行研究,一个较新的手段是大脑造影技术,这些技术包括了正电子发射计算机断层扫描(PET)以及功能性磁振造影(fMRI),它们能够清楚展示出言语行为中的人的大脑中各个区域的运作机能。将这些研究应用到翻译研究上便形成了双语的神经—造影研究,但 House 在此文里对之进行了明确的批判。被 House 肯定性地加以应用的是将认知科学研究应用到双语研究上的语言—认知研究,如科学家 Paradis 的理论和实践。大体上说,House 是把上述已经被交叉了多次的双语—认知研究再同自己的翻译理论进行交叉,从而走上翻译研究的新语言—认知之路。

的关注,还吸引着翻译研究者们的关注,Juliane House①便是其中之一。虽然中国学者在21世纪初对House有所引介,不过焦点依然集中在她于20世纪70年代末提出的、并随之奠定其学术地位的翻译质量评估模式上,但她的思想于这几十年来早已有了很大的发展,且越来越向科学研究范式靠拢。这是西方翻译研究领域里的一股新生力量。如果科学范式对翻译研究的影响越来越大的话,西方的翻译研究会不会在语言学与社会—文化转向之后发生一次科学转向? House是否有可能成为扛旗先锋? 这些问题对于中国译界来说还是非常重要的,因为我们目前的翻译研究虽然百花齐放,但可以说都外在地或内在地、历时地或共时地受着西方的影响。有鉴于此,本文将对她的最新作品《翻译研究的新语言—认知取向》(Toward a new linguistic-cognitive orientation in translation studies)进行述评,以期引起国内学人的关注。

House这篇文章的主旨有二:其一,对现今翻译里的社会—文化研究取向和翻译过程研究取向进行批判;其二,在她的显性/隐性翻译理论和神经科学研究里的语言—认知研究的基础上试图建构一个翻译研究的语言—认知取向。从文章的总体格局上说,它可以粗略分为上述彼此交织的驳论、立论两大部分。本文拟以这两大部分为构架进行述评。

二、House对社会—文化研究取向和翻译过程研究取向的批判

就社会—文化取向里花样繁多的研究而言,House在文章的开首便指出:自20世纪70年代发生了社会—文化转向以来,学人倾向于将翻译

---

① Juliane House(国内对她的名字有"休斯"[肖维青,2010:200]、"霍斯"[仲伟合,2001:31]、"豪斯"[同济大学德语系宣传资料]等译法,本文直接采其英语表达),德国著名翻译研究者,其学术经历如下:1966年于德国海德堡大学攻读翻译学硕士(英语、西班牙语和国际法);1971—1976年于加拿大多伦多大学攻读应用语言学博士,论文课题为"A Model for Translation Quality Assessment"(1977);20世纪70年代末于德国波鸿鲁尔大学任教;1979年起任德国汉堡大学应用语言学教授;2008年退休但继续指导博士生和参与科研,并参与成立德国口笔译学会,曾任该学会主席;2010年起任"国际翻译和跨文化研究学会"(International Association for Translation and Intercultural Studies [IATIS])主席。她的主要研究方向有:翻译理论、语用学、语料库研究、应用语言学(二语习得、外语教学)、跨文化交际(礼貌、误解)、话语分析、作为世界语言的英语等;与翻译研究相关的代表性著作有:*A Model for Translation Quality Assessment* (Tuebingen: Narr, 1977 [A Model Revisited. 1997]); *Translatory Action and Intercultural Communication*, (2009) with Kristin Bührig and Jan ten Thije; *Translation* (Oxford: Oxford University Press, 2009)。近年来她还活跃在中国高校的讲堂、合作项目与会议上。可以想见的是,她在国内的影响可能会逐渐增大——这也是笔者选取她的最新作品进行述评的原因之一。

放诸文化、社会、意识形态之内进行研究,例如有的人去追究翻译的原因和效果,有的人去寻找译者在道德、伦理、政治等方面的责任,但这些研究无不是在从外部去观察翻译。将翻译当作一种技艺(art)的学者则强调译者的创造性;将新诠释学、结构主义等哲学思潮运用到翻译研究里的人在大肆挞伐等值理论的同时也废黜了写本与作者,从而让翻译沦为"为达目的不择手段"的目的论工具。House 认为:翻译不能被仅仅当作个人的阐释技艺。为了论证这个观点,她借用了《反对阐释》(*Against Interpretation*)里苏珊·桑塔格对那些"对阐释顶礼膜拜"的文学研究者的攻击为例证来反对翻译研究领域里对主观阐释的过度应用。在她看来,为了翻译而进行的文本分析不能仅仅关注文本之于读者的意义,而是还要抱着以下两个目的:展示文本如何是其所是、告诉人们文本就是其所是(The function of text analysis for translation is, in my opinion, to show how a text is what it is, that it is what it is, rather than to be preoccupied with what it means to a reader)。在这一点上,House 明白无误地持守着等值理论的根本看法。House 还反对翻译是译者可见性的体现的观点,因为译者的可见性在前言后记等地随处都可以彰显。简言之,我们可以从上述说法里总结出 House 的两个立场:其一,写本高于译者;其二,遭她批判的以上看法和取向都未触及翻译的本质。很明显,House 的上述批判是她从否性层面上对她对翻译的定义——翻译首要的是一种关涉语言及其认知基础的行为的演绎过程。

除了批判上述社会—文化取向的翻译研究之外,她还对翻译过程研究里的内视式(introspective)研究、回视式(retrospective)研究、行为实验(behavioural experiments)研究、双语的神经—造影研究(bilingual neuro-imaging studies)进行了批判。

她首先批判了内视式和回视式研究的共用前提:自 20 世纪 80 年代该取向进入研究者视野以来,虽然如今已是成果颇丰(House 本人便有两部相关著作),但从方法论上说,其前提的坚实可靠度是成问题的。她为该类研究列出了两个互相关联的前提:译者在翻译过程中可以有效操控自己的思维工序;那些工序也很大程度上有能够通达译者思维的途径。[①]

---

① 为了更好理解 House 的文章,本文对这两个前提进行了如下解释:不但译者对自身思维工序有着能动性,翻译工序本身还具备能够参与译者思维的属性;这就好比不但人要有能够拿筷子吃饭的能力,而且筷子也要内在地具有被人用来吃饭的功能一样。

House 接着列出了内视式和回视式研究在很大程度上未能解决的 5 大问题：

1. 作为思维诸工序之结果的语言表述是否真的等同于认知的诸工序？

2. 到底哪些认知工序能够诉诸语言、哪些不能？即在元—认知性的操控行为和反应性的行为之间，人们要如何既区别两者又同时将这些行为常态化？

3. 译者在翻译过程中要求将自己的思想诉诸语言形式，这个事实是否会改变翻译过程中那些通常的认知工序？换句话说，内视阶段的译者是否受所谓的"观察者悖论"的约束？因为雅各布森曾指出：翻译和反观翻译有减速的作用；并且，当译者被要求将结论诉诸语言形式时，翻译单元会倾向于变小。

4. 译者是否不用反思那些已经高度常态化和自动化的翻译行为？

5. 在回视式翻译研究里，那些来自于事后访问和问卷调查之类的数据如何进入翻译过程？考虑到记忆力的限度和受访人有要让研究者满意的这些压力，我们是否可以说，受访人的元—陈述是他们对之前想法进行了再思考之后才得出的？

提出这五个问题之后，House 指出：之所以内视式和回视式研究有着前提和结论上的诸多困境，归根结底是因为此类研究触及了认知科学研究领域里最为重要也最有争议的问题：意识的本质。更严峻的是，非但这个问题未获解决，晚近的神经科学研究成果反而还凸显出无—意识的重要性。总之，House 指出，翻译过程研究里的内视式和回视式研究虽然成功颇丰，但因为它所倚重的认知科学研究领域里的意识之本质问题至今未有定论，这必然导致该类研究根基不稳，因而前景堪忧。

就行为实验(behavioural experiments)研究而言，它本身便是研究者在意识到以上研究的先天不足之处后做出的补救。研究者试图采用诸如击键记录、屏幕监控、眼神跟踪以及多种物理学手段来直接对翻译步骤和层次进行追踪，诸如追踪它们的时长、关注点、关注点的转移、译者在翻译过程中进行改动的数量和类型等等，然后将所获得的实验数据同言语汇报的数据结合起来，并形成结论。但 House 觉得这样的关联性研究并不能让翻译成为一门严肃的科学。因为它不能解决这两个问题：

1. 可观察行为的测量结果是否能够展现译者头脑里发生的认知过程？

2. 可观察行为的测量结果能否解释两种语言之认知表现的本性？行为实验研究之所以不能解决以上问题是因为实验研究的本性使然：枚举法得出的结论是个体性的，其普适性本身就是受质疑的。那也就意味着行为实验的结论只是一种假设，不应当被当作译者思维之认知过程的标示。

就双语的神经—造影研究而言，House 认为它同样不能给译者的"黑匣子"直接开一扇窗，好让我们看到译者的思想里到底在发生些什么事情。因为这类研究在设置任务之时便已经预言了它的此种无能。首先，大脑活动在自然条件下对语言的应用（此处即：非实验状态中的翻译行为）跟处于实验中的大脑活动是不一样的。其次，目前所做的相关实验所考察的都是基于脱离了语境的单词（极少数用的是句子）的翻译之上，但实际的翻译行为通常是基于文本的，比单词或句子都更庞大、更复杂。再次，血流和其他血液动力学上的反应往往不能成为神经活动的直接测量方式。最后也是最根本的，将双语的神经—成像研究应用到翻译研究上来是种方法论上的倒退，因为这些实验都依赖人工的任务设置和特殊的技术，实验的结果仅仅指示出该任务是否已被完成，而不能指示译者大脑里出现的那些行为自身。

以上大致便是 House 在驳论部分里的主要内容。她将上述两大类里诸多进路的研究都归结于主观的、个体性的研究。由于它们在过去几十年里被过分地强调，当然也由于具有的上述不足之处，因而有必要构建出一个强调翻译研究之客观层面的、新的进路。

三、House 对翻译研究里的语言—认知研究取向的期待

既然"翻译首要地是一种关涉语言及其认知基础的客观行为"[①]，那么翻译研究的首要任务便是在客观层面上找出翻译是如何关涉语言及其认知基础的。House 指出，客观性的翻译研究应当关注两点：语言/文本、处在翻译过程中的译者的思维里发生的事情。这两点的研究可以分别由语言学、认知科学来进行。但人们尚还欠缺一个能够把语言学、认知科学与翻译研究有机结合起来的理论根基，好让它们的研究成果也能应用于描述和解释发生在译者的双语思维里的一系列行为，诸如理解、解决问

---

① Juliane House, "Toward a new linguistic-cognitive orientation in translation studies," *Target* 25.1(2013): p.47.

题、做出决定等等。House 在她的这篇文章里尝试的便是论述这种结合的可行性。

House 在前面的批判过程里提到过两个具有肯定意义的例子。一是在 20 世纪 90 年代的社会—文化研究领域里,有学者关注了某些共享知识是如何在以语言为中介的特定文化里被习俗化的这个问题。这种在主观的文化领域里研究语言中介这个客观对象的做法便是语言—认知取向研究的苗头。但遗憾的是,它被翻译过程研究的范式给遮蔽了;况且,当时也没有任何结合了语言与认知研究的翻译理论来进行指导。这个例子表明,House 的想法并非无中生有,而是有一定前车可鉴的。第二个例子是,在危机重重的翻译过程研究里,有一篇名为《回到根基:为判定翻译过程里的言语报告数据的坚实可信度设计一种研究》(Back to basics: Designing a study to determine the validity and reliability of verbal report data on translation process)的文章让 House 倍感欣慰。从这篇文章的题目中便可看出,这位作者可以说跟 House 的立论是有相同旨趣的。

House 在反驳那些只具有个体性结论的研究时斩钉截铁地指出:"我们的目的如果是(也应当是)将翻译研究当成一门科学,那么我们必须普适化,因为我们首先且最为重要的是跟认知研究和双语研究进行交叉,并且还需要一个好的理论进行指导。"[①]

顺着这样的目的,她将神经科学家 Paradis[②] 关于两种语言在大脑里如何起作用的神经—语言学理论同她自己在三十几年前提出并在后来的发展中不断修正的显性/隐性翻译翻译理论结合起来,试图为新的语言—认知取向奠定翻译研究上的理论基础。

House 用一个图表(如下)和非常错综复杂的文字来描述 Paradis 的双语头脑里的神经—功能和语言—认知系统。本文试图用如下更加简明的方式来进行表述。

---

① Juliane House, "Toward a new linguistic-cognitive orientation in translation studies," *Target* 25.1(2013):p.50.
② 无统一中文译名,故保留英文原名。

	语言1的元语言知识	语言2的元语言知识	
	概念的思维表现形式		
语言1的语用	语言1的语义	语言2的语义	语言2的语用
	语言1的形态	语言2的形态	
	语言1的音韵	语言2的音韵	

左上：知觉器官的认知能力、情感
右上：短暂记忆、渊博的知识

1. 认知&语言的分层概述：该表描述了两个互相独立的意识层面——认知、语言。认知层面包括概念的思维表现形式、知觉器官的认知能力、情感、短暂记忆、渊博的知识、对两种语言的元语言知识。语言层面又分为两个亚层，亚层一是语用，亚层二则包含了语义、形态和音韵。但这两个亚层是你中有我我中有你的，即语用不但包含着语义、形态、音韵这些语言层级，也被置入了这些层级。

2. 认知（神经—功能）理论：双语人（包括译人）针对两种语言都各有一套神经联系，它们被分别激活或抑制（比如在翻译过程当中）。但这两套体系是从属于一个更大的体系的，这个更大的体系让那个神经体系在任何时候都能够提取出任何一种语言，并且，大体系里所发生的选择活动都是自动的（即下意识地被激活）[①]。

3. 建立语言与认知之间的关系：认知层面上的元语言知识和语言层面上的语用能力以及激活内在言语潜势的能力属于神经—功能亚系统，神经—功能亚系统属于语言交流系统。

4-1. 用语言—认知理论解释双语人头脑里发生的事情：交际的意图在以下三种之任一条件下都会触发那些在认知概念体系里已经形成之信息的言语化：(1)当交际的意图形成之时；(2)当信息被接收之时；(3)当概念和语境因为词汇—语法的限制而需要解释时。换言之，语用成分通

---

① 本文再次借用一个类比来帮助理解：某人知道怎样用筷子吃饭；还知道怎样用刀叉吃饭。用筷子吃饭和用刀叉吃饭是两套彼此独立、互不干扰的活动，但都属于"用工具吃饭"这个范围。这个人最后到底是用筷子还是刀叉来吃饭，这是他在"用工具吃饭"这个思路里自动地、下意识地做出的选择。

过风格、语域、话语规范、言语行为的直接性和礼貌性等等方式对信息起着限制作用。

4-2. 用语言—认知理论解释双语人头脑里发生的事情：在两种语言的翻译条件中，语言1和语言2的叠合有赖于它们各自在类型学上有多接近。但研究者有必要对下列各个对子进行区分：语言表现与操控、被语言表现出来的与它是如何表现的、被语言表现出来的与它是如何进入的、它在每一种语言里是如何表现的与这些表现是如何在大脑里被组织成系统和亚系统的。

4-3. 用语言—认知理论解释得出的结论——两种翻译策略：(1)通过概念体系来进行翻译，包括对源语文本的语言解读过程（理解）和对目的语文本的构建过程（产出）；(2)通过自动运用那些从源语语言项直达目的语对应表述的规则来直接转换生成，即：源语形式不经过概念—语义处理过程便即刻触发其目的语里的相应形式。简言之，翻译(1)有中介活动，翻译(2)无中介活动。

5. House 试图将自己的显性/隐性翻译理论跟 Paradis 的语言—认知理论结合起来从而形成她所期待的翻译研究里的语言—认知取向：House 先指出 Paradis 的语言—认知理论的重要意义，再表明他的这个模式预设了显性翻译和隐性翻译这个根本前提，接着她从语言—认知的角度对自己的显/隐性翻译进行了陈述（或者说她用自己的显/隐性翻译理论去解释 Paradis 的语言—认知模式），最后非常简短地给出了 Paradis 的语言—认知研究跟她的显/隐式翻译理论之相关性的假设。

House 认为：Paradis 的理论赋予了语用层面无与伦比的重要性，因为它将两种语言的表现形式当作拆解、理解、转换、重估、语言重组这些过程的关键，还可以解释为什么专业的译者有时不需要借助大脑里同时具有但各自独立的那些概念体系就能够直接从源语进入目的语。

所谓显性翻译和隐性翻译是重新处境化过程的两种产物，两者对译者的要求是有本质区别的。显性翻译是结合了心理—语言及认知的复合体；隐性翻译则是单一体。在显性翻译里，翻译是外源的，即：翻译是在植入了新的文化处境之后才被认知和接受的，换言之，受者是在一个新的意识框架和言语世界里欣赏源文的。从心理分析上说，显性翻译里的写本和译本的语用是协同进行的，这就是为什么显性翻译可以被当作心理—语言及认知的复合体的原因。在这种情况下，"真正的"功能对等是不可能达到的，也就不应当成为翻译追求的目标。

但隐性翻译则不同。它是在目的语的语言文化语境里享受着源语文本的地位,对它的接受根本就算不上是翻译,而是语言应用,是译者创造出的、功能对等的言语事件,因为受者的头脑里并没有发生源语和目的语之间的语用协作。正是这种在心理上缺少协作的特征解释了为什么隐性翻译能够被当作心理—语言及认知上的单纯行为。隐性翻译通常要大量介入语言/文本、语域、题材的各个层面,为了达到必要的功能对等,译者需要通过所谓的"文化过滤"来捕捉源语和目的语受者那些被语言文化所决定的习俗和期待模式。在理想状态下,文化过滤应当能够解释那些译者在跨语言、跨文化的经验时做出的选择。这在英语—德语的口笔译上多有例证。但对其他语言对子来说,我们无法进行语用和体裁变化上的系统对照,这让翻译研究的理论根基在这个方面上几乎不可能验证。显而易见,我们需要一个结合了定性和定量性研究、取证、基于语料库的研究、实验性的跨文化研究等等的综合研究。

在从语言—认知角度梳理了她的显/隐性翻译理论之后,她指出,之所以她跟 Paradis 的理论能够结合起来是基于以下两个方面的假设:

(1) 隐性翻译时的文化过滤概念以及它在两种语言的语用模式中的完全转换;

(2) 显性翻译时两种语言在语用层面上的协同活化。

至此,House 开拓性地走出了翻译研究之新语言—认知取向的第一步。

四、评论

无论 House 是在驳论还是立论,她的这篇文章从运思和铺陈上看都遵循着三段论的做法,笔者也借鉴她的方式粗略地对她的主旨进行如下展示(她的论证过程详见前文)。

论证一(对社会—文化取向之翻译研究的批判)。大前提:"翻译首要地是一种关涉语言及其认知基础的行为"[①]。小前提:社会—文化取向的研究关涉的是那些非语言或其认知基础的行为,是从外部观察翻译;将翻译当做一种技艺的学者强调的是译者的创造性和翻译的工具性;将哲学思潮运用到翻译研究里的人废黜了写本与作者。可见,小前提不符合大

---

① Juliane House, "Toward a new linguistic-cognitive orientation in translation studies," *Target* 25.1(2013):p.47.

前提,因而上述研究是成问题的。

论证二:对翻译过程研究里的内视式和回视式研究、行为实验研究、双语的神经—造影研究的批判。大前提:翻译研究是门具有普适性的科学;普适性即:一个好的指导理论＋认知研究与双语研究的交叉式实践[①]。小前提:该类研究是认知研究(笔者归纳于前文里的两个前提和五个问题)。可见,小前提缺少大前提里的两个必要条件——好的指导理论、与双语研究进行交叉,因而该类研究是成问题的。

论证三:对翻译过程研究里的语言—认知取向研究的论证。大前提:翻译研究是门具有普适性的科学;普适性即:一个好的指导理论＋认知研究与双语研究的交叉式实践。小前提:该取向的研究有显性/隐性翻译为指导理论,同时也是认知研究与双语研究的交叉式实践。结论:该取向的翻译研究是门具有普适性的科学。

以上便是这篇文章呈现给我们的三个宏观层面上的论证。

如果要对她的论证进行批判的话,我们大可以去推倒她的大前提,说翻译不能忽略那些非关语言的成分,说翻译研究如何可以担得起严格意义上的"科学"之名。相信这样的批判会很有力,但却没什么建设意义。因为如果我们把翻译或翻译研究当作一个整体来看的话,无论哪条进路的研究者都只是在抱着象腿想象大象的盲人,或是在横看成岭侧看成峰时观想大山的看客,从视界和语言上都不能展现出翻译和翻译研究的全景及内景。这就是说,House 的这篇文章并非要给作为范畴的翻译和翻译研究下一个普适的定义,因为她不但在文首便指出这个新取向不是要否定而是要补足社会—文化取向的研究,还在文尾说她苦心孤诣树立起的这条理路是向证实和证伪全然开放的,这很具有科学的求真和实证精神。就论证过程而言,House 非常严谨(详见前文),颇有德国学者的风范,无论她是否在用德语写作。

也正是她的严谨和规范给读者从宏观层面上思考这个新取向扫清了道路。House 试图建造的是一种研究翻译的方法。既然是方法,那就应当对它进行方法论上的论证,如同她对其他进路进行方法论上的批判那

[①] 源自 House 的这句话:"我们的目的如果是(也应当是)将翻译研究当成一门科学,那么我们必须普适化,因为我们首先且最为重要的是跟认知研究和双语研究进行交叉,并且还需要一个好的理论进行指导。"(Juliane House, "Toward a new linguistic-cognitive orientation in translation studies," *Target* 25.1〈2013〉:p.50)"

样。而这篇文章更多的是在解释它的具体内涵和可操作性,未见对其合法性的陈明。这也许是新兴研究的尚待明晰之处。

根据本文"二、House 对翻译研究里的语言—认知研究取向的期待"对这种交叉研究的转述,House 一方面从语言—认知研究的角度对自己的显性/隐性翻译理论进行了重新界定[①],另一方面又将这个被语言—认知研究翻新了的理论确立为与语言—认知研究进行交叉的前提。这种浑然一体的做法很难让人看出前提的逻辑先在性在哪里。再者,House 反对的那些过程研究以及她倡导的双语—认知研究从很大程度上说是科学;而她反对过程研究的理由之一是因为它们没有好的理论指导,提出双语—认知研究的理由之一是因为它有了一个好的理论作为指导。这就关涉到两个问题:问题一,显性/隐性翻译理论到底是好还是坏的指导理论?笔者在没有标准的情况下无权做出判断;问题二,科学的实验究竟需不需要她的翻译理论作为指导?笔者在未受过相关科学训练的情况下依然无权做出判断,只能说她的做法体现着某种源远流长的冲动:为科学立法。

五、结语

House 新进路的两大依持——将理论奠定在科学实验的基础上、将科学实验奠定在理论的指导上——让我们充满期待,一方面期待它能在今后的实验中被证实或证伪,让我们对译人头脑里的黑匣子有更多的了解,另一方面也期待它能对中国的翻译研究产生一定的启迪作用。

参考文献

House, Juliane. "Towards a new linguistic-cognitive orientation in translation studies," *Target* 25.1(2013):pp. 46—60.
House, Juliane. "Translation quality assessment: Linguistic description versus social

---

[①] 本文之所以说是重新界定,是因为它在本文所述的这篇文章里的表述跟之前的说法有很大的不同(限于篇幅原因,此处从略)。她的显性/隐性翻译理论的最初版(1977 年)是跟语言学嫁接的;1997 年的修正版(屠国元、王飞虹,2003:60—62)里加入了心理学的概念(如"构架"[frame])从而让该理论的跨学科根基成了心理—语言学;1997 年的理论到 2001 年的"Translation Quality Assessment: Linguistic Description Versus Social Evaluation"(Juliane House, "Translation quality assessment: Linguistic description versus social evaluation," *Meta: Translators' Journal*, vol. 46. n°2(2001):pp. 243—257)时还没有什么变动,但在 2013 年的这篇文章里却呈现出很不一样的面貌,从根基上说便是因为她为这个理论注入了神经—语言学的成分。

evaluation,"Meta:*Translators' Journal*,vol. 46. n°2(2001):pp. 243—257.

屠国元、王飞虹:《跨文化交际与翻译评估——J. House〈翻译质量评估(修正)模式〉述介》,《中国翻译》2003 (1),第 60—62 页。

肖维青:《翻译批判模式研究》,上海外与教育出版社,2010 年,第 200—205 页。

仲伟合:《霍斯论翻译质量之评估》,《语言与翻译(汉文)》2001(3),第 31—33 页。

《借用者:翻译认知问题研究》一文述评[①]

四川外国语大学英语学院　陈喜荣

【摘要】 Sharon O'Brien 在综述性文章《借用者:翻译认知问题研究》中,系统梳理了语言学、心理学、神经学、认知学、读写研究以及语言技术六大方面对认知翻译学领域的主要贡献,指出翻译学科受其他学科影响较大,扮演了借用者的身份,她期盼翻译学未来也能够对其他学科施加影响。本文对该篇文章进行介绍和评价。

【关键词】 认知翻译学;语言学;心理学;神经学

一、引言

翻译理论界从认知学角度研究翻译虽然已经有几十年的历史,但是突破性的发展却集中出现在最近十余年,这主要是由于其关注的重点——翻译过程——在传统翻译研究领域中一直争议不断,究其原因,主要是因为翻译过程具有动态变化、不可预测以及译者无意识等特点,主观色彩浓厚。近年来,随着认知学、心理学、语言学等学科的不断发展以及计算机技术的不断完善,对翻译过程的监测在一定程度上成为可能。Shreve 和 Angelone 预言翻译未来的发展方向是"从认知角度研究翻译"[②];Halverson 指出我们必须明确地沿着认知理论方向推动翻译学向前发展[③];Muñoz Martín 则发明了"认知翻译学"(cognitive translatology)[④]这个术语,宣告这个跨学科研究自成体系。

[①] Sharon O'Brien, "The borrowers: Researching the cognitive aspects of translation," *Target* 25.1(2013): pp.5—17. 文中涉及部分外国人名无统一中文译名,故保留其英文原名。

[②] Gregory Shreve & Erik Angelone, "Translation and cognition: Recent development," *Translation and Cognition*. Amsterdam: John Bejamins, 2010, p.1, p.12.

[③] Sandra Halverson, "Cognitive translation studies: Developments in theory and method," *Translation and Cognition*. Amsterdam: John Bejamins, 2010, p.353.

[④] Ricardo Muñoz Martín, "The way they were: Subject profiling," *Translation Process Research, Methodology, Technology and Innovation in Translation Process Research*. Copenhagen: Samfundsliteratur, 2010, p.87.

正是在认知翻译研究蓬勃发展的语境下，爱尔兰学者 Sharon O'Brien 非常及时地对该领域的主要成果进行了比较全面的梳理，完成了综述性文章《借用者：翻译认知问题研究》(The borrowers: Researching the cognitive aspects of translation)，下文简称《借用者》。发表在翻译学术期刊 Target 2013 年第一期上。本文以此为契机，探讨该文章的相关内容及其学术参考价值。

二、内容评介

O'Brien 在文中立足于认知翻译学是一门跨学科研究，较为全面地介绍了该研究学派在过去十年所借鉴的各学科领域的研究方法和成果，归纳为语言学、心理学、神经学、认知学、读写研究以及语言技术六大方面，根据其重要性呈递减排列，并逐一举例说明。为了评介过程更清晰，笔者将沿用作者原文的分类法和排列顺序，转述和分析作者的观点。

1. 语言学

翻译，简而言之，就是把意思从一种语言传达到另一种语言中。从这个层面上讲，翻译问题在很大程度上就是意思在两种语言载体之间传递的问题，因此，翻译研究最初以语言学分支学科的身份出现，其成为独立学科也不过三四十年的历史。语言学流派众多，分支学科错综复杂，投射到翻译研究上，愈发难以厘清。O'Brien 权衡各影响力大小，弃小存大，列举了部分实例。笔者将其大致归纳为三个方面。

第一，语料库研究。O'Brien 本着认知翻译学的核心是翻译过程的研究这个出发点，提出翻译过程的研究离不开译文文本的研究，两者一表一里，互为印证，这样的研究才具有完整性。因此，认知翻译学者为了研究翻译的过程，可以给译者设置一个专门的译文语料库，汇集该译者在翻译某个文本过程中产生的不同阶段的译文，如译者个人修改前和修改后的文本，编辑修改前和修改后的文本等。通过对这些翻译文本进行比较，可以系统地分析出不同译文所反映出译者在不同阶段的认知状况。在具体实例方面，O'Brien 列举了 Alves 团队的两项实验成果。其一，他们使用语料库进行实验，帮助研究者判断译者在翻译过程中随着认知水平不断提高，翻译单位长度会如何变化。其二，他们开发了一种工具，可以将翻译过程中的数据添加到已有的语料库中。O'Brien 认为，类似 Alves 团队这种将语料库和认知结合到一起的研究还太少，需要大力推广。

第二,文本选择。文本选择在"翻译即政治"的背景下,被女性主义和后殖民主义等翻译文化流派赋予了浓厚的政治色彩,但O'Brien并没有把政治立场作为考量的因素。她认为,在认知翻译研究中,原文文本的选择是必须的,主要需考察以下方面:a、该文本对项目参与者(译者)是否合适;b、文本专业程度如何,或者换个说法,普遍性如何;c、是否带有隐喻等特殊语言特征;d、实际难度是否合适,参与者感觉难度是否合适。文本的可读性通常是衡量原文翻译难度的常见标准,但这些标准与翻译难度之间没有必然联系,Alves,Pagano和da Silva等学者开始尝试将Taboaa and Mann's的修辞结构理论借用到认知翻译研究中,用于分析原文文本。这个新方法尽管还没有广泛使用,却为将来的研究和选择提供了可能。

　　第三,心理语言学,特别是心理语言学属下的双语研究。O'Brien认为认知翻译学虽然没有直接采用心理语言学的方法论,但受到的影响却不容忽视。最近比较突出的研究成果有两个:一个是Rydning和Lachaud两人的共同研究,他们通过比较译者和双语人在理解和再生成过程中的表现,分析了翻译过程中语境对一词多义的影响;另一个是Lachaud独自进行的研究,探讨双语人在两种语言的转码过程中如何处理真假同源词和非同源词,对分析译者在翻译过程中如何决策有一定的借鉴作用。

　　2. 心理学

　　由于翻译过程研究的重点是身处翻译过程中的译者及其认知的过程、方法和行为,因此心理学的研究对认知翻译学的借鉴意义不言而喻。鉴于心理学是一个极其宽泛的学科领域,O'Brien认为专业技能研究(expertise studies)和心理测量学(psychometrics)两个分支学科影响最大,尤其是前者。她指出Göpferich等诸多学者认为翻译是一项专业性很强的工作,只有各项专业技能有效结合起来,才能产生好译文。Jääskeläinen等人则更进一步,对"职业译员"这个常用术语提出质疑,提出"专业译员"的概念,呼吁大家重新解读基于这两个不同概念的研究并反思"是否所有的职业译员都是专业译员?"在此基础上,他们把翻译者分为专业人员和新手进行比较,其中新手包括翻译专业的学生以及没有经过专业翻译培训的双语人等,期望发现差别,探索如何培养专业能力。Smith和Dreyfus等学者则推本溯源,主要探讨翻译专业技能的本质是什么,该如何获取,翻译专业人员应该具备哪些特征等内容。

在翻译人员的技能水平方面，O'Brien 列举了 Muñoz Martín 的两项研究。Muñoz Martín 提出使用韦氏智力测验（Wechsler Adult Intelligence Scale）和英语外语教学（Teaching of English as a Foreign Language）的专项考试来甄别专业译员，淘汰非专业译员，并确定专业译员的技能等级。在另一项研究中，他宏观地探讨了专业技能的概念及其可能对认知翻译学的贡献。

认知翻译学与心理学密切相关的另一个问题受到的关注明显较少，那就是译员个人性格和翻译过程之间存在什么样的联系？不同性格会对翻译过程、翻译策略（保守或激进）、译文再现产生影响吗？O'Brien 指出类似问题很多，相关研究还没有展开。而与译者性格研究形成鲜明对比的是，涉及译者心理状态研究的心理测量学却受到重点关注，具有代表性的是 Hubscher-Davidson 对译员心理测量与译文质量关系的研究，这虽然只是一个初步研究，却是认知翻译学借鉴该领域的早期尝试。

为了获知翻译过程中译者的大脑中究竟发生了什么情况，认知翻译研究者常常借用有声思维法（verbal protocols）。这个方法既可以是即时描述，即译者一边翻译一边口述自己的思路，也可以是译后回顾，即译者在翻译结束后凭借屏幕记录、击键记录等辅助手段的提示来回忆翻译过程，由此生成的口头报告可以间接反映翻译过程中脑部的活动情况，是译者专业技能的局部体现，可以方便研究者了解认知过程。在此基础上，Lörscher 和 Krings 等研究者更深入地研究了该方法的优缺点，其中一个明显缺憾在于，译者使用翻译技能时并不自知，翻译方法的选择和翻译的过程通常是在无意识状况下进行的，译者的描述可能难以反映出真实情况。再则，译者翻译过程中使用即时描述法会影响到翻译过程本身，Krings 发现译者的翻译速度减缓了 30% 左右，Jakobson 也发现翻译单位的长度也相应缩短。

正如 O'Brien 所言，翻译领域借助心理学的研究方法和成果获得了重大突破，原本动态变化的翻译过程可以进行跟踪，虚无缥缈的过程变得有迹可循，抽象的专业技能逐渐具体可见，由此开拓出来的研究领域值得期待。

3. 神经学

心理学从译者的心理感知上探究翻译过程中翻译专业技能问题，是译者对自身翻译行为从无意识到有意识感知、从有意识感知到语言表述这几个不同认知层面的反映，译者的无意识状态成为心理学研究方法的瓶颈，而神经学的研究方法可以在一定程度上弥补心理学方法的局限性。

神经学近年来迎来了技术上的三大突破，即眼动跟踪（eye tracking）、脑电波记录（electroencephalography）以及功能性磁共振成像技术（functional magnetic resonance imaging）。这些技术运用到翻译过程研究中，眼动跟踪用于记录译者在翻译过程中眼睛注视计算机屏幕和原文本的情况。脑电波记录头皮上电波活动情况，而功能性磁共振成像技术则扫描并记录译者在思考状态下，脑部血流的变化情况。

O'Brien 将眼动跟踪放到下文 4. 认知学部分讲述，在本部分只列举了功能性磁共振技术在笔译和口译过程研究中使用的两个实验。一是张介英 2009 年在其博士课题中的研究，他同时使用功能性磁共振和眼动跟踪手段来观察从一种语言到另一种语言的认知负荷以及反向的认知负荷情况。这项尝试性的研究价值在于研究的过程可以较少地干预译者的翻译过程，译者无需像在有声思维法中那样边翻译边描述。另一项是 Moser-Mercer 2010 年的研究，她使用神经学手段探讨在口译技能培训中大脑的可塑性以及长短时记忆和特定练习的作用。

神经学的研究方法从外部监测译者，心理学从译者心理感知研究，两者形成互补关系，共同探讨译者在翻译过程中思维的变化。

4. 认知学

由于认知问题是翻译过程中无法回避的难题，因此认知学研究的方法和成果对翻译过程研究的影响不言而喻。O'Brien 将其归纳为四个方面：第一，认知学对译者认知能力研究所带来的影响。早在 1997 年，Danks and Shreve 的著作就特别关注了元认知在研究如何选择翻译策略和界定翻译能力的影响，为该方向的研究开启了一个全新的视角。近年来，Angelone 等学者也借助认知学方法，致力于探寻译者在翻译过程中如何理解和处理原文中意义不确定的内容，以及译者的这种能力将如何影响译文质量。

第二，认知学对译者记忆模式和能力研究的影响。口译研究者长期以来一直关注认知学中长时记忆（LTM）研究、短时记忆（STM）研究、记忆能力研究以及它们对口译质量的影响，标志性的研究是 Baddeley 和 Hitch 1974 年开展的对工作记忆（working memory）模式的探索。笔译研究也同样关注这些概念，特别是译者在翻译过程中表现出来的无意识行为对言语报告有效性的影响,有学者认为短时记忆发挥了重要作用。有些研究着力于比较口、笔译两种翻译行为对工作记忆能力的要求有哪些不同。

第三,认知学对翻译过程中眼动跟踪分析范式的影响。从理论上看,Just 和 Carpenter 的眼—心假设是翻译过程中眼睛与思维配合问题研究的基础,是眼动跟踪分析的一个重要范式,被广泛应用到翻译过程研究中。这个假设认为在眼睛阅读文字的同时,大脑也在处理这些文字,两者之间没有明显的时间差。这样的假设有助于分析翻译过程中注意力在原文、译文、术语或其他相关信息上的分布问题。

从技术上看,眼动跟踪结合屏幕记录和击键记录可以测量翻译过程中译者的认知负荷。翻译过程中译者停顿的次数和时间、译文修改的次数、注意力集中的次数和时间、瞳孔放大的变化情况等都可以用来测量认知负荷,这些方法有时还会和有声思维法共同使用,达到多方法相互验证的目的。比如,O'Brien 本人曾使用翻译记忆测量工具,对不同记忆模式所对应的译文匹配程度按照从完全匹配到不完全匹配进行比较,前者完全不需要修改,后者则意义模糊不清,需要一定修改,由此反映出其中不同的认知负荷。

第四,情景体验认知研究对翻译过程研究的影响。O'Brien 在本部分突出了 Risku 的研究成果。情景体验认知研究与社会学有一定的关联,主要研究人类认知的本质以及如何使用这种认知来理解和描述我们的周围环境。Risku 认为这种认知范式不仅探讨大脑这个黑匣子里发生了什么,还会由此扩展到对整个人类、人类历史和环境的认知中去。具体到认知翻译学中,研究者不仅能够观察身为专业人士的译者在翻译过程中所采取的措施,还能观察译者所处的周围环境和社会因素如何影响他们的决策。

5. 阅读与写作

O'Brien 指出,在同一语言内部,很多学者已经对语言的相关信息处理进行了研究,特别是在阅读、写作和修改等环节。由于读写问题同样存在于翻译过程中,因此认知翻译学也借鉴了这些方面的研究成果。

在阅读方面,认知翻译学普遍借用前文提到的眼—心假设和眼动跟踪技术对翻译过程中的原、译文阅读展开研究。在此基础上,Jensen 和 O'Brien 借用了同一语言对文章可读性的研究,尝试使用可读性标准来应对翻译研究中的文本问题，Doherty 团队甚至还使用该方法来检测机器翻译译文的质量。

与阅读环节一样，写作也是翻译过程中一个至关重要的组成部分，但是写作和修改的研究却没有在认知翻译学中得到同样广泛的借鉴。O'Brien 指出单语言内部的写作和修改和翻译过程中的写作和修改在研究问题上存在诸多共同之处，如元认知、写作手段、专业技能、注意力停顿分析和作者分析等；在实验方法上，也都使用击键记录、屏幕记录、眼动跟踪等技术，因此，两个领域之间可彼此借鉴之处挺多的。Schrijver 等学者原本从事写作过程研究，最近在对病历的研究中探讨了译编（transediting）这个概念，即在译文中操控原文内容和结构，使之与译文所属的学科分类一致。与此同时，Ehrensberger-Dow 等研究翻译过程的学者和写作过程的学者联起手来，开始了在新闻领域的合作。O'Brien 认为这些尝试还仅仅是开始，以后两个领域的相互影响还会进一步深化。

6. 语言技术

近年来，技术手段在翻译行业中使用日渐频繁，这些手段也越来越多地受到翻译研究者的关注。O'Brien 认为相关研究主要体现在两大方面：一是这些新技术的影响，如对译文和翻译过程的影响，对译员工作的影响等，另一个是自助/机器翻译研究。

前面曾提及 O'Brien 对不同匹配程度的译文所需的不同认知负荷进行过比较，而现在，翻译过程研究的范畴得到拓展，开始探讨相关技术手段在翻译过程中的实用性和适用性。O'Brien 等人为了测量方便，将眼动跟踪技术运用到翻译存储器接口上，并寻求接口标准化。在人机互动方面，Karamanis 等学者开始探讨机器翻译在译者工作中的使用问题，他们发现译员通常认为翻译机器可以减轻部分工作并减少译员间的协作。Desilets 等人进行的另一项试验则更宽泛一些，使用情景式调查法研究工作环境中的人机互动问题。

此外，机器翻译的特性决定了这个流派的研究离不开计算语言学（computational linguistics）。翻译过程的研究貌似与此毫无关系，但近年来，研究者又有了新的尝试——使用计算机自动运算法来评价机器翻译译文的质量，评估机器翻译译后编辑的难度。

O'Brien 在总结部分谈到认知翻译学是跨学科研究，未来还可以从更多领域借鉴研究成果，如修辞结构理论、心理测量学、人机互动新技术等,但跨学科研究涉及两个及两个以上的学科,应当具有互补性,从目前情况来看,认知翻译学对其他学科影响甚少。因此,认知翻译学的未来发展应当改变这种单向影响,争取对其他学科也产生影响。她还指出这种跨学科协同发展可以加强学科内研究人员之间的合作,可以分享研究工具、专业技能和相关数据,可以与其他领域的学者合作,用不同的视角观察复杂问题,提升创造力,避免单一学科固化、僵化。

三、内容解读

1. 学科背景

翻译研究领域最近几十年的发展,从学科上讲,经历了从语言学的属下研究向独立学科、从单学科向跨学科的发展;从派系上讲,有了艺术、语言学,文化研究,认知学等学派。就 O'Brien 本人而言,这篇文章也从一定层面上反映了她的研究背景和学术关注点。

正如翻译文化派在美加等国兴起繁荣一样,翻译认知学派近十余年在丹麦、瑞典等北欧国家蓬勃发展。欧洲频繁召开的认知学术会议,The Translator、Target、Perspective 等与翻译相关的杂志以及 John Benjamins 等出版社为这些研究提供了广阔的平台。2010 年最具代表性的学术论文专辑有 Mees 等人编辑的《翻译过程研究中的方法、技术和创新》(Methodology, Technology and Innovation in Translation Process Research)以及 Shreve 和 Angelone 编辑的《翻译与认知》(Translation and Cognition)。这些学术平台和成果无疑给 O'Brien 提供了重要的学术资料,同时也给她的研究打上了地域特征。

O'Brien 在《借用者》一文中,将翻译定位为跨学科研究,她自己的学术背景也反映出这样的特点。O'Brien 具有翻译研究和计算机技术的双栖背景,现任爱尔兰都柏林城市大学应用语言和跨文化研究学院教师,曾任职语言技术专家,讲授翻译研究课程,同时还是多个研究中心的成员,参与多项翻译实验项目,研究领域涉及翻译技术和翻译过程的认知研究,研究主要采用实证法,使用击键记录和眼动跟踪等技术研究翻译中人机互动的认知研究,同时还对翻译的最终使用者和可译性、实用性、可读性、理解力等概念和认知负荷量的测量感兴趣。

2. 术语选择

术语对于学术研究至关重要,学者们对术语的使用格外慎重。O'

Brien 在《借用者》中同时使用了"翻译研究"(translation studies)与"翻译学"(translatology)两个术语,尤其是后者,它是本篇文章的核心术语。她对这两大术语的区分和取用在很大程度上也反映了她的学术背景。

由于翻译领域的跨学科特点与生俱来,早期曾在翻译是艺术(art of translation)与翻译是科学(science of translation)的争论上纠结了几十年,即便在翻译科学派里,美国语言学家及翻译学家 Eugene A. Nida 认为翻译行为是科学(a science of translating)[①],是"翻译科学"(science of translation)[②],欧洲多使用"翻译学"(translatology),而"翻译研究"(translation studies)这个术语一度被认为专指文学笔译,直到 1972 年,Holmes 在论文"The name and nature of translation studies"中提议使用该术语为翻译学科的统称,随后得到学者们认同,在世界范围内广泛使用。[③] 至于 translatology 一词,翻译界比较一致的意见是在涉及翻译手段和技术等与科学相关的翻译领域继续使用该术语。

因此,O'Brien 对"翻译研究"和"翻译学"这两个术语的甄别和选用不仅反映出了她的欧洲背景,更重要的是体现了她的翻译科学派立场。她将与认知翻译学相关的学科领域划分为语言学、心理学、神经学、认知学、阅读写作研究和语言技术等也是其科学派特色的划分法。

3. 技术立场

O'Brien 在《借用者》一文中清晰地反映出了她鲜明的学术兴趣和技术派立场,这样的出发点在她对认知翻译学的关注以及相关资料的搜集和整理都有所体现。

她在总结近十年来翻译理论界取得突飞猛进的发展的原因时,将其归结为两点:一是愿望,就是更专业、更深入地了解翻译行为,再就是监测工具和方法的改进和广泛使用,特别是屏幕记录、击键记录、眼动跟踪技术等。这些技术手段的使用让监测译者在翻译过程中的认知状况成为可能。由此可见,她对翻译研究中的技术手段非常重视和关注。

但 O'Brien 不同于传统类型的翻译技术派。传统技术派以转换生

---

① Eugene Nida, *Toward a Science of Translating*. Leiden: E. J. Brill, 1964.
② Eugene Nida, "Science of translation", *Language* 45 (1969): pp. 483—498.
③ Mona Baker, *Routledge Encyclopedia of Translation Studies*. Shanghai: Shanghai Foreign Language Education Press, 2004, p. 277.

成语法为理论依据,侧重对语言本身的重构,多以机器翻译为特征,反映为语言学中机器对文本的认知。O'Brien 的研究虽然也借助于机器,但源自认知学领域,强调用仪器和设备来监测、统计并反映翻译这个主观抽象的过程,研究的重点是译者的大脑里究竟发生了什么变化、译者的认知能力对翻译决策有什么影响,体现的是译者对翻译对象和行为的认知。

4. 研究方法

由于翻译具有跨学科的特点,翻译研究方法可谓千差万别。O'Brien 的研究方法和翻译领域传统的人文方法有很大区别。传统方法视域下的翻译过程研究是经验主义范式,立足于总结和反思翻译过程,侧重推测,期待能够以此得到普适的经验,供译者参考。而 O'Brien 更多地关注认知翻译学中实证主义范式,她在《借用者》中整理的学术成果多来自科学实验报告。这些实验侧重观察翻译过程中译者内在认知变化的外在表现,其中既重视定性研究,更强调定量研究,并且这些实验多以团队方式展开,而不是像传统翻译研究中那样以个人为主展开。

四、意义与局限性

O'Brien 在《借用者》一文中系统梳理了六大学科领域对认知翻译学的贡献,汇集了许多具有较高参考价值的研究和实验结果,是对翻译研究领域的有益补充,也给研究者们提供了一个新的视角,具有非常重要的学术参考价值。

O'Brien 在总结部分谈到认知翻译学未来的发展方向,指出跨学科研究涉及两个或两个以上的学科,关联学科之间应当存在互补性,语言学等诸多学科的研究方法和研究成果对翻译领域产生了重大的影响,但翻译领域却始终扮演着"借用者"的身份,很少对其他学科产生影响,因此翻译领域的研究者应当改变这种单向影响,争取更大的影响力。英国比较文学和翻译研究学者巴斯奈特的观点与之不谋而合。巴斯奈特认为翻译学的研究成果受益于文学、语言学、历史学、政治学、人类学、文化研究、媒体与传播研究等翻译相关学科,却几乎没有对这些学科产生影响。[①] 两位学者一人从科学派角度,另一人从人文学派角度,遥相呼应,共同关注

---

① Susan Bassnett, "Translation studies at a cross-roads," *Target* 1 (2012): pp. 18—20.

翻译领域的发展前景,印证了 Muñoz Martín 倡导的"科学—人文视野"下人文与科学方法的结合①。她们的担忧值得翻译界深思。

诚然,O'Brien 由于其欧洲学者身份和科学技术派立场的学术背景,其研究必然带有一定的局限性,这种局限性在《借用者》一文中有所体现,但"局限"一词在后现代视阈下绝不是一个纯粹的贬义词,而是比较中性。作者和文章的这种局限性在差异哲学日益盛行的学术界再正常不过,无可厚非。

再者,O'Brien 所关注的翻译技术派的研究法和成果,比如击键和屏幕跟踪技术,多是以译者的记忆单位长度为考量的,具体来讲就是以所处理的字母数量来计量的,一击一记,和汉字拼音输入法和五笔输入法有很大差别,因此,中国学者在借鉴这些研究方法和实验成果时,需要特别注意语言上的差别,另行研究汉语的计量方式。

《借用者》一文美中不足之处在于文章内容显得比较庞杂。究其原因,内容丰富,信息量大固然是一部分原因,最主要的还是文中的学科体系划分不够分明,学科界限不清晰。O'Brien 划分的六大板块中,读写研究和语言技术两个板块隶属于语言学,而三者在文中被并列放置;心理学、神经学、认知学以及语言学板块下的心理语言学也存在交叉之处,导致作者在神经学部分提到眼动跟踪技术,却要到认知学部分去详细论述。尽管作者也提到本篇论文的目的是为了探索翻译过程研究所借鉴的其他学科的性质和广度,不是划定严格的学科界限,但这样的结果必然导致文章内容较凌乱,从而增加读者理解上的负担。

五、结语

中国近年来关注认知翻译学的研究者越来越多,王寅从认知语言学角度展开研究,发表论文《认知语言学的翻译观》②和《认知翻译研究》③;刘军平在 2008 年提出翻译研究需要开创"认知转向"④,这些研究都与国际同步,而 O'Brien 对认知翻译学过去十余年里所借鉴的各学科领域的研究方法和成果进行的系统梳理,无疑会给更多的研究者,特别是中国的

---

① 仲伟合等:《口译研究方法论》,《中国翻译》2010(6),第 18—23 页。
② 王寅:《认知语言学的翻译观》,《中国翻译》2005(5),第 15—20 页。
③ 王寅:《认知翻译研究》,《中国翻译》2012(4),第 17—23 页。
④ 刘军平:《重构翻译研究的认知图景,开创翻译研究的"认知转向"》,《湖北民族学院学报》2008(4),第 88—93 页。

研究者，提供更全面的资料、更开阔的视野和更多的研究方法。

参考文献

Baker, Mona. *Routledge Encyclopedia of Translation Studies*. Shanghai: Shanghai Foreign Language Education Press, 2004.

Bassnett, Susan. "Translation studies at a cross-roads," *Target* 1(2012): pp. 18—20.

Halverson, Sandra. "Cognitive translation studies: Developments in theory and method," *Translation and Cognition*. Amsterdam: John Bejamins, 2010.

Muñoz Martín, Ricardo. "The way they were: Subject profiling," *Translation Process Research*, *Methodology, Technology and Innovation in Translation Process Research*. Copenhagen: Samfundsliteratur, 2010.

Nida, Eugene. *Toward a Science of Translating*. Leiden: E. J. Brill, 1964.

Nida, Eugene. "Science of translation," *Language* 45(1969): pp. 483—498.

O'Brien, Sharon. "The borrowers: Researching the cognative aspects of translation," *Target* 25.1(2013): pp. 5—17.

Shreve, Gregory & Erik Angelone. "Translation and cognition: Recent development," *Translation and Cognition*. Amsterdam: John Bejamins, 2010.

刘军平：《重构翻译研究的认知图景，开创翻译研究的"认知转向"》，《湖北民族学院学报》2008(4)，第88—93页。

王寅：《认知语言学的翻译观》，《中国翻译》2005(5)，第15—20页。

王寅：《认知翻译研究》，《中国翻译》2012(4)，第17—23页。

仲伟合等：《口译研究方法论》，《中国翻译》2010(6)，第18—23页。

国外机器翻译研究的历史与最新进展
——《机器翻译简史》一文述评①

四川外国语大学英语学院 王祖华

【摘要】 国际知名机器翻译史研究专家约翰·哈钦斯(John Hutchins)撰写的《机器翻译简史》一文以1933年为起点,全面、详实地描述了机器翻译在世界范围内近80年的发展历程。哈钦斯根据机器翻译模式的不同,将迄今为止的机器翻译研究以1989年为界分为前后两个阶段。1989年以前机器翻译的基本模式是基于规则的模式,大致经历了初创期(1933—1956)、黄金十年(1956—1966)、沉寂的十年(1967—1976)和复兴(1976—1989)四个阶段。1989年以后机器翻译的主导模式是基于语料库的模式。这一阶段机器翻译在全球范围内取得了突飞猛进的发展,研究的热点包括基于语料库的模式、翻译工具与译员工作平台、语音翻译、杂合系统、机器翻译系统的评估、适用系统与商业系统等。哈钦斯对机器翻译史的描绘具有三个基本特点:历史的眼光、全球的视野和内外结合。

【关键词】 机器翻译;系统;模式;历史;进展

一、引言

1933年,Georges Artsrouni和Petr Trojanskij分别在法国和俄罗斯获得世界上首个有关机器翻译(Machine Translation)的专利②。如果以这一具有标志意义的年份作为机器翻译研究的起点的话,国外的机器翻

---

① John Hutchins 这篇文章以英文的形式发表在香港《翻译学报》2010年第十三卷第一、二期合刊第29—70页上,原题为"Machine translation: A concise history"。文中涉及部分外国人名无统一中文译名,故保留其英文原名。

② John Hutchins, "Machine translation: A concise history," *Journal of Translation Studies* 1&2(2010): pp. 30—31.

译研究已经走过了整整 80 个年头。这 80 年的艰难探索,大体呈"V"字形的发展轨迹,最低点是 1966 年 ALPAC 报告出炉后的 10 年(1967—1976)。20 世纪 70 年代中期,机器翻译研究再度在国外兴起,近年来更是取得了突飞猛进的发展。对于机器翻译研究在国外的进展,我国曾有一些学者做过跟踪和介绍[1],但随着时间的推移和研究的深入,这些介绍显然已无法全面、及时地反映国外在机器翻译研究方面的最新认识和最新动态。2010 年,香港《翻译学报》第 13 卷第 1、2 期合刊上刊发了一篇有关机器翻译的长文《机器翻译简史》(Machine translation: A concise history),作者为国际知名的机器翻译史研究专家约翰·哈钦斯(John Hutchins)[2]。在这篇长达 41 页的文章中,哈钦斯不仅对机器翻译研究的曲折历程做了条分缕析的梳理,而且对国外机器翻译研究的最新进展做了全面的介绍。要了解国外机器翻译研究的历史和近况,哈钦斯这篇带有综述性质的论文可以说是绝佳的入门读物。

二、1989 年以前的机器翻译

在哈钦斯看来,1989 年是机器翻译研究的一个分水岭。他说:

> 20 世纪 80 年代末以前的机器翻译研究,主导框架基本上是建立在各种语言规则之上的。这些规则包括:句法分析规则、词汇转换规则、句法生成规则、形态学规则、词汇规则等等。这种基于规则的模式(the rule-based approach)不仅显而易见地存在于 Ariane、METAL、SUSY、Mu、Eurotra 这样一些以转换为工作原理的机器翻译系统中,而且也是各种以中介语为翻译原理的机器翻译系统(不论这种系统是以语言学为主导的,还是基于知识的)的基础。然而,从

---

[1] 《中国翻译》在 20 世纪 90 年代曾陆续刊登过一些介绍性的文章,《中国科技翻译》也偶有相关的介绍。近年来国内还出现了一些有关机器翻译的专著,如冯志伟的《机器翻译研究》(中国对外翻译出版公司 2004 年)、张政的《计算机翻译研究》(清华大学出版社 2006 年)。钱多秀主编的《计算机辅助翻译》(外语教学与研究出版社 2011 年)等也有涉猎。但总的来说,这些介绍或关注点的介绍,或过于简略,未能全面反映机器翻译发展的全貌。

[2] 约翰·哈钦斯是国际知名的机器翻译研究专家,发表和出版了大量关于机器翻译的论文和著述。由于他在创建欧洲机器翻译协会和国际机器翻译协会中发挥的作用及其在机器翻译史方面的突出贡献,2013 年 9 月 6 日,国际机器翻译协会(IAMT)授予他"2013 IAMT 终身成就奖"。(http://www.eamt.org/news/news_lifetime_achievement_winner_2013.php 查看日期为 2013 年 11 月 15 日)

1989年开始,基于规则的模式失去了主导地位,取而代之的是一些新的方法和策略。这些新的方法和策略,我们现在笼统地称作"基于语料库"的方法("corpus-based"methods)。①

对于1989年以前的机器翻译,哈钦斯是按照时间顺序从以下六个方面加以论述的:

1. 机器翻译研究的先驱(Precursors and Pioneers,1933—1956)
2. 不切实际的期望与理想的破灭(High Expectations and Disillusion,1956—1966)
3. ALPAC报告及其影响(The ALPAC Report and Its Consequences)
4. 沉寂的十年(The Quiet Decade,1967—1976)
5. 适用系统和商业系统(Operational and Commercial Systems,1976—1989)
6. 研究的复兴(The Revival of Research,1976—1989)

综合看来,这六个方面大体可合并为四个阶段:初创期(1933—1956)、黄金十年(1956—1966)、沉寂的十年(1967—1976)和机器翻译的复兴(1976—1989)。下面我们将按这个顺序依次简要介绍哈钦斯的观点。

1. 初创期(1933—1956)

机器翻译是从什么时候开始的呢?这是每一个研究机器翻译史的人必须回答的首要问题。哈钦斯的论述是从1933年开始的,因为在这一年Georges Artsrouni和Petr Trojanskij分别在法国和俄罗斯获得了有关机器翻译的专利,这是人类史上最早的有关机器翻译的专利。Artsrouni提出建造一台通用性的多语言机械词典,Trojanskij则进一步提出通过使用以世界语为基础的"通用"(universal)符号,使能够进行多语言翻译的设备具有编码和阐释语法功能的作用。随后,哈钦斯梳理了机器翻译研究早期几件具有里程碑意义的大事:(1)1946—1947年间,Andrew Booth和Warren Weaver相遇,第一次尝试性地提出在翻译自然语言时

---

① John Hutchins,"Machine translation: A concise history," *Journal of Translation Studies* 1&2(2010):p.49.

使用刚刚诞生的计算机。1949年7月,Warren Weaver提出处理歧义问题的建议(即有名的韦弗备忘录),极大地刺激了美国的MT研究。(2) 1952年6月,Yehoshua Bar-Hillel在美国麻省理工学院主持召开了首届机器翻译大会,当时几乎所有活跃在该领域的学者都参加了这次历史性的会议。(3)1954年1月7日,来自IBM的Peter Sheridan和乔治敦大学的Paul Garvin联合进行了历史上第一次机器翻译系统演示。这次演示引起了美国媒体的广泛注意,吸引了大规模的研究资金。同年,William Locke和Victor Yngve创办了历史上第一本机器翻译期刊《机械翻译》(Mechanical Translation)。这份期刊一直办到1970年才停刊,曾经刊登了不少重要的文章。同样是在1954年,第一部机器翻译博士论文问世,作者为Anthony G. Oettger,研究的是俄语机械词典。1954—1955年期间,在许多国家(包括中国)出现了不少机器翻译研究团队和研究项目。(4)1955年,第一部机器翻译论文集问世,编者为William Locke和Andrew Booth,收录了许多机器翻译研究早期的珍贵文献。

从最初提出设想,到机器系统的设计、演示,国际性会议的召开,专业期刊的创办,学术性研究团体的广泛建立直到学术著作的出版,机器翻译作为一个专门的学术研究领域至此已完全形成。

2. 黄金十年(1956—1966)

哈钦斯把这十年称作机器翻译的第一个十年(first decade)[①]。这十年可以说是机器翻译研究勃兴与繁荣的十年。首先,从研究方法看,出现了二水分流的格局:

> 机器翻译研究起步之时,几乎没有从当时的语言学研究中得到什么帮助。因此,在20世纪五、六十年代,研究方法出现了两极分化:一极是带有经验主义性质的实验/验错法(empirical trial-and-error approaches),一极是理论法(theoretical approaches)。前者通常运用统计法以"发现"可在计算机上运行的语法规则和词汇规则,后者则包含一些基础语言学研究方面的项目(这种研究其实就是后来称之为"计算语言学"的滥觞)。这两种对立的研究方法在当时分别被称作"蛮力"("brute force")和"完美主义者"("perfectionist")。

[①] John Hutchins, "Machine translation: A concise history," *Journal of Translation Studies* 1&2(2010):p. 33.

经验法的目标是在不久的将来开发出一些系统，这些系统可以产生有用的、尽管质量可能不高的译文，理论法的目标则是最终开发出能够进行完美翻译而无需或很少需要进行人工编辑的系统。[①]

其次，从机器翻译系统的构建模式看，机器翻译的三种基本模式都是在这段时间开始出现的。这三种模式分别是直接翻译模式（the direct translation model）、中介语模式（the interlingua model）和转换模式（the transfer approach）。所谓直接翻译模式，就是机器直接将源语（SL）译成目标语（TL）而很少需要进行分析和句法重组，采取的办法是在设计程序时为 SL 的每一个词汇只提供一个对应的 TL 词汇。许多研究者希望采取这种简化双语词典的方法来克服因一词多义和歧义而产生的问题。中介语模式则是以既不同于 SL 又不同于 TL 的抽象符码或符号（即中介语）为基础，翻译时需经过两个阶段：先把 SL 译成中介语，然后再把中介语译为 TL。转换模式则类似于奈达提出的翻译三阶段模式，翻译过程包含分析、转换和合成三个阶段，其中转换阶段是指把 SL 文本的抽象（即去歧义化）的表征形式，转换为 TL 的对应表征形式。对于这三种模式的实际运用情况及其与上述两种研究方法的关联，哈钦斯有一段极为精辟的论述。他说：

> 通常，"经验主义者"采取的是直接翻译模式。他们通过对实际文本进行统计分析来获取词典规则，因此这些规则往往只适用于具体的文本，很少或几乎没有什么理论基础。"完美主义者"则具有明显的理论意识，他们进行基本的语言学研究，关心的重点是句法分析的方法。有些研究团队信奉中介语的理想，认为只有那些有关人类思维过程的基础性研究（亦即后来被称作"人工智能"和"认知科学"的东西）才能够解决自动翻译的问题。那些更为务实的研究团队则把研究的重心放在更为简单、以句法为基础的转换模式上，而把语义的问题留待以后解决。[②]

再次，从机器翻译研究的实际情况看，这十年研究项目众多，研究成绩十分可喜。从哈钦斯的介绍看，这一时期机器翻译研究的重镇是美国。

---

① John Hutchins, "Machine translation: A concise history," *Journal of Translation Studies* 1&2(2010): p.33.
② Ibid.

在华盛顿大学、乔治敦大学、哈佛大学、麻省理工学院、得克萨斯大学、加利福尼亚大学、IBM 公司、RAND 公司都有不同的研究项目。他们采取不同的研究路径并取得了不同程度的进展。有些研究甚至取得了实质性的进展,如由 IBM 公司的 Gilbert King 主持的研究,后来为美国空军开发出一款可以进行翻译的机器系统,该系统一直使用到 20 世纪 70 年代初。又如由乔治敦大学开展的研究后来开发出一款名文 GAT 的翻译系统,该系统经过改进于 1963 年成功安装给 Euratom,1964 年又被美国原子能委员会采纳,该系统一直运行到 20 世纪 70 年代末。然而,美国的研究团队没有一个采纳中介语模式。有趣的是,中介语模式在英国、意大利成为研究的焦点。这一阶段前苏联的机器翻译研究和美国一样开展得有声有色,在研究方法上与美国一样,试图融合经验法和理论法。与美国不同的是,中介语模式在前苏联受到了重视。

最后,从影响来看,到了 20 世纪 60 年代中期,机器翻译研究已是全球开花,大部分的欧洲国家、中国、墨西哥和日本都有了专门的研究团队。与此同时,机器翻译研究也变得包罗万象了,将结构和形式语言学、符号学、逻辑语义学、数学语言学、计量语言学、计算语言学、语言工程学等诸多学科门类纳入麾下。

3. 沉寂的十年(1967—1976)

机器翻译在 1956—1966 这 10 年间的发展可谓一路高歌猛进,相关领域如计算技术的提升、形式语言学(尤其是句法)的发展,使得研究者更加乐观自信。他们预测,实现完全自动化的翻译已是指日可待了。然而,随着研究的推进,语言的复杂性日益突显,许多研究者发觉,他们遇到了一个显然无法逾越的障碍——"语义障碍"。于是,起初那热切的、近乎乌托邦式的期望开始大打折扣了。其实,早在 1952 年首届机器翻译大会上,与会的专家们已经清楚地意识到,要实现高质量的、完全自动化的机器翻译几乎是不可能的。[①] 1960 年,Bar-Hillet 撰文对当时的流行看法提出批评。他指出,鉴于当时的语言学研究现状和计算机系统,研发高质量的、完全自动化的翻译(FAHQ)系统,不仅是不现实的,而且从理论上讲也是不可行的。由于 Bar-Hillet 是首届世界机器翻译大会的召集人,他

---

① John Hutchins,"Machine translation: A concise history," *Journal of Translation Studies* 1&2(2010):p. 31.

的论断虽然过于悲观,但在当时还是极有分量的,产生了较大影响。尽管随后的机器翻译研究依然势头不减,但研究者对实现 FAHQ 系统的热望日渐消退。到了 1964 年,美国机器翻译的主要赞助人(即美国政府)责成全国科学基金会成立自动语言处理咨询委员会(ALPAC)对当时的状况进行评估。1966 年,该委员会的报告出炉,这就是在机器翻译界广为人知的 ALPAC 报告。该报告给出的最终结论是:机器翻译与人工翻译相比,速度更慢,准确性更低,成本却是人工翻译费用的两倍,因此看不出再继续对机器翻译进行投资还有什么必要了。与此同时,该报告建议开发供译员使用的机器辅助设备,建议继续支持计算语言学方面的基础研究。尽管这份报告在当时立马就受到广泛的批评,但还是产生了深远的负面影响,使美国的机器翻译研究因缺乏足够的资金投入在随后的 10 年里几乎陷入停顿,从而也间接地影响了机器翻译在其他国家和地区的研究。此外,ALPAC 报告还使得机器翻译不再是计算机和自然语言研究的主导领域,计算语言学也从中分离出来,成为一个独立的研究领域。

然而,这并不是说研究已完全停滞,在有些地方(如加拿大)机器翻译研究甚至还取得了一定的突破。即便在美国,得克萨斯大学和韦恩州立大学的研究也仍然坚持了多年。不过,正如 Hutchins 所言,这时候已发生了方向的改变(a change of direction)。他说:

> ALPAC 之前的"第一代"研究(1956—1966),主导模式是"直接翻译"模式("direct translation" approaches)。ALPAC 之后的"第二代"研究,主导模式将是"间接"模式("indirect"models),这包括基于中介语的模式和基于转换的模式。[①]

从实际的研究情况看也的确如此。如加拿大蒙特利尔的 TAUM 项目就是基于句法转换的系统,而 ALPAC 报告发布后 10 年里进行的、具有革新意义的试验基本都是基于中介语的模式。到了 20 世纪 70 年代中期,中介语模式研究似乎问题重重。于是许多人觉得,看起来并不那么雄心勃勃的"转换"模式或许会令研究别开生面。

4. 机器翻译的复兴(1976—1989)

到了 20 世纪 70 年代中期,机器翻译研究开始复兴。复兴的首要动

---

① John Hutchins, "Machine translation: A concise history," *Journal of Translation Studies* 1&2(2010):p.39.

力是出现了更多适用翻译系统,如 TITUS(1970)、CULT(1972)、Systran(1976)、Logos(1982)。尤其是 Systran 系统,由于具有相当的扩展功能、多语处理功能和通过受控词汇和受控句式结构避免译后编辑等功能,先后被欧共体(即今天的欧盟)、北约、国际原子能机构等政府间机构和大众、Dornier、Xerox 等大公司安装使用。适用翻译系统的出现,极大地吸引了公众的注意力。到了 20 世纪 80 年代末,不仅出现了 Systran、Logos 和 METAL 这样的商业化的通用翻译系统,而且出现了像 Smart 这样为客户量身打造的、具有专门用途的系统。尤其是 20 世纪 80 年代的日本,机器翻译的商业运用格外引人注目。日本大多数电脑公司(如 Fujitsu、Hitachi、NEC、Sharp、Toshiba)都开发了电脑辅助翻译的软件。其间,还出现了可在微型计算机上运行的翻译系统(如 Weidner 系统和 ALPS 系统)。商业系统的出现大大刺激了机器翻译的研究。

与此同时,研究重点也发生了转向。从 20 世纪 70 年代后半期到 20 世纪 80 年代早期,几乎所有的研究都采用了"分析—转换—合成"的三阶段转换模式。受当时语言学理论的影响,研究大多以句法为核心,以词汇规则和语法规则的形式化为基础。著名的 Ariane 系统、Mu 系统、SUSY 系统和 Euraorax 系统均为转换模式。尤其是 Ariane 系统,该系统由 Grenoble 团队开发,被认为是第二代基于语言学的转换系统的代表,对整个 20 世纪 80 年代全球范围内的机器翻译项目都有影响。Ariane 系统的独特之处在于它的灵活性、模块化(modularity)、可对树状结构进行运算(its algorithms for manipulating tree representations)的功能以及动态、静态语法的概念。到了 20 世纪 80 年代后半期,由于人工智能和认知语言学的发展,中介语模式又再度兴起。采用这个模式的有荷兰的 DLT 系统和 Rosetta 项目。还有一些项目采纳的是基于知识的模式(knowledge-based approaches)。这种多角度、多模式的研究无疑既有助于机器翻译研究的复兴,同时也是复兴的表征之一。

机器翻译复兴的另一表现是,在整个 20 世纪 80 年代,除了美国、西欧外,在中国台湾、中国大陆和东南亚(尤其是马来西亚)也出现了许多研究项目。前苏联的研究也开始活跃起来。这个时期最大的亮点是日本。大部分日本公司开始投入巨额资金支持机器翻译研究。在日本,除了占主导地位的转换系统外,中介语系统也颇有市场。日本在 20 世纪 80 年代中期启动的多国、多语项目还吸纳了来自中国、印度尼西亚、马来西亚和泰国的研究人员。

三、1989 年以来机器翻译研究的最新进展

1989 年以来的机器翻译研究可谓波澜壮阔、异彩纷呈。从哈钦斯的描述看,主要表现在以下七个方面:

1. 基于语料库的模式(Corpus-Based Approaches)
2. 翻译工具与译员工作平台(Translation Tools and the Translator's Workstation)
3. 语音翻译(Speech Translation)
4. 杂合系统(Hybrid Systems)
5. 机器翻译系统的评估(Evaluation)
6. 1990 年以来的适用系统与商业系统(Operational and Commercial Systems since 1990)
7. 网上机器翻译(MT on the Internet)

下面我们将对以上七点逐一做扼要介绍。

1. 基于语料库的模式

基于语料库的模式包括基于统计的模式(the statistics-based approaches)和基于例句的模式(the exampled-based approaches)两种分支模式。哈钦斯认为,基于统计模式的复兴是 1989 年以来机器翻译研究最大的进展。他认为这是重新回归到黄金 10 年所奉行的"经验主义"做法上来,是对此前 20 世纪七、八十年代基于规则的"理性主义"主导地位的挑战。试验表明,用统计法产生的译文可接受性较高。因此,当时的许多研究团队都将这种基于统计的机器翻译(SMT)作为他们的研究重点,比较有代表性的是 IBM 公司开发的 Candide 系统。基于例句的模式(亦称基于记忆的模式)最早是由日本的 Makoto Nagao 于 1981 提出,但真正开始试验要等到 20 世纪 80 年代末。这种基于例句的机器翻译(EBMT),其基本假设是:翻译的过程往往就是寻找或回忆类似例句的过程,换言之,翻译就是寻找或回忆此前翻译过的某一个表达或类似短语的过程。这种模式的运行,要经历一个从双语平行文本数据库中提取和选择对等短语或词组的过程。尽管该模式目前仍存在一些难题,但与基于规则的模式相比,它有一大优势,那就是:由于翻译的文本是从由专业翻译家翻译的真实文本构成的数据库中提取出来的,翻译的结果往往比较地道。对于以上两种模式的关联,哈钦斯是这样论述的:

尽管 SMT 现在是机器翻译的主导框架,但研究者逐渐意识到,这两种基于语料库的模式在许多方面已开始相互融合。SMT 现在更多地利用以短语为基础的对齐方式(alignment)和语言学数据,EBMT 大量应用统计技术。因此,现在要把这两种模式清楚地区别开来已经变得越来越困难了。[①]

由于这两种模式在很大程度上要依赖双语和多语语料库,因此在过去的十年里,收集和评估文本数据库一直是研究的焦点之一。这项工作今后恐怕还将继续下去。

2. 翻译工具与译员工作平台

20 世纪 80 年代,计算机开始走入普通译员的生活,他们越来越意识到计算机在文字处理、创建个性化的词汇表、上网、传输文献等方面给他们带来的便利。但是由于当时和此前的机器翻译针对的不是个体译员,因此机器翻译的进展似乎对个体译员的工作并没有产生什么影响。到了 20 世纪 90 年代初期,译员工作平台(Translator's Workstation or Workbench)的问世根本改变了译员的工作方式。翻译工作平台具有强大的集成功能,它集成了多语文字处理、OCR 设备、术语管理设备、关键词检索设备和翻译记忆等多种翻译工具。尤其是翻译记忆,使得译员可以将原语文本和翻译文本同时存储起来并进行句对齐,供以后翻译时从中提取对应的表达。目前,世界范围内已经有大量的翻译平台问世。比较知名的有:Translator's Workbench, Transit, Déjà vu, the SDL system, XMS, LogiTerm, MultiTrans, Wordfast 等等。翻译工作平台的问世彻底改变了译员对计算机的使用方式,深刻改变了并将继续改变翻译实践、翻译培训、翻译教学和翻译研究的面貌[②]。

3. 语音翻译

语音翻译是 20 世纪 80 年代末以来机器翻译研究的一个重要进展,越来越多的研究人员开始对其产生浓厚的兴趣。语音翻译面临的巨大挑战是如何将语音识别与合成、会话阐释、语义分析以及对社会语境的敏感

---

① John Hutchins, "Machine translation: A concise history," *Journal of Translation Studies* 1&2(2010):p. 51.

② 翻译工具和译员工作平台的研究和运用似乎已成为当今翻译研究最活跃的领域之一,也是机器翻译与翻译教学、译员工作联系最紧密的一个领域。具体进展参见钱多秀主编的《计算机辅助翻译》(北京:外语教学与研究出版社,2011 年)

有机结合起来。在语音翻译方面首开先河是英国电信部,但第一个将语音翻译研究持续进行下去的是 1986 年在日本创建的 ATR (Interpreting Telecommunication Research Laboratories)。ATR 研究如何进行国际会议的电话语音登记和通过电话进行宾馆住宿预定。随后出现的是 JANUS 项目,该研究的焦点是旅行策划。第三个研究团队由英国剑桥的 SRI 创建,但很快就消失了。第四个出现的语音翻译项目是 Verbmobil,规模要比此前的几个项目大得多。该项目由 Wolfgang Wahlster 主持,1993—2000 年间曾得到德国政府的资助,旨在开发一款便携式、可通过英语在德、日之间进行面对面商业谈判的辅助工具。最近几年开始的研究项目有:MedSLT(研究如何在操英、法、日语的医患人员之间进行交流)、NESPOLE!(研究如何在英、法、德、意大利语之间进行商业交流和旅游)、Phraselator(为美国军方开发,可输出印地语、泰语、印度尼西亚语、普什图语、阿拉伯语等语言的语言翻译系统)。此外,还有一些研究电视文字说明(或字幕翻译)的项目也与语音翻译相关。

4. 杂合系统

经过过去几十年的探索,越来越多的研究人员意识到,任何一种单一的方法都无法实现高质量的自动翻译,未来的模式应该综合发挥基于规则的模式、基于统计的模式和基于例句的模式这三种模式各自的优势。办法之一就是开发多引擎系统("multiengine" system)。其基本理念是:同时运行两个平行的机器翻译系统(running parallel MT systems)并将输出的结果加以综合。例如 CMU 的研究人员就在研究如何将基于知识的(knowledge-based)系统和基于例句的系统结合起来。不过,目前所谓的杂合,主要指的是将 SMT 或 EBMT 的统计方法与一些基于语言学的方法(linguistics-based methods)结合起来,尤其是在进行词法和句法分析的时候。还有一些方法是把语料库法和规则法结合起来。

5. 机器翻译系统的评估

机器翻译评估已经成为一个重要而充满活力的研究领域。20 世纪 90 年代,出现了许多专门从事机器翻译评估的机构,其中以日本的 JEIDA 提出的评估方法和为 ARPA 支持的研究项目设计的评估方法影响较大。早期的评估由人工进行,考察的因素主要是可理解性、明晰性、流畅度、准确性和恰当性。但这种评估方法费时费力,因此到了 2000 年以后,研究者就开始着手研究进行自动或半自动化评估的方法。其中的一个做法就是借用 SMT 的统计分析来实现机器翻译系统的自动评估。首个评估标准是由 IBM 的研究团队提出的 BLEU 法，紧随其后的是 NIST 法。这两种评估法都必须首先获取人工翻译的文本（称作参照文本），然后将机器翻译系统输出的文本与其中一个参照文本进行对比。与参照文本在词序上一致或非常接近的机器翻译文本得分高，与参照文本不论在单个词汇出现的频率上或是在词序上存在较大差异的机器翻译文本得分都会很低。用这两种评估法进行的评估发现，SMT 系统得分往往高于基于规则的系统，而后者在人类读者看来往往要更容易接受一些。对于这种对比评估法是否具有普适价值，人们颇有疑虑。因此，近年来研究者加大了研究力度，以探求更为合适、更为准确的评估标准。

6. 1990 年以来的适用系统与商业系统

到了 20 世纪 90 年代，机器翻译系统的应用开始提速，尤其是在那些翻译规模庞大、以科技文献为主的机构（如各种商业机构、政府服务部门、跨国公司），机器翻译占有的比重明显增长。这些机构也是 Systran、Logos、METAL 和 ATLAS 这样一些大型机系统（mainframe systems）的主战场。然而，20 世纪 90 年代以来适用系统和商业系统的繁荣不仅仅表现在数量的增长上，而且在系统的类型、应用的地域性和可处理的语言等方面都获得了空前的进展。从系统的类型看，除了上述这些基于大型机的系统外，还出现了可进行软件本地化的系统、可进行网页本地化的系统、为专门领域、专门用户打造的系统以及可在个人电脑上运行的机器翻译系统。从地域看，除了美国，在前苏联、西欧、日本等国都出现了各种类型的机器翻译商用系统。从系统可处理的语言看，除了英语，针对中文和阿拉伯语的系统开始增多。欧美的许多公司还可提供多种欧洲语言对（如法—德、意—西、葡—西）之间进行翻译的机器翻译系统。此外还出现了可进行日—中、日—韩对译的机器翻译系统。不过对于非洲、印度和东南亚的许多语言，目前还缺乏可处理这些语言的商用系统。近年来，商用机器翻译系统领域的一个最新进展是将语音输入与语音输出翻译结合起来。这类产品到了 20 世纪 90 年代末期开始面世，最近的一款产品是 IBM 研发的 ViaVoice Translator。不过总的来说，机器翻译市场依然非常脆弱，许多产品和开发商都没有逃脱旋生旋灭的命运。基于统计的商用机器翻译系统（SMT）直到 2000 年后才出现。比较成功的是 Language Weaver 推出的一些 SMT 系统。最近，Language Weaver 已与 Google 联手,以利用 Google 庞大的文本资源。

7. 网上机器翻译

20 世纪 90 年代初,因特网开始在全球普及,这无疑给机器翻译研究带来了极大的机遇。到了 20 世纪 90 年代中期,因特网对机器翻译发展的强大影响开始显现出来。首先,出现了专门进行离线网页翻译和电邮信息翻译的机器翻译软件。日本的公司在这面得风气之先。在其他地方也很快出现了类似的研发。其次,从 20 世纪 90 年代中期,许多机器翻译发售商开始提供定制的(on-demand translation)在线翻译服务。比较知名的有:Babel Fish、Softissimo 和 LogoMedia。最近,英国的 Translution 公司推出了一款可进行在线邮件和网页翻译的系统,该系统可进行英、法、德、意、西语之间的翻译。不过,目前的在线机器翻译的质量较差,有些不负责任的公司推出的在线电子词典更是问题多多,这无疑有损机器翻译在公众中的形象。因此,在线机器翻译服务目前还没有受到研究人员的特别重视。

四、对约翰·哈钦斯《机器翻译简史》一文的简要评述

哈钦斯这篇文章,作为一篇学术论文似乎略显冗长,但相对于机器翻译 80 年的曲折历程可谓"简明"矣。由于他多年来醉心于机器翻译史的挖掘和梳理,在论述机器翻译的发展时他总能做到详而不乱、简而有度。对比其他学者的相关论述,我们发现哈钦斯的这篇论文具有以下三个明显的特点:

1. 历史的眼光

哈钦斯在考察机器翻译史上的重大事件时,总是努力做到客观公正。比如在论述 ALPAC 报告时,他并没有因为这个报告给机器翻译带来了 10 年的沉寂而像其他学者那样一味强调它的负面作用。在充分论述该报告的问题时,他公正地指出,这份报告还提出了开发面向译员的机器辅助设备和继续支持计算机语言学研究的建议。从机器翻译后来的发展历史看,这两个建议还是具有预见性的。虽然只有短短的一句话,我们却可以从中感受到他所秉持的客观的历史态度和细腻的历史叙述风格。在谈到机器翻译系统的基本模式时,他总能做到科学分类、前后钩联,清晰地勾勒了这些基本模式历史演进和兴衰更替的历史轨迹。在强调 1990 年以来机器翻译研究是以基于语料库模式为主流模式时,他专门辟出一节

论述"基于规则的模式",并且明确地指出:"虽然 1990 年以来的主要革新在于语料库模式的进展,但是基于规则的研究仍在继续,仍然有人在从事有关转换系统和中介语系统的研究。"①哈钦斯在保证历史叙述的清晰时,并没有以牺牲历史的丰富性为代价。他向我们展现的机器翻译史并非是一幅粗线条的写意画,而是一幅多路进发、明暗交替的历史画卷。

2. 全球的视野

作为机器翻译历史研究领域的一位资深专家,哈钦斯不仅对机器翻译的历史细节了如指掌,而且对每一个历史阶段机器翻译在全球的进展都异常熟悉。在论述机器翻译在 1956—1966 年间的繁荣发展时,他并没有因为美国是当时的研究重镇而忽略其他国家的努力。相反,他花了相当的篇幅描述英国、意大利和前苏联的机器研究,并且指出这些国家的研究弥补了美国研究所缺乏的中介语模式。在论述 1990 年以来的研究项目时,他的视野更为广阔。他生动而详细地描绘了每一个项目的历史演进和彼此关联。他为机器研究在全球(尤其是日本)的强劲发展欢欣鼓舞,同时也为机器翻译在非洲、印度和东南亚国家的缓慢发展感到遗憾。

3. 内外结合

描述机器翻译的发展历史,常见的模式是将外在的历史事实与内在的研究模式分开叙述,如 C. K. Quah 的《翻译与技术》②和 Frank Austermuhl 的《译者的电子工具》③。这样做的好处是可以腾出更多的空间对研究模式的具体内容进行更为深入的介绍,弊端是无法让读者明白机器翻译推进的真正动因。哈钦斯采取的方法是将两者融合在一起叙述。他以内在模式的革新与更替为叙述的主线,以外在的研究项目为辅线,生动地表明:在机器翻译研究的历史中,观念的革新和研究视角的变换才是推进机器翻译的真正动因,而研究项目的开展和运用只不过是各种研究思路的外在体现而已。

当然,哈钦斯这篇文章并非完美无缺。正如他在文章的第一个注释

---

① John Hutchins, "Machine translation: A concise history," *Journal of Translation Studies* 1&2(2010):p. 52.

② C. K. Quah, *Translation and Technology*. Shanghai: Shanghai Foreign Language Education Press, 2008, pp. 58—84.

③ Frank Austermuhl, *Electronic Tools for Translators*. Beijing: Foreign Language and Research Press, 2006, pp. 154—162.

中指出的那样,由于这篇文章完成于 2006 年,对于 2006 年以后机器翻译的进展自然无法描述。所以这里所谓的最新进展也只能是相对的了。2006 年以后的进展还有待我们进一步的观察和总结。

五、结语

Frank Austermuhl 曾指出,对于机器翻译人们往往有两种极端的看法,一种看法认为机器翻译劳民伤财、完全无用,一种看法认为机器翻译可以突破所有的语言障碍,给译者的工作带来极大的威胁。[①] 这两种错误的看法在国外机器翻译研究的历史中都曾流行过,并对机器翻译的研究产生了一定的抑制作用。纵观国外机器翻译 80 年的历史,是一个由不切实际的期望到逐渐务实,由实验室技术精英研究到不断走向市场、走向大众的过程。在这个过程中,观念的调整和研究视角的变换尤为重要。这 80 年的历史告诉我们,机器翻译的功能是多元化的,既有以传播信息(dissemination)为目的的机器翻译,也有以吸收信息(assimilation)和交流信息(communication)为目的的机器翻译。因此,机器翻译研究的模式也应该是多元并存的。

参考文献

Austermuhl, Frank. *Electronic Tools for Translators*. Beijing: Foreign Language and Research Press, 2006.

Hutchins, John. "Machine translation: A concise history," *Journal of Translation Studies* 1&2(2010): pp. 29—70.

Quah, C. K. *Translation and Technology*. Shanghai: Shanghai Foreign Language Education Press, 2008.

冯志伟:《机器翻译研究》,北京:中国对外翻译出版公司,2004 年。

钱多秀:《计算机辅助翻译》,北京:外语教学与研究出版社,2011 年。

张政:《计算机翻译研究》,北京:清华大学出版社,2006 年。

[①] Kilian G. Seeber, "Cognitive load in simultaneous interpreting," *Target* 25.1(2013): p. 153.

探索定量评测同传认知负荷的瞳孔测量法
——《同传中的认知负荷——评测及方法》一文述评[①]

四川外国语大学英语学院　赵　朕

【摘要】　瑞士日内瓦大学学者Kilian G. Seeber[②]的《同传中的认知负荷——评测及方法》探讨了对同传中认知负荷进行量化评测的方法。该学者在研究中发现,同传界学者对认知负荷主要尝试过四种评测方法,分别是"分析评测法""主观评测法""工作指标评测法"和"心理精神学评测法"。这四种方法各有利弊,但是均达不到精确量化评测的目的。Seeber借助生物学、神经学和认知心理学的交叉理论,提出"瞳孔测量法"是评测同传这一复杂认知任务中译员承载的认知负荷量的值得探讨的方法。本评述认为这一针对同传领域提出的认知负荷评测方法,是精确量化的研究进程的延续;该研究对各种评测法进行实验结果的对比分析,为评测同传任务的复杂度对译员的心理影响提供了具化的方法,尽管有其局限性,但是仍为定量调查影响同传工作质量的因素开启了新思路。

【关键词】　同声传译(同传);评测;方法;瞳孔测量法

一、引言

同声传译(以下简称同传)是一项包含源语接收、信息处理、代码转换和目的语输出的一系列复杂认知活动。作为跨语言、跨文化的交际活动,同传对译员的记忆能力、心理素养和知识系统都提出极高的要求。同传

[①]　Kilian G. Seeber, "Cognitive load in simultaneous interpreting," *Target* 25.1(2013): pp. 18-23. 文中涉及部分外国人名无统一中文译名,故保留其英文原名。

[②]　Kilian G. Seeber就职于日内瓦大学,是全球历史最为悠久和教学水平最高的翻译学院之一——高级翻译学院(ETI)口译系的助理教授,是国际会议译员协会(AIIC)成员。他的研究方向为同传,教学任务有本科生阶段的同传、交传和口译理论以及研究生阶段的研究方法论。

译员在很短的时间内处理大量信息，历经复杂的认知过程，同时应对环境的外界干扰，瞬间处理了多层任务，承受了复杂的认知负荷。但是，他们承担的是什么认知负荷，导致译员进行了怎样的精力分配，不同的认知任务对译员的心理有何影响，负荷量可否评测，这些问题在口译界有泛泛的讨论，却没有定量的分析，究其原因，就是到目前为止，仍没有找到一个能满足同传这一复杂认知活动特征的科学评测办法。

　　瑞士日内瓦大学学者 Kilian G. Seeber 在研究中发现，认知负荷是具象的，可以且有必要进行量化评测，并且评测结果可以非常精确。他于 2013 年在 Target 上发表《同传中的认知负荷——评测及方法》(Cognitive load in simultaneous interpreting)，对现有的评测方法进行了介绍和实证结果的对比，并借助生物学、神经学和认知心理学的交叉理论，提出"瞳孔测量法"是综合评测同传这一复杂认知任务中译员具体所承载的认知负荷量的一个值得探讨的新方法。这一针对同传领域提出的认知负荷评测方法，是精确量化的研究进程的延续，有着深刻的理论渊源。全文论证过程采用了对评测实验进行对比，旨在精确测量出同传人员工作状态中短时处理的多项任务所承担的认知负荷，以此对评测影响现场同传表现的因素进行定量研究。本评述认为，这一研究为测量同传中译员处理的任务复杂度及难度对译员的心理影响提供了具化的方法，为研究影响同传员的工作质量好坏的原因开启了进行实证调查以期得到具化结论的新思路。

二、精确量化的研究传承

　　Kilian G. Seeber 在《同传中的认知负荷——评测及方法》中一开篇就直接明确写作目的是介绍和分析针对同传的认知负荷进行评测的方法。他解释并对比了四种现行的评测方法，同时提出"瞳孔测量法"是评测的客观科学的方法。虽然该学者的文章并没有进行学术讨论中常见的文献综述，但是事实上，本评述经过追溯同传认知负荷的研究进程发现，Seeber 这篇文章体现了研究者从认知学到心理学、神经学进行跨领域转移的探索，再把相关学科结合起来向同传这一专业化领域进行深化的研究视觉转化的全过程，是一个追求精准量化的研究视觉的传承。

　　这一视觉转换的第一步始于认知学和心理学对人类的短时记忆进行评测研究。同传这一复杂认知过程要求在人脑中瞬间完成信息处理，因而针对短时记忆的研究是同传研究中举足轻重的环节。美国哈佛大学心理学教授 Gorge Miller 是心理语言学和认知心理学的创始人之一，其针对短期记忆的研究以及"七加减二"理论曾引起学界震动。当时的心理学家已将信息处理时长区分为两秒以下的感官记忆(sensory memory)、十五秒以内的短时记忆(short-term memory)及以上的长时记忆(long-term memory)[1]。Miller 的研究指出,一般人短时记忆平均只能记下最多七个信息点。这一研究让短时记忆在现代认知心理学中成为特别受到重视的主题。

之后,对短时记忆的研究视觉集中到了认知负荷这一关键点。在 Gorge Miller 等研究的基础上,澳大利亚新南威尔士大学认知心理学家 John Sweller 于 1988 年首先提出来了认知负荷理论[2]。所谓认知负荷是表示处理具体任务时加在学习者认知系统上的负荷的多维结构。这个结构由反映任务与学习者特征之间交互的原因维度和反映心理负荷、心理努力和绩效等可测性概念的评估所组成。认知负荷理论一经提出,心理学界以及应用语言学界都对其进行了进一步的探索。

随后,口译界开始引入认知负荷理论讨论口译过程中译员精力分配的问题。欧洲翻译研究学会主席、国际会议译员协会(AIIC)会员、著名的口译研究学者 Daniel Gile 将认知负荷引入口译研究的范畴,从认知心理学和心理语言学的角度提出了交替传译和同传的认知负荷模式及其走钢丝假说。作为跨学科实证研究最著名的代言人,Gile 的"口译认知负荷模型"(Effort Models)假说是这样一个基本公式:$I=L+P+M+C$,即:口译=听解所需精力+口译产出所需精力+工作记忆所需精力+协同。"走钢丝假说"(tightrope hypothesis)有三个理论假设:第一,公式中的 L、P、M 三种任务的执行需要译员在以上各负荷之间进行有效地分配和协调;第二,L、P、M 三种任务之间存在部分的竞争,对认知容量的分配一般会导致"认知容量要求"(processing capacity requirements)的上升;第三,在口译过程中,总认知容量的消耗几近饱和,如超出能够得到的处理能力(达到饱和),口译质量即受影响[3]。很显然,通过认知负荷模式进行精力分配失衡的原因探索对同传质量的提高有促进作用,并向精力分

---

[1] G. A. Miller, "The magical number seven, plus or minus two: Some limits on our capacity for processing information," *Psychological Review* 63.2(1956): pp. 81−97.

[2] John Sweller, "Cognitive load during problem solving: Effects on learning," *Cognitive Science* 12.2(1988): pp. 257−285.

[3] Daniel Gile, "Testing the efforts models' tightrope hypothesis in simultaneous interpretation-a contribution," *Journals of Linguistics* 23(1999): pp. 153−169.

配进行了量化分析的递进。

在以上认知领域研究逐步推进的同时,认知心理学和神经学界开始注意到瞳孔测量与个体处理认知任务有密切关系。瞳孔测量就是对瞳孔的大小变化进行测量并采集数据。这一原本属于生物学和神经学领域的方法在心理研究领域得到重视并有所突破。Seeber 关注该评测法,也是一个传承探索视觉并逐渐深入的过程。据奥斯陆大学的 Bruno Laeng 等学者 2012 年在《心理科学透视》(*Perspectives on Psychological Science*)杂志发表的文章称,眼睛是心灵之窗,是思想之窗;瞳孔是可根据光线来改变大小,其改变直径大小的目的是调整进入眼睛的光线量。在黑暗的房间,瞳孔放大让更多的光线进入;阳光下,瞳孔就会立刻收缩到针孔大小,避免光线过多照射到位于眼睛后面的视网膜上。因此测量瞳孔的直径可显示人正在关注什么[1]。该文作者谈到,瞳孔测量法已在社会心理学、临床心理学、人类、动物、儿童等研究中广泛应用。该文倡导应在更广泛领域里对该理论进行应用,比如可以把瞳孔变化与心理变化联系起来。2003 年 Steinhauer Granholm 的研究则直接将认知任务的难易程度与瞳孔变化的关系联系起来。瞳孔变化可反映大脑在收集信息处理任务。"当任务处理的要求提高的时候,瞳孔随之放大。"[2]

在对认知领域的发展以及对心理学两大领域的研究进程密切关注的基础上,瑞士日内瓦大学学者 Kilian G. Seeber 结合认知心理学、生物学、神经学的理论成果,最终提出"瞳孔测量"是评测同传这一复杂认知任务中译员到底承载了多少认知负荷的有效的方法。他的研究无疑是同传研究者跨领域探索的成果,是精确量化研究的视觉传承。

三、实证结果的对比结论

我们知道,认知负荷指同传任务中加在同传人员在认知系统上的多维负荷结构。这个结构由反映任务与同传人员之间的交互影响以及译员的心理努力、知识沉淀(即长时记忆)和现场表现(即绩效)等可测性概念的评估维度所组成。Seeber 开篇时说道,"大量的实践经验性证据支持了

---

[1] Bruno Laeng, Sylvain Sirois, & Gustaf Gredeb ck, "Pupillometry: A window to the preconscious?" *Perspectives on Psychological Science* 7(2012): pp. 18—27.

[2] E. Granholm, S. R. Steinhauer, "Pupillometric measures of cognitive and emotional processes," *International Journal of Psychophysiology* 52.1(2004): pp. 1—6, p. 1.

任务产生的认知负荷总量与任务完成人的确定程度成反比。"[1]意思是，某项任务所产生的分任务越多，复杂程度越高，人们对任务完成的肯定程度就越低。但是，怎样解释这一反比，用什么方法进行确认、分离并评测这样的多重分任务，即具化的认知负荷，是有必要进行探讨的。那么现在就需要找到一个直接的评测方法来从数据上证明这一反比理论，这个方法既可以量化认知负荷总量，又可以测试同传人员在处理何种任务的时候产生的心理变化以及这种变化的程度。目前看来，"瞳孔测量法"的确是现有方法中的值得尝试的评测法。

作者通过对比分析现行四类定量评测方法的实验结果，归纳出科学评测方法应具备的四大条件，即抗噪音干扰、无侵入性、短时分辨力和可购性。

根据 Seeber 的研究，同传界现行主要有四类针对认知负荷的定量评测方法，这四类方法分别是"分析评测法"（analytical methods）、"主观评测法"（subjective methods）、"工作指标评测法"（performance methods）和"心理精神学评测法"（psycho-physiological methods）。这四种方法均为实证法，皆需要从实验中得到数据的评测方法。Seeber 对这四类方法进行阐释，通过实验分析说明这些方法如何衡量和界定同传中的认知负荷元素，并随后对相应的优缺点进行了严肃的对比。

"分析评测法"是指对复杂任务中涉及的多项分任务，即听、分析、生产、记忆和平衡等任务进行逐个分析。Seeber 认为，Daniel Gile 是分析法的代表人物，分析的基础是口译对象的内容框架。Seeber 在 Gile 的认知负荷模型的基础上对口译实际案例画出了认知负荷模式对称结构图。他认为，在同传输入到输出的过程中，认知负荷由存储、感知听到的词汇处理过程、认知词汇的过程、词汇的回应过程和一系列干扰因素决定。但是，根据作者的研究，该分析方法的缺点是排除了同传人员的个体差异，所以很难具体反映单个译员应对复杂任务的认知负荷时的精力分配[2]。本述评认为，该研究法可以很好地诠释语言的复杂度和所处理的文本内容的复杂度，但是的确难以测定真实口译环境中出现的各种干扰因素以及他们带给同传人员的认知负荷。

---

[1] Kilian G. Seeber, "Cognitive load in simultaneous interpreting," Target 25.1(2013): p. 19.

[2] Ibid., p. 20.

"主观评测法"是第二种评测方法,该法充分考虑了同传人员的个体差异,主要依赖于被测人员对材料难易的主观描述。相关的研究者有 Gopher 和 Braun,Paas,Bernardini 等等,他们的实验论证的方法是收集被评测者对任务的难易程度的主观评价来得出认知负荷的测量结论[1]。这里讨论的任务就是口译材料。Seeber 认为,在评测认知负荷时主观法并不能在同传领域得到广泛地使用。主要有两个原因:其一,曾参与该评测法的研究者对于个人报告的可信度持完全相反的观点;其二,同时发生的语言形成过程(即两个同传人员同时进行相同材料的口译)可以精确反映参加者(同传人员)的大脑状态,但是无因果关系的前后发生的语言形成(不同的同传人员先后进行材料无因果关系的同传的情况),特别是处理长时任务之后的语言形成过程,参与者对任务的描述就不完全,甚至与原任务相去甚远[2]。这也就是"主观评测法"的局限性。本评述认为,"主观评测法"可以说是一个历史悠久的实证评测方法,在学术领域甚至商业领域都得到应用。虽然其客观性和精确度的确经不起考量,但是设计者可尽量避免或降低评测的主观性,比如排除个人因素的影响并考察到任务的方方面面;同时,该评测法在反映个人经历以及个人的能动性上具有无法替代的作用。比如同传人员对工作质量的自我评估,主观评测法是可以达到一定的研究效果的。

"工作指标评测法"在心理学研究中有很长的历史。目前,对于同传认知负荷的实验性研究大都采用了这种评测法。工作指标评测法的实验分析主要集中在工作(同传)的速度和工作(同传)的准确性上。根据 Seeber 的研究,在这个领域,学者 Oleron 主要研究同传这一过程中的译者和讲话者之间的时间差,而学者 Barik 主要研究同传中的错译和漏译。"工作指标评测法"目前仍方兴未艾,并在同传的实验性研究中得到广泛的使用,这股实验性研究热潮迄今为止已持续五十多年。Seeber 对此法的评价是,工作指标法毋庸置疑可以产生无数的实验数据,但是与此同时,该法并没有解决同传中如何评测监控同传中最值得关注的问题,即所谓"博弈双方"的关系的平衡,也就是如果同时保持同传速度和同传精确度的问题。事实上,一般的工作指标评测法采取简单的心理学实验,只需

---

[1] Kilian G. Seeber, "Cognitive load in simultaneous interpreting," *Target* 25.1(2013): p. 23.

[2] Ibid.

要给参加评测的人员设定简单任务，并让他们回答"是"或"不是"。评测同传的认知负荷绝非如此单纯。对同传的认知负荷的评测调查点既可能集中在一个同传人员的一个考察点上（如同传复杂任务中的一项附属任务的实施情况），也可能会考察不同同传人员在同样一个考察点的实施情况，而且也可能是同一同传人员在不同考察点上的实施情况。需要本评述补充的是，同传是多任务并驾齐驱同时进行，而"工作指标评测法"是侧重评测一级任务附带评测二级任务，这种传统方法有操作的意义，可以定项分析，却难以做到对多个分任务进行分离并定量评测，而分离任务是对同传负荷进行评测的必要前提。

"心理精神学评测法"，需要对心脏、血液、皮肤、视觉（眼睛）、肌肉和大脑的反应进行捕捉和分析[①]。这种方法持续对口译行为进行一个片段接一个片段的研究。认知负荷的量是有起伏的，而同传人员个体的语言进程速度快，以秒计算，所以精神心理学评测法对于语言进程的研究至关重要。人类的心理反应由交感神经系统控制，不可能受到外界有意识的连续干扰，从这个意义上来说，该方法具有客观性的优点。该方法的缺点在于很难界定测量对象，此外，该评测所需要采取的技术对被评测人具有入侵性（如手术）。本评述认为，即使捕捉到一个细微的同传片段，这个片段涵盖的认知因素也是多维的，仍然需要对这个片段进行任务分离；另外，该法需要专业医疗技术和医用设备，技术复杂而昂贵，技术水平要求以及设备要求均限制了"心理精神学评测法"的在评测口译认知负荷时的可操作度。

在对上述四个最盛行的同传认知负荷的评估手段和测量方法进行介绍以及对比分析后，Seeber 指出，任何评测认知负荷的方法必须满足以下几个条件：抗噪音干扰；无侵入性；短时分辨力；可购性[②]。

本评述认为，Seeber 总结的评测方法四条件，可以说是他在进行现行评测方法的介绍和实证结论分析时得出的一个重要研究成果。第一个条件强调了抗噪音干扰，是因为没有噪音的环境是不真实的同传环境条件。实验室中的同传行为测评可以做到绝对隔音，但是真实同传都会有各种各样来自外界的噪音干扰，这个评测方法应具有抗干扰性。第二，排除

[①] Kilian G. Seeber, "Cognitive load in simultaneous interpreting," *Target* 25.1(2013)：p. 25.

[②] Ibid.

"侵入性",是因为评估方法不能通过手术进行,即不侵犯受测者的物理完整性。第三,评测方法需具备短时分辨的能力,因为同传调动了短时记忆,刺激了短时的生理和心理的反映;最后,评测技术不能有商业目的,不能必须通过购买才能够获取。这一点考虑到了评测的实用性。在这样的思考基础上,在对比许多评估法之后,Seeber另辟蹊径,把研究重心放在了生理学和神经学交叉领域的"瞳孔测量法"上。"瞳孔测量法"是现代大脑成图技术(如脑电波成图)产生之前就已经存在了几十年的研究方法。这种测量法可以提供客观且较少侵入性和较为便宜的研究手段。

四、实验调查的方法

如前所述,在同传口译这一复杂认知任务的处理过程中,译员的瞳孔的大小有着瞬间的激烈变化,因此可以测量任务负荷量的变化。本评述专门对评测的操作方法以及瞳孔与精力分配和心理变化的关系以及进行了考察。

"瞳孔测量法"本身就是实验室进行的调查办法,该法因其精准性和用户友好性得到推广。早期跟踪测量瞳孔的形状的实验室中,物体会被固定置放于测试人员的眼睛之前,或者让测试人员把下巴和脸颊都固定起来,以确保测试人员的眼睛和跟踪测量设备之间的距离不发生变动。瞳孔的尺寸由外部摄像机记录,并一帧一帧地画出瞳孔变化的图示,手工测绘出眼球的直径变化[①]。今天,有了计算机的帮助,瞳孔测量法操作更加简便易行,该法广泛应用于心理学、药理学、神经病理学、精神病学等。近年来,研究人员又在固定跟踪测量方法的基础上,提出了远距离观测仪器可以追踪、复制并收集认知状态下的瞳孔数据。具体操作办法是用远程录像机跟踪监测译员的瞳孔变化同时收集数据。因为同传任务引起瞳孔瞬间激烈变化,所以按"帧"捕捉并分析瞳孔变化尺寸,并得出与原文本语言层面、信息知识系统层面、文本外的环境噪音刺激等层面相对应的分任务的瞳孔数据,用以分解译员在听解方面进行的精力分配、用于口译产出的精力分配、用于工作记忆的精力分配,以及用于排除外界噪音刺激的精力分配;与此同时,研究者还可以了解译员因应对什么任务产生了心理压力的变化,增加了对相关分任务的精力分配,并反推出认知负荷的复杂

---

① John I. Bradshaw, "Load and pupillary changes in continuous processing tasks," *British Journal of Psychology* 59.3(1968):pp.65—271.

度和难度。比如处理同传材料时,译员突然听到新术语,在所有的精力分配中,口译员会加大对上下文的理解,通过对上下文的检索第一时间解析出新术语对应的相对合理的译法。在这一过程中,瞳孔测量法可以想见地会捕捉到口译员在解析任务上的瞳孔尺寸变化。

  心理学家 Daniel Kahneman 说,"瞳孔是人类思维活动的灵敏指示器。"[1]认知心理科学家利用当人们处理困难度增加的认知任务时瞳孔会放大的这个实证调查结果,反证并测算出译者所承担的认知负荷。Daniel Kanhneman 等学者通过设计类型多样的任务来测量瞳孔大小,并由此了解了许多关于大脑工作的知识。比如,他发现,执行一个任务越熟练时,需要付出的努力程度就会降低。对大脑的各项研究证明,与行动相关的活动模式会随着熟练程度的加强而变化,一些大脑区域将不再参与其中。通过观察瞳孔变化和大脑活动,学者们发现高智商的人往往需要较少的努力便可解决同样的问题。

  Seeber 在研究中发现,除去药物影响,眼球主要对三种刺激发生反应:光、情感和认知活动。这三种刺激可以让瞳孔的尺寸从 1.5 毫米增加到 8 到 9 毫米。这就是神经学家说的振幅[2]。对于同传这一特殊认知活动而言,瞳孔数据直观反映认知负荷,特别是当任务超出译者的认知资源时,对瞳孔进行测量并得出相关数据至关重要。通过分析任务难易程度与瞳孔变化的关系的相关数据,学者们得到的结论非常有趣:Peavler 的分析结论是任务执行者达到了任务要求的水平(技能水平和知识储备水平)后,处理任务时瞳孔大小变化非常稳定;Poock 等研究人员则发现,当译者进行超负荷工作时,瞳孔立刻缩小,直接说明任务执行者失去了对任务的操控[3]。事实上,这两个结论与同传任务的实际情况非常吻合,相信很多同传员看到这两个实验证明的分析结论都会会心一笑。

五、瞳孔测量法:潜力、研究意义和局限性

  "瞳孔测量法"是评测复杂任务认知负荷的"更为客观"[4]的方法之

---

[1] Daniel Kahneman, *Thinking, Fast and Slow*. London: Penguin Books Ltd., 2012, p. 15.
[2] Kilian G. Seeber, "Cognitive load in simultaneous interpreting," *Target* 25.1(2013): p. 26.
[3] Ibid., p. 26.
[4] Ibid., p. 28.

一,在同传领域应大有可为。这一方法已经在认知领域开花结果,1986年,Tommola等学者就用"瞳孔测量法"研究了句型的复杂性让听者产生的精神负担;Hyona等学者于1995年对比分析由不同语言处理任务导致的不同认知负荷,让参加评测的译员经历听力理解到影子训练,再到同传三种不同复杂度的认知任务,结论是受测人(同传译员)的瞳孔数据随任务的复杂度增大而不断扩大,表明认知负荷的增大;2012年Seeber和Kerzel的实验发现,同传人员翻译无前后文的句子时比翻译有上下文的句子时会产生更多的认知负荷,心理负担增大[1]。这一系列实验皆监测了与同传任务密切相关的语言活动与心理变化,阐释了"瞳孔测量法"已经在评测与同传息息相关的认知任务的负荷这一领域的成绩及展示的巨大潜力。

  本评述认为,Seeber进行该篇论文的写作目的不仅是对现有的评测方法的潜力和局限性进行对比,其根本目的其实是探讨定量评测同传时译员所承载的认知负荷的方法。在这一领域,"瞳孔测量法"有其优势和意义。此法的优点在于对研究对象的物理侵入性较小,能较好评测短时行为,能精确收集实验室状态下一个同传任务多个考察点相对应的瞳孔数据。这个研究的意义在于用实验的办法量化了同传人员工作状态时的负荷,并能用可量化的数据证明同传人员的精力分配程度与任务负荷成反比;同时该研究成果还可以通过瞳孔的变化数据找到同传人员口译中处理任务种类以及任务复杂度与精力分配和心理变化的直接关系。这一研究思路紧密结合同传理论与认知科学,并采用科学实证法,通过采集眼球变化数据显示同传译员对任务的心理反馈,实属一值得持续的研究项目。

  任何评测法都不能万全。本评述认为这一研究的局限性表现在该法收集并评测译员处理长句、进行较长的同传任务以及有外界干扰(非实验室环境)的同传任务时分离同时发生的认知分任务方面会有困难,得到的瞳孔数据以及相关测评结果仍然难以量化精准。

  首先,"瞳孔测量法"必须捕捉非常细微的生理变化。瞳孔平均扩大值,瞳孔扩大峰值,瞳孔平均反应潜伏期都在实验中得到呈现,不过这种变化在处理短句、短语和很短的语言单位时呈现的清晰度高于处理长句

---

[1] Kilian G. Seeber, "Cognitive load in simultaneous interpreting," *Target* 25.1(2013): p.27.

时的清晰度。研究译员处理一个完整同传任务的瞳孔变化时,此法必将产生大量繁复的数据,必会影响研究数据的精准以及对庞大数据收集整理后得出的结论的精准度。这个繁复的数据量同时还意味着一个瞳孔数值很难与某分任务的一个考察点直接对应。影响瞳孔数值的因素即使是在瞬间也会呈现多样性(比如同时受到多重刺激)。这样,这个测量法的精准度受到挑战。

其次,"瞳孔测量法"虽然是一个较为综合科学的评测方法,但是仍不能解决定量分析的一些相关问题。"瞳孔测量法"评测短时间同传任务的认知负荷有较好的效果,但是众所周知,完整的同传任务应当是一个长时间的刺激过程,任务后期,译员达到疲劳状态,瞳孔数据如前文提到会受到巨大影响,那么瞳孔平均值对认知负荷的反映是否可靠则难以确定。另外,声音信号与外界噪音的对比率也让数据收集难度加大,由此形成多种外界干扰,如噪音、讲话人的音质等对一个译员的一次同传任务所收集的瞳孔变化数据形成的图形模式妨碍我们分离同时发生的分任务,因而难以准确评测个体处理某分任务的行为。

除此以外,本评述认为《同传中的认知负荷——评测及方法》提出的"瞳孔测量法"在目前为止只能在实验室进行。这个实验室的条件可以想见,首先是要求同一个同传员在可控干扰状态下处理一个完整的材料。这个可调控干扰的环境有严格的要求,如严密隔绝噪音、无听众、或听众保持绝对安静、原音传递音响效果正常且稳定等。在这样的实验室环境下得到的译员处理同传材料的瞳孔变化数据可以精确评测出任务的难度起伏和译员在各个考察点上的心理变化,由此推算出认知负荷的难易起伏。但是,这样严格的实验室条件也说明"瞳孔测量法"在同传译员真实工作状态下进行评测的可操作度较低。绝大部分真实的同传环境是不可调控干扰状态,比如同传中途听众发出赞成或反对甚至质疑的声音,这会对译员的心理造成干扰甚至打击,减少自信度;又比如话筒传递原音时出现杂音,影响译员对信息把握的准确度等等。在这样的情况下,同传任务困难重重,不仅包含原文本带来的语言困难和信息理解困难,也包括超出文本因素的心理压力以及来自信息接收渠道不畅的阻碍,这样的任务复杂度更为加大,需求的精力分配随之增大,"瞳孔测量法"是否能准确评测译员处理同一考察点当时同时发生的多层分任务负荷状况仍然要打一个问号。

既然没有万全的测评方案,那么考虑到此研究办法的探索性,以及对译员在实验室状态下的瞳孔测量的一定的可把握度，本评述认为，Seeber 提出的"瞳孔测量法"值得业内学术研究者继续观察实验。无论如何，这一研究为定量评测同传任务的复杂度对译员的心理影响提供了具化的方法，为定量调查影响同传工作质量的因素开启了新思路，相关领域的研究人员应该继续进一步实验和验证。正如 Seeber 在其文章中提出，"我们的确需要对研究方法进行更多研究"，并且，"花更多时间讨论发现了什么而非纠结于怎样发现或者这样研究是否正确的那一天尚未到来"。① 也就是说，目前的讨论仍然处于到底用什么方法进行认知负荷评测的阶段。这就是为什么瑞士日内瓦大学学者 Kilian G. Seeber 在《同传中的认知负荷——评测及方法》一文中的研究中只提出这种测量方法的思路，而并没有给出具体的测量方法和测量案例的原因，当然该文也就不可能给出相应的实验室瞳孔数据。可以想见，Seeber 的下一步研究很可能就是针对同传的特征设计出相应具体的"瞳孔测量方法"，在实验室中模拟同传场景，控制环境的噪音干扰，对同传人员进行瞳孔数据的收集和比对，并最终得出实验结果的分析，而这一后续的实验评测结论将非常令人期待。

六、结语

《同传中的认知负荷——评测及方法》一文介绍并对比了评测同传认知负荷的现有方法，并结合生物学、神经学和认知心理学交叉理论，提出了新的评测方法，即"瞳孔测量法"。根据该文作者 Kilian G. Seeber 的研究，该评测法可以针对性地克服现有四种评测方法的局限性。本评述认为 Seeber 提出的"瞳孔测量法"是对认知负荷定量研究进程的延续；针对性强，旨在对同传这一复杂认知任务进行任务分离并分别进行量化；该法属于典型的实证研究法，研究者通过严格控制实验室环境条件可以获取大量测量数据。由于受到实验室的局限，"瞳孔测量法"对真实完整口译任务的评测仍然难以确保准确和完善，但是仍不失为定量调查影响同传质量的因素的新思路，值得尝试。

参考文献

Bradshaw, John I. "Load and pupillary changes in continuous processing tasks,"

---

① Kilian G. Seeber, "Cognitive load in simultaneous interpreting," *Target* 25.1(2013): p. 28.

British Journal of Psychology 59.3(1968):pp.265—271.

Gile, Daniel. "Testing the efforts models' tightrope hypothesis in simultaneous interpretation—a contribution," *Journals of Linguistics* 23(1999):pp.153—169.

Granholm E., Steinhauer S. R. "Pupillometric measures of cognitive and emotional processes," *International Journal of Psychophysiology* 52.1(2004):pp.1—6.

Kahneman, Daniel. *Thinking, Fast and Slow*. London: Penguin Books Ltd., 2012.

Laeng, Bruno. Sylvain Sirois & Gustaf Gredeb ck. "Pupillometry: A window to the preconscious?" *Perspectives on Psychological Science* 7(2012):pp.18—27.

Miller, G. A. "The magical number seven, plus or minus two: Some limits on our capacity for processing information," *Psychological Review* 63.2(1956):pp.81—97.

Seeber, Kilian G. "Cognitive load in simultaneous interpreting," *Target* 25.1(2013):pp.18—23.

Sweller, John. "Cognitive load during problem solving: Effects on learning," *Cognitive Science* 12.2(1988):pp.257—285.

二语习得研究

《第二语言习得石化研究》一书述评[①]

四川外国语大学英语学院　谭　春

【摘要】 简要介绍评价了 Han ZhaoHong 与 Terence Odline (2006)[②]合编的《第二语言习得石化研究》一书,指出了其中存在的一些问题并提出了希望。

【关键词】 第二语言习得;石化研究;简述;评价

一、引言

二语/外语学习过程中学习者的语言会"石化"(fossilize)这一概念由 Larry Selinker 于 1972 年在《中介语》(*Interlanguage*)一文中提出。从那时起到现在近 40 年的时间里,"语言石化"(fossilization)始终都是第二语言习得(second language acquisition)研究的一个热点问题。国内外学界从不同的理论视角,采用不同的方法对这一概念的本质、特点、成因、表现形式等方面展开了深入而细致地研究,取得了一系列丰硕的成果。在众多的研究者中,Selinker 的学生 Han ZhaoHong 可以说是集大成者。在其 1998 年博士论文的基础上,Han 于 2004 年出版了《成人第二语言习得中的石化》(*Fossilization in Adult Second Language Acquisition*)一书,对二语习得领域在过去三十多年里的石化研究进行了系统的梳理和评价,提出了自己的观点、见解和建议。作为该书的后续,Han ZhaoHong 和 Terence Odlin 于 2006 年合编出版的《第二语言习得石化研究》(*Studies of Fossilization in Second Language Acquisition*)一书反映了当前二语习得领域关于石化研究的最新进展,对语言学习中涉及"石化"的诸多问题的本质和实质进行了更深入、更详尽的探讨。下面做简要

[①] 本述评内容原文见 ZhaoHong Han & Terence Odlin (eds.), *Studies of Fossilization in Second Language Acquisition*. Clevedon. UK: Multilingual Matters, 2006, p. vii, p. 214.

[②] 按照语言学类研究论文的惯例,本书中"二语习得研究"及"词典学与理论语言学"栏目中涉及的部分外国作者采用其英文原名。

介绍。

二、内容简述

全书共收录 10 篇论文，各自独立成章，外加一篇 Selinker 写的卷尾语。

第 1 章是导言。HanZhaoHong 和 Terence Odlin 以 Nick Ellis 发表于 1993 年的文章中一段关于二语习得"终点"(end point)的论述作为全文开篇，引出本书，也是所有语言学习/习得研究者们所关注的一个核心问题：学习者的二语/外语能力能否达到像其母语一样的水平？(p.1)围绕这一问题，Han & Odlin 列出了两种对立的观点：其一，二语/外语的方方面面都是可以学得的，大多数学习者的语言学习都可以取得成功；其二，二语/外语的方方面面并不都是可以学得的，从总体上看，学习者的语言学习以失败居多。两位作者指出，就语言石化研究而言，目前的共识是学习者的整个中介语系统不会发生石化，石化的只是一些语言子系统(linguistic sub-systems)或一些特殊的构式，而语言系统的其他方面仍可能继续发展。上述矛盾产生的一个根源在于各研究者对"石化"这一概念的定义、本质、适用范围等方面理解上的差异，以及研究过程中所采用方法的不同。导言的最后部分对全书的章节安排做了简要介绍，概述了每一章节的基本内容并再一次强调：不管是以成功为导向(success-oriented)还是以失败为导向(failure-oriented)的二语习得石化研究，成功或失败都只是局部的(local)。真正对语言石化乃至语言教育研究有重大影响的做法是在历时研究(longitudinal study)的基础上建立一个研究数据库。

第 2 章"语言石化与二语磨蚀研究：难以回答的简单问题"由 Constancio K. Nakuma 撰写。Nakuma 将语言石化和语言磨蚀(language attrition)放在一起进行了讨论，对二语习得把石化作为一个独立研究领域的合理性提出了质疑。在回顾前人研究的基础上，Nakuma 认为语言石化与磨蚀都是二语习得界学者们为研究二语学习者/使用者的学习行为和学习结果而"构造"的概念。(p.21)事实上，它们都只是"假设"(assumption / hypotheses)而不是可以观察到的"现象"，所以不可能用实证的方法(如历时研究)加以量化验证或展示；这也是为什么二语习得石化研究中缺少实证研究(empirical study)的原因。在 Nakuma 看来，要解决这一难题不能一味地依赖所谓的实证研究；"假设验证"

(hypothesis testing)或许是一条途径。文章最后总结出全文探讨的 6 个"难以回答的简单问题"。这些问题对大多数二语习得研究者和教师们来说都不陌生,有些问题具有启发意义,值得大家进一步思考。

第 3 章"特定第二语言语法最终习得状态的确立"是 Donna Lardiere 1998 年实证研究的延续。在相隔 18 个月的时间里,Lardiere 利用"是/否判断"和"5 分评级"两项语法判断任务(grammaticality judgment task)对其受试主体 Patty(一位已在英语国家居住了近 23 年的华裔女性)的英语动词和副词配置关系知识进行了测试。结果表明 Patty 的英语语法知识在某些方面,如词语的曲折形态变化,与本族语人相去甚远;但在另一些方面,如动词提升的制约因素(verb-raising constraint),基本上与英语本族语人相差无几。Lardiere 认为 Patty 表现出的这些差异和其汉语母语语法关系并不是十分紧密,真正的原因在于 Patty 在目标语(英语)的句法特征上面已经处于停滞发展状态。Lardiere 进一步声称,这一历时研究结果表明,语言学习者在语言某一领域的石化并不能排除其在另外一些领域的继续发展。(p.41)因此,没有理由断定石化会出现整个语言系统。Lardiere 还指出,在研究学习者二语/外语石化时,语法判断法是一种行之有效的防范。

第 4 章"语言石化:语法判断法能否作为一种可靠的证据来源?"由 Han ZhaoHong 撰写,专门探讨使用语法判断法来研究二语习得石化的可行性。在回顾前人研究对语法判断法或否定或肯定的基础上,Han 结合自己利用语法判断法进行的长达 7 年的历时研究,指出自然产出语料和语法判断语料在本源上无实质性区别。这两种方法收集到的语料从历时和共时角度来看都具有"广泛的一致性"(p.74)和互补性,因此语法判断法可以作为二语习得石化研究语料收集的一种有效手段。

第 5 章"二语和三语中的石化"由 Terence Odlin,Rosa Alonso Alonso 和 Cristina Alonso-Vázquez 合写。本章围绕着以下两个问题展开:(1)在关于语言迁移与石化的问题上,二语和三语习得之间有什么相同之处?(2)在研究学习者时态及相关动词类别习得时,什么样的方法是最合适的?(p.83) Odlin, Alonso Alonso 和 Alonso-Vázquez 采用篇章改错(passage correction)的方法对母语或双语为西班牙语的成人英语学习者(西班牙语是加西利亚人的二语,英语则是他们的三语)和英语本族语者的现在完成时态的习得使用情况进行了研究。结果表明,与二语习得一样,成人语言学习者先前所掌握的语言会影响他们对目标语的判断,三语学习者会把母语及二语中的一些语法特征迁移到目标语上,最终导致三语石化的出现。Odlin 及其合作者们在研究中发现英语本族语者对现在完成时态的错误使用持一种相当容忍的态度,与两组英语为非本族语的受试者"几乎没什么差别"(p.93)。Odlin 等据此指出,在语言迁移及石化的研究过程中,不管是方法上还是理论上(如什么是"本族语者水平")都存在有大量问题需要解决。

第 6 章"儿童二语习得与石化之谜"是关于儿童二语习得石化和磨蚀的讨论。Usha Lakshmanan 首先厘清了儿童二语习得的概念,然后从动词的曲折形态和普遍语法中的限制因素两方面说明了如何利用 Foster-Cohen(2001)的"滑窗假设"(Sliding Window Hypothesis)来解释二语习得石化的内部机制。该假设有两大主张:(1)一语习得和二语习得不是截然分开的;(2)研究学习者的发展模式应采用跨年龄(cross-age)的方式。在此基础上,Lakshmanan 从语言磨蚀和再习得两个方面重新分析了 Hansen(1980,1983)所收集的关于两名英语为母语的儿童学习印地语/乌尔都语的中介语语料。结果表明这两名儿童在句子否定的词序判断和使用上受母语影响,达不到二语本族语者水平。Lakshmanan 认为儿童二语习得和成人二语习得在发展路径上有很多相似之处,但最终儿童在习得目的语结构上比成人更成功。她总结指出在二语习得研究领域,学者们对于学习者最终的二语能力总是偏向于参照单语目标语者的水平。她建议,如果可能的话,我们在研究中应该选取那些从一出生就同时习得并一直使用两种语言的目标语者作为参照。

第 7 章"石化的涌现性"就一些导致二语习得石化出现的年龄相关因素进行了讨论。Brian MacWhinney 认为相对于"关键期假说"(Critical Period Hypothesis)而言,学习者的"到达年龄"(age of arrival)可以从神经学、心理学、生理学及社会学等层面说明其局部语言停滞发展的原因,对二语习得石化更具解释力。MacWhinney 以此开始,批判性介绍了学界用来解释语言习得石化的 10 种假设。作者指出,这些假设从生物学和心理学等角度对石化的成因进行了说明,除了"固化"(entrenchment)和母语迁移(L1 transfer)两种假设能够较好地阐明 AoA 与学习者语言石化之间的关系外,其他几种假设的作用微乎其微;尤其值得注意的是它们都没能考虑到成人二语习得中学习者主体和学习者之间因素的影响。为弥补这一不足,MacWhinney 提出了两个新的假设:社会分层假设(Social Stratification Hypothesis)和补偿策略假设(Compensatory Strategies

Hypothesis),把社会因素纳入到了影响成人二语习得最终结果的范围之内。

第 8 章"语言石化,社会环境与语言游戏"可以看作是对第 7 章的"补充"。Elaine Tarone 在本章探讨了社会因素和社会心理因素在引起和消解语言石化方面的作用。Tarone 认为语言石化的出现,至少部分情况是这样的,是随着二语学习者年龄不断增长而变得日益复杂的社会和社会心理交互网络作用下的结果(p. 170)。这种复杂性可以用 Larsen-Freeman(1997)提出的关于语言习得的混沌理论(Chaos Theory)来解释,把中介语看作是促使语言停滞或发展的平衡力量的产物。如果使得语言停滞发展的力量占据上风,则会产生社会心理障碍,进而导致石化。如果促使语言发展的力量取得优势,则学习者的中介语可以继续发展,从而消解甚至阻止石化的出现。基于此,Tarone 通过大量的实例分析来说明语言游戏(language play)或许能够促使中介语继续发展,达到消解甚至阻止石化出现的效果。Tarone 同时也承认,这一假设还有待历时的、实证的研究来检测、验证。

第 9 章"为什么不谈石化"是 David Birdsong 对"石化"这一概念的本体的质疑。Birdsong 指出,二语习得领域所进行的石化研究是一项不无风险的活动(p. 173),因为"石化"这一术语既可以用作"解释物"(*explanans*)来说明语言习得的过程(process),又可以用来表示习得结果(product)的需要"被解释的对象"(*explanandum*);有时"石化"指的是那些永久的、固定不变的因素,有时却是指那些始终处于变化之中的不稳定因素。Birdsong 认为这种混乱状况的出现源于研究者们大多以学习者的学习失败为出发点,以非本族语者水平(non-nativelikeness)为参考标准。他认为要解决这个问题,研究者们应该把重心转移到学习者的潜势(learner's potential)上,看他们学习的最终成就能达到什么样的本族语者水平(nativelikeness)。在他看来,这一方向的转变虽然也可能有着风险,但它对二语习得石化研究不无启发意义。基于此,Birdsong 提出了"普遍可学假设"(Universal Learnability Hypothesis),声称学习者在二语习得过程中什么都有学得/习得的可能。

第 10 章"二语习得与石化问题:没有终点,也没有状态"可以看作全书的结语。Diane Larsen-Freeman 针对二语习得领域在"石化"的定义、描写和解释三个方面所存在的问题概述了前面 9 个章节里所探讨的内容,并分析了为什么石化研究虽然存在诸多问题,但仍然能够在二语习得领域长盛不衰的原因。她提出语言习得研究不应该纠缠于学习者最终的习得状态。事实上,语言是处于动态变化之中的,没有绝对意义上的"终点"(end),"石化"只是语言动态变化过程中相对较稳定的状态。Larsen-Freeman 认为,这一观念的转变,不仅对石化研究具有启发性作用,对语言教学也不无参考价值。

"卷尾语"由 Larry Selinker 撰写。作为二语习得领域"石化"研究的缔造者,Selinker 在这一部分介绍了自己对"语言石化"产生兴趣的源起,石化概念的演化,以及该领域研究的核心问题。Selinker 认为,无论语言石化研究如何发展,其关键还是(母语)迁移和中介语之间的关系问题,而迁移主要发生在目标语的核心语法层面。据此,Selinker 提出了"关注其他形式"假设(Attention to Other Form Hypothesis):将语言学习者的注意力从核心语法形式(core grammatical forms)转移到非核心的次要形式(non-core peripheral forms)有助于学习者自动习得核心语法形式,从而可以预防并避免潜在的语言石化出现(p. 208)。

三、评价与思考

"石化之谜"(fossilization puzzle)是二语习得舞台上一个长盛不衰,历久弥新的经典主题。多年来,它吸引了无数专家、学者从各种角度对其进行分析、阐释和论证,但各自的著述相对较为零散。作为《成人二语习得中的石化》姊妹篇,《第二语言习得石化研究》在一定程度上将这些零散的研究进行了汇总,收纳了该领域一些大家具有代表性的最新研究成果,其中不乏一些持批评和否定态度的作品,一方面反映了石化领域的研究前沿,另一方面也体现出该书兼收并蓄,求同存异的严谨与科学的态度。

正如两位编者在导言里所描述的那样,本书兼顾到了理论与实证研究的平衡。在 11 篇文章中,Han & Odlin 所写的导言,Larsen-Freeman 的结语和 Selinker 的卷尾语等 3 篇文章是对二语习得石化研究的综述,从宏观层面上勾勒出了这一领域的架构。Nakuma, MacWhinney, Tarone, Birdsong 等人的 4 篇文章从方法、描述和解释等方面对石化研究进行了理论层面的探讨。Lardiere, Han, Odlin, Alonso & Alonso-Vásquez 以及 Lakshmanan 等的 4 篇文章则是各自实证研究的结果报告。

全书涉及论题广泛,基本上涵盖了本领域研究者们所关心的核心问题,体现了二语习得石化研究在过去三十多年里的最新发展和成果。随着二语习得研究领域的不断拓展,以及该领域与其他相关学科的不断融合,笔者认为该书至少在以下 3 个方面给我们留下了有待进一步思考和解决的问题:

(1) 石化研究的理论基础。书中关于理论的探讨大都还是围绕着传统的石化研究理论展开,比如石化形成的社会、文化、生理、心理、认知、情感等方面因素的影响。毋庸置疑,这些研究对推动石化研究理论的发展功不可没,但一个不容忽视的问题是它们大都建立在以乔姆斯基的普遍语法(Universal Grammar)为理论基础的框架之上,因而对于语言习得以及习得中的语言石化的阐释带有先天的理论上的局限和贫乏。这或许就是为什么二语习得石化研究发展了几十年都没能形成一种统一、有效的解释机制和原理的原因。随着近几十年来语言学理论的不断发展,尤其是近一、二十年里认知语言学、应用认知语言学、认知神经语言学等学科与二语习得研究联系的日益密切,国内外不少学者尝试着将这些前沿学科理论知识用来解释语言习得中的各种现象。所以值得我们思考的一个问题是:既然先前的理论解释或多或少都存在着一些分歧和争议甚至不足,那么我们是否可以利用这些新近学科的相关理论来分析解释语言石化的产生机理,从而构建一种更有说服力和诠释力的石化研究框架?

(2) 石化研究的对象层次。《第二语言习得石化研究》中的几篇实证性研究报告对习得过程中可能引起石化的因素以及可能石化的语言现象进行了验证,为石化研究提供了大量有用的材料。但让人遗憾的是这些研究大都还只停留在普遍语法句法理论指导下的语法层面上,语言的其他方面基本没有涉及。那么我们需要思考的另一个问题是语言石化是否仅仅出现在词汇语法这一层次?语言学习过程中石化是否会在其他如语音、词汇、句法、语篇等层面上出现?更进一步,从语言的认知及认知神经科学视角出发,石化是否会出现在大脑中的概念结构层面?语言的石化是否只是概念层面固化的外在表征?

(3) 石化研究的实用性质。众所周知,在二语习得领域,不管是理论的探索还是实证的验证,其最终价值体现在它们对实际课堂教学语言学习的指导作用。但本书基本上没有涉及语言石化与语言课堂教学之间的关系,给读者一种为了研究而研究的感觉。这恰好反映了当前石化研究的尴尬境况:经过几十年的发展,石化研究已经有了一套相对完整的理论体系和研究方法,但它的实用价值在实际语言课堂教学中未能体现和发挥出来。尤其值得我们思考的一个问题是:对于语言课堂教学活动中的教师和学生这两大主体来说,他们在多大程度上可以运用石化研究的成果来改善和提高语言教与学的效果与质量?

总之,《第二语言习得石化研究》既反映了该领域最前沿的研究成果,又留下了一些急需解决的问题。如果能够找到这些问题的答案,无疑会对语言学习的本质以及如何有效解决学习者在学习过程中所遇到的问题提供更科学,更有说服力的解决办法。可以断定,只要有人类的存在,就会有语言石化的出现,也会有更多的专家学者投身到该领域的研究。我们希望,未来的研究者们不仅能够从理论上提出更有解释力和说服力的机制和原理,更能够结合语言教与学的实际,从实践上将研究成果转化为语言学习的推动力。

参考文献

Ellis, R. *The Study of Second Language Acquisition*. Oxford: Oxford University Press, 2009.

Gullberg, M. & P. Indefrey (ed.). *The Cognitive Neuroscience of Second Language Acquisition*. Malden, MA: Blackwell, 2006.

Han, Zhaohong. "Fossilization: Five central issues," *International Journal of Applied Linguistics* 14.2(2004): pp. 212—242.

Han, Zhaohong. *Fossilization in Adult Second Language Acquisition*. Clevedon, UK: Multilingual Matters, 2004.

Holme, R. *Cognitive Linguistics and Language Teaching*. Houndmills: Palgrave Macmillian, 2009.

Robinson, p. & N. C. Ellis (ed.). *Handbook of Cognitive Linguistics and Second Language Acquisition*. New York: Routledge, 2008.

Selinker, L. "Interlanguage," *International Review of Applied Linguistics in Language Teaching* 10.3(1972): pp. 209—231.

Selinker, L. *Rediscovering Interlanguage*. London: Longman, 1991.

《伪姿态:后结构主义二语习得研究的一个晚期现代概念》一文述评

四川外国语大学英语学院 邓 巨

【摘要】 Claire Kramsch 探讨了现代主义与后结构主义对待二语习得过程中的伪姿态现象的不同方式和关注点,指出本族语者的权威性、合法性曾经被视为二语习得者的目标;在全球化背景下,多语种、多元文化的主体为了生存做出矛盾定位,自然产生伪姿态。以后结构主义看待问题,会使得应用语言学以积极态度对待二语习得过程中的伪姿态现象。克文视界恢弘,与当前流行的二语习得数据化精细研究相得益彰;视角新颖,堪称启发读者发现科研项目的典范。克文把伪姿态者分为四类,每一类以一个案例进行例示,案例的典型性、代表性还有待观察。

【关键词】 现代主义;后结构主义;二语习得;伪姿态;积极态度;典范

一、引言

Claire Kramsch 为加州大学伯克利分校德语与教育学教授,学术兴趣包括文化研究、语言习得、语言社交与发展等[2],尤其擅长在文化与社会的宏观分野下探索二语习得。国内有人对 Kramsch 的研究进行过梳理[3],但已是十几年前的事。当今世界,信息技术一日千里,各种理论精彩纷呈。Kramsch 这位大家有何研究新动向?本文拟评述其《伪姿态:后结构主义二语习得研究的一个晚期现代概念》(Imposture: A late

---

① Claire Kramsch, "Imposture: A late modern notion in poststructualist SLA research," *Applied Linguistics* 33.2(2012):pp.483－502.
② http://gse.berkeley.edu/people/claire-Kramsch,检索日期为2014年1月26日。
③ 陈申:《Kramsch 的后结构主义语言文化观》,《语言教学与研究》2000(1),第 74－80 页。

modern notion in poststructuralist SLA research)一文（为简约起见，本文称其为克文）。我们首先介绍原文的主要内容，然后我们进行简要的评价，并在最后做出简明的结论。

二、克文主要内容

本节介绍原文的主要内容。为了尽量完整地呈现原文的内容，陈述部分严格按照原文框架进行，即问题的提出、问题的界定、姿态/伪姿态定义、伪姿态：现代主义观（奥斯丁对布丢）、伪姿态：后结构主义观（巴特勒）、从新审视伪姿态、伪姿态的后结构主义视角的政治愿景、结语：伪姿态对应用语言学研究的挑战。

1. 问题的提出

为了过渡到自己的关注点，Kramsch首先抛出了二语习得研究中两个极为重要的概念：真实性和合法性。Kramsch说，在二语学习中，说本族语的人的真实性和他们的语言的真实性是交际式语言教学的奠基石。从实际教与学的过程来看，为了达到这种真实性，学习者矢志不渝，教育者也进行颇有成效的反思。同时，一些应用语言学家热衷于消解说本族语的人的垄断并赋予努力的学习者对该语言合法"所有权"（ownership），一直主张、坚持非本族语者对本族语的合法性。但是，近来在关于双语和全球化的社会语言学著述里，真实性和合法性概念成了一个问题。流动性和全球交流正渐渐抹去文化与民族根源，将权威中心多元化。这样，Kramsch很自然地提出了三个问题。第一，在这样的世界里，仍然提说本族语的人的"真实性""教材的真实性"，仍然提语言的类别（genre）和形式的"合法性"，是否符合情理？第二，应用语言学的后结构主义路径已经不再研究恒定不变的"身份"，而是着眼于流动的、变化的、矛盾的"主体位置"（subject position），我们是否应该从后结构主义视角重新认识真实性和合法性这两个概念？第三，如果语言学习者不再是"低效的交际者"，而是初始的说双语的人或者是说多种语言的主体，他们的定位就比传统的"非本族语者"的定位更具竞争力。在一个心想事成的世界里，还仍然存在不真实、不合法的"假扮者"这样的事情么？

在本部分的最后，Kramsch交代了研究材料来源——记事录和人种志材料，研究内容——探讨说多语种的主体（即学习或使用非本族语的人）体验到的伪姿态的感觉。Kramsch明确提出研究的三个目的：探索在全球交流和多语种碰撞的背景下,伪身份是否仍然有其存在的市场,后结构主义分析会怎样在当今帮助理解伪身份,后结构主义分析最终怎样有益于应用语言学这一"现实世界"(real-world)中的研究。

2. 问题界定

Kramsch 把伪姿态分为两种情况,真实但不合法(authentic but not legitimate)和合法但不真实(legitimate but not authentic)。

(1) 真实但不合法

Kramsch 以艾娃·霍夫曼作为真实但不合法这种伪姿态感受案例。霍夫曼,自传《在翻译中迷失》(*Lost in Translation*)的讲述人,来自波兰。她在哈佛大学第二年年末,爱上了一个美国学生汤姆,沉醉于其无拘无束的德州式言谈。在剑桥的一家咖啡馆,汤姆滔滔不绝地说起故事,十足的美国味儿,不拘泥于规则,肆意挥洒,霍夫曼视之为随兴之作。已能说一口流利英语的霍夫曼,突然无语,因为她觉得自己没有权力那样讲话。

> 我想说得美国一点,但说啥呢?"家伙(Gee),"我说,"真是一个名副其实的旅程啊!"(what a trip! in every sense of the word)汤姆对这一回应颇为满意。我说得足够自然,和其他人没有两样。但是,无法忍受这种做作(artifice),我一时卡壳,喉头发紧,似要瘫倒。无语曾是典型的歇斯底里的通常表现之一。我觉得,于我,歇斯底里似乎为无语所致。(Hoffman, 1989: p. 219, 转引自 Kramsch, 2012: p. 485)

霍夫曼看似成功地学到了英语,进入了美国学术圈。她一会儿觉得顺水顺风,转眼之间却忧心忡忡,总觉得自己不诚实,言行举止都是出卖与阴谋。霍夫曼最终决定求助心理医生,找回自己"真实的声音"。

Kramsch 开始分析霍夫曼案例,认为:在第一段,汤姆的谈吐方式,让艾娃把处于优势地位的美国想象成无限可能的国度。她不适合这个地方的感觉,不是对她的社会语言能力的客观评价,而是一个对她在一个国家的合法性的主观评价。在这个国家,以为"一切皆有可能",但恰恰相反,取决于一个人如何被通常的尺度如人种、民族、社会阶层、来源地、政治倾向、性别、性取向所评判,任何可能时时刻刻都可能变为不可能。在一个"无限可能的空间",合法与不合法之间的界限变得模糊不清,难以预测。霍夫曼的无语,根本不是缘于缺乏语言能力,也不是因为她无力成为一个真实亦即真正的哈佛大学学术圈的一员,也不太可能因为她有心理痼疾,需要心理治疗。她的"忧虑"似乎与她身处的"新世界"有关。

Kramsch 进一步说,可以说,同时身为文学批评家和作者,主体定位的这种程度的焦虑和自反性,相当典型。这与德里达、阿尔都塞、拉康等提出的后结构主义身份焦虑论相呼应。霍夫曼所言,不是证明而是体现了后结构主义理论所诊断的病态身份危机。也可以说,霍夫曼是在前全球化时代做出了这样的发声。在那个时代,来到英语国家的移民感觉到了强加于每一个英语非母语的人身上的不合法性。今天,任何愿意使用英语的人都可以成为英语使用者中的一员,英语非本族语而又操英语的人不再为合法性这个问题所烦恼!说通行英语,霍夫曼并没有伪姿态者的感觉;霍夫曼倒是觉得自己无权使用具有社会、区域、职业特征的有标记的英语方言以及与这些特征相符的本地身份。说多种语言的世界公民不再能得到这样的身份吗?不再为其所烦恼吗?或者,由于1989年以来的全球动荡,伪姿态感已经直接变得更加普遍,无处不在?

(2) 合法但不真实

依兰-斯代文斯是《论外来词》(*On Borrowing Words*)一书的作者,能说依第语、西班牙语、希伯来语和英语。Kramsch 引述了在该书中依兰-斯代文斯和墨西哥裔美籍作家理查德-罗德里奎兹的一段对话。

  一种语言,就是一套镜片,使你看到不一样的世界。依第语,热情、轻快,以声会意。西班牙语,浪漫、散漫而自由。希伯来语,生硬急促。英语,精确如数学。我喜欢英语,生活在英语语境中,我感到快乐……不,或许镜片这个比喻不对……变换语言,一个人好像给自己套上了另外一个角色,好像一时变成了另外一个人。我说英语时的角色和以前的所有角色叠加起来。在这个角色中,依第语和希伯来语是根,西班牙语比重最大……但是,这个人还是同一个人吗?知道么,我有时觉得自己不是一个人,而是两个人、三个人、四个人。有没有一个原本的我呢?我的本质是什么呢?我并不完全确定。因为,没有英语,我什么都不是。语言使得我们能够融入语境。那么,在语境与语境的空隙中,会有着什么呢?不是沉默,理查德——对,不是。是某种随意得多的东西:纯粹的伪姿态感。我常常觉得自己变成了一个纯粹的伪姿态者,一个自己的漫画像。伪姿态感,是间接体验,是虚假的感觉。我有时谈到过,移民的生活不伦不类,似像非像。但是,就是这个不伦不类,让我很不自在。(Stavans, 2001:

p.251,转引自 Kramsch,2012:p.486)

Kramsch 通过这个对话,给我们展示了一个说多语种的人的感受:觉得自己合法,但不真实。Kramsch 认为,不真实,是因为自己不属于这一语言,而语言是一个具有识别性的文化语境,能赋予他的根基真实性,进而授权他以令人认可的权威说话。伪姿态,有如不合法性,是一个比较而言的产物:与高品位标准相比,是没有品味;与正品相比,是赝品。说本族语的人自自在在,并习以为常。有趣的是,正是这种意识和自反性,成了作为说多语种的个体的霍夫曼和斯代文斯的特点,并显得两者和不假思索地说单一语种的人格格不入。后者从不质疑他们的言谈是否适合他们生活的世界。Kramsch 自然地问道,这种自反性真是说多语种的人的一个特质吗?

在南非,在纽约或南加州,在欧洲,不少说多语种的人自自然然地活在多语种的语境中。说多语种,在我们身边司空见惯,并没有常常造成伪姿态感。那么,发生了什么变化呢?Kramsch 如此追问。

接下来,Kramsch 解读了合法性与真实性的关系,认为两者相辅相成,但是意义有别。它们相互蕴含,如:一个合法的说话人被视作一个群体的真实成员,而一个真实的文件被认为通过社会制度合法化。但是,合法性需要一个体制批准(如合法语言须由学术团体认可,合法的祷告文须由教会批准);真实性需要一个与一个明确的根基的关系,这个根基赋予自然且毋庸置疑的权威性。由于全球化和英语的全球化,权威中心多元化,制度的限制和本族语者似的权威都会削弱。霍夫曼觉得"足够自然",但对制度保障信心不足;斯代文斯自然地对待制度赋予自己的身份,却缺乏一个明确、自然的根基。

Kramsch 提出,霍夫曼和斯代文斯的身份问题,可以作为我们用后结构主义视角审视资本主义后期说多语种的人的更为普遍的状况的出发点。她认为,在我们这个移民全球化、符合商品化的时代,斯代文斯的不自在,霍夫曼的无语,类似心理治疗的现代主义专家系统可能无法治愈。在我们这个晚期现代,起于疏离、终于偿还的治疗方式可能不再是处理社会学家和语言学家所诊断的、越来越严重的"身份危机"方式。正如霍夫曼所言,它是信任危机。虽然说单一语种和说多语种的人,都经历信任危机,但后者尤其容易遭到怀疑不忠和背叛。当今,霍夫曼和斯代文斯所体验到的伪身份,越来越关乎于传统范畴(如本族语者/非本族语者、局内人/局外人、祖国/移民社区)的消解,并被全球信息技术带来的交流实时性、广泛性以及全球流动性进一步加剧。

3. 姿态/伪姿态:定义

为了定义伪身份,Kramsch借助牛津词典,首先定义了伪姿态(imposture)的反义词(posture),在此基础之上提出,伪身份是变动不居的、错误的、虚假的定位。伪身份表明,你不愿意定格在已有的位置上或者你不能获得你不应得到的位置。伪身份一词先设一个合法的固定标准,该标准用于个体评价自己,或者别人评价自己。它可以是公众认可的东西或者被社团、出版界、媒体反复强加的被内化、被理想化的标准。后结构主义的身份及其对应概念伪身份与理想化自我和自我所认为的现实自我之间的匹配性相关。自我的理想化,被赋予合法性,并被媒体、市场、社团所强化。

Kramsch进而讨论与伪姿态有关系的三个词。这三个词不一定与合法性或者真实性相关,分别是以假乱真(passing)、转述(animating)、与效仿(styling/stylization)。皮勒把以假乱真(passing)界定为水平很高的二语习得者因情况需要表现得和本族语者一模一样的能力。以假乱真不一定是伪姿态,因为它常常被定义为一种技能或者无害的游戏而不是欺诈。(Piller,2002,转引自Kramsch,2012:p.488)高夫曼把转述(animating)定义为使用未经自己加工的词语或者表达自己并不坚持的意见、信念或情感或者总说别人说过的话或者言不由衷。(Goffman,1981,转引自Kramsch,2012:p.488)由于本族语者、非本族语者被界定得泾渭分明,这种animation的形式形成了合法习得二语的基石。最后,效仿(styling/stylization)是指说话人故意使用语言的不同变体。它旨在有意识地使说话人显得不真实,这样,说话人会让受众明白他们是在装腔并假装了某些场景。而这些腔调和场景与他们和/或这个特定的言语事件没有特定关系。因此,效仿意味着表演,假扮,或者以一个人不应该的方式说话,以建构一个反常的自己。

于此,Kramsch提出,在边界越来越模糊的全球环境下,越来越容易注意或感觉到伪姿态。她以发生在杰出的多元文化人物美国总统奥巴马和高尔夫冠军泰戈尔-伍兹身上的事情举例说明。受众社会阶层混杂,地理来源各异,在这样的时代背景下,奥巴马被美国媒体刻画为"摆脱简单的标签"。这在很大程度上解释了为什么他在国外颇为成功,在国内却毁誉参半。"选民愤愤不平、反对者拒不合作的、媒体意见不一,要撑起一个国家,谈何容易。在你身份难以界定的情况下,尤其如此。"(Stevenson 2010,转引自 Kramsch,2012:p.489)同样的,作为一个全球偶像,泰戈尔伍兹赢得了德国媒体的赞扬,德国人对其陨落大为不解。Kramsch 给出解释:问题出在,伍兹让管理咨询公司埃森哲把自己定位成一个道德高尚的家庭型男人,然后在他婚姻问题表明他并不是被描述成的那个道德偶像时,又被冠冕堂皇地抛弃。埃森哲虽是一个全球公司,明显推行美国清教标准以在全球促销。

Kramsch 认为,伪身份概念,在个体之间、社会阶层之间、社会团体之间的界限稳定明显的时代,有其合理的成分;当今世界,界限、阶层已消解,文化多元化,这个概念越来越难以维持。以假乱真(passing for someone else)、转述(animating)、风格仿效(styling/stylization)仍然时不时用于给自己或别人定位。但是,Kramsch 提出,现在可从现代主义社会学或者后结构主义社会语言学角度研究这些概念。

4. 伪身份:现代主义观点(奥斯丁对布丢)

Kramsch 又回到我们前面引用的那一段中的霍夫曼回答的那句话"家伙(Gee),"我说,"真是一个名副其实的旅程啊!"(what a trip! in every sense of the word)并用奥斯丁与布丢的观点进行关照。根据奥斯丁的观点,她的回答是行为式语言行为,即是对(别人)行为与命运的反应,是对他人以前或即将的行为的态度或表达的态度。奥斯丁给出"同情""怜悯""表扬"作为行为式反应的例子,给出"鼓掌""致敬"等作为行为式态度的例子。他说,由于不总是反映说话人的意图,此类反应和态度尤其容易引起误会。"行为式,除了常常欠妥,尤其有可能让人觉得不真诚。"Kramsch 追问的是,在霍夫曼案例中,她为什么觉得她的语言行为欠妥呢?

Kramsch 认为,按照奥斯丁对言语不当的原因的归类,第一种可能是美国英语中不存在霍夫曼表达同情的方式。但事实并不是这样,因为说本族语的汤姆并没有觉得有什么不妥。它做出了对说话人话轮的回答,符合约定俗成的社会认可的对话套路。第二种可能是,它是言语行为的误用。Kramsch 借用了奥斯丁给出的一个误用的例子,如在我无权任命的时候说"我任命你",或者某一东西不是我的情况下说"给你"。他把误用等同为"无能为力""人或物体不相宜或不妥当""没有权利"等。"无能为力"与人、物体、名字有关(比方说,霍夫曼是对酒吧服务生而不是汤姆说这些话,或者是不能恰当地实施这个言语行为),"身份不符"就是好比霍夫曼无权说出这些话,因为,作为一个移民,她不符合这样的社会语言学身份。Kramsch 似乎同样质疑第二种可能,并把目光转向布丢。

虽然承认受惠于奥斯丁,但布丢觉得奥斯丁作为一个哲学家没有足够认识到社会结构和制度力量对造成这种身份不符所起的作用。他写道:

> 为了使得一个行为式言语有效,大多数必须满足的条件可归结为说话人说这句话时的适宜身份——或者,更准确地说,他的社会功能——的问题。说话人一旦没有权力说这样的话,或者更宽泛地说,一旦"在一个具体事件中,某些特定的人和场合"不合时宜地采用了某一相关套路,简言之,一旦说话人无权说他说的话,行为式言语就注定失败。(Bourdieu,1991:p.111,转引自 Kramsch,2012:p.490)

Kramsch 认为,霍夫曼的话,在它的会话语境中,是符合语言和语用习惯的。但是,从社会的角度看,它是否适宜(也就是是否适合说话人)呢? 作为一个移民和英语学习者,她是否有必要使用在社会语言学上有标记的表达,诸如"家伙"或者"名副其实"呢? 说出这些话来,她是否合法呢? 按照现代主义的理解,霍夫曼的话语表明她对一个被赋予哈佛大学精英权威、装出一副即兴言说的样子的德州人的伪姿态的很敏感。

Kramsch 指出:

> 霍夫曼的伪姿态感可能比伪装或合法伪姿态要复杂一些。它们似乎缘于伪姿态的可能性条件,亦即美国是一个无限可能的国度这一说法与美国假话连篇、排外这一现实之间的矛盾。霍夫曼觉得,弄虚作假,处处可见;哈佛学术圈,缺乏真诚,并对此表达了她的"移民愤怒"。同样的,斯代文斯觉得自己自相矛盾,以模仿的方式建构了一个滑稽的自己。他的这种感受缘于他察觉到的作为一个英语流利的美国移民的真真切切的好处与身为移民的虚假之间的差异。这样的矛盾,在全球已具有一定比例,是不能通过现代主义的研究模式分析的,需要通过后现代主义进行研究。[①]

[①] Claire Kramsch, "Imposture: A late modern notion in poststructualist SLA research," *Applied Linguistics* 33.2(2012):p.491.

5. 伪姿态:后现代主义观点(巴特勒)

布丢把行为式话语的功效归根于赋予行为式话语合法性的制度。本节一开始,Kramsch 就介绍朱迪斯-巴特勒与之相对的观点:不被授权说话也完全可以说话。承袭发端于德里达、阿尔都塞、胡可、巴赫金等的理论传统,巴特勒表明奥斯丁和布丢都没有解释,在建构她/他的弱势(vulnerability)或权威方面,主体所起的作用。Kramsch 说,在巴特勒看来,霍夫曼的歇斯底里代表语言弱势,所有的说话主体,作为社会存在,不得不接受。但是,学习、使用并非他们母语的语言或者生活在多语种的环境中使得伪姿态会凸显并让他们意识到伪姿态这个根本性的矛盾:一方面我们对我们说的话负有责任,同时,另一方面这些话语又不属于我们。换句话说,一旦开口,我们就具有了伪姿态的姿态。正是伪姿态,有可能赋予他人的话别的意义。Kramsch 引用女性主义后结构主义学者克里斯-威顿:

> 在用语言表达出来之前,意义并不存在。语言不是一个抽象的系统,而常常是社会地、历史地存在于话语中。话语代表政治倾向,因此为地位和权力不断竞争。这一争夺权力的战场就是个体的主体性,在这个战场,个体的角色积极但不独立。(Weedon,1987:p.40,转引自 Kramsch,2012:p.491)

Kramsch 进行了进一步阐释:说非本族语的人,就是这个战场。在这个战场,两种话语展开较量。一种话语属于独立性、主动性以及媒体所倡导并向他们高举的作为理想化的自我的身份,另一种话语属于他们身体赋予他们的主观记忆、观念以及自我认知,这三者又时时提醒他们缺乏独立。霍夫曼看做虚伪的东西,巴特勒看成是后现代条件下的基础矛盾:主动而没有独立。

作者从新回到对霍夫曼的分析。汤姆以一个说本族语的主体位置审视霍夫曼,引得霍夫曼反唇相讥,即刻表明她在社会程式中兼具的内部与外部人士的身份。说本族语的人对这样的社会程式理所当然;非母语者却不能或不愿意把这种社会程式当做与生俱来的权力。如霍夫曼自己承认那样,伴随伪姿态的这种感觉可能坏事儿,却成就了社会或文学批评家。

Kramsch 认为,巴特勒与布丢有一个共同观点:言语行为的合法性不存在于约定俗成的规则本身,而存在于社会分配给说话人的权力。

但是，与布丢不同，巴特勒不认为不合法性源自外部制度或者"礼拜仪式"的程式。在她看来，伪姿态成了晚期现代主义的一个概念——说话人摆脱过去语境、从新定义约定俗成的意义的权力。Kramsch 引用巴特勒这样一段话："有没有一个方法区分伪姿态与真正的权威？是否有时，话语使得两者界限不清，质疑合法性的基础，以其自身的作用以行为式的方式改变了合法性的条款？……在形式上，违背了礼拜仪式的仪式可能仍是礼拜仪式。"(Butler,1997:pp.146－147,转引自 Kramsch,2012:p.492)

继而，Kramsch 指出，如果我们把像汤姆霍夫曼之间的对话这样的社会程式当做每天遇到的"礼拜仪式"，那么，霍夫曼引用性的回答是二语习得者可能从新赋予本族语话语意义的方式之一。根据晚期现代结构主义的观点，通过言语行为的可引用性，约定俗成的程式可能摆脱原本的语境，带上原本没有的意义与功能。Kramsch 还引用了鹏尼库克关于表演的后结构主义思考，以进一步说明引用性：

> 表演理论开辟了一个路径来思考语言的使用与身份而不需要基要主义范畴，暗示身份在语言行为中形成，而不是事先被赋予……这一从行为式到改变式的变化，对我们了解表演性至关重要：表演性不仅仅是在公众面前扮演角色，也不是执行一直以来的行为，而是对以后的重塑。(Pennycook,2007:pp.76－77,转引自 Kramsch,2012:p.493)

采用巴特勒的观点，Kramsch 再一次解读霍夫曼：通过重复在别处听来的话语，"家伙"(Gee,一个流行的,拖得长长的德州音),"一个怎样的旅行！"(what a trip),"名副其实"(in every sense of the word,一个高雅讽刺性的评价),霍夫曼利用了德里达所说的言语行为的引用性。她的应答，言不由衷。通过刻意引用，亦即通过以讽刺性的语调或者双引号的手势凸显她说的话的双声性，这个移民一边表演这些东西，一边在疏离她本人与她模仿的声音的距离。如果她确实明白汤姆在合法伪姿态，而又不能或不愿意摆出权威姿态以使得她自己的伪姿态合法，那么她的不适就不是"美国病"(American disease),而是一个多语种者在令人不安的矛盾语境中寻求合适的主体身份的主体的有趣病症。

Kramsch 进而总结到：

> 总之，《在翻译中迷失》给我们展示了这样一个复杂、英语非母语

《伪姿态：后结构主义二语习得研究的一个晚期现代概念》一文述评

的叙述人：她感到自己并不是缺乏能力，而是因为自己的历史身份缺乏像本族语者那样的合法性，因而觉得被剥夺了权威地说话的主导性。她的情况强化了在界限、范畴灵活变动的时代她对主体性与主导性之间关系的意识。这种强化了的意识可能要么造成像霍夫曼那样的心理问题，要么造成比提升移民社会公正更具后果的政治行动。通过重温应用语言学材料并用晚期现代思想从新对它进行阐释，我们可能感觉到应用语言学中后结构主义观点导致政治行动的可能性。①

6. 伪姿态再定义

本节中，Kramsch 重温一些应用语言学材料，这些材料展示可以如何思考主体性之争。在这些材料中，伪姿态感都是源于别人宣称的理想自我与自我主体性或者自我感的缺适性（lack of fit）。Kramsch 依据巴特勒的观点，提出在一些情况下，这种缺适性可从新解读为说多种语言的人的弱势，有其必然，不可避免的。

（1）移民伪姿态者

Kramsch 参阅皮尔斯的材料，其中邦尼-诺顿描述了一位移民加拿大的波兰人，伊娃。伊娃和工友相处不融洽，以下为其一段日记：

　　伊娃：一个和我一道上班的姑娘指着这个男人，说道："看见过他么？"
　　我说："看见过啦，怎么啦？"——"不认识他吗？"——"嗯，不认识他。"——"怎么可能呢。难道你不看电视？他是巴特-辛普森。"伊娃感到很是不快，不再说话了。
　　皮尔斯作为研究者，认为：在伊娃继续发展其我称作作为加拿大式多语种的公民身份的同时，她也产生了她的说话权的意识。
　　（Pierce,1995：p.25 转引自 Kramsch,2012：p.494）

Kramsch 由皮尔斯"话语权"一词，联想到布丢的合法的说话人的权力这个概念，合法的说话人不但被授权说话，而且是权威地说话。布丢强调语言系统与思维系统的紧密关系，说，话语权不仅仅是让别人听自己说话的权力，而是通过提供另外一个表征并让这个表征被集体认可、接受的

---

① Claire Kramsch, "Imposture: A Late Modern Notion in Poststructuralist SLA Research," *Applied Linguistics* 33.2(2012)：p.493.

方式来改变人们对现实的表征的权力。所以,就伊娃的情况来看,有话语权就是有合法性与权力来推行一个关于加拿大现实的、与她工友相矛盾的观点:即使不看电视或者不知道巴特-辛普森是谁,也不妨碍你做一个不错的加拿大人。Kramsch认为,皮尔斯的评价,承袭了布丢的思想,直接提到伊娃作为一个说多语种的公民有权力推行她的观点,是属于现代主义。

Kramsch提出了后结构主义会如何解读这些材料。后结构主义关注的不是伊娃所发现的自己的多重身份,而是更宏大的问题:伊娃的工友在反复应用谁的(难道你不看电视)话语,把一个移民的合法性等同于她是否认识巴特-辛普森?有利于谁?是什么社会、历史、政治条件使得"说多语种的公民"的主体身份可能被集体认可?文化多元性是否是一个民主社会的合法性的保证?更为重要的是,是什么会使得这个英语学习者觉得有权把自己定位为"多元文化公民"?Kramsch回答了最后一个问题:最终能够让伊娃觉得她应该就是这个合法占有这个话语空间的人的历史、社会条件,不是她突然意识到她的多重身份,而是她被赋予了一个权威的声音。这个声音,来自记日记,来自参与一个资本高度符号化的研究项目。这一参与,把原本教条的师生关系变成了历史性与主体性之间的宽泛得多的符号性关系:既是研究人员又是被试的关系,两者都力争获得大众认可。

(2)民族伪姿态者

Kramsch参阅了亨顿[①]所摘录的一个出身在美国的韩裔本科生所写的自传。该生说,大学第三年,他开始意识到他的文化的重要性,觉得起个英语名字很愚蠢,想到在大学改一个韩语名字。现在,想起父母远渡重洋移民美国寻求更好的生活,他觉得这个决定是个悲剧。他觉得需要回到韩国……他不是金发碧眼白皮肤……他压根儿认为,作为美国白种人不是成为真正美国人的唯一理由。

亨顿说,学生所反映的语言态度变化体现了民族身份形成的4个阶段一致:①无意识,②矛盾心理或逃避,③民族身份开始显现,④民族身份

[①] L. Hinton, "Involuntary language loss among immigrants: Asian-American linguistic Autobiographies," in J. E. Alatis and A. H. Tan (eds.), *Language in Our time. Georgetown University Round Table on Language and linguistics 1999*. Washington, D. C.: Georgetown University Press, 2001, pp. 203—252.

《伪姿态：后结构主义二语习得研究的一个晚期现代概念》一文述评

融合。这些写自传的学生，大多数处于3或4期，但是他们语言历程的完成，还为时尚早。

Kramsch指出，在分析她的少数民族被试时，亨顿使用了一个现代主义的隐喻，语言学习是旅程；与之不同，后结构主义研究者会问：是谁在说话？关于真实性的话语（是什么使得一个人成为真正的美国人？）来自何处？毫无疑问，这个学生既表达了真理/真实的现代话语，也表达了说英语的人的、和渗透于现代话语的绝对真理相较之下的无力感；而无论这个现代话语是科学的，经济的，还是政治的。她的伪姿态感，怎么会从个人的心理问题演变为涉及美国真实话语和经济机会的全球话语？

（3）被叙说的伪姿态者

Kramsch借用了皮勒①一个伪姿态的案例。某某，来自东欧的移民，英语纯熟，急需一份工作，决定去一家为跨国公司拍摄宣传片的西欧广告公司求职。该公司正需要一个英语为本族语的人为片子录音。他如愿以偿。皮勒说：自他任职以来，无人质疑他有本族语者一般的英语水平，一切都顺水顺风。但是，此人觉得自己活得虚假，越来越愤世嫉俗，不再有原本爽朗的性情。

Kramsch指出，皮勒认为某某人愤世嫉俗，是基于某某人或者皮勒本人的关于真实与真诚的现代主义观点。但是，与其把某某人与理想化的真实人格进行比较，后结构主义的态度更乐于探索报告的表征与声音以及研究者—叙述人态度这些问题。Kramsch问道，斜体写的部分，到底是谁的声音？全球信息技术，把复制粘贴变为可能，它是如何恶化声音这个问题的？

Kramsch接下来借用了李昌瑞小说中的一个案例。一位韩裔美籍叙述人的英裔美籍妻子离开他时写下诗歌，列出了他的一串身份。

> 你鬼鬼祟祟的/生活上的B+学生/典型的瓦格纳与施特劳斯的吟诵者/违法的老外/感情上的怪人/黄皮肤的危险人物/新型美国人……陌生人/跟随者/叛徒/特务……伪姿态说英语的人。

接着，Kramsch引用了叙述人的评论：

> 我对莉莉娅撒谎了。只要能够，我都这样。我现在要说事实了。

---

① I. Piller, "Passing for a native speaker: Identity and success in second language learning," *Journal of Sociolinguistics* 6(2002):p.199.

我的父亲，一个不俗的夫子，会表扬我最终尊重事实。在他看来，生活就是乏味的家事。我了解那个细微的糟糕的排位，也了解它是怎样给你定格不同的身份，如：骄娇儿、奴隶儿女、德高望重的父亲、久已死去的上帝……（Chang-Rae Lee，1995：p.5 转引自 Kramsch，2012：p.496）

Kramsch 认为，这样的话语，就像前面对皮勒的节选部分一样，最好从后结构主义角度解读。什么话语被激活了？是谁在通过叙述人说话？在抱怨缺乏合法性的同时，他是怎样获得权威性的？

（4）顺势而为的伪姿态者

最后，Kramsch 引述了洛萨（2011）的一个案例。在芝加哥的两所拉丁美洲人为主的学校里，学校的管理者们，担心学生传统的黑人/拉丁美洲人身份分类会影响学生的学习，尽力消解社会—经济层级，采用"年轻的拉丁美洲专业人士"话语。但是，这一新的职业身份实际上旨在消除墨西哥、波多黎各学生间的民族差异，忽略他们的双语。为了避免被认为外国腔，学生们用洛萨称作的"无重音的英式西班牙语"应对，也就是用英语的强调说西班牙语。在建构了一个说单一语种——英语的人的同时，这些学生的语言策略反映出他们对"无语"（languagelesssness）观念的反对。英语学习者或说双语的人，被认为缺乏唯一重要的语言——英语，因而被强加这样一个观念。在管理者看来，说双语在那时被视为不能正确地使用英语和西班牙语。为了摆脱没有语言的说话人这一污点，学生采用了一些"语言逃离路径"，课堂上说不带重音的英式西班牙语便是其中之一。有人会说，说不带重音的英式西班牙语，即使改头换面，也突显了伪姿态身份。这就是巴特勒所刻画的典型得语言生存策略。

Kramsch 指出，在所有这些案例中，后结构主义都不关心我们怎样帮助霍夫曼、伊娃或者芝加哥拉丁美洲中学学生获得归属感。它关心归属感这个话语来自何处？关键的问题不是伊娃、芝加哥中学生能说什么，而是"他们根本能说的范围是什么？"在这种情况下，为什么要坚持归属感？伪姿态与真正的权威性之间的界限已变得模糊不清，问题不仅仅是如何适应现有的界限，而是从新划清，再次划清界限。那么，主体性何在？

7. 后结构主义伪姿态观的政治愿景

Kramsch 认为，应用语言学的现代主义方法，寻求给无权者以权力，不管他们是移民还是民族或社会中的少数；而后现代主义研究方法意在避开现有的二极对立,并实时设立范畴。后结构主义应用语言学家不会寻求消除霍夫曼和斯代文斯的伪姿态感,而会探索什么样的美国化、阶层意识、学术追求导致了霍夫曼这个波兰移民到哈佛大学学习,并在象哈佛大学毕业生说话时感到伪姿态;什么样的东欧和墨西哥情况使得这个以色列移民觉得自己在美国荒唐可笑。他们的无力感如何变成变革式经历?同样的,洛萨的学生和李昌瑞的本族语者,在意识到强加于他们身上的类别的人为性后,会经历一个转变。亨顿和皮勒的被试,抛弃掉说他人的话语,并把自己归于他人的类别,会从中获益。诺顿的伊娃,明白她的工友的话语和她自己作为移民的话语都有其历史原因后,不论是置身于加拿大的当地社区还是更大的跨文化关系网,不论是作为"加拿大多元文化公民"还是全球公民,皆能发出自己的声音。

8. 结语:伪姿态对应用语言学研究的挑战

这是 Kramsch 原文的最后一部分。作者总结了全文思想。她说:

> 说话的权威性基于说话人的母语、生理特征、社会阶层,或肤色,越是具有多样性,说话人越是可能感到不具有说话的权威性。还有一个同样大的可能性:世界看似失去中心,你无法回避后结构主义悖论:一方面我中有你,你中有我;另一方面,只能通过他者的语言建构自我。说话人搞不清楚权威性、独立性的依据是谁或者什么。因此,后结构主义应用语言学家不关注语言行为的真值条件,而是关注某些姿态或主体身份的先决条件以及对他人的不可避免的伪姿态。正是理解了全球化的深刻矛盾,后结构主义学者得以帮助说多语种的主体者审视更宏大的问题:人、知识、资金的流动以及人在扮演别人期待他们的矛盾角色时的脆弱性。这个问题实际上是对伦理的变革性探索。说它涉及伦理,因为它挑战主流话语(如全球主义、美国机遇),并试图确定局部道义行动的可能性;说它涉及演变,因为它力图改变追寻的问题而不是已有事实。

> 多语种、多元文化的主体在全球背景下为了生存做出矛盾定位,自然产生假冒;市场调究、民意调查、脸谱简介以及三者倡导并强化的理想化自我越来越定格一个人的身份,作为对策,以求自保,也会自然产生伪姿态。最后,假冒这一概念,促使我们面对一个事实:我们的类属与疆界根植于我们的历史,从而有助于我们理解后结构主

义应用语言学方法昭示的政治愿景。①

三、对克文的简评

克文视界恢弘。语言学是一门精致的学科,几近数学。应用语言学,尤其是二语习得研究的最新发展,高度强调数据的力量,各种检验值见诸于相关研究中,有一种无数据不研究的感觉。数据有个好处,把"觉得""感到""认为"等主观感受化为实实在在的的数字,更客观、严谨。但是,太拘泥于一个个数字,跳不出数字,难免只见树木不见森林。对事物的正确把握,自然需要着眼于事物自身,更需要采用宏观的外围视角。对人的认知,最有效的办法是把他放在社会这个大背景;即使我们对某个城市的每一个角落都烂熟于心,如果不了解它与外部周围的地理关系,我们难以到达。克文把二语习得中的身份问题,放在社会、文化,甚至时代变迁的宏观语境中考察,有利于更好地把握,和当今如日中天的数据式精致研究,可以遥相呼应,相得益彰。

克文视角新颖。当今世界,多元多极,中心崩溃,权威动摇,传统更迭,后结构主义大行其道;人,总是表现出对自己的最大关注,这得到了认知语言学合情合理的解释。但是,已经遨游于深海,翱翔于深空的人类,似乎对自己的认知甚少,就连"我是谁"这个看似简单的问题,困惑着多少人,并成为孜孜不倦的探索话题。这个问题,在日新月异的今天,伴随着技术、经济、文化的流动,变得愈加深沉;外语学习的历史,发端于不同语言文化的交流,源远流长,与之相伴的二语习得研究,也可谓历史悠久。但是,纵观相关文献,我们不难看到,研究者总是关注文化心理对二语习得者在吸取第二语言时的影响,对使用二语时的心理的关注,少之又少。交际是语言的基本功能,对大多数学习者来说,学习二语是为了使用二语,使用才是目的。忽视二语习得者的二语产出心理,实为憾事。Kramsch 捕捉到全球化背景下的二语习得者目标语产出时的身份意识,其科学研究意识之敏锐,让人折服。

四、结语

克文以后结构主义为切入点,以比较的手法,探讨了现代主义与后结

---

① Claire Kramsch,"Imposture: A late modern notion in poststructuralist SLA Research," *Applied Linguistics* 33.2(2012):p.499.

构主义对待二语习得过程中的伪姿态现象的不同方式和关注点,指出本族语者的权威性、合法性曾经被视为二语习得者的目标;在全球化背景下,世界失去中心,权威性、合法性难以确定,多语种、多元文化的主体为了生存做出矛盾定位,自然产生伪姿态。以后结构主义看待问题,会在态度上给应用语言学带来对待伪姿态的变化。克文视界恢弘,与当前流行的二语习得数据化精细研究相得益彰;视角新颖,堪称读者发现科研项目的典范。当然,克文把伪姿态者分为四类,每一类以一个案例进行例示,这些案例的典型性、代表性如何,或许还有待观察。总而言之,克文文理皆备,值得读者用心研读。

参考文献

Bourdieu, p. *Language and Symbolic Power*. Cambridge: Harvard University Press, 1991.

Goffman, E. *Forms of Talk*. Cambridge: Harvard University Press, 1981.

Hinton, L. "Involuntary language loss among immigrants: Asian-American linguistic Autobiographies," in J. E. Alatis and A. H. Tan (ed.), *Language in Our Time. Georgetown University Round Table on Language and linguistics* 1999. Washington, D. C.: Georgetown University Press, 2001, pp. 203—252.

Hoffman, E. *Lost in Translation. A Life in a New Language*. New York: Penguin, 1989.

Kramsch, C. "Imposture: A late modern notion in poststructualist SLA research," *Applied Linguistics* 33.5(2012): pp. 483—502.

Lee, C. R. *Native Speaker*. New York: Riverhead Books, 1995.

Pennycook, A. *Global Englishes and Transcultural Flows*. London: Routledge, 2007.

Pierce, B. N. "Social identity, investment and language learning," *TESOL Quarterly* 29(1995): pp. 9—31.

Piller, I. "Passing for a native speaker: Identity and success in second language Learning," *Journal of Sociolinguistics* 6(2002): pp. 179—206

Rosa, J. *Looking like a Language, Sounding like a Race: Making Latino Identities and Managing National Anxieties* (unpublished phD dissertation). University of Chicago, 2011.

Stavans, I. *On Borrowed Words. A Memoir of Language*. New York: Pengguin, 2001.

Stevenson, R. W. "The muddled selling of the president," *New York Times* 31

(2010): Week in Review, p. 1.

Weedon, C. *Feminist Practice and Poststructualist Theory*. 2nd edn. Oxford: Blackwell, 1987.

陈申:《Kramsch 的后结构主义语言文化观》,《语言教学与研究》2000(1),第74—80页。

跨越科学研究和教学实践之间的鸿沟
——《从科研到实践：书面纠错反馈》一文述评[①]

四川外国语大学英语学院　李　飒

【摘要】 有关书面纠错反馈的问题一直是二语写作研究中长期争论的焦点。香港中文大学的 Icy Lee 教授梳理了近年来在纠错需要，纠错数量，纠错策略，纠错时机以及纠错后学生接纳等方面的相关研究发现，在展示争议的同时，揭示了二语写作领域中科研发现在教学实践中的应用危机，并强烈呼吁在理论的指导下，以真实教学环境中的实证研究为基础的二语写作教学才能是有效的。

【关键词】 书面纠错反馈；二语习得；错误；研究；实践

书面纠错反馈（written corrective feedback）指"旨在提高学习者准确写作能力的语法纠错行为"，[②]在传统二语写作教学中一直都是写作教师评改学生写作作业的主要手段和其最重要的教学任务。写作教师作为"专家读者"给出书面纠错性反馈，让学生知道他们所想要表达的思想是否已经被接受，还有哪些写作目的没有达到，并为学生提供修改意见。众多研究发现写作教师的书面纠错性反馈对于学生写作能力的提高呈现出统计上的显著意义。Ferris 和 Leki 提出在二语写作教学中，必须要考虑到二语学习者因为其外语中介语处于形成的过程之中，需要直接的，详细的纠错反馈来提高写作能力。但是其他研究者和写作教师对此却一直争

[①] Icy Lee, "Research into practice: Written corrective feedback," *Language Teaching* 46.1 (2013): pp.108－119. Icy Lee 现任香港中文大学教育学院课程与教育学系教授，曾经担任香港应用语言学协会主席和对外英语教学协会（TESOL）所属的英语非母语对外英语教师利益部主席。其研究领域主要涉及二语写作和外语教师培训，论文常见于 *Journal of Second Language Writing*, *ELT Journal* 和 *Canadian Modern Language Review* 等核心期刊。

[②] J. Truscott, "The case against grammar correction in L2 writing classes," *Language Learning* 46.2(1996): p.329.

论不休。Truscott 首先质疑书面纠错反馈对于学生二语写作能力提高的作用，并强烈地呼吁放弃书面纠错反馈。Semke 和 Zamel 的研究也怀疑教师巨细无遗的纠错反馈的效果。持续不断的争议引起了二语习得研究者的兴趣，书面纠错反馈的研究也随之迅猛增加，但是对于外语教师在真实教学环境中书面纠错反馈行为的研究却寥寥可数。相比语言研究的其他领域，书面纠错反馈的研究和一线教师的教学实践有着更为直接的联系，因此非常有必要通过梳理科学研究和教学实践的关系来检验书面纠错反馈的研究成果在教学实践中得到运用的情况。香港中文大学的 Icy Lee 教授梳理了近二十年来书面纠错反馈的相关研究发现，结合其自身以师资培训者和写作教师的身份在香港学校的工作经历，通过探讨书面纠错反馈研究与教学实践的关系：哪些科研发现没有得到运用？哪些得到了很好的运用？而哪些被过度运用？进而试图检验科研发现是否使得外语写作教师的书面纠错反馈更为明智。

一、没有得到运用的科研成果

1. 书面纠错反馈的数量

一直以来，写作教师总是订正学生习作中的所有错误，因而导致这样的纠错反馈没有重点。而最近的研究指出教师的书面纠错反馈应该有选择地处理部分错误。Ferris 建议，针对反复出现的错误类型，特别是规律性错误（rule-governed errors）（动词时态，动词形式，冠词，主谓一致），采用集中纠错反馈（focused WCF）要优于没有重点的全面纠错（comprehensive WCF），Bitchener 因此建议写作教师应该一次只纠正一种或几种错误。但有些研究者却指出只集中纠正一种错误是不现实的，因为学生在写作中确实需要同时订正多种错误。相比而言，选择纠错（selective WCF）对于教师和学生来讲更容易操作，不仅减轻写作教师工作负担，而且从情感因素出发，特别是对于语言能力较差的同学，习作上不会留下满篇"朱批"而伤害到他们的自尊，打击写作信心，进而影响反馈接纳。大多数学者都认为集中纠错反馈（特别是涉及规则性错误）对于语言能力差的学习者是有益的，也更容易操作和有激励作用。只是 Bitchener 和 Ferris 在他们最近的研究中发现非集中全面纠错反馈对于高级学习者在提高写作准确性的作用，因此也建议教师需要考虑到学生的实际需要以及他们的语言水平，交叉使用这两种纠错策略。

尽管传统的非集中全面纠错反馈对语言能力较差的学生的作用一直遭受质疑,全面纠错的做法却一直在外语写作教学中盛行不衰。即使香港学校的教学大纲明确要求教师要有选择地标注学生的错误,但 Lee 教授在其研究中不断发现教师们仍然订正学生的所有错误,除了为了提高学生写作的准确性以外,其他主要原因还在于教师们缺乏相应的训练和观摩实践,使得他们只能依赖于这种反馈方式。另外,教师们也迫于外部压力,想通过全面纠错来表现他们辛勤的工作以达到学生和家长的期待以及得到学校内部评教系统的肯定评价。在类似的外语教学环境里,写作教师很有可能受到"越多越好"规则的影响,相信自己批改得越多,自己就是越负责的老师。

在外语教学环境里,写作学习是一个被延长的过程,非集中订正所有错误特别对差生来说是有害的,因为它不仅降低学生的学习热情,还让学生一次面对大量错误订正时疑惑应该更关注哪种错误?应该怎样弥补他们中介语的差距?尽管我们也不能忽略全面纠错反映了外语写作教学的真实情况,也表达了学生需要提高写作准确性的长远要求,但在外语教学中,教师必须要考虑怎样才能为学生达到提高写作准确性这个长期目标提供最好的帮助。什么时候给出反馈?怎样订正学生的全部错误?特别是如何结合部分纠错反馈来实现书面纠错反馈的最大利益?比如 Evans 等学者建议全面订正只针对篇幅较短的文章或段落;Bitchener 和 Ferris 建议教师带领学生只对倒数第二稿或终稿做最详细的全面自我订正。

在对非集中全面纠错反馈和集中部分纠错反馈研究的回顾中我们不难发现学者们的研究往往只针对这个问题的一个方面,几乎没有研究对这两种反馈进行对比,其结论的局限性和争议性非常明显。但近年来越来越多的研究都证实了教师纠错的数量绝非"越多越好",其消极的作用也得到了学者和教师们的认同。因此,外语教师应该思考如何正确看待学生作文中的语言错误,应该理解错误是外语学习者语言能力发展的必然过程,并对学习者的语言错误采取宽容的态度,根据具体情况,考虑部分纠错和全面纠错的合适比例,实现纠错反馈的最大利益。

2. 书面纠错反馈的策略选择

有关书面纠错反馈策略的功效研究所得到的结果往往是相互矛盾的。以直接纠错和间接纠错为例,虽然最近的研究表明直接纠错在目标习得的长期功效上优于间接纠错,但也有证据表明两种纠错策略都有短期效果。尽管研究发现至今为止还没能得到任何结论,但学者们都赞同的一条普遍原则是纠错策略和间接纠错反馈的明晰度①(例如是否应该用订正符号)的选择应该视错误类型,写作任务的性质和学生的语言能力等各种因素而定。一般说来,间接书面纠错反馈能够让学生参与更多的认知活动,所以针对"可订正错误"②(那些学生可以自己修改的系统性错误)最好采用间接纠错反馈,而教师直接订正"不可订正错误"(比如词语选择和词语顺序)。间接书面纠错反馈的研究发现当学生还没有掌握相关语法知识时,纠错时是否使用订正符号的效果差别不大。总的说来,鉴于学生个体,写作任务和错误类型的不同,直接纠错和间接纠错最好能同时使用。

但书面纠错反馈的研究并没有证据表明外语教师根据以上因素来选择纠错策略,他们的纠错常常是任意和偶然的,没有科学研究或理论原则的引导。在香港,教学大纲建议教师们"标明错误让学生能够自己订正……用纠错符号来警示学生他们犯了哪种错误"。在完全没有考虑实际教学的情况下,许多学校编辑了长长的订正符号单,往往罗列多达20至26种错误类型,结果使得教师的批改工作既困难又繁重,也无暇关注学生是否订正了所标示的错误。而当学生收到满篇都是订正符号的作业时,他们很可能也就敷衍了事。

除了订正符号在外语教学课堂上的滥用外,一部分老师又走到另外一个极端,直接订正学生的大部分错误而不考虑错误的类型和学生的语言能力。一些教师认为直接订正能够方便地让学生在订正错误时直接抄写正确的形式而避免再犯错误,省却了在课堂上回答学生的疑问和再次订正学生作业错误的麻烦。

总而言之,不管是直接纠错还是间接纠错,教师们都还没有充分意识到纠错策略的选择应该建立在一个理论基础上,错误类型和学生需求的不同需要不同的纠错策略,因而他们费时费力所做的大部分纠错很可能

---

① Ferris 和 Roberts 在 2001 年的论文 "Error feedback in L2 writing classes: How explicit does it need to be?"中将文中局部反馈划分为高、低明晰度两个级别:高明晰度反馈采用"错误定位与标注",即标出错误具体位置并明确指明错误性质;低明晰度则采用"无标注下划线"形式,即仅用下划线标示出错误存在的全句。

② Ferris 和 Roberts(2001)认为"可处理错误"与语言结构相关,受到语言规则支配,学习者可以通过学习语法或者规则而解决;"不可处理错误"是指有特性的错误,只有通过学习者多年的语言训练,需要使用所习得的语言知识才能自行纠正,因而不可处理。

都是无用功而已。

3. 订正哪些错误？

纠错策略的选择实际上也就是选择订正哪些错误，因此语言错误的分类就显得尤为重要。错误分析的最早倡导者 corder 曾把错误划分为系统性错误(systematic errors)和非系统性错误(non-systematic errors)。他认为"系统性错误，即'语误'(error)，是因缺乏语言知识而产生的，属于过渡语言能力性质的错误，学习者自己无法改正；非系统性错误也就是'差错'(mistake)，是因不能运用语言知识而产生的，属于语言运用性质的错误，学习者自己能够自我订正。"[①]在语言教学中，"语误"是学习者由于没有完全掌握和内化语言规则，从而导致其产出的语言偏离目标语的标准，是学习者缺乏语言知识而产生的，因而自身无法订正；而"差错"是语言学习者在实际运用语言知识的过程中，由于受有限记忆力、规则欠自动化等因素的影响而出现的口误或笔误等言语行为，是学习者不能运用语言知识而产生的，所以能够自己改正。因此，Bitchener 和 Ferris 认为教师应该订正"语误"才能使书面纠错反馈最为有效，而把"差错"留给学生自己订正。Dulay 和 Burt 与 Krachen 一起对错误进行了比较和评价，划分出局部性错误(local errors)和全局性错误(global errors)。局部性错误包括那些不影响交流的错误，比如构词错误，不需要订正；而全局性错误会导致交流失败，比如句法错误和词汇错误，因而才需要得到订正。Van Beuningen，De Jong 和 Kuiken 还把错误分为"语法错误"（比如构词和句法错误）和"非语法错误"（例如拼写和标点符号错误）。对于"语法错误"，直接纠错更为有效，而处理"非语法错误"，间接纠错的效果更好。

尽管研究文献里并没有结论性的证据表明教师在书面纠错反馈中应该处理哪些错误，但是很清楚的一点是选择订正哪些错误的重要性在于需要保证纠错反馈能让学生意识到自己的产出和目标语之间的差距并能够理解犯错误的原因。只有当学生意识到并理解教师所给纠错反馈的理由，才能激发他们对反馈的接纳，才更可能地在接下来的写作中准确地订正自己的错误。但是这些研究发现并没有在课堂上得到应用。Lee 教授建议教师们应该本能地避免详细的全面纠错的反馈形式，而应该思考更

---

① S. P. Corder, "The significance of learners' errors," *International Review of Applied Linguistics* 5(1967): pp. 161—170.

重要的问题：应该订正哪些错误？为什么？针对不同类型的错误应该采用哪种纠错策略？在书面纠错反馈中，教师们最好处理"可订正错误""全局性错误""语法错误"而针对"不可订正错误""局部性错误"和"非语法错误"，采用间接订正的策略可以促进学生自我纠错的能力。另外，教师们也不容忽略 Bitchener 和 Ferris 对处理"高频错误"和"标记性错误"的建议。

对学习者的语言错误分类一直是语言学研究的焦点。Brown 在对学习者的中介语发展阶段的描述时对错误分类做了间接的阐述：错误随机产生阶段（random stage），错误自然产生阶段（emergent stage），错误系统产生阶段（systematic stage）和错误稳定产生阶段（stabilization stage），还系统描述了不同阶段学习者语言错误的特点：在错误随机阶段，学习者对目标语的规则了解甚少，出现的错误随机性强，毫无规律而言，输出的语言大多有误。在错误自然产生阶段，学习者对目标语的规则有了一定的了解，并在学习的过程中不断调整其语言结构，某些规则已经内化，输出的语言和输入的语言材料一致性增强，但是其目标语语法系统仍然处于不稳定状态，表现为学习者的错误前后不一致。在错误系统产生阶段，学习者出现的错误具有系统性，并能够发现和解释自己的错误，只是还不能进行自我修正。但总体而言，其中介语系统和目标语系统之间表现出更多的一致性，已经比较接近目标语系统。在错误稳定产生阶段，学习者已经掌握并能够比较自如地运用目标语的规则，其中介语系统也趋于稳定，出现的错误多是由于疏忽或暂时遗忘某项规则造成的。[①] 何自然教授还按照现代语言学对语用失误的定义，提出了语用失误（pragmatic failure）的概念，即指"学习者在言语练习中，由于没有正确理解话语情景，没有掌握目标语特有的表达习惯和话语方式而犯的言语使用错误"。[②]

以上学者的科研发现已经足以显示外语学习者错误分类确实是见仁见智，这也不难理解一些学者认为因为错误分析理论中"错误的定义和区分标准难以确定，对错误的分类缺少统一的标准，也由于引起错误的原因

[①] H. D. Brown, *Principles of Language Learning and Teaching*, 2nd edn. New Jersey: Prentice Hall Regents, 1982.

[②] 何自然：《语用学与语言学习》，上海：上海外语教育出版社，1997 年，第 206 页。

错综复杂,错误分类也就成了一个难题"。① 错误分类与研究错误的目的、方法以及研究者对错误产生原因的认识是密切相关的。不同的研究基于对错误产生原因的不同认识。出于不同的研究目的,采用不同的分类方法对错误进行了分类,得出了不同的分类结果。纷繁复杂的错误分类让我们更清楚地认识到如果充分考虑学习者言语行为的实现条件,如所处的语境、语言水平、所处的语言发展阶段,并考虑到交际双方的文化背景和价值观念以及是否存在错误僵化的现象,较为准确地划分错误,就能够让教师们更好地认识错误,选择更合适的纠错策略,有效培养外语学习者的语言能力,进而避免劳而无功的尴尬状况。

4. 学生接纳(student uptake)

接纳是由 Lyster 和 Ranta 借鉴话语行为理论引进到错误订正中的,是指学生对教师纠错反馈做出的回应,是"学习者紧接着教师的纠错反馈之后的话语,构成对教师吸引学生注意原错误表达的意图所做出的反应,"②常常被用做衡量纠错反馈的有效性。Ellis 等学者将接纳分为"修正(repair)"和"有待修正(needs repair)",前者即学习者修正了错误,而后者没有修正错误或者修正失败。

有研究很清楚地表明学生无法领会或回应教师的书面纠错反馈,一方面是因为纠错反馈本身不连续,不准确,或者是因为订正符号的混乱;另一方面是受到情感因素的影响。正如 Hyland 指出的那样,只有当学习者愿意并且积极地参与纠错,教师的书面纠错反馈才有用。另外,学生接纳直接和学习能力相关。不管有无纠错反馈,只有当学生的语言能力达到一定的水平,才能获得语法能力。如果学生还没有获得某些语法知识的话,与此相关的纠错反馈都是无效的。

来自师生双方对纠错接纳的危险严重影响了教学实践。教师们花费大量的时间订正错误,不顾可能会因疲劳而给出不一致甚至错误的纠错反馈。在他们看来,学生习作上的潦草批注,冗长的评语(可能还词不达意),满篇的勾圈,画线和订正符号都可能是有效的,丝毫没有考虑这样的纠错订正很可能让学生困惑、痛苦和分心,严重挫伤学生的积极性。同

---

① 束定芳、庄智象:《现代外语教学——理论、实践与方法》,上海:上海外语教育出版社,1996年,第59页。

② R. Lyster & L. Ranta. "Corrective feedback and learner uptake: Negotiation of form in communicative classroom," *SSLA* 19(1997):pp.37—66.

时,外语教师也可能忽略了可学性(learnability)问题。① 他们总是相信学生能够订正教师所指出的所有错误,并没有考虑到个别学生语言能力低下可能使得他们无法自己订正某些错误而导致纠错无效。

学生接纳的重要性在于因为没有接纳,教师的书面纠错反馈就是毫无价值的。Lee教授认为许多外语教师明知道他们的书面纠错反馈效益低下,但他们看上去更关心是否完成自己的工作,而并不考虑学生是否接纳和领会教师的纠错反馈。他们这样做也许就是遵循惯例,缺乏改变传统的独立性。为了增加学生接纳的成功,通过加强教师培训和持续的职业发展来提高在书面纠错反馈方面的意识是非常有必要的,教师们必须考虑采用何种纠错策略来促进学生参与反馈和提高对反馈的领会力,例如电子反馈,使用文字处理器或"面对面反馈"。Brown还采用不同的颜色来标记不用的错误类型,让学生逐渐意识到他们重复犯错的错误类型。当然没有哪种纠错方法是完美的,其关键在于不管使用哪种形式的书面纠错反馈,学生接纳都是一个教师必须考虑的原则问题。

二、得到很好应用的科研成果

1. 书面纠错反馈的需要

有研究表明在写作过程中给出书面纠错反馈要比其他时候都要重要,因为学生可以被允许参与纠错过程,而且绝大部分书面纠错反馈的研究也都着眼于以写作过程为导向的写作教学。但实际上在仍然被结果教学法所统治的大多数外语课堂上,教师们也普遍要求学生在收到教师的书面纠错反馈后订正错误。总的来说,所有涉及书面纠错反馈后学生错误订正的研究发现都得到了很好的应用。只是需要注意的是,在许多外语教学课堂,比如香港,作文修改只局限于以结果教学法为导向的错误订正。因此,在香港,教师们把这样的做法叫做"纠错"(correction)而不是"修改"(revision)。

Lee教授肯定了教师要求学习者订正错误的努力,却回避了"纠错"

---

① Pienemann在二语习得多元模式的基础上,提出了可教性假设(teachability hypothesis),也被称为可学性假设(learnability hypothesis)。其基本观点是:语言处理策略对语言的发展具有阻碍和制约作用。如果语言教学超前于学习者所处的语言发展阶段,他们依然无法习得所教的内容。只有当所教的语言结构接近学习者该阶段在自然环境中有能力习得的语言结构时,语言教学才能促进语言习得。

和"修改"之间的区别。大部分教师和学生还习惯于把"修改"看作是写作过程中的最后一个环节，简单地等同于纠错或校对，纠正诸如拼写、标点符号、语法、句法和措辞等方面的错误。这样的修改只停留在表面上，并不能使作文的通篇质量得到实质性的改进，而也只有在修改作文的意义以后，发现并缩小写作意图与作文之间的距离，才能使作文切题达意。这也引出了有关书面反馈的另一个争议：书面反馈应针对作文的内容还是语言形式？在过程写作教学法中，教师应分别给出还是同时给出形式反馈和内容反馈？孰先孰后？

20世纪70年代兴起的"交流教学法"强调语言的交流功能，随之引入的"写作过程教学法"更加注重语言的流利程度和对写作意图的表达，内容反馈也随之进入了书面反馈的范围。Zamel认为关于内容反馈应先于形式反馈。在给学生布置写作时可采用三稿制，一稿改内容，二稿改语言形式，最后定稿，引导学生在写作过程的各个阶段，重点关注不同方面的问题。Leki建议教师在批阅初稿和修改稿时评改作文的内容，在批阅定稿时再转向语言形式。他认为这种先内容后形式的反馈模式能促使学习者对作文进行实质性的修改，从而更有助于提高他们的整体写作水平。然而有些学者认为意义只能通过语言来表达，所以将内容和形式分开处理的二分法是错误的。Ashwell的研究也证实了内容反馈和形式反馈的先后对写作水平的影响没有差异，而对内容和形式同时进行反馈的方法比前两种反馈更能提高作文的准确性和改进写作内容。

修改是一个相当复杂的过程，绝不等同于校对(proof-reading)，也不仅仅是整个写作过程中最后的一个环节，它应该贯穿于整个写作过程，而书面纠错反馈只是其中的一个方面。对作文修改的重新认识，可以让教师和学生避免过度关注纠错，把部分注意力转移到作文内容上来，更多地关注写作的构思，中心思想的确定，牢记以中心大意为标准来从事作文修改，从而达到提高写作能力和语言表达力的长远目标。

2. 书面纠错反馈的时间

及时的书面纠错反馈，也就是在合适的时间给出纠错反馈，才可能是有效的。Evans等学者认为"在犯错时间和纠错时间之间并没有毫无意义的间隔"，如果不及时给学习者纠错反馈信息，则会失去纠正错误的良好时机。① 纠错的时机越早,对学生越好,但对教师来说无疑是繁重的工作和额外的压力,特别是对于承担大班教学和沉重工作负担的教师来说尤为如此。因此,在真实的教学实践中,在学生完成写作几天或一周后给出反馈都不太现实。尽管很难收集证据去证实外语教师是否及时地给出书面纠错反馈,但对及时反馈的需要已经成为共识。教师们都意识到及时反馈的重要性,并视之为一个可以达到的合理目标。就这点而言,及时反馈重要性的研究成果在教学实践中得到了很好的应用。

实际上,目前还没有学者定义"及时反馈",也没能具体释义"最适宜"的纠错时间。许多学者认为过早提供反馈会中断学习者的构思、写作以及修改的过程,使得后来的写作和修改完全变成了校对而忽略作文思想内容的改进。对于初级学习者,这个问题就更为突出。他们由于知道自己的语言水平有限,因而更为关注语言的准确性而忽略了写作的思想性和流畅性。

中国外语教学应试现象突出,英语级别考试严重冲击正常的教学,教师往往无暇顾及费时低效的写作过程,过于看重写作结果。另外,课程设置和班级设置也严重影响了书面纠错反馈的功效和实效。学生人数多,课时紧,教师没有精力和时间对学生的错误一一及时纠正,因此,在教学实践中,根据各自的具体情况,提高纠错功效尤为重要。

三、滥用的研究成果

1. 书面纠错反馈对于二语学习的帮助

二语习得研究认为纠错可用作促进语言习得的干预策略,可以帮助学习者发现其语言产出和学习目标之间的差距。与口语相比,学习者在写作中有充足的时间和认知资源来比较他们的语言产出和书面纠错反馈,因而有可能发现两者之间的差距。尽管 Ellis 等学者在其 2008 的研究中发现书面纠错反馈可能帮助学习者更好地掌握某些语法形式,但是书面纠错反馈是否能够有效地帮助处理其他语言形式(诸如非系统性和较为复杂的语法结构等等)还不为人知。另外,还没有确实的证据表明书面纠错反馈有助于学生写作能力的长远发展。

---

① N. W. Evans, et al. "Contextualizing corrective feedback in second language writing pedagogy," *Language Teaching Research* 14.4(2010):p.456.

书面纠错反馈对语言习得的促进和帮助的研究发现显然被滥用了。教师们似乎受到了"信息转移谬论"的影响,相信学习只不过是教师把信息转移给学生,所以花费很多时间给学生改错。[①] 这样的成见使得教师几乎只关注学生写作中的语言,因而忽略了写作能力是一个多方面概念的事实,涉及比如内容、形式和体裁等其他方面。

Lee 教授认为书面纠错反馈作为促进语言习得的干预策略的价值被高估了,对学生产生了不利的影响。教师只关注学生写作的最后成果,注重语言的准确性、语言修辞和语言形式的恰当性,使得学生相信写作主要是语言练习和强化的手段,而忽略行文的流利程度,写作者对观点的挖掘、起草、协作和资源共享等过程。因此,学生可能为了避免犯错误而不去尝试创造性地思考。

所以外语教师必须重新审视学生对写作课的要求:外语写作是为了学习语言,还是为了学习写作?根据他们具体的情况,确定书面反馈的目标。外语教学无法回避以培养外语学习者的基本语言能力为教学目标的问题,因为他们毕竟不同于母语学习者,在尽力表达思想的同时还必须兼顾语言的正确规范性。事实上,语言的正确规范性从很大程度上也会促进表达的流畅性。因此,在中国的外语写作教学环境下,书面纠错反馈被视为帮助提高学生写作准确性的干预策略的重要性是不容忽视,但与此同时必须消除书面纠错反馈对外语学习者的语言发展所产生的潜在负面影响,这样才能促进学生写作能力的提高。

2. 书面纠错反馈和口头的元语言解释

最近的书面纠错反馈研究显示,当涉及"可处理错误"和"系统性错误"时,口头和书面的元语言解释加上书面纠错反馈有利于学生提高写作准确性。而 Bitchener 和 Knoch 在其 2010 年的研究中却得到了不同的结果:不管有没有元语言解释,书面纠错反馈的功效都是一样的。

尽管没有结论性的证据证实书面纠错反馈和口头元语言解释一起使用的有效性,但是在课堂上教师总是要在课堂上讲解学生错误,为书面纠错反馈提供口头元语言解释。Lee 教授认为教师的口头元语言解释仅以学生共犯的错误为基础,漫无目的地,丝毫不考虑错误类型,学生的犯错

---

① J. Truscott, "Further thoughts on Anthony Bruton's critique of the correction debate," *System* 38.4(2010):p. 629.

动机和元语言知识。她提醒教师们需要考虑怎样的元语言解释才能和书面纠错反馈一起最有利于学生的学习和帮助他们理解反馈信息。例如，如果教师的书面纠错反馈只集中在特选的几种错误类型，只针对这几种错误类型的口头元语言解释才能促进学生的学习。但是，如果口头元语言解释并不针对这些错误而是任意的，不系统的，不考虑学生元语言知识，不考虑学生听讲和参与口头解释意愿的，那这样的口头解释对学生是毫无帮助的。不幸的是，这样的做法在教学实践中比比皆是。除了口头元语言解释，教师还应该想到在给出反馈后还可以采用哪些策略来最大程度地帮助学生修改自己的作文。比如，在收到教师的书面纠错反馈后，根据教师的书面和口头元言语解释，学生可以结对学习，相互帮助修订自己的习作。

四、结论

尽管书面纠错反馈的研究如雨后春笋，研究发现也层出不穷，但是没有确凿的证据证实这些研究成果被外语教师所熟知并对教学实践产生了积极的作用，这也可以解释为什么被滥用的研究发现要远远地少于没被运用的部分。为了使书面纠错反馈的研究能够用于改善教学，Lee 教授认为很有必要让教师做好书面纠错反馈的准备，了解书面纠错反馈的最新科研发现，反思自己的书面纠错反馈的做法，发挥纠错反馈的最大效益。但是，教师知道的和相信的，和他们的具体教学实践往往是两回事。因此 Lee 教授呼吁在以后的研究中需要大量的以教学课堂为中心的实证研究来调查教师在实际的教学环境里如何给出书面纠错反馈，他们的想法和关注，他们学生的动机，语言水平和反应，教学制度对于他们书面纠错反馈的影响。当以二语习得为导向的实验性研究在书面纠错反馈对于提高学生写作准确性的作用方面得到启示性结论后，我们更需要在真实课堂环境下从自然的研究中来调查书面纠错反馈的研究成果的应用情况。

总而言之，在书面纠错反馈的领域，科学研究发现和教学实践之间横亘着巨大的鸿沟。如果不被教师用于教学实践来改进学生的学习，外语教学领域的研究就实为堪忧，因为不是研究者而是参与教学实践的教师来批改学生的作业。因此，Lee 教授提出应该帮助教师积累实用的教学实践的知识，通过以课堂为基础的实证研究使得他们有意识地，并有能力找到自己的有效反馈方式，而无需转化其他研究者在不同教学环境中所得到的研究结果,或者是实验性质的研究发现,这些无疑离真实的课堂太远。

　　Lee 教授的此次研究,详尽地梳理了书面纠错反馈各个方面的相关研究发现,在肯定了学者和外语教师们对于书面纠错反馈的必要性和及时性的共识和为此所做的努力的同时,也批评了他们对书面纠错反馈功效的夸大和口头元语言解释的滥用。此外,Lee 教授还比较了在纠错数量,纠错策略,错误类型和学生接纳等方面的科学研究发现和教学实践的现实,揭示了科研和教学实践之间巨大的空白和科研对教学实践的指导的危机。她强烈呼吁书面纠错反馈需要大量的在真实教学环境中的实证研究,强调了研究发现对于外语写作教师的教学实践的指导意义。虽然 Lee 教授在本篇论文里未能提及书面纠错反馈的所有相关理论和研究发现,但她主要关注的纠错反馈研究发现中的争议以及科研发现在教学实践的应用危机的问题,对于二语习得研究者和外语写作教师的科研和教学实践的警示意义是深远的。

参考书目

Bitchener, J. "Evidence in support of written corrective feedback," *Journal of Second Language Writing* 17.2(2008): pp. 102—118.

Bitchener, J., S. Young & D. Cameron. "The effects of different types of corrective feedback on ESL student writing," *Journal of Second Language Writing* 14.3(2005): pp. 191—205.

Brown, H. D. *Principles of Language Learning and Teaching*, 2nd edn. New Jersey: Prentice Hall Regents, 1982.

Burt, M. K. "Error analysis in the adult ESL classroom," *TESOL Quarterly* 9.1(1975): pp. 53—63.

Corder, S. P. "The significance of learners' errors," *International Review of Applied Linguistics* 5(1967): 161—170.

Ellis, R. Y. Sheen, M. Murakami & H. Takashima. "The effects of focused and unfocused written corrective feedback in an English as a foreign language context," *System* 36.3(2008): pp. 353—371.

Ferris, D. R. "The influence of teacher commentary on student revision," *TESOL Quarterly* 31.2(1997): pp. 315—339.

Ferris, D. R. "The case for grammar correction in L2 writing classes: A response to Truscott (1996)," *Journal of Second Language Writing* 8.1(1999): pp. 1—11.

Hyland, F. "Future directions in feedback on second language writing: Overview and research agenda," *International Journal of English Studies* 10. 2(2010): pp. 171 —182.

Lee, I. "ESL learners' performance in error correction in writing: Some implications for teaching," *System* 25. 4(1997): pp. 465—477.

Lee, I. "Understanding teachers' written feedback practices in Hong Kong secondary classrooms," *Journal of Second Language Writing* 17. 2(2008): pp. 69—85.

Lee, I. "What about a feedback revolution in the writing classroom?" *Modern English Teacher* 19. 2(2010): pp. 46—49.

Lyster R & L. Ranta. "Corrective feedback and learner uptake: Negotiation of form in communicative classroom," *SSLA* 19(1997): pp. 37—66.

Pienemann, Manfred. "Psychological constraints on the teachability of language," *Studies in Second Language Acquisition* 6. 2(1984): pp. 186—214.

Truscott, J. "The case against grammar correction in L2 writing classes," *Language Learning* 46(1996): pp. 327—369.

Truscott, J. "A problem and a non-problem for English learners," *English Teaching and Learning* 22. 5(1997): pp. 59—67.

Van Beuningen, C. G.. "Corrective feedback in L2 writing: Theoretical perspectives, empirical Insights, and future directions," *International Journal of English Studies* 10. 2(2010): pp. 1—27.

Zamel, V. "Responding to student writing," *TESOL Quarterly* 19. 1(1985): pp. 79—101.

何自然:《语用学与语言学习》,上海:上海外语教育出版社,1997年。

束定芳、庄智象:《现代外语教学—理论、实践与方法》,上海:上海外语教育出版社,1996年。

国外 CL 框架下二语词汇教学的回顾与展望
——《二语词汇教学研究的认知语言学途径——评估与整合》一文述评①

四川外国语大学英语学院　李　旭

【摘要】 近年来,二语词汇习得研究视角日趋多元,在主流的社会视角百家争鸣的背景下,认知视角异军突起。自 20 世纪 90 年代以来,很多语言学家开始尝试将认知语言学理论运用于二语词汇研究之中,以期探索出更加理性的认知教学方法论,从而提高二语词汇教与学的效果和效率。新西兰语言学家 Frank Boers 在《二语词汇教学研究的认知语言学途径——评估和整合》这篇带有综述性质的论文中,以一个学者以及研究者的身份,对近二十年来二语习得领域中新出现的以认知语言学为依托、以学习动机为中心的、非任意性的词汇习得模型进行了追踪和评估,并结合主流二语词汇习得研究中的诸多核心话题,探讨了认知途径与之整合的可能性。

【关键词】 认知语言学途径;二语词汇教学;评估;整合;展望

一、引言

构筑语言大厦的词汇在任何语言中都处于中心,英国语言学家 Wilkins 曾不无偏激地认为,"没有语法,人们能表达的内容寥寥无几,但没有词汇,人们就根本无法表达"②。不可否认,在二语习得中,词汇习得

---

① 本文原为 Frank Boers 在 2011 年 3 月 28 日美国应用语言学协会芝加哥年会上的发言稿,后经修改后刊登于剑桥大学出版社的 *Language Teaching: Surveys and Studies* 2013 年 4 月第 46 卷上,第 208 页到第 224 页。

② 20 世纪 80 年代以前很长一段时间里,二语习得研究重在语法习得研究,而语言的中心组成部分,词汇的教学和研究却被忽视了。早在 20 世纪 70 年代早期,Wilkins 就已意识到这个问题,谈及词汇的重要性,并指出语言学家很少论及词汇,很少有研究对词汇教学感兴趣。见 D. Wilkins, *Linguistics in Language Teaching*. London: Edward Arnold, 1972. 自此,备受冷落的词汇开始逐渐成为语言研究的热点。

也应该占据核心地位,对学习者具有特殊的重要性,并贯穿语言习得的全过程。就交流中的意义建构(meaning construction)而言,词汇远比语法重要。正是在这样的意识前提下,20世纪70年代以来,二语词汇习得研究逐渐发展成为二语习得研究中最热门的下属领域之一,得到学界的广泛关注。众多学者和研究者都投身于此领域中,展开了如火如荼的理论和实证研究。兴起于20世纪80年代以体验哲学为基础的认知语言学(cognitive linguistics),强调语言不是心智的自治部分,而是与人的经验相关,尤其对语言符号的系统性和理据性特点的大胆阐释,更是为二语词汇习得研究注入了新鲜的血液。从20世纪90年代开始,很多有认知语言学背景的研究者,利用词汇的理据性特点去刺激二语学习者在习得过程中的参与度,并由此展开了一系列的准实证性研究。尽管大多实验规模较小,有的仅显示出小效应量,还有的因某些混杂变量很难阐释,但这些尝试,无疑对二语词汇研究中认知语言学途径的介入,提供了有利的证据。(Boers,2011:p.208)但是,这些尝试能带来多少教学方法论上的改进呢?认知语言学框架下的二语词汇研究,在多大程度上能与主流的二语词汇研究结盟?如何最大化利用主流研究中的洞见去优化认知途径?最终能整合出一个更加全面的途径来指导二语词汇教学研究吗?诸如此类的问题,Frank Boers[①]在《二语词汇教学研究的认知语言学途径——评估与整合》(Cognitive linguistic approaches to teaching vocabulary: Assessment and integration)这篇带有综述性质的文章中,结合主流二语词汇研究中的选择问题,分散式学习的可取性以及获得补充信息的需求等方面,一一进行了讨论。全文架构清晰,共分六个小节。前面两节分别对二语词汇研究转向认知语言学途径的背景进行了综述,并分析了认知语言学介入的原因。接着,作者展示了近十年来二语词汇教学中认知干预较有影响力的实证研究示例,并对实验结果进行了分析。在此基础上,作者探讨了认知途径如何与主流研究结盟。最后,在结语中,Boers指出认知语言学与二语词汇研究的结合将成为非常有前景的发展趋势,并呼吁研究者们开展更多的有效实验去探索出更加全面和成熟的二语词汇教学范式。

[①] Frank Boers,新西兰惠灵顿维多利亚大学语言学与应用语言研究学院的教授,从20世纪90年代以来,一直致力于词汇学和隐喻的研究,近年来他的研究侧重于二语习得中的词汇和短语教学实证研究,已发表相关著述30多篇。

二、主要内容

本文将从以下几个方面对 Boers 这篇论文的主要内容进行概述：

1. 背景

对二语学习者而言，他们面临的词汇学习的挑战是什么？词汇教学策略效果怎样？如果不尽如人意，应如何弥补？这是否也给二语词汇教学研究带来了认知语言学途径的契机？

在这一小节的词汇研究的背景回顾中，Boers 开篇援引 P. Meara 的《词汇习得：语言学习中一个被忽略的方面》(Vocabulary acquisition: A neglected aspect of language learning)[①]这篇文章中的摘要部分，指出词汇研究在二语习得研究中日趋重要。Boers 认为，词汇量在很大程度上决定二语的熟练程度。他综合 Iwashita et al. (2008) 和 Qian(1999) 以及 Staehr(2009) 等学者的研究成果，进一步强调词汇量大小与语言运用其他方面诸如口语听力阅读理解等都呈正相关性。按照 Nation(2007) 等学者在词汇教学研究中的估算，如果 7000 词族（word family）的掌握是理解非技术性篇章的最基本的词汇量，那这对二语学习者来说是相当大的一个挑战。Boers 分别从以下三方面阐述了词汇掌握的难度。首先，词族是由词元（lemma）和各种派生形式（derivations）组成的，数量庞杂。以 argue 为例，其各种词性和屈折变化的形式多达 8、9 个，学习者在习得过程中很容易顾此失彼。其次，多义词（polysemy）进一步加大了词汇习得的难度。很多多义词因涉及一个以上的形式—意义的映射，很难保证学习者不仅要了解这些词汇的本义，还要能熟练掌握所有的引申义，尤其是高频多义词中的介词和多功能动词（如 have），更令学习者望而生畏。再者，随着数据库语言学的问世，越来越多的证据表明，词汇知识超越单个

---

① 见 Paul Meara, "Vocabulary acquisition: A neglected aspect of language learning," *Language Teaching and Linguistics* 13.4(1980): pp. 221—246. 英国心理语言学家 Meara 的这篇文章在词汇习得理论研究中，具有里程碑的意义，标志着词汇习得理论的现代研究开始进入轨道，此后影响了一大批著名的应用语言学家如 Stern(1983)，Laufer(1986) 等相继撰文强调词汇习得研究的重要性，与词汇相关的研究成果也随之大量出现，涉及的领域涵盖词汇研究的各个方面。2002 年，Meara 在《二语研究》杂志中再次发表"The Rediscovery of Vocabulary"一文，声称我们现在所处的年代与其说是一个词汇研究发展的阶段，不如说是一个重新发现词汇研究的阶段。

词义。在对大量语料进行研究后,语料库语言学家 Sinclair(1991)[①]提出语言加工过程中的习语原则(Idiom Principle)呈现出一整套词语伙伴关系和多词单位,如搭配、多词项动词、套话、社交寒暄语、习语、语篇架构语等。这些被统称为程式化语块(formulaic sequence)的语言单位是母语习得者全面掌握并熟练运用母语的关键,若纳入二语词汇习得的框架中,无疑又给学习者带来了更大的挑战。(2011:p.209)

如何应对这些挑战呢? Boers 认为, Krashen(1989)等学者倡导的"附带学习"[②]策略,显然耗时且低效。事实上,Laufer(2011)等学者已在近年的实证研究中指出,二语学习者通过附带学习词汇的过程是非常缓慢的,尤其在非沉浸式的语境中。正因如此,Laufer(2005)基于 Nation(2001)关于词汇教学的平衡式学习大纲[③],倡议研究者们在以语言为中心的活动中对词汇进行更加明确的讲解。在 Boers 的理解中,Nation 的此大纲包括以信息为中心的输入(message-focused input)(因考虑到认知语言学在定义上是将所有的语言单位都视作有意义的,故 Boers 在此将 Nation 使用的 meaning-focused 表达式换成 message-focused。以下同)指让学习者在听、读等交际活动中学习词汇;以信息为中心的输出(message-focused output),指让学生通过借助笔头等交际活动,在表达意义的同时,理解并掌握词汇;以语言为中心的学习(language-focused learning)指通过语法讲解句法操练词汇讲解等方式,让学生专注于语言项目的学习;流利度发展(fluency development)指通过重复性阅读背诵等手段,提高学生语言输出的速度。(2011:pp.209-210)如此看来,

---

① Sinclair 在 1991 年提出"习语原则"和"自由选择原则"。前者将语言看成由特定语词组成的预制语块,并把它们作为整体来选择和调用。后者则把语言看是按语法规则在单词层面上进行复杂选择和操作的结果。2007 年,他进一步强调语言的意义单位是短语,语言使用有"短语趋势",即词语之间趋于相互匹配,在组合中获取意义。见 J. Sinclaire, *Corpus, Concordance, Collocation*. Oxford: Oxford University Press,1991.

② "词汇附带习得"(incidental vocabulary learning)这一名词是 Nagy, Herman 和 Anderson(1985)在研究儿童学习母语词汇的基础上提出来的。他们认为,大多数的母语词汇很可能是通过广泛的,以获取意义为目的的阅读中附带习得的,而不是通过刻意学习习得的。此后,这一假说被很多语言学家运用到二语词汇研究中。见 W. Nagy, P. Herman, & R. Anderson, "Learning words from context," *Reading Research Quarterly* 1985 (20):pp.233-253.

③ I. S. P. Nation, *Learning Vocabulary in Another Language*. Cambridge: Cambridge University Press,2001,pp.388-391.

Laufer 的提议似乎为认知语言学在二语词汇教学中的介入提供了契机。显然,按照 Nation 对大纲的阐述,以语言为中心的词汇教学方法旨在帮助学习者将注意力聚焦在语言信息的表征而非语言信息的内容之上。通过明确讲解某些语言特点诸如语法词法等,学习者能关注到新的语言项目。这种文法中心论的教学方法,也是以认知语言学为导向的干预研究中的主要方法。正是在这样的背景下,Boers 认为,来自认知语言学中的理念或为以语言为中心的词汇教学方法锦上添花。

2. 为何转向认知语言学?

在这一小节中,Boers 从认知语言学的基本原则,尤其是已运用于词汇研究中的主要理念入手,分析了二语词汇研究转向认知途径的原因。他综合 Langacker(1987)的研究成果,指出:

> 认知语言学运动是为反对主流的生成语法孕育而生的。生成语法更多是将语言视作脱离一般认知能力以及语言实际运用的某种特定目的的组成部分,而认知语言学将语言及其语言的习得视作基于用法的,并反映出操纵我们与世界互动的一般认知能力。在这样的理念之下,语言现象被视作是有"理据"的。语言中的一些现象总是比其他现象更可能发生,是因为它们与人类习惯性的感知和认知经验更趋一致。(2011:p.211)

Boers 接下来详细阐述了认知语言学视角下语言的"理据性"(motivated)的表现。作为认知语言学的核心术语,"理据"被用来描述语言本身,意指某一语言形式或语义表达是非任意、可解释、有理据的。语言根植于我们对外部世界的感知,属于认知机制的一部分,语言的形成和发展在很大程度上依赖隐喻、转喻和意象。而词汇范畴的内部结构、词义关系、多词项的共现以及词与词的搭配等等,都可以从人类的认知机制和知识结构中得到解释。Boers 首先以"The table is being run around"为例,指出此句语义的荒谬在于它跟我们的场景基本认知原则中的"图形—背景"模式不相符合。由此可见,语言是理据于基本认知的。然后,Boers 用原型(prototype)理论解释了"A glass of alcohol containing wine, please"这句话语义的荒谬:认知中的原型范畴"alcohol"本无需修饰,因特点已经明晰明了,而只有辐射性网络范畴词才需修饰。这个例子进一步解释出语言的理据性特点。接着,Boers 再以生活中我们会以"Shall I give you a hand"来替代"Shall I give you a foot"这种语言现象,阐释了人类通常"用手而不是脚来操作物体"的这种共识会直接反映在语言的表达当中,这种转喻式的语言表达同样显示出语言的理据性。更多的语言现象诸如"All the good news is getting me up"中,选择"up"而非"down",是出自"喜悦的情绪令嘴角上扬"这一人类经验,这也从另外一个方面揭示了语言的理据性特点,即语言与我们的经验相关,语言运用中充斥着常规化的隐喻和转喻表达。由此可见,理据的表征无处不在。(2011: p.211)

帮助二语学习者从显性的语言的任意性特点中发现隐性的理据性特点,以促进他们的词汇习得效率,是有认知背景的语言学家们尝试将认知语言学引入词汇研究中的最主要的原因。最经典的认知途径的词汇研究当属高频多义词中的介词了,Boers 综合 Brugman(1981)以及他本人(1996)在这方面所做的研究,提出认知语言学中的"原型"以及"隐喻"理念,强化了介词的理据性研究。多功能词汇中的情态动词,是认知语言学家们极感兴趣的另一个研究领域。

Boers 认为,认知语言学研究中极富成果的一个分支是概念隐喻理论(Conceptual Metaphor Theory),此理论源自 G. Lakoff 和 M. Johnson(1980)合著的《我们赖以生存的隐喻》(*Metaphors We Live by*)。在此框架之下,隐喻普遍存在于我们的日常生活,语言也不例外。隐喻的理解涉及两个认知域:始源域(source domain)和目的域(target domain)。概念隐喻就是用一个认知域的经验来理解另一个认知域的经验,其实质是用一类事物来理解和体验另一类事物。(2011:p.212)语言的理据性特点在此理论中,得到了充分的展示。

那么,上述的多义词和比喻性的多词单位是如何纳入认知视角(尤其是概念隐喻理论)中的教学方法论的多元尝试呢?在下面的小节,Boers 将对认知框架下的词汇教学示例进行综述。

3. 认知语言学途径下的二语词汇研究内容综述

在这一小节中,Boers 对 20 世纪 90 年代以来,认知语言学家们将认知语言学(尤其是概念隐喻理论)引入二语词汇教学中的两条主线进行了梳理并分析认知干预或促进词汇记忆的依据。

第一条主线涉及多义词的教学,通过建立与其基本用法的联系,帮助学习者更容易记忆二语词汇中多义词的非基本用法。较为简单的教学方法是当学习者在课文中遇到某些词汇的比喻性用法时,先提醒他们关注这些词汇的字面意思；或通过图片绘画等方式，加深学习者的记忆；或鼓励学习者通过词汇的字面意思去猜测它的比喻义（Linderstromberg & Boers,2005）。但在Boers看来，上述词汇教学方式都只涉及很简单的认知语言学的干预。对于某些高频多义词，典型的认知干预涉及更为广泛的教学尝试，这期间就要借助原型理论，让学习者从原型开始，循序渐进地掌握原型辐射处的边缘词义，进而掌握整个语义网络。（Tyler & Evan, 2004, Lindstromberg,2010）第二条主线涉及习语和短语动词的教学尝试，主要通过展示这些习语和短语的常见概念隐喻，加深学习者对词汇的记忆。具体教学方法如下：第一，将所有有着相同隐喻的短语归入一类，如"Simmer down, He blew up at me"等都含有"身体是情绪的容器"的隐喻中，故可以并置教学。第二，将出自相同源域的不同的习语或者短语动词归入同类中进行教学。如"Clear the decks, On an even keel, Out of your depth"等习语均可追溯至"航海业"。教学过程中，Boers认为，还可以更多的认知方法刺激学习者的参与度，比如鼓励他们分析某特定概念隐喻为何具备解释力的原因，或要求他们对比第一语言，看概念隐喻是否被两种不同的语言共享。第三，如果习语的字面含义与其比喻义一致，可对其字面含义进行形象化的逐一阐释。如面对"Being on the rope"这类习语，通过提示其始源域"拳击"，鼓励学习者逐一进行字面含义的猜测，从而较深对习语的理解和掌握。（Boers et al.,2009；Szczepaniak & Lew,2011）(2011:p.213)

那么，词汇教学中以认知干预去促进学习者的词汇记忆，基于什么样的前提？Boers综合各位学者的观点，总结如下：首先，这种教学尝试暗合记忆加工深度理论（Cermak & Craik, 1979），意指通过对词汇的意义精化的深层次加工，帮助学习者更好记忆词汇。其次，认知教学干预涉及创建意象，与双重记忆解码理论相关（Paivio,1986；Sadoski,2005）。最后，认知视角下的词汇教学观认为浩如烟森的词汇系统有理据，可预测，这无疑增强了学习者的信心。(2011:pp.213—214)

4. 成效？

Boers列出了从1996年到2010年期间，21位语言学家所开展的16项"二语词汇教学的认知途径"的准实证研究名目并对实验结果进行了分析，以此探讨认知干预的成效。

他首先说明自己在综合分析研究中仅列出认知语言学运用于词汇教

学的实验,而未涉及语言教学中认知干预的其他方面。认知教学框架下聚焦词汇理解而非记忆的实验,变量难以操控的实验以及未引入参照组的实验,还有一些同领域中的未经发表的硕博论文等,均未涵盖在内。Boers 也分析到这 16 个实验中,受试人数从 24(Boers, Demecheleer & Eyckmans,2004)到 127(Li,2009,study 4)不等。实验内容也不尽相同,有的侧重评估受试者对词汇意义的记忆(e.g Verspoor & Lowie,2003),有的测试受试者对词汇的重现(e.g. Boers,2000a,b),还有的测试,上述两方面的内容,都同时关注(e.g. Boers,2001)。总体看来,16 个实验中的实验组,尽管有受试人数以及受试内容的差异,但所有的实验组,在实验后的测试分数,都体现出显著性差异 $p\ 0.05$,明显优于参照组。如此看来,在词汇研究中引入认知语言学理念,无疑是卓有成效的尝试。

当然,Boers 也进一步谈到在解读实验数据时,不可盲目乐观。首先,他认为一些实验缺乏充分和精确的测试前方案(e.g. Boers,2000a)。其次,有些实验仅仅涉及即时的测试分数,而缺乏后续测试以保证其持续性(e.g. Boers,2000b,study1)。第三,还有些实验中,实验组的良好表现可能不仅仅归因于认知手段,诸多其他因素也可影响实验的结果。比如有些实验中,对词汇表进行过有利于认知教学的分组。参照组的词汇列表未经处理,但实验组的词汇表都按不同的隐喻范畴进行了切分(e.g. Boers,2000b, study 2)。再如,受试组被提前告知实验将有利于词汇学习,无疑会带给他们更多心理上的优越感(e.g. Berendi et al. ,2008)。另外,受试者的整体语言素质较高(Tyler et al. , 2010)或时间投入较多(Tyler, Mueller & Ho,2010)等上述混杂变量都不可忽略。

尽管如此,Boers 在自己的综述中指出,整体看来,二语词汇教学研究中认知语言学的引入已开始显示出其强大的生命力。与此同时,若能从主流的二语词汇研究中汲取养分,与之对话结盟,是否能带来更高的效度呢? (2011:p.216)这个问题,Boers 在下面一个小节中进行了探讨。

5. 对话"主流"

在这一小节中,Boers 结合二语词汇主流研究中的话题,分别从分散性学习的可取性,研究项目选择问题以及不同的知识与不同的学习方法之间的抉择等三个方面,提出了在二语词汇教学中,认知途径如何与主流研究在争锋中妥协互补。

(1) 分散性学习的可取性

长期以来,主流的二语词汇研究领域中,出自心理学、教育学心理学以及二语习得等不同背景的学者们,对成组呈现词汇项目是否会促进词汇学习这一观点,一直有争议。Boers 将上述观点分析如下:

> 已有研究表明,学习意义相关的新词(如职业类的词汇、服装类的词汇、性格类的词汇等)要比意义不相关的词汇耗时更长(Tinkham,1997;Waring,1997;;Finkbeiner & Nicol,2003)。显然,同现词汇的语义共性加大了混淆的风险。尤其当这些词汇同时又表现出形式上的相似性时,混淆的风险更大。如,不建议在教学中把来自"水果类"的 lemon 和 melon 这两个词同时呈现给学习者。(2011:p.217)

如何帮助学习者降低错误的交叉联系的风险呢?主流研究指出,分散学习的策略是较好的解决途径。即,对于相关词汇,让学习者先学好一个单词,根植于长期记忆,保证其已牢固盘踞在记忆中的语义网络之后,再学另外一个单词。

以认知语言学中的概念隐喻理论为依托的二语词汇教学,总是涉及词汇的成组呈现,如按概念隐喻域或始源域等对词汇进行分组。但在 Boers 看来,这种分组不单纯是"主流"研究中所讨论的"语义相关",它涉及语义框架,其实更有助于学习者掌握词汇。如 castle,dark,haunted,scream 等词就构成"鬼故事"的语义框架,这更容易促进学习者的理解和记忆。在这种教学范式下,Boers 接受主流研究的观点,认为分散学习,即分批次分时段在语义框架中给学习者增添新词,当属更佳学习策略。不过,在遇到诸如介词和多目的动词的高频词时,Boers 认为,仅靠分散学习,远远达不到词汇习得的效度。比较折中的教学手段是,先分散学习再集中学习,如先让学生在分散学习阶段掌握介词 on 在各种搭配中的不同用法和含义,再用集中学习的方式让学习者掌握 on 与邻近介词如"in""at"等不同搭配和用法的区别,帮助他们加深记忆。

总之,在 Boers 看来,认知干预强调的"按需教学"或"趁机教学",与主流所倡导的分散学习不谋而合,符合基于使用的语言的特点。从这一点看来,认知手段在二语词汇教学研究中,其实是与主流研究相辅相成的。(2011:p.217)

(2) 研究项目选择问题

Boers认为,主流的二语词汇研究中,常刻意选择低频词汇作为对象以对先前知识进行控制研究,那么认知途径是否做出了类似的选择?认知干预的实证证明,同样如此。Boers以自己在实证研究中常涉及的"习语"为例,综合众多学者的观点,从以下三个方面,分析了这种研究项目选择的原因。首先,习语最易造成理解问题,即使是出现在线索丰富的上下文中(e.g. Boers, Eyckmans & Stengers, 2007)。Littlemore(2011)的研究中指出,大学讲师们使用的习语表达,是国际学生在听讲过程中最主要的障碍。跨文化差异加剧了习语理解的难度(Hu & Fong, 2010),但因习语本身发挥着非常重要的社会语用功能,一旦理解有误,又会反过来影响交流(O'Keeffe, McCarthy & Carter, 2007: pp. 80-99)。其次,Boers认为,在某些学习者眼中不值得花费时间去学习的这些低频习语,其实在很多语篇的构建中,其运用比一些动词短语搭配的频率更高。在Boers本人与Lindstromberg 2009年的合作研究中(2009: p.67),他们就发现在犯罪小说中,诸如"off the hook"等比喻性的习语出现的频率远远高于常见动名词的搭配如"tell a truth"。

另一个低频选项是音系层面的理据分析。Boers总结了近年来学者们在这方面所做的研究。如,音系重复(头韵、尾韵等)在词的伙伴关系中至关重要(Boers & Lindsromberg, 2009, Ch.6)。他们从麦克米伦词典中取样5667个多词单位,发现13%以上(不少于737个)含有头韵,再算上尾韵和谐元韵的话,音系重复的多词单位将近20%。Boers等学者的研究进一步发现,一些二项式短语的公式化序列或一些明喻构成的多词短语中,音系重复的比例都高达30%以上。除了音系重复,引导学习者关注形—义之间是否协调得体,也不失为巧妙的切入口,如让学习者通过声音去猜测"harageous"到底意指"善良"还是"野蛮",多数学习者总会猜对。如此看来,如果词汇研究聚焦在这一音系层面的理据性特点的探索中,无疑会帮助学习者加深记忆。(2011: p.219)

(3) 不同的学习,不同的知识

主流研究倡导二语词汇的习得应遵循第一语言的习得路径。Boers对这一观点提出了质疑。第一语言的习得者自小全面掌握公式化序列,成长的交流中可随时从词汇中自如地提取这些预制化的语块。而二语习得者没有这个先天优势,在语言加工过程中更多采用的是逐字分析的方式(Wray, 2002),从熟练程度上讲,远不如第一语言习得者。因此,很多主流研究者认为,二语词汇的习得也应照搬第一语言习得的模式。学习者应绕开逐字分析的过程,专门学习整体语块的公式化序列。(2011:p.219)

显然,Boers 认为,自己这篇综述论文所涉及的实证研究可以看出,认知干预的重心还是放在培养学习者的分析能力之上,并没沿用主流研究中的老路(e.g. Liu,2010)。学习者在逐一对词汇进行原义引申义,不同的搭配,搭配的方式和原因等多方面多角度的分析后,不仅能知其然,而且能知其所以然,这样的教学势必有助于调动学习者的深层认知加工,加深对目标词语的记忆,有效提高课堂教学的效率。与此同时,Boers 也肯定了第一语言的习得知识对二语习得的补充。正如 Nation(2007)所言,以语言为中心的学习,还应得到其他如"信息输入,信息输出,流利度发展"等方式的补充和丰富。至于课堂内的认知干预与课堂外的学习如何平衡,认知途径又如何与主流途径在二语词汇教学携手并进,Boers 认为,这一方面的研究仍然任重道远。

三、简要评述

早在 1996 年,Frank Boers 就出版了《空间介词与隐喻:上—下—前—后的认知语义旅程》(*Spatial Prepositions and Metaphor: A Cognive Semantic Journey along the Up-down and the Front-back Dimensions*)①这本专著。自此以后,他一直致力于将认知语言学与二语教学有机结合的研究。这篇 2011 年发表的论文,对 20 世纪 90 年代以来,全球范围内较有影响的二语词汇研究领域的认知干预实证做了系统的回顾和客观的评估,不仅梳理了认知途径下二语词汇研究的成效,还放眼主流研究,并大胆呼吁拓展二语词汇研究的多元视角,不落窠臼。总的说来,这篇论文有以下三个鲜明的特点:

(1) 视野开阔,点面结合,系统全面地对二语词汇教学研究中的认知途径进行了综述和评估,并结合主流研究的视角,为二语词汇的教学研究进一步拓宽了思路。Boers 首先从二语词汇教学研究的背景入手,在高度概括二语习得、心理学、教育学等不同领域的研究成果的基础上,分析了目前二语词汇教学的难度,适时提出认知语言学的介入,或构成更成熟更高效的二语词汇教学范式。如此海量的资讯整合,充分显示了作者独

---

① Frank Boers, *Spatial Prepositions and Metaphor: A Cognitive Semantic Journey along the Up-down and the Front-back Dimensions*. Tubingen: Gunter Narr Verlag, 1996.

到的学者视角和扎实的专业素养。

（2）文献充分，分析合理，较为客观地反映了这一领域的最新研究动态和成果。Boers 对近 20 年来活跃在实践认知语言学领域的 21 位学者的 16 篇实证论文进行了文献回顾，在定性和定量分析的基础之上，提出认知语言学已在词汇教学中显示出极其强大的生命力，不仅激发了学习者的学习动机，还帮助他们对二语词汇有了更好的理解和记忆。这种科学方法下分析出来的结果具有较好的推广型。从一定意义上讲，颠覆了传统的教学观和学习观。鼓励教师在教学内容的组织过程中尊重学习者的认知规律，加强对他们体验能力的培养。同时，也鼓励学习者在体验的过程中，充分调动自己的主观能动性。

（3）全文脉络清晰，语言平实，通俗易懂。文章从列出问题，分析问题，解决问题等脉络展开，在读者面前清晰地呈现出二语词汇教学中的多角度多维度的研究范式，对认知语言学如何介入以及如何与主流研究结盟，进行了有条不紊的探讨。纵观全文，作者列举了数目繁多的来自不同领域的理论，但他在论述时，并不追求大而全的理论介绍，而是始终从语言现象出发，旁征博引，通过剖析具体的词汇，对抽象的理论进行了论证和分析，可读性非常强。由此可见，本文不仅为理论指导教学实践提供了可操作的方法，其语言表达的深入浅出，同时也为读者做类似研究提供了绝佳的范例。

当然，本文也存在不足之处：首先，尽管文中列举了多个实证性研究，但正如作者自己在文中所言(2011:p.216)"由于很多研究欠缺标准偏差数据，我尚不能测算出元分析中需要的平均效应量"，因此，本文对数据分析的结果虽然可以推广到教学实践中去，但还有待进一步用更多的实验去证明此种方法论的可行性。其次，作者虽然在文中勾勒出二语词汇教学研究中认知视角与主流研究结盟的蓝图，却仅仅提及认知途径如何呼应了主流研究中所倡导的"分散学习"、"研究项目的选择"以及"不同的学习策略的运用"等三个微观方面的问题，未能提出具体的举措。到底在二语词汇教学中，应如何在多视角中建立平衡，令其取长补短？这或许是作者在文中留下的悬念，以此呼吁更多的研究者投身进来，做出更多的相关性的后续研究。

四、结语

基于用法(usage-based)和大脑认知原理的认知语言学在理论上为

二语词汇教学研究带来了全新的视角,那么实践中有无可行性呢?本文中,Boers 在对众多研究者们的实证研究的分析的基础之上,提出这种理论与实践互促共进的发展方式,必将有效促进词汇的教与学,同时,也给研究者们发出了一个信号,即如何对已有的知识进行批判性的重构和再发现。需要指出的是,由于该文是一篇综述性质的论文,囿于篇幅,显然还未涉及对该领域更加深入和完整的探讨。我们期待有这样系统而完整的专著早日问世。

参考文献

Boers, Frank & Seth Lindstromberg. *Cognitive Linguistic Approaches to Teaching Vocabulary and Phraseology*. Berlin: Mouton de Gruyter, 2008.

Goldberg, Adelle. *Constructions at Work: The Nature of Generalization in Language*. Oxford: Oxford University Press, 2006.

Langacker, Ronald W. "Reference point constructions," *Cognitive Linguistics* 1993 (4): pp. 1—38.

Meara, Paul. "Vocabulary acquisition: A neglected aspect of language learning," *Language Teaching and Linguistics* 13.4 (1980): pp. 221—246.

Nation, I. S. P. *Teaching and Learning Vocabulary*. New York: Newburry House Publishers. 1990.

——*Learning Vocabulary in Another Language*. Cambridge: Cambridge University Press, 2001.

Robinson, Peter and Nick C. Ellis. *Handbook of Cognitive Linguistics and Second Language Acquisition*. New York: Routledge, 2008.

Sinclaire, J. *Corpus, Concordance, Collocation*. Oxford: Oxford University Press, 1991.

Taylor, John R. and Robert E. MacLaury. *Language and the Cognitive Construal of the World*. Berlin: Mouton de Gruyter, 1995.

Wilkins, D. *Linguistics in Language Teaching*. London: Edward Arnold, 1972.

W. Nagy, P. Herman, & R. Anderson, "Learning words from context," *Reading Research Quarterly* 1985 (20): pp. 233—253.

冯学芳:《二语词汇深度习得研究综述》,《外语教育》2006,第 44—49 页。

李福印:《认知语言学概论》,北京:北京大学出版社,2008 年。

王寅:《认知语言学》,上海:上海外语教育出版社,2007 年。

显性与隐性词汇知识实证研究的最新进展

——《显性与隐性的词汇知识：不同语言输入方式下英语短语习得》一文述评①

四川外国语大学英语学院　马　平

【摘要】 在二语习得研究中，显性知识与隐性知识的特征、相互关系、习得过程和测量工具多年来一直是引起广泛关注的话题。苏哈德·桑布尔（Suhad Sonbul）和诺百特·施密特（Norbert Schimit）在其《显性与隐性的词汇知识：不同语言输入方式下英语短语习得》一文中根据其实验结果指出直接和间接的语言教学都有助于短语显性知识的习得而对短语隐性知识的习得没有帮助。他们在实验室分别对英语母语使用者（实验1）与非母语高级英语学习者（实验2）习得英语短语的不同语言输入方式（高频率、突显式和无语境）进行了研究，并采用了显性知识测量工具、隐性知识测量工具和混合效应模型分析法对实验结果进行了分析。虽然该研究不可避免有一定的局限性，但它是二语习得领域显性与隐性知识研究的最新发展，是对短语显性/隐性知识及其关系进行的一次重要的实证研究。

【关键词】 显性知识；隐性知识；测量工具；短语；发展

一、引言

二语习得研究中一个重要的领域是显性学习和隐性学习。为了进一步研究词汇的显性知识和隐性知识与不同语言输入方式之间的关系，苏哈德·桑布尔（Suhad Sonbul）和诺百特·施密特（Norbert Schimit）在实验室分别对年英语母语使用者与非母语高级英语学习者就他们习得英语短语的不同语言输入方式（高频率、突显式和无语境）的效果进行了研究，

---

① 原文载 *Language Learning* 63.1(2013):pp.121-159.

并在论文《显性与隐性的词汇知识:不同语言输入方式下英语短语习得》中报告了他们的研究结果。他们从显性知识与隐性知识在语法研究中的重要地位入手,指出了目前在词汇领域的显性与隐性知识研究中存在的问题,并通过研究不同语言输入方式下英语短语习得效果指出语言教学有助于短语显性知识的习得而对短语隐性知识的习得却没有帮助。他们的研究为显性学习和隐性学习研究增添了宝贵的实证支撑,为未来的研究提供了方向,为英语词汇特别是短语教学提供了一定的参考价值。本文将简要回顾显性与隐性知识的定义和关系、显性与隐性教学的特征和效果、心理学和二语习得领域对隐性知识进行检测的主要测量工具,最后对苏哈德·桑布尔和诺百特·施密特的文章从文献综述、研究选题的确定、测量工具、数据分析和实验的意义等方面进行述评。

二、显性知识与隐性知识

显性学习和隐性学习的研究起源于美国心理学家 Reber 1967 年在其人工语法实验中得出的研究结果。他认为人的认知分为内隐和外显两种方式,内隐学习是无意识地获得关于刺激情境复杂知识的过程。从此以后,围绕这两种认知方式出现了诸多研究,主要的研究问题涉及显性知识与隐性知识、显性学习与隐性学习以及显性教学与隐性教学的定义和关系。正如苏哈德·桑布尔和诺百特·施密特在文中引用 N. Ellis 的观点一样(p.128),应用语言学与二语习得的研究人员也对显性知识与隐性知识的关系表现出了同样的研究兴趣。

二语习得领域的基本问题之一是什么显性知识和隐性知识。研究人员对什么是显性与隐性知识持不同观点。R. Ellis(2006,p.95)认为"显性知识是语言使用者学到的知识。……显性知识是有意识的,可以学会的,并可以用语言描绘的,通常是学习者在二语使用中遇到问题时通过其控制的程序来使用的……相反,隐性知识是程序性的,无意识的,只有在使用者把它变成显性知识时才可以用语言来描述。它的使用简单迅速,因此随时可以在快速、流利的交流中使用"。Bialystok(1994)认为隐性语言知识的学得受到年龄影响,而显性知识的学得不受年龄得限制。但正如苏哈德·桑布尔和诺百特·施密特所指出的那样(p.122),显性知识和隐性知识最根本的差异在于是否有意识(presence or absence of awareness)。语言的显性知识是有意识地学习并能用语言表达出来的知识;隐性知识则是来自于学习者的直接经验,是自动地无意识地获得的,不一定能用语言表述出来。

到目前为止,关于语言的显性知识和隐性知识的研究主要是针对二语语法习得进行。第二语言语法教学经历了强调显性教学的语法翻译法到强调隐性学习的听说法、自然法和交际法等,再到努力对形式和意义进行统一的任务型教学法。这些不同的教学方法以及与之相关的问题其实与一个问题有关,那就是语言的显性知识和隐性知识在二语习得中的作用。显性知识能否转化为隐性知识?

关于语言的显性知识和隐性知识的关系,苏哈德·桑布尔和诺百特·施密特进行了简短但准确的总结(p.123)。

> 20世纪80年代初,当时二语语法教学研究争论的焦点是接口之争。接口之争是基于这样的观点:发展隐性知识是语言学习的终极目标,因此,直接教学只有在当它能带来隐性知识的发展时才有用(R. Ellis,2007)。那么,关键的问题是直接教学是否能够促进隐性知识的发展。持无接口观点的学者认为直接教学是无效的(Krashen,1981;Paradis,1994)。持强接口观点的学者认为显性知识可以通过练习被转化成隐性知识(DeKeyser,1994)。持弱接口观点的学者认为显性知识有可能直接(如果学习者在发展过程中已经做好准备)或间接(通过帮助学习者注意其语言输出与目标语的差距)地转化成隐性知识(R. Ellis,1994)。

R. Ellis(1993)在总结了语法教学的效果后指出,语言教学能够促进更快的语法习得,让学习者表现出更高的语法准确度;教授学习者不能作为隐性知识接受的语法不会成功;而教授学习者能够作为隐性知识接受的语法则会成功。他的这个研究结果支持了以他为代表的语言学家所持的显性知识与隐性知识之间存在弱接口的观点。R. Ellis 认为显性知识和隐性知识无法相互转化,但是它们之间存在着交互(interaction)。交互与学习过程有关。学习是一个动态的过程。在这个过程中,大部分的语言学习是隐性学习,获得的是隐性知识,也就是默会知识(tacit knowledge),属于无意识认知。显性学习会使学习者将注意力集中在输入的语言结构上,获得显性的知识,属于有意识认知。隐性知识体系会对输入的语料进行自动加工,从而使学习者关注语言的意义。但是当这种自动加工无法正常作用时,意识就会介入,与无意识的自动加工一起工作。所以,江进林(文秋芳,2010:p.39)认为"同一种知识的显/隐性状态可能变化,不同知识之间存在动态交互"。

三、显性教学与隐性教学

显性教学也叫直接教学,是指在教学过程中让学习者明确注意要学习的内容。隐性教学也叫间接教学,则是指在教学过程中不明确列出要学习的内容,学习的重点是意义,在意义交流活动中让学习者无意中学习到语言技能。

作为近四十年来语言显性/隐性研究中很重要的三对概念[①]之一,显性教学和隐性教学主要用于语法教学。在语法教学领域,教育专家提出了两种比较典型的方法:显性语法教学"explicit grammar teaching"和隐性语法教学"implicit grammar teaching"。显性语法教学就是让学习者通过学习语法规则来达到掌握语法结构的目的,重点是在教学中直接谈论语法规则,语法教学的目的直接明显。在显性语法教学课堂上,首先要求教师呈现或描述语法结构或语言点,然后组织学生进行语法练习。显性语法教学把英语语法看作一套知识体系。通过教师的系统讲授和学生有意识的学习操练达到掌握的目的。隐性语法教学则是在教学中主要通过语言情景(context)让学生体验语言,通过对语言交际性运用归纳出语言规则,教师不会让学习者直接谈论和学习所学语法规则。隐性教学法强调学生学习语法时必须置身于有意义的可理解的语言环境中,才能尽可能自然地习得目标语语法。

研究人员对显性和隐性语法教学与语法学习效果之间的关系进行了实证研究。有的研究人员认为显性教学可以加快语言习得。Norris 和 Ortega(2000)在其世纪之交所做的综合分析(meta-analysis)中梳理了 1980 年到 1998 年间所进行的 49 次研究。研究结论如下:(1)教学会带来巨大的成效;(2)这些效果会长时间存在;(3)直接教学比间接教学更有效(p.123)。高海英、戴曼纯(2004)以中国学生为研究对象,针对英语关系从句外置结构进行了显性教学与隐性教学实证研究。他们的研究结果表明:接受显性语言输入的实验组(高中二年级第一学期学生)成绩显著高于接受隐性语言输入的对照组,但两组实验后的成绩仍然显著低于高

[①] 彭惠玲:《近四十年来显性/隐性研究文献综述》,《长春理工大学学报》第八卷第二期 2013 年 2 月,第 107—108 页。彭惠玲在文中总结了显性/隐性研究中很重要的三对概念:显性知识/隐性知识、显性学习/隐性学习和显性教学/隐性教学。

级组(英语专业四年级学生)。这一结果说明,被试处于学习该目标结构的准备状态而尚未处于习得它的水平,课堂教学有利于增强语言知识,提高语法运用和判断的准确率,但还无法构建完备的目标结构知识。

但是这些测量工具检测的主要是语言的显性知识。Norris 和 Ortega 警告说"通过要求学习者完成显性记忆任务和/或者使用孤立的无语境的二语来测试学习效果的话通常会偏好显性知识"(p.123)。

Spada 和 Tomita(2010)对 41 次运用了显性和隐性语法教学方法的研究做了综合分析。这些研究也运用了显性或隐性或者显性与隐性知识测量工具(显性:控制性的语法结构任务,如语法判断任务和单项选择题;隐性:自由的语法结构任务,如自由写作和图片描述)。这次统合分析的结果表明不仅在发展显性知识而且在发展隐性知识上直接教学比间接教学更有效(p.124)。但是,对隐性知识的测量工具如自由的语法结构任务是否能有效地检测隐性语法知识还存在争议。很多研究人员比如 Spada & Tomita(2010)指出并不是所有的自由语法结构任务都一定要用到隐性知识。因此,他们总结说有必要进行更多的有效性研究来开发新的检测工具并评估这些工具的检测对象。

四、测量工具

显性/隐性学习效果的测量是通过测量显性/隐性知识实现的。心理学和二语习得研究都认为显性知识表现为对规则进行解释和说明,学习者能够描述所学的知识;而隐性知识则表现为对规则的潜意识运用,学习者不用描述、也不一定能够描述相关规则。但是它们用来测量显性/隐性知识的工具不完全一样。

根据郭秀艳(2004)的研究,心理学领域目前通常采用的内隐学习研究方法有四种:人工语法(artificial grammar learning)、复杂系统控制任务(complex system control procedure)、序列反应时任务(SRTT,serial reaction time task)和非显著协变关系学习法(covariations of nonsalient stimulus features)。下面将对它们进行简单介绍。

首先是人工语法。人工语法学习范式由 Reber 于 1967 年提出。人工语法学习分为学习和测试两个阶段。在学习阶段,实验组被试会被呈现符合语法的字符串并被要求记忆字符串,而不探究字符串之间的内在联系或规则;在测试阶段,这些被试被告知他们刚才学习的那些字符串是有规律的,并被要求判断测验阶段的材料是否符合规律的。而对照组被试在学习阶段就被告知他们正在学习的材料是有规律的,他们要努力发现这些规律。如果实验组被试的判断高于对照组,而又难以用言语陈述自己判断的依据,这就表明发生了内隐学习。

　　人工语法是内隐学习研究中最早产生也最常用的范式。但这种范式一直存在争论,主要的问题有单个。第一,因为它强调用指导语来控制学习的内隐性,但是这很难确保被试不自发采用学习策略。第二,当被试被告知所学的字符串符合某种语法规则时,他们可能在测试阶段通过回忆,有目的地再学习。第三,由于言语报告能力存在个体差异,当有些学习者不能报告知识时并一定表示他们没有意识到所学的知识。

　　其次是复杂系统控制任务。最初的实验由 Broadbent(1977)完成,他以城市交通系统为研究对象,设计了以解决复杂问题为核心的系统控制任务。这种范式采用电脑操纵模拟的生产和社会情境。研究结果表明被试可以学会令人满意的控制行为,却回答不出他们已经学会的有关如何控制系统的问题。Broadbent 等人将这种有目的、充分注意但自己觉察不到的学习称为非选择性学习。和其他的内隐学习范式相比,系统控制任务中的外显过程可能比内隐过程发挥了更重要的作用(Buchner 等,1995)。从这个意义上来说,目前的系统控制任务可能不是一个好的内隐学习任务,但它们普遍存在,可能具有更广泛的现实价值。

　　第三是序列反应时任务。Nissen 和 Bullemer 于 1987 年提出序列反应时任务的范式。在这种研究范式下,被试只被告知将要进行的是反应时测试。他们的任务是对依次出现在不同空间位置的视觉刺激按相应键尽快反应。但是他们不知道这些刺激是按某个固定但不明显的模式依次呈现的。在多次重复该固定位置序列的情况下,被试的反应时会逐渐下降,这时插入一个随机的位置序列,被试的反应时就会突然增加。如果再将刺激序列还原,反应时就回到原来较快的水平。结束反应时任务后,被试还要接受测量显性知识的任务,通常是生成任务(generate task),要求被试根据屏幕上出现的刺激位置,预测下一个刺激出现的位置。如果反应时表现与生成任务的准确度相关度很低,说明发生的是内隐学习。

　　在序列反应时任务中,被试都始终不知道刺激呈现具有规律性,因此学习和提取过程都是内隐的,这就避免了人工语法任务的一大缺陷,即被试在测试阶段有目的地再学习。但是,研究者们对序列学习同样存在疑问。因为内隐和外显知识会同时发展,甚至内隐知识导致外显知识的发生。其次,用生成任务来测量外显的序列知识似乎也有问题,因为被试仍然没有被明确告知要按照先前任务中的序列规律来预测。

第四是非显著协变关系学习法。这是近年来发展出一种新的内隐学习研究范式。这类方法的特点在于,如果刺激特征 X 出现,特征 Y 也必然出现,但它们的共变关系不易引起注意。Lewicki(1986)在他的实验中向被试呈现一系列女性的头部照片,每张照片都伴有丰富的个性描述。凡被描述为善良的女性,其头发都比被描述为能干的女性长(对另一组被试,协变关系恰好相反,即善良女性的头发较短)。在测试阶段,向被试呈现没有个性描述的新照片,要求被试对照片中的女性作出善良的或能干的评价。结果发现,被试的评价与刺激间的协变关系一致:长头发的女性更多地被评价为是善良的,而短头发的则是能干的(用于平衡的另一组被试的评价则相反)。而在后来的面谈中,几乎无人报告刺激呈现中的协变关系。因此,研究者推断被试获得的协变关系是内隐的。

二语习得领域的测量隐性知识的工具主要是即兴语言输出任务和理解性任务。即兴语言输出任务主要包括写作、非正式采访、造句、口头模仿和叙述等;而理解性任务包括语法判断任务、不限时改错、多项选择性识别题等。

至于显性知识。不管是心理学还是二语习得领域都主要采用口头报告来测量显性知识。如果被试能够将有关任务中的规则描述出来,研究人员就判断他进行了显性学习;否则他就进行了隐性学习。

所有这些测量工具其实很难区分显性和隐性知识,因为它们本身无法完全分开显性和隐性知识。隐性知识需要比显性知识更为敏感的测量工具。因此,一部分二语习得研究人员正在用心理语言学领域的测量工具来检测显性/隐性知识的习得效果,希望能搞更好地测量显性和隐性知识。苏哈德·桑布尔和诺百特·施密特在他们的实验中采用了一种新型的隐性测试方法(启动)。

五、述评

苏哈德·桑布尔和诺百特·施密特简要但准确梳理了显性知识和隐性知识在语法和词汇领域的研究现状。

他们在论文中指出显性和隐性知识的研究主要发生在语法研究领域,争论的焦点是显性知识是否可以转化为隐性知识,也就是有名的接口之争。在众多关于直接和间接教学方式对显性和隐性语法知识发展的影响所进行的研究中,多数研究结果都认为直接教学会带来长效学习,并且直接教学比间接教学更有效。但是,也有人持不同观点,认为在众多的实验中所使用的测量工具偏好显性知识,对隐性知识不利。现代心理语言学研究方法的使用似乎有助于研究人员从某种程度上解决这个问题,但正如苏哈德·桑布尔和诺百特·施密特所说(p.124),目前的研究还没有清晰地解释显性与隐性语法知识之间的相关性及其习得方式。总的来讲,直接教学似乎比间接教学更能有效地促进显性知识的学习;或许也更能有效地促进隐性知识的学习,但这取决于研究人员认为何种检测手段会用到隐性知识。

尽管显性知识与隐性知识在语法领域的研究还存在诸多问题,研究人员对显性知识与隐性知识在词汇领域的研究已经展开。当然,对显性与隐性词汇知识的本质特征和关系的研究才刚刚开始。

研究人员对什么是词汇知识持不同观点。有人认为词汇知识是陈述性的,是显性的,词汇只是意义与形式的结合体,词汇学习是需要一个个进行;但是,词汇知识现在被看成是含有多个维度的一个复杂的系统。Nation(1990,2001)归纳出了包括词形、词义、语法特征和短语等的词汇知识内容(p.125)。N. Ellis(1994)进一步发展了 Nation 对词汇知识分类:(a)与词形和词义之间的联系有关、与最容易进行显性学习的词汇的各种语义关系有关的知识(b)与词形及其该词汇在运用中最容易进行隐性学习(也可以进行显性学习)的输入/输出有关的知识(p.125)。这个观点强调了在理解词汇知识时区分显性与隐性知识的重要性。由于缺乏常规的检测隐性词汇知识的手段,目前大多数词汇研究本质上都是研究显性知识。

为了研究进一步研究显性与隐性词汇知识的差别,苏哈德·桑布尔和诺百特·施密特将词汇知识的另一部分——短语——作为他们的研究对象,对短语在不同教学/学习方式下的习得过程做了一次实证研究。这次研究是对显性与隐性词汇知识研究领域的进一步发展。

他们在本次研究中想要回答的三个问题分别是(p.129):

1. 哪种方式(高频率、突显式或者无语境[①])会促进短语显性知识和单词填写的学习?一些方式会比另外的更有效吗?

2. 哪种方式(高频率、突显式或者无语境)会促进短语显性知识和单词识别的学习?一些方式会比另外的更有效吗?

---

① 突显式输入即原文中的 enhanced condition、无语境输入即原文中的 decontextualized condition、高频率输入即原文中的 enriched condition。

3. 哪种方式（高频率、突显式或者无语境）会促进短语隐性知识（自动启动）的学习？一些方式会比另外的更有效吗？

近年来，已经有一些研究率先对短语习得过程进行了研究，但他们主要是针对显性知识的研究，鲜有对短语隐形知识及习得过程的研究。Durrant 和 Schmitt(2010)实验结果表明二语学习者可以记住只见过一两次、甚至没有任何特殊标注的短语。但是这个研究并没有使用检测隐性短语知识的手段。它仍然是一种显性知识测试。McKoon 和 Ratcliff(1992,实验 3)运用启动范式（priming paradigm）考察了短语的隐性知识。他们的研究表明启动在人造的和真实的短语中都会出现。Hoey(2005)认为，短语启动过程对于母语者和非母语者没有差别，问题的关键是语言输入的数量和方式。他认为母语者通常得益于间接语料输入，因为他们身处大量的语料包围之中；而非母语者在直接教学方式下会学的更好，因为他们周围缺乏目标语语料。如果有足够的语料，母语者和非母语者都能用归纳法习得短语，否则就应该用显性的方法来帮助母语者和非母语者进行学习(p.127)。

为了进一步研究隐性短语知识的习得特征，苏哈德·桑布尔和诺百特·施密特的研究采用传统的和心理语言学的测量工具来调查三种典型学习方式英语母语者（实验 1）和非英语母语者（实验 2）在习得隐性/显性短语词汇知识过程中的影响。他们所采用的传统的测量工具是单词填写(form recall)和单词识别(form recognition)，用来测量显性短语词汇知识；心理语言学的测量工具是自动启动(automatic priming)，用来测量隐性短语词汇知识。

单词填写采用完形填空来检测被试回忆短语形式的能力。呈现给被试他们所读过的一篇短文的摘要，被检测的短语在括号内。每个短语旁边有一个简短的解释作为提示。为了避免本测试对接下来进行的单词识别实验的影响，未提供所缺失词汇的首字母。但是，需要填写的字母数用横线标出以限制被试的回答。在单词识别中，所用短文摘要与单词填写中使用的相同，但空白处给出的是单项选择。每个空有五个选择：第一个正确选项（答案），三个相似的干扰项（一个替代词，两个具有相同词性的同义词）和一项"我不知道"来降低被试猜题。在运用心理语言学的测量工具是自动启动(automatic priming)测量隐性短语词汇知识的任务设计中，短语的第一个词作为启动呈现给被试，第二个词是测试目标。他们答题时得选择 YES 或 NO 键来确定第二个字符串是否为英语单词。

苏哈德·桑布尔和诺百特·施密特对他们试验中的研究对象"短语"进行了说明。他们所选用的"短语"由两个词构成,如由形容词和名词一起使用构成的短语"*decaying lung*"。

为了建立尽量真实的教学环境,在对英语母语者进行试验时,苏哈德·桑布尔和诺百特·施密特选用了那些一般受过良好教育的母语者所不知道的真实的医学环境下使用的短语。未经过医学训练的人是不知道这些短语的。

为本研究挑选医学短语分两个阶段。第一,他们查阅了五种医学资料以确保所选短语能满足下列标准:1、所挑选的短语易于理解,无专业术语(短语中没有晦涩拉丁词根的词或药物名);2、通过戴维(2007)界面检测,这些短语在英国国家语料库(BNC)中出现的频率很低。这就表明一般的母语者不可能知道这些短语。3、这些短语的第一个词有很多同义词。对于不了解这些短语的人来说,这些同义词同样可以使用。第二,为符合上述标准的 15 个短语都对应设置了一个对应短语以完成启动任务。对应短语的第二个词就是原短语的第二个词,第一个词则是原短语中第一个词的同义词(如 *decaying lung* 是 *vanishing lung* 的对应短语),对应短语不出现在 BNC 中。对应短语的第一个词与原短语中第一个词在词性、语义相似性、BNC 频率和长度等几个方面一致。

在为非英语母语者(高级英语学习者)挑选短语时,他们还特别规定每个短语中的单词应该在 BNC 中最常用的 3000 个词目以内或者是常用词汇表中的词汇以确保这些非英语母语者认识短语中的所有单词。

三种典型的教学方式包括突显式输入、无语境输入(直接教学)和高频率输入(间接教学)。根据 Reinders 和 Ellis(2009),突显式输入就是在短文中以注释、加粗或加下画线等方式将目标语言结构突出表示出来以引起学习者的关注;无语境输入则是指将目标语言结构在无语境的情况下单独呈现出来,教师直接讲解以便学习者记忆;而高频率输入就是将目标语言结构置于学习材料中,材料真实自然,学习者在一定时间内可以反复学习,最后习得语言结构。

苏哈德·桑布尔和诺百特·施密特对英语母语者和非英语母语者的研究分为两个阶段:学习和测试;测试又分为即时测试(学习结束后马上进行)和延时测试(学习结束 2 周后进行)。

所挑选的被试被随机分成实验 1 组、实验 2 组、实验 3 组和对照组。实验 1 组、实验 2 组、实验 3 组分别接受不同的语言教学方式教学,然后参加测试；而对照组不参加学习，直接参加测试。所挑选的 15 个短语中有 10 个出现在从《医学英语》(*The Language of Medicine in English*, Tiersky & Tiersky,1992)里挑选出来的一篇短文中，其中 5 个被重点突显出来；另外 5 个则由教师单独讲解，无任何语境。也就是说这 15 个短语也被分成了 3 组，并且他们还有 15 个用来进行启动测试的对应短语。3 个实验组的被试参加不同教学方式下的短语学习，顺序如下：实验 1 组（短语 1 组——高频率、短语 2 组——无语境、短语 3 组——突显式），实验 2 组（短语 1 组——突显式、短语 2 组——高频率、短语 3 组——无语境），实验 3 组（短语 1 组——无语境、短语 2 组——突显式、短语 3 组——高频率）。

通过混合效应模型对显性的单词填写和单词识别进行测试的结果进行分析后苏哈德·桑布尔和诺百特·施密特指出：不管是对英语母语者还是非英语母语者来说，在三种语言输入方式下的实验组获得的显性知识高于对照组，被试的单词识别能力要好于单词填写能力。在延迟测试中，母语者在无语境的语言输入方式下的正确答案高于在高频率语言输入方式下的正确答案，非母语者在突显式方式下的正确回答高于高频率方式下的正确回答。检测隐性短语词汇知识的启动测试结果表明这三种语言方式对短语隐性知识的发展没有任何帮助。他们的研究还表明显性和隐性知识是分离的。不管是对母语者还是非母语者来说，发展隐性知识似乎比显性知识更难。

苏哈德·桑布尔和诺百特·施密特的研究扎根于心理学和二语习得领域对显性/隐性进行广泛研究的理论与实践的沃土，是二语习得领域显性与隐性知识研究的最新发展，是对短语显性/隐性知识及其关系进行的一次重要的实证研究，打开了短语隐性知识研究的大门。

国内目前对显性与隐性知识的研究也主要是在语法习得领域进行（苏建红，2012；高海英、戴曼纯，2004），专门针对词汇域特别是短语的习得研究很少。赵以(2009)在其研究中以隐喻习语为研究对象探讨了以不同语言输入方式为主要特征的显性法与隐性法对习语学习的影响。她指出两种方法均能促进目标知识学习，但接受显性法教学的受试在教学实验中的平均成绩显著高于隐性法。这说明课堂语言教学有积极作用。

但是，正如苏哈德·桑布尔和诺百特·施密特所指出的那样，这次实证研究引出来的问题恐怕要超过它所想要解决的问题。

这次研究是在实验室环境下在成年英语母语者和非母语高级英语学

习者中进行的,而学习者在自然环境下或在教室里学习二语/外语(短语)的效果还需要进一步研究。

在二语习得过程中学习者的个体差异(individual differences)起着非常重要的作用,本研究中被试的个体特征在多大程度上会影响测试结果页需要进一步研究。

本次试验中的被试只是在比较短的时间内学习了用来研究的短语。如果经过更长时间的学习,学习者的学习效果特别是隐性学习效果如何也需要进一步研究。

本研究中所采用的显性测量方法(单词填写、单词识别)和隐性测量方法(启动)是否能真正检测出为它们所预定的学习效果或者是否还有更有效的检测隐性短语知识的手段也需要进一步研究。

虽然苏哈德·桑布尔和诺百特·施密特已经指出他们关注的是短语学习的初始阶段,即两个词如何联系起来构成一个搭配,如何习得形式与意义之间的联系这样的问题则不在其研究范围内。但是一个有趣的问题是短语形式与意义的联系是否会影响短语的习得? 如果答案是肯定的,程度又如何?

六、结语

二语习得研究与二语/外语教学实践中的实际问题有关,但是在不断的发展过程中出现了一些理论性的研究。显性与隐性研究就是其中之一。已有的显性与隐性的二语知识研究主要针对语法习得过程进行,研究结果差异很大,但大多数研究都支持显性教学会促进显性语法知识的习得。近年来显性与隐性研究也被用于词汇知识研究。虽然词汇研究正在让大家了解显性知识的习得过程(Schmitt,2008),但对隐性词汇知识习得过程的研究才刚起步。苏哈德·桑布尔和诺百特·施密特对英语短语在三种不同语言输入方式下的习得效果进行了研究。尽管他们的研究还存在诸多局限,但是该研究进一步发展了二语习得领域显性与隐性知识研究,为短语隐性知识研究打开了大门。

参考书目

Bialystok, E. "Representation and ways of knowing: Three issues in second language acquisition," in N. C. Ellis (ed.), *Implicit and Explicit Learning of Language*. London: Academic Press, 1994, pp. 549—569.

Broadbent, D. E. "Levels, hierarchies, and the locus of control," *The Quarterly Journal of Experimental Psychology* 29(1977): pp. 181—201.

Buchner, A., Erdfelder, E. & Vaterrodt-Plünnecke, B. "Toward unbiased measurement of conscious and unconscious memory process within the process dissociation framework," *Journal of Experimental Psychology, General* 124 (1995): pp. 137—160.

DeKeyser, R.. "Implicit and explicit learning of L2 grammar: A pilot study," *TESOL Quarterly* 28(1994): pp. 188—194.

Durrant, P. & Doherty, A. "Are high-frequency collocations psychologically real? Investigating he thesis of collocational priming," *Corpus Linguistics and Linguistic Theory* 6(2010): pp. 367—413.

Ellis, N. C. "Consciousness in second language learning: Psychological perspectives on the role of conscious processes in vocabulary acquisition," *AILA Review* 11 (1994): pp. 37—56.

Ellis, N. C. "Implicit and explicit knowledge about language," in J. Cenoz & N. H. Hornberger (eds.), *Encyclopedia of Language and Education* 2nd edn. *Volume* 6: *Knowledge about Language*. New York: Springer, 2008, pp. 119—132.

Ellis, R. "The structural syllabus and second language acquisition," *TESOL Quarterly* 27(1993): pp. 91—113.

Ellis, R. "Implicit/explicit knowledge and language pedagogy," *TESOL Quarterly* 28 (1994): pp. 166—172.

Ellis, R. "Current issues in the teaching of grammar: An SLA perspective," *TESOL Quarterly* 40(2006): pp. 83—107.

Ellis, R. "Explicit form-focused instruction and second language acquisition," in B. Spolsky & F. M. Hult (Eds.), *The Handbook of Educational Linguistics*. Malden. MA: Wiley-Blackwell, 2007, pp. 437—455.

Hoey, M. *Lexical Priming: A New Theory of Words and Language*. London: Routledge, 2005.

Krashen, S. D. *Second Language Acquisition and Second Language Learning*. London: Pergamon Press, 1981.

Lewicki, P. *Nonconscious Social Information Processing*. Orlando, FL: Academic Press, 1986.

McKoon, G. & Ratcliff, R. "Spreading activation versus compound cue accounts of priming: Mediated priming revisited," *Journal of Experimental Psychology: Learning, Memory, and Cognition* 18(1992): pp. 1155—1172.

Nation, I. S. P. *Teaching and Learning Vocabulary*. New York: Newbury

House,1990.

Nation, I. S. P. *Learning Vocabulary in Another Language*. Cambridge, UK: Cambridge University Press,2001.

Nissen,M. J. & Bullemer, P. "Attentional requirements of learning: Evidence from performance measures," *Cognitive Psychology* 19(1987): pp. 1—32.

Norris,J. M., & Ortega, L. "Effectiveness of L2 instruction: A research synthesis and quantitative meta-analysis," *Language Learning* 50(2000): pp. 417—528.

Paradis, M. "Neurolinguistic aspects of implicit and explicit memory: Implications for bilingualism," in N. C. Ellis (eds.), *Implicit and Explicit Learning of Language*. London: Academic Press,1994,pp. 393—419.

Reber, A. S. "Implicit learning of artificial grammars," *Journal of Verbal Learning and Verbal Behavior* 6(1967): pp. 855—863.

Reinders, H. & Ellis, R. "The effects of two types of input on intake and the acquisition of implicit and explicit knowledge," in R. Ellis et al. (eds.), *Explicit and Implicit Knowledge in Second Language Learning, Testing and Teaching*. Bristol, UK: Multilingual Matters,2009,pp. 281—302.

Schmitt, N. . "Instructed second language vocabulary learning," *Language Teaching Research* 12(2008): pp. 329—363.

Schmitt, N. ,Dornyei, Z. , Adolphs, S. & Durow, V. "Knowledge and acquisition of formulaic sequences: A longitudinal study," in N. Schmitt (eds.), *Formulaic Sequences: Acquisition Processing and Use*. Amsterdam: John Benjamins,2004, pp. 55—86.

Spada, N. , & Tomita, Y. "Interactions between types of instruction and type of language feature: A meta analysis," *Language Learning* 60 (2010): pp. 263 —308.

Tiersky, E. & Tiersky, M. *The Language of Medicine in English*, 2nd edn. Englewood Cliffs, NJ: Prentice Hall Regents,1992.

戴曼纯:《二语习得的"显性"与"隐性"问题探讨》,《外国语言文学》2005(2),第101—111页。

高海英、戴曼纯:《中国学生英语关系从句外置结构的习得——显性教学与隐性教学实证研究》,《外语教学与研究》2004(36.6),第444—450页。

彭惠玲:《近四十年来显性/隐性研究文献综述》,《长春理工大学学报》2013(8.2),第107—108页。

文秋芳:《二语习得重点问题研究》,北京:外语教学与研究出版社,2010年。

赵以:《论显性教学与隐性教学对习语学习的影响》,《和田师范专科学校学报》(汉文综合版)2009(28.2),第162—163页。

话语权力视角中的英文学术写作
——《大学写作：教育、知识和名誉》一文述评①

四川外国语大学英语学院　张　婷

【摘要】 Ken Hyland 将学术写作置于大学学术之中心，使之成为构架大学—学术身份—学术话语的根本要素，这是英文学术写作所具有的共性。而在大学的不同专业领域和学科中，学科话语的不同特点又赋予其多样性，这种多样性又因为英文不同于其他语言的特殊性而变得更为复杂，使初入学术圈的学生或年轻学者产生了话语模仿的困惑。这要求英文学术写作要实现其话语的正确性、合理性和合语法性，习得风格的语法。与此同时，英文学术写作具备了话语的权威性，也撼动了知识的唯真理性，使写作突破了其传统的定义而不再是表述真理的话语，这对于我们重新思考英文写作教学的本质与目的具有十分重要的意义。

【关键词】 英文学术写作；学科话语；知识话语；二语习得

学术写作从来都不仅仅只是诸学科的附属科目，写作教学也绝不只关乎技巧与工具。1986 年 David Bartholomae 的论文《创造大学》(Inventing the university)②便旗帜鲜明地确立了写作之于大学的关键意义，指明了学术写作对大学生学术身份的塑造起到的决定性作用；同时也颇有意味地暗示出学生在"效颦"学术话语过程中展示的创造性对于大学

---

　　① 本文原为 Ken Hyland 参加香港大学 2010 年 12 月举行的 "Enhancing Learning Experiences in Higher Education: International Conference"上所做的大会发言，修改稿载于剑桥大学出版社 *Language Teaching: Surveys and Studies* 2013 年 1 月第 46 卷。Ken Hyland，现任"香港大学英语应用语言学中心"主席，是学术话语研究、英文写作教学领域的知名教授，*Applied Linguistics* 杂志联合主编，已发表相关论著二十多部。

　　② David Bartholomae, "Inventing the university," *Journal of Basic Writing* 5.1(1986): pp. 4—23.

拓展自身的学术话语、甚至大学之为大学的本体价值的重要性。而Bartholomae这样高屋建瓴地赋予写作学宏大的社会意义绝非空前绝后,Ken Hyland无疑是继其后的众多关注写作之社会建构学意义的学者之一。而如果说Bartholomae着重从写作者的角度阐述了美国大学生与学术话语之间的博弈、妥协、模仿以图获得学术身份的过程,那么Ken Hyland的《大学写作:教育、知识和名誉》(Writing in the university: Education, knowledge and reputation,以下简称《大学写作》)这篇文章则从更为宏观的角度、以更具国际化的视野将这样一个话题进行了一次阶段性的归纳和总结。

英文学术写作在以英语为母语的文化中成为围绕"学术身份"这个命题的关键性学术活动。在英美大学里,几乎所有的学科教学都离不开写作中心(Writing Center)这个功能性的机构,因为这里是各个不同性质的学科必须经过的交汇点——不论是文科还是理工科、不论是预科还是博士研究生项目,所有的学生都面临这样一个问题——能否凭借一纸行文(论文、报告、项目书或者其他任何文体)向教授者证明自己的学业水平,从而获得相应的学力证明;而从事这些学科教学科研任务的大学教员则更需要通过科研报告、专著和论文来证实自己的科研成果,从而提升自身作为科研教学人员的资质和获取掌控相关学术话语的资格。这便是Hyland所谓的处于学术文化核心地位的读写能力(literacy),它"根植于各类学科的基本原则和实践之中";只有秉持这种理念,而不仅仅将写作视为一种"掌握的某种笼统的技能",方能更科学地看待学生在试图掌控学科话语传统时面临的诸多难题。

在这样的观念下,写作被赋予了更深厚的价值,逐步卸掉了单纯的工具性,成为了构架大学——学术身份——学术话语这座金字塔的点金之石,将人们对大学之意义的探讨引向深入。不仅如此,Hyland还具备更广阔的国际化视野,将二语习得的相关话题引入讨论之中,其话语分析揭示的文化学意义使人不禁联想到"文化帝国主义"(cultural imperialism)的命题,甚至给整个话题染上了后现代主义话语的色彩。这使得我们开始思考:大学是传授知识的象牙塔还是生产英文学术文化的基地?透过Hyland掀开的这样一个极具震撼力的巨大幕布(haunting scope),我们又将如何看待中国的英语专业写作教学、甚至中国大学英语学科发展的国际化路径?——相信这应该是Hyland这篇最初发表于2010年香港"促进高等教育国际会议"的大会发言带给我们最为重要的启示。

一、学术身份与学术写作

毫无疑问,学术身份是应通过学者呈现出对所从事学科的学术标准、知识和学术文化所具有的认知上相当的广度和深度以及学术实践的前瞻性来确立的。而长期以来人们忽视的一点则是:如何体现这样的身份,或者说这样的学术身份是通过什么媒介来显现、确立和拓展的?Hyland 在这个问题上一直都直言不讳,他清醒地认识到学术写作在回答这个问题中的核心作用,认为学术身份的呈现归根结底就是通过学术话语制造的学术文本,即论文、报告、著作等来呈现的,这些以文本方式表现的对相关话题的综述、讨论、质疑、延展或者创新本身就是参与者学术身份的物化表现。他在 2002 年发表的文章《学术界中学术身份的各种可能性》(Options of identity in academic,以下简称《学术界》)中一语中的:"作者的声音在一个文本中出现,不论是突显式地表达或是消隐式地隐藏,都促使其创造出一种具有说服力的学术身份和声音,这种声音能够辅助该作者陈述某种观点。"(Hyland,2002:p.355)

虽然学术声音本身具有某种统一的特性,但在不同的学科中,这种声音却有着不同的个性特征,例如,Hyland 就曾在较早这篇论文中笼统地指出,在人文学科和社会科学领域的文本中,学者们往往以更主观积极的声音进行论辩,而在"硬科学"(hard science)的文本中这种声音罕有显现,因为后者更希望能够通过淡化和抑制作者的主观性来突出文本意义的客观科学性。

然而,正如 Hyland 在《学术界》以及本篇评论的《大学写作》中持续强调的那样,不论是人文学科还是"硬科学",这种学术声音的获得都不是一蹴而就的,因为承载着这种声音的学术话语与日常的语言大不相同,它们并不属于同一种性质的语言,前者甚至根本"捣乱了我们对日常现实世界的感知"(p.55),并且还"通过一种与日常语言完全不协调的语言模式颠倒了我们表达意义的方式",从而使学术语言专注于"文本所定义的意义而非物质世界所定义的意义"(p.56)。因而,对于新进入学术领域的学生或学者来说,他们往往会在初期感到迷茫,并需要不断迫使自己进入学术性的角色之中,凭借一种与其日常语言背道而驰的话语方式来表达学术意义,以图获得学术身份;而这就要求他们通过完全颠覆其在之前的语言习得过程中所获取的语言观念,找到呈现学术思想的一种全新的方式,才能内化(internalize)上文所提到的这种"学术声音"。

凡提及某种声音或者话语，不得不让人联想到权威和政治。学术界的政治凭借学术的话语来运作，它倚重语言与意义的联系，必须并通过这样的联系来发出其话语的声音，从而直接或间接地影响社会的进程，因此学术界并不远离政治，更无法规避"权威"和"权力"的命题。人类文明的发展史无疑就是一个持续地树立权威、传承和巩固经典、继而撼动和替代权威形成新的话语中心的这样一个循环演进过程，而学术之所以具备革新社会的能量，却不得不归功于其异质于日常经验的语言及其所代表的普通的视角。学术话语通过异于常态的观照世界的语言和方式，审视日常经验看不到的现实和真理，从而获取站在前人肩膀上才能拥有的高瞻远瞩，最终实现对当下的变革——这是学术语言异质的合理理性。而从其政治理性来说，意欲影响甚至挑战业已确立的权威则首先需要具备与权威对话的能力，而这种能力则以学术语言和身份为首要条件和标志，因为这种对话往往是通过相应领域的学术杂志、论坛、出版物为主要阵地，以话语的正确性、合理性和合语法性为基本标准的，不符合这些标准便没有资格参加这样的对话和博弈。这里的"语法"已经不是简单的句法或文法规则，而是位于 Patrick Hartwell 所提出的五层语法体系[①]中最高层的所谓的"文体风格的语法"。

　　相比位于该体系中第一层的有关"语句组织规则的"语法，文体风格的语法无法通过重复地模拟句法组织的固定模式来习得，也没有传统的语法规则明晰地言说出来的规律可以参照，更没有描述这些规律的语法书籍、词典那样的文本媒介作为学习者的学习工具，所以这种有关文体风格的语法是最难传授和获取的。而且从写作教育的现状来看，教授这个层次的语法最为缺乏经验，但也正因如此，它成为了目前大学英文写作教学的冲锋舟，不断开拓着写作学的实践和理论新领域。因之直接关系到学术声音和身份的养成，只有掌握学术文体的风格语法，方能叩响学术权威之门，获取相应的话语权。

　　从作者与读者的关系来看待这个问题，Hyland 更是从学术领土的守

[①] Hartwell, Patrick 在其 1999 年的论文 "Grammar, grammars, and the teaching of grammar" 中颠覆了人们对"语法"的传统观念，提出了五个层次的语法，位于第一层的是"某种语言为了表达意义而用特定的方式将语言的各部分组织起来的方式"，第二层语法是"通过描述、分析将标准的语言模式程式化的一种语言科学分支"，第三层语法是"人们所认为的好的运用语言的方式"，第四层为教师传授的关于语言的用法规则，最后一层则是特定文体中展现的独特的语言风格特点。

护与保存这个角度进行了精辟的阐释。根据他的论述,能够言说这种异质于日常语言的方能成为所谓的"局内人(insiders)",他们遵循着唯有"自己人"才能理解的语言规则,决定什么样的人方能具备以同样的方式言说的权利(p.55)。读者与作者依循着学科确立的种种合乎传统的前提和"理所当然"的话语模式来建立意义的沟通,共同建筑着符合相应学科学术期待的文本世界,使自己与"局外人(outsiders)"或者初学者之间形成一道隔绝学术与日常经验的话语鸿沟,从而划定学术的边界、保存学科的权威。这是学术界的政治,是学术作者与学术读者"共谋"的文化帝国,而其城墙之坚固足以让"局外人"或初学者望其项背。

就这样,写作被推上了学术殿堂的宝座,挥舞着手中的权杖指挥着所有意图在学术王国立足的臣民。而毫无疑问,新进象牙塔的大学生或者写作所用语言非母语的外语习得者成为写作教学的受训大军,其生存法则和生存之道都从根本上归结到写作能力的获取上面,这样一来,Hyland 将读写能力的培养视作学术领地的游戏规则和获胜途径就并不为过了。

那么,基于这样的理论前提,我们该如何重新审视传统大学教育的目的或者说根本性质呢?这里,"知识"必然是一个关键词;传统的教育观和知识论决定了大学是知识传播的神圣殿堂,知识是认知的客观对象,可以通过习得而内化为学习者认知的一部分。根据这样的理念,各个学科的学术活动理应围绕着知识的讲授、讨论、汲取、记忆和客观性考核为主的模式展开。然而大学殿堂的现实果然如此吗?知识真的是被教授和被学习的客观认知物吗?Hyland 显然挑战和质疑这样的知识论,因为这将从根本上摧毁他试图建立的以写作为权柄的学术王国。如若知识是客观认知对象,那么写作的目的自然就被阉割为用精确的语言去描述这个对象、用语言去映射这个客观的认知世界了。

然而这不过是真空的语言和写作。Hyland 借助对传统语言学的批判,引入了对传统写作学的批驳。传统写作学(current-traditional writing pedagogy)将写作进行外科手术式的分割,建立一套以抽象的话语模式(常用的有叙述、描述、论证、说明等)为核心,以一系列写作技巧和术语为主体的理论和教学体系,使写作教学呈现出理论介绍—范文解读—技巧模拟—写作实践的传统模式。而这其中,经典的教学样本则是学术写作中"五段式"论文的模式化教学。长期以来这种写作教学体系主宰着英文写作课堂,即使是在今天,也没有销声匿迹。但毫无疑问,随着写作学理论的发展,教学者日益意识到传统模式的局限。Hyland 便一针见血地指出其问题在于将读写活动简单地视作"一套技能"而将文本孤立于真实的社会话语背景之外(p.59)。这一点也顺承了 Robert J. Connors 在其 1981 年发表的具有承上启下意义的论文《话语模式之兴衰》(The rise and fall of the modes of discourse)[①]中的观点,即认为传统的话语模式和写作技巧教学"强调的是途径而不是根本目的,重点突出的是关于写作过程的抽象而机械的理论假设;而当代的修辞理论早已扭转了对写作的认识,将写作视为一个充满目的性的、受制于社会话语背景的过程"(Connors,1981:p.452)。Hyland 进一步发展了 Connors 的论述,运用社会建构主义修辞学的视角将写作的社会学意义凸现出来,认为写作不再一种"个人行为";从读写能力角度讲,它不仅是通过写作技巧支撑的一种能力,更是人与人、人与社会的交流行为和能力,更确切地说是作者与读者群体沟通互动的过程;而从实践的角度来看,写作过程涉及的所有"语言活动"都与现实世界中人们每天例行的日常生活息息相关(p.59)。因而从根本上说,Hyland 总结道,"读写活动是通过社会成员之间的关联而实现的一种社会群体资源,它对组织这些群体、使之形成群体行为模式发生着重要作用"(p.59)。这样,Hyland 完成了将学术写作与大学作为一种社会群体联系起来的合理性说明,从而顺理成章地引入了他接下来的论题—学术话语与大学社会群体活动的中心,即知识之间的关系。

二、知识、学科话语与学术写作

从西方文明史的经典语言观的角度来看,围绕知识展开的学术活动即通过语言媒介实现的关于真理的探讨和获取的过程,因而学术语言是使这个过程成为可能的关键要素,学术写作自然成为"真理的话语",长期以来它都作为一种足以"确保提供可信的知识"的"论证形式"(p.59)在"文化帝国"占据着绝对的权威。Hyland 在文中提到,福柯将这种基于经验主义的科学话语描述为"新古典主义对于一种共同话语的追求,这种话

---

① Connors,Robert J. 在"The rise and fall of the modes of discourse"一文中质疑传统的以话语模式教学为主体的写作教学的不合理性,指出这种以抽象的、机械的话语模式为对象的教学会失去学生的主动性,脱离社会写作环境的现实,在文末,他提出应该改革写作教学,支持以"文类"(genre)为主体的教学方法。

语在词语和各类物体之间建立起一种一对一式的对应关系",相信语言可以真实地指向客观世界的物质,文本因而成为传达真理的可靠介质。然而这种话语,以"归纳法"这一伴随着经验主义的探索自然界科学真理的关键话语模式为例,却在20世纪以来西方现代语言哲学的映照中失去了神的光芒;正如 Hyland 指出的那样,归纳法无法确保其过程中的所有前提和证据都具有绝对正确性,尤其是对于那些无法观察到的研究对象,科学家不得不将诸多不确定因素带入归纳的过程中,因此,即使是对于科学知识的认知也不可避免地受到科学家本人"前见"甚至偏见的影响。这一点伽达默尔从解释学的角度已经在《真理与方法》(*Truth and Method*)中充分地论证过。而运用 Hyland 在文中引述的史蒂芬·霍金的观点来说,科学家对于客观世界的观察并不是客观的,而是通过一定理论或者学科范式来进行的(p.61);也就是说,学科话语在运用的过程中理应预见到并指明某一论证可能遭遇的驳论,因此科学家认识的客观世界和掌握的所谓的知识只是在一定理论框架中所观察到的"部分的真理"。

这种挑战经典科学观的理念让我们怀疑真理和现实的客观存在性,追问语言是否是传达真理的可靠媒介,而这也正是社会建构主义理论试图说明的一点:"知识与社会现实是通过人与人日常交流互动、尤其是特定话语之间的对话创造出来的。……它令我们开始怀疑所谓的存在的'事实',促使我们意识到真理其实是经过我们的理论和语言的筛子筛选出来的理念。"(p.61)这样的论断与当代美国修辞学大师肯尼斯·伯克著名的"词屏"①理论有异曲同工之妙,使词语—意义之间一对一的对应成为泡影,使文本客观反映真理的理想成为过去,语言的本质从此被"话语"定义。学科话语成为知识、科学事实、学术群体的中心,因为这一切都是通过呈现知识的方式,即话语建立的(p.61)。不同的学科本质上是不同学科群体和领域用其特定话语建立的社群,写作者"面向自己的读者呈现论点时,需要表达一种符合本学科成规的专业话语和相应的学科态度";从文体风格上讲,他需要"寻求话语支持,表达该群体的身份认同感,选择能将文本与所属学科统一起来的修辞策略";而从内容上说,则需要"根据学科传统和读者期待在其研究的意义与创新性之间找到平衡点"(p.61)。

---

① Kenneth Burke 提出"terministic screen"(词屏)的概念,指出人类所认识的世界实质上是通过语言的象征系统建立起来的词屏折射(deflect)掉一部分看不到的意义和映射(reflect)看得到的意义来建立的。

总之,写作者通过其运用的学科话语试图与其所在的学科群体建立共鸣,发出既具有个人特色又符合学科成规的声音,找到并确立自己的学术身份。而这一切所涉及的话语修辞策略的选择和运用,对于成熟的学者来说,往往是无意识而自然发生的,但对于初入学科的大学生或者年轻学者而言,则需要通过不断的内化过程而树立一种自觉的学科话语意识。

  Hyland 对于不同学科话语的研究由来已久,例如本文提到 2005 年他曾做过一个基于数据库的调查,其中,累计 150 万字的 240 篇研究论文显示,明显地标示出作者身份的文类特征的,例如提到作者本人的、直接表达出本人的评价的以及与读者有明显互动的等等,75% 都出现在人文社科领域的文章中(p.62)。然而这并没有证明理科学术话语中的语言就具备词语—意义的一一对应性,只是说,人文社科领域的学科话语较之科学话语具有更明显的主观个性化特征。

  从微观的词意在不同学科中的变化则可以更清楚地看到语言在不同学科中的所指取决于其话语群体这一点。Hyland 在 2007 年与 Tse 对一些经常出现在学术论文中的所谓的"半技术性术语"做了观察,发现这些学术词语看起来十分常见,但却因为学科传统的关系在不同学科中表达着不同的意义。例如,"consist"在社会科学中意为"与……相比保持不变或一致",而在自然科学中则为"包括"的意思;"volume"在应用语言学中表示"书籍",而在生物学中则表示"数量";"abstract"在工程学中指的是"抽取",在社会科学中则意为"理论上的"(p.62)。

  另一种在不同学科中呈现出不同话语特征的是指示词,即主要通过祈使词(如"consider""note""imagine"等)和表示强制性的情态动词(如"must""should""ought"等)促使读者进行某种活动或者引导其从作者的角度看待某个问题的词语。一般来说指示词更多地用在人文社会科学中,因为它们不能"像自然科学那样通过可以量化的途径或者其他的科学实证来呈现论据"(p.63),因此其作者更多地运用指示词来引导读者注意到其观点或论据。但如果过多地运用指示词,过于显山露水表现出作者的意图,这种强势则有可能会而引起读者的反感,因而这类"软"科学中的指示词多为文本性(引导读者注意文本某特定部分或某个引用参考文本)的。与之对应,在所谓的"硬"科学中,则因为存在大量数据、图表等论据,作者则更常运用到认知性指示的词,如 consider 等,提醒读者注意文中的某个不言自明的图表或者数学模型;相比来说,指示词的运用在这类学科中更明确和强硬,没有人文科学那样婉转,如同 Hyland 在文中引述的两位受访者所说的,这类文章的篇幅一般较人文社科更短,因此必须用明确的方式直指研究的核心问题,只要"论点能通过指示词清楚地呈现出来就行,并不需要担心这些词语是否具有较强的祈使意味"(p.64)。

除了单个的指示词,Hyland 还在文中提到,词组的合理运用也标示着一位写作者是否具有使用学术话语的能力,例如"as a result of""in case of"等词组在不同的学科话语中的搭配和使用频率也呈现出不同。Hyland 广泛地研究了生物、电力工程、应用语言学和商科论文中的常用词组,发现"每个学科最常用的前 50 个词组中有一半都不会出现在任意另一个学科的前 50 个常用词组中"(p.65),这说明不同学科话语有着相对独立的词组词库。此外,每个学科对这些词组的使用频率也不同,例如电力工程具有最高的四字词组的使用率,如"as a function of""as shown in figure""with respect to the"等等共计 213 种,而生物学文本中出现这类词组的频率则最低(p.65)。

除了宏观关注词组的使用频率,Hyland 还对上述学科使用的不同类型的词组做了更细致的观察,指出自然科学学科中更常见到指向现实行为的、以研究为目的的词组,如"the nature of""was found to be""as a function of"等,体现出自然科学对精准性的追求;而人文学科则有几乎一半的词组都是指向论证本身,具有文本特征,例如"in the context of""the purpose of this paper"(p.66)等,体现出人文领域学科对修辞论辩和价值判断的重视。非常有意思的是,唯有两个词组出现在所有这四种学科中,它们是"on the other hand"和"in the case of"(p.65),这两个词组都表现出所讨论问题的复杂性和多面性,传达出自然科学和人文社会科学共同具备的学术话语的分析性特征。

三、名誉、英文学术与二语习得

虽然 Hyland 没有明确说出,但至此我们可以看到,所有的这些学科话语的特性都指向一种共性:即学术话语的风格语法必须符合学术权威的期待,表现出相应学科的特质和成规,这不仅关系到是否能够获得学科的话语权,此外,用 Hyland 的话来讲,还关系到一个学者的声誉。这种声誉是一种无形的"象征性资产"(p.67),决定着写作者的作品是否能够获得以出版社或者以编辑为代表的学术权威的认同,从而得到发表的机会。在 Hyland 眼中,这俨然就变成了学术界的一种"产业","那些能够出色地发表自己研究成果的学者获得职称的提升和终身教授的资格,能够取得高层学术管理的职位,成为能够决定研究计划、人员聘任、项目申请和资助的学科掌门人"(p.67),就这样,名誉决定了资质,而资质则决定了学术资金和学科发展的具体走向。

可以说,这样以"名誉"为资本的"学术市场经济"(p.67)已然是各语种学术界的现实状况,从另一个侧面来讲,它则再次证明学术写作更关乎的不是所传达的"真理"、不是 M. H. Abrams 在《镜与灯》(*The Mirror and The Lamp*)中提出的那个著名的三角中"作品—世界"的那一极,而是"作品—作者"和"作品—读者"的那两极,它期待的是作者与代表学术权威的读者之间的认同,是话语权的获得与传承,是可以将话语权直接物化为资本和权力的媒介。

而在全球化的"学术市场"中,如同经济贸易的市场一样,掌握着"名誉资本"的仍是英语界的出版机构和学术社团。一个以英语为二语或外语的学者,若想获取超越本国学术范围的声誉和学术资本,必须凭借以英语为媒介的学术成果的发表。据 Hyland 观察,目前有不少的"欧洲和日本杂志已经转为了英文刊物,而瑞典、荷兰和德国的许多以本国语为写作语言的杂志则遭到了重创"(p.68)。这无疑让我们回到了本文开篇提到的"文化帝国主义"的问题,让人们开始继续思考对比修辞学一直以来试图解决的修辞的殖民化和被殖民化(Connor,2008)问题[①]。然而,即使是强烈反对这种"修辞的文化偏见"的学者,也不得不通过英文的论证和批判来传播他们的思想,不得不通过英文论文或论著在英语世界的发表来确立其更高的声誉和学术权威。这无疑揭示了这样一种悖论:在日益倡导文化多元化、试图瓦解以英文为中心的修辞学领域,其实践活动,即学术写作,却不得不遵循英文学术的修辞策略、话语风格和文法标准,这不仅仅又一次印证了学术理想与现实的鸿沟,也给国内的学术写作教学和实践敲响了警钟:当我们仍沾沾自喜于近年来国内科研论文和杂志的欣欣向荣之时,我们以英文为载体的学术杂志、论坛和系列文丛是否正以同样的气势日益发展?因为这将直接决定着国内学术在世界的位置——身份、声誉和话语权,用 Hyland 的话来说,"我们的身份取决于发表的作

---

① 对比修辞学创始人 Robert Kaplan 为了提高美国大学中普遍较低的二语习得者的英文写作教学质量,对比东西方修辞策略,观察到两者诸多的差异。但自 20 世纪 90 年代以来,他的研究成果被一批学者批判为"西方中心主义"的修辞学研究;在后者的误读中,Kaplan"企图"在东西方修辞的不同中一分高下,使二语习得者规避东方语言写作中的修辞习惯而模拟英文的修辞策略,忽略了两者之间的平等性和可互通性。

品"(p. 69)。基于这样的理念,英文写作教学便更不能局限于文法或技巧的讲授,而其社会文化属性、与之密切相关的学术发表的成规、理论和社会实践理应成为其中重要的内容①。

参考文献

Abrams, Meyer Howard. *The Mirror and the Lamp: Romantic Theory and the Critical Tradition*. NY: Oxford University Press, 1971.

Bartholomae, David. "Inventing the university," *Journal of Basic Writing* 5.1 (1986): pp. 4—23.

Burke, Kenneth. *Language as Symbolic Action: Essays on Life Literature, and Method*. Berkeley: University of California Press, 1966.

Connor, Ulla, Ed Nagelhout, and William V. Rozychi, eds. *Contrastive Rhetoric: Reaching to Intercultural Rhetoric*. Amsterdam: Benjamins, 2008.

Connors, Robert J. "The rise and fall of the modes of discourse," *College Composition and Communication* 32. 4(1981): pp. 444—455.

Hartwell, Patrick. "Grammar, grammars, and the teaching of grammar," *Writing, Teaching, Learning: A Sourcebook*. Richard L. Graves. (eds.) Rev. ed. NH: Boynton/Cook, 1999, pp. 197—217.

Hyland, Ken. "Options of identity in academic," *ELT Journal* 56. 4(2002): pp. 351—358.

Hyland, Ken. "Writing in the university: Education, knowledge and reputation," *Language Teaching: Surveys and Studies* 45. 1(2013): pp. 53—70.

---

① 据笔者所知,在美国很多大学的英文系部以及 Hyland 所在的香港大学,都设有专门的《论文编辑与发表》课程,但国内目前还没有开设这样的课程。

词典学与理论语言学研究

词典学发展趋势研判

——《回望词典学研究 25 载》一文述评①

四川外国语大学英语学院　张　宏

【摘要】　《回望词典学研究 25 载》一文刊是《国际词典学》（*International Journal of Lexicography*）二十五华诞庆贺专刊中的最后一篇，报道了一项基于语料库数据判断 25 年来词典学发展趋势的研究，作者是前非洲辞书学会会长 de Schryver。借助自建词典学文献语料库的数据，他首先统计出 100 个高频词，以揭示当代词典学的发展趋势。然后，他对专刊头三篇中前任主编所述的在任工作回顾进行了回应。接下来，他对其余三篇回顾 IJL 刊载语料库、语义网络、理论词典学研究论文的情况的文章进行了回应。此文给人的整体印象和感受是：25 载要点明，正谬辨清为求真；反思学科促发展，愿我华夏树此风。

关键词　词典学；发展趋势；语料库；语义网络；理论词典学

　　1962 年，在美国印第安纳大学召开的当代第一次词典学会议推动了词典学向一门现代学科演化，1971 年 Ladislav Zgusta 专著 *Manual of Lexicography*② 问世，为词典学奠定了学科理论基础，标志当代词典学作为一门独立的研究学科得以成立。从 1962 年到今天半个世纪过去了，词典学取得了长足发展：北美洲、欧洲、非洲、亚洲相继成立了辞书学会，都在举办两年一度的国际会议，出版会议论文集；多语种的词典学教材、专著、纪念文集以及词典学手册不断涌现；牛津大学出版社出版的欧洲辞书学会的季刊《国际词典学》（*International Journal of Lexicography*，简称 IJL）和

---

　　① 原文题目为"Trends in twenty-five years of academic lexicography,"载于 *International Journal of Lexicography* 2012 年第 4 期，第 464—506 页。
　　② Ladislav Zgusta, *Manual of Lexicography*. The Hague：Mouton, 1972.

南非辞书协会的年刊 *Lexikos* 已经先后于2003年和2005年被人文艺术引文索引数据库(Arts & Humanities Citation Index)收录;世界范围内有不少院校都开设了词典学课程,有些还授予词典学硕士、博士学位。

在学科成长历程中,洞察学科的宏观发展态势是必不可少的。迄今为止,系统阐述过词典学科宏观发展的学者主要有两位,最早的一位是英国的Hartmann,他分别在1988年和2008年的欧洲辞书学会的国际会议上对词典学发展状况进行了分析[①][②]。他在1988年的研究是基于文献统计来分析学科研究热点,而2008年的研究则偏重于用他在学术生涯后期构建的词典学宏观理论框架去囊括学科的各个研究领域,并兼论了学科属性和未来发展方向,属于定性研究。严格来说,在2008年的这次研究中他并没有对词典学在过去几十年里的发展趋势进行反思和梳理。

第二位探讨词典学科宏观发展动态的学者是前非洲辞书学会会长de Schryver。他做了4项研究[③][④][⑤][⑥],采用的方法都是文献计量分析。其中前3项研究分别对IJL、Lexikos、Euralex的15届会议论文集进行了计量分析,研究成果分别发表在这3种对应的文献中;最后一项研究是在IJL创刊25周年之际通过计量分析IJL全文语料库以及重要词典学期刊和文献构成的语料库,观察词典学的发展趋势,研究成果刊登在该刊2012年第4期上,题为《回望词典学研究25载》(Trends in twenty-five

---

① Reinhard R. K. Hartmann, "A quarter of a century's lexicographical conferences," *BudaLEX'88 Proceedings*. Tamás Magay and Judit Zigány (eds.). Budapest: Akademiai Kiad, 1988:pp. 569—575.

② Reinhard R. K. Hartmann, "Twenty-five years of dictionary research: Taking stock of conferences and other lexicographic events since LEXeter'83'," *Proceedings of the XIII EURALEX International Congress* (Barcelona, 15—19 July 2008). Elisenda Bernal and Janet DeCesaris (eds.). Barcelona: Universitat Pompeu Fabra, 2008:pp. 131—148.

③ Gilles-Mauric de Schryver, "Bibliometrics in Lexicography," *International Journal of lexicography* 22(2009a):pp. 423—465.

④ Gilles-Maurice de Schryver, "Lexikos at eighteen: An analysis," *Lexikos* 19(2009b): pp. 372—403.

⑤ Gilles-Maurice de Schryver, "Lexicography in the crystal ball: Facts, trends and outlook," *Proceedings of the 15th EURALEX International Congress* (Oslo: 7—11 August 2012). Ruth Vatvedt Fjeld and Julie Matilde Torjusen(eds.). Oslo: University of Oslo, 2012a, pp. 93—163.

⑥ Gilles-Maurice de Schryver, "Trends in twenty-five years of academic lexicography," *International Journal of Lexicography* 25(2012b):pp. 464—506.

years of academic lexicography)。这项研究所建立的语料库收录的文献最为全面,凝结了作者在前 3 项研究中所积累的经验和见地,其结论的深度、广度、凝练度都超越了前 3 项,故在此评述此文。下文依次评述此文的研究背景、研究方法、研究结论。

一、研究背景评述

西方期刊有庆祝 25 周年的传统,北美辞书学会会刊 *Dictionaries*、德国的词典学年刊 *Lexicographica* 都分别在 2004 年、2009 年刊文庆祝了自己 25 岁生日。欧洲辞书学会的会刊 IJL 也不例外,在 2012 年喜迎 25 华诞之际,它将第 4 期作为专刊纪念这一盛事,其中刊载了 3 位前任主编和 4 位知名学者的纪念文章 7 篇。

3 位前任主编的纪念文章各有侧重。第一任主编 Robert Ilson 回顾了 JIL 诞生之时词典学科发展的欣欣向荣景象,说明了自己的办刊理念、对当时词典学发展动态的观察、未能如愿的期待、投稿者的群体特点和存在的问题、对词典学未来发展的思考[1]。第二任主编 Anthony Paul Cowie 回顾了前任主编的成绩,自己的办刊理念,以及 IJL 对当时单语学习词典和片语(phraseology)的研究进展的报道[2]。第三任主编 Paul Bogaards 则分析了学术期刊的排名评价中存在的问题,提出一个发人深省的问题:如何让其他学科的学者了解在词典界享有盛誉的 IJL?[3]

接下来是三位专家 Patrick Hanks、Thierry Fontenelle、Rufus Gouws 分别回顾了 IJL 对语料库[4]、语义网络[5]、理论词典学[6]这三个领域

---

[1] Robert Ilson, "The first ten years—and beyond," *International Journal of Lexicography* 25(2012):pp. 381−385.

[2] Anthony P. Cowie, "Dictionaries, language learning and phraseology," *International Journal of Lexicography* 25(2012):pp. 386−392.

[3] Paul Bogaards, "The impact of the International Journal of Lexicography," *International Journal of Lexicography* 25(2012):pp. 393−397.

[4] Patrick Hanks, "The corpus revolution in lexicography," *International Journal of Lexicography* 25(2012):pp. 398−436.

[5] Thierry Fontenelle, "WordNet, FrameNet and other semantic networks in the *International Journal of Lexicography*: The net result?" *International Journal of Lexicography* 25(2012):pp. 437−449.

[6] Rufus Gouws, "Theoretical lexicography and the *International Journal of Lexicography*," *International Journal of Lexicography* 25(2012):pp. 450−463.

的研究成果的报道,并对其未来进行了展望。

最后一位学者 de Schryver 则基于词典学文献语料库分析,对词典学的发展趋势进行了观察,对前面 3 位主编的纪念文章、3 位学者的专题回顾文章进行了回应。① 这篇回应文章即是本文所要述评的对象。

以上组稿思路是 de Schryver 设计的,可谓别具匠心,它可以使定性研究和定量研究的优势得以充分发挥,定性的反思得到定量研究的验证。deSchryver 之所以敢于回应 6 位学者,是因为他先前已经分别对 IJL、Lexikos、Euralex 的 15 届会议论文集进行过文献计量分析,研究方法轻车熟路,学科的发展态势他也早已洞若观火,胸有成竹。

二、研究方法评述

de Schryver 的研究思路是首先构建词典学文献语料库,然后通过和英国国家语料库(BNC)这个平衡语料库进行对比,计算关键值(keyness value),分析出文献中的关键词,借此判断学科发展趋势。涉及对比两个语料库的数据时,作者使用了标准频数(normalized counts),即每100000词中出现的次数。

他自建了两个语料库,第一个语料库是 IJL 语料库(the IJL corpus),由该刊中所有英语论文、词典评论、书评、编者述评构成,合计有 818 篇,354 余万字。第二个语料库为词典学文献总库(the LEX corpus),总容量为 1650 万字,由以下 6 个子语料库构成:

(1)期刊子语料库。收录了三种国际词典学期刊 *Dictionaries*、*Lexicographica*、*Lexikos* 中的所有英语文章。

(2)手册类子语料库。由七部有影响力的词典学手册构成,即 *Manual of Lexicography*(Zgusta, 1971)、*Dictionaries*: *The Art and Craft of Lexicography* (Landau, 1984)、*Practical Lexicography*: *Principles and Methods of Dictionary-Making* (Svensén, 1993)、*Dictionaries*: *The Art and Craft of Lexicography* (Landau, 2001)、*Lexicography*: *An Introduction* (Jackson, 2002)、*The Oxford Guide to Practical Lexicography* (Atkins and Rundell, 2008)、*A Handbook of Lexicography*: *The Theory and Practice of Dictionary-Making*

---

① De Schryver, "Trends in twenty-five years of academic lexicography," *International Journal of Lexicography* 25(2012b): pp. 464—506.

(Svensén,2009)。

(3) 百科全书子语料库。由三卷本的 *Wörterbücher / Dictionaries / Dictionnaires*(1989—1991)的英语章节和十四卷 *Encyclopedia of Language and Linguistics* 中有关词典学的章节构成。

(4) 会议论文集子语料库。包括 1962 年在美国印第安纳大学召开的当代第一次词典学会议、欧洲辞书学会的所有历届国际会议论文集、亚洲辞书学会部分会议论文集、历届计算词典学国际会议论文集、电子词典学国际会议论文集。

(5) 专著子语料库。包括来自词典不同子领域的各种专著,论文集 29 本。

(6) 个人纪念文集子语料库。由分别纪念 B. T. S. Atkins 和 P. W. Hanks 的两部文集构成:*Lexicography and Natural Language Processing:A Festschrift in Honour of B. T. S. Atkins*(Corréard, 2002),*A Way with Words:Recent Advances in Lexical Theory and Analysis:A Festschrift for Patrick Hanks*(de Schryver, 2010)。

de Schryver 通过分析关键词来判断学科发展趋势的思路无疑是正确的,但他在选择语料来源时对入选文献的类别考虑得不够全面。例如,de Schryver 的手册类子语料库的来源有 *Lexicography:An Introduction*(Jackson,2002)一书,在谷歌学术中此书被引用次数为 186[①],而 Henri Béjoint 的英译本 *Modern lexicography:An Introduction*[②](2000)在谷歌学术中被引用次数为 225[③],令人疑惑的是为何引用频数高的著作没有进入他的语料库?再如,*Dictionary of Lexicography*[④](Hartmann & James,2002)是英文版唯一的一本词典学词典,在谷歌学术中被引用次数为 328[⑤],竟然也未入 de Schryver 的法眼。在以上专著缺失的情况下,Svensén 的两本专著 *Practical Lexicography:Principles and Methods of Dictionary-Making* (1993)、

---

① 2013 年 8 月 10 日检索。

② Henri Béjoint, *Modern Lexicography:An Introduction*. Beijing:Foreign Language Teaching and Research Press,2000/2002。

③ 2013 年 8 月 10 日检索。

④ Reinhard R. K. Hartmann & Gregory James, *Dictionary of Lexicography*. London/New York:Routledge, 1998。

⑤ 2013 年 8 月 10 日检索。

A Handbook of Lexicography: The Theory and Practice of Dictionary-Making(2009)都入选。这让人不禁产生疑问：de Schryver 选择语料的标准到底是什么？

三、研究结论评述

de Schryver 的研究结论分为三大部分，第一部分是 IJL 语料库和词典学文献总库中关键词所反映的学科发展趋势，第二部分是基于语料库对前面六篇文章的回应，第三部分是他对 IJL 的总体评价。现分别评述如下。

1. 关键词所反映的学科发展趋势

deSchryver 从 IJL 语料库和词典学文献总库中分别分析出 100 个关键词，发现两组词表的主要大体相同，兹列举 15 个高频关键词：dictionary, English, language, lexicography, words, lexical, entries, semantic, verb, learners, bilingual, corpus, meaning, definition, translation。毫无疑问，这些关键词体现了学科的热点研究话题。

但是，以上两组词表也存在着差异：

（1）有些从 IJL 语料库中分析出的关键词是词典学文献总库中所没有的，例如倡导使用语料库的词典学家的名字 Atkins 和 Sinclair、《朗文当代英语词典》的缩略名称 LDOCE、语义网络名称 Wordnet 和 Framenet。de Schryver 非常正确地指出，这些差异体现了该刊的办刊思路。

（2）反过来，有些从词典学文献总库中分析出的关键词是 IJL 语料库中所没有的，例如美国词典的标志词 Webster、德国词典学家的名字 Wiegand、语言名称 Afrikaans、俚语 slang、引用例证 citations 和 quotations。de Schryver 没有解释这一差异，笔者认为这正是国际词典学风景的本来面貌——多民族性和多语言性。

2. 对六位学者的回应

为了便于对两个语料库的数据进行比较，de Schryver 把两个语料库合并，从中分析出另一组 1000 个关键词，统计了它们分别在这两个语料库中的标准频数。他的以下分析均以这组新产生的关键词为基础。

（1）对前主编 Ilson 的回应（任期：1988—1997）

DeSchryver 仅对 Ilson 所谈话题中的一小部分——四个话题进行了回应。

第一，Ilson 指出在 IJL 诞生之际词典学科的发展呈现出欣欣向荣之势，de Schryver 引用了两篇对 Ilson 在 20 世纪 80 年代所主编的书的述评来证明这一点：

"词典学这门学科、艺术、技艺正在日益职业化，这对于提升词典质量和数量都有益。此外，词典研究文献也在日趋专业化……（Gold，1985：p.288）"

"自我反思是成熟的标志，词典学已经到了成熟的年龄了。人们肯定以为（并且希望）词典学家一直思考的是前辈所做的事情，但是现在他们以 Samuel Johnson 为榜样，正在越发公开地谈论自己的见解。近年来，词典学界对词典学所进行的反思已经发生了量和质的飞跃。（Algeo，1986：p.262）"

第二，Ilson 一文中还提到 *The Oxford English Dictionary*（OED）的重要地位，de Schryver 的语料库数据表明，从过去到现在 OED 在众多词典中始终处于主要地位。

第三，de Schryver 通过数据分析发现，Ilson 当时所看好的 Mel'cǔk 的词汇函项理论并未引起学者们的持续关注。

第四，Ilson 只是笼统地提到英语学习词典在兴起，de Schryver 则用数据清晰地勾画出四大英语学习词典从 20 世纪 80 年代到 2012 期间里在两个语料库中受关注程度的变化趋势。在 IJL 语料库中，这四部词典所受的关注度要普遍高于词典学文献总库中的关注度，具体而言，LDOCE 和 COBUILD 交替成为最受关注的词典，OALD 一致得到较高的关注度，CIDE/CALD 受到较多的关注后，慢慢被淡忘。而在词典学文献总语料库中，COBUILD 一直是人气最旺的词典，其余三部词典的人气都要弱一些。

除了针对 Ilson 的观点做了以上四点回应，de Schryver 还发现了两个涉及出版商的趋势：

① 在两个语料库中，英国词典出版社所受关注度由高到低依次为：牛津出版社第一，剑桥大学出版社和朗文出版社居次，柯林斯位居第四。至于其他国家词典的出版商（美国的 Merriam-Webster，法国的 Larousse，德国的 Duden），他发现其影响远远小于英国的，在两个语料库中它们的受关注度大体相同。

② 在两个语料库中，所其出版的词典学专著被引用得最多的出版社是德国的 Max Niemeyer，荷兰的 Benjamins 有迎头赶上的趋势，德国的 De Gruyter、荷兰的 Mouton、英国的 Routeledge 都赶不上它们。

不难看出，de Schryver 所发现的这两个有关出版商的趋势和 Ilson 的讨论话题关系不是特别紧密，如果放在"关键词所反映的学科趋势"这一部分倒是更合适。

（2）对前主编 Cowie 的回应（任期：1998—2002）

deSchryver 对 Cowie 自述的三点工作思路做出了回应：

第一，IJL 要侧重欧洲的主要语言，如法语、德语、意大利语、西班牙语、俄语，同时继续关注古希腊语和希伯来语。de Schryver 的 IJL 语料库数据表明，这些语言在 Cowie 在任的四年里确实被关注得较多，而在其任期之前以及之后被关注得较少；词典学文献总库表明，这四年里被关注得最多的语言和这些 IJL 所侧重的语言有较大差异。这证明 Cowie 是按此工作思路展开工作的。

第二，IJL 应把学习词典作为报道的焦点。de Schryver 的两个语料库的数据却表明，从过去到现在，不同类型词典所受关注度由高到低依次是：双语词典（bilingual dictionary）、单语词典（monolingual dictionary）、多语词典（multilingual dictionary）、双解词典（bilingualized dictionary）、半双解词典（semi-bilingual dictionary）。de Schryver 认为所受关注度最高的词典是双语词典，而非单语词典，有些令人惊讶，似乎他的言下之意是 Cowie 所采取的注重报道学习词典研究成果的办刊思路没有得到数据的支持。但他似乎忽略这一事实：monolingual dictionary 这个概念太大，不能精确指称学习词典，学习词典一般用 learner's dictionary[①]（Fillmore，1989）和 pedagogical dictionary[②] 指称。所以笔者以为，monolingual dictionary 的频数准确不能表明人们对学习词典的关注度。

第三，IJL 要注重对片语研究的报道。de Schryver 发现 phraseology/...cal 在 IJL 的语料库里的确要比词典学文献语料总库的频数明显要高，这恰好证明了 Cowie 思路。

deSchryver 还非常敏锐地洞察到以下 4 个趋势：

① 1962 到 2012 年期间，词典学文献总库中研究者关注的语言来自世界多个地区，有欧洲、亚洲、非洲、澳大拉西亚、阿拉伯世界的，就是没有

---

① Charles J. Fillmore, "Two dictionaries," *International Journal of Lexicography* 2 (1989): pp. 57—83.

② Anna Dziemianko, "User-Friendliness of noun and verb coding systems in pedagogical dictionaries of English: A case of Polish learners," *International Journal of Lexicography* 24 (2011): pp. 50—78.

美洲本土的语言。他有些打抱不平地质疑：为什么就没有建立南美辞书学会？

② 在词典学文献总库，对方言词典的研究兴趣在逐渐减弱，而在 IJL 语料库中，对方言词典的兴趣在逐渐增强。

③ 在两个语料库中，学者们已经失去研究词源词典的兴趣。

④ 在两个语料库中，学者们对 pedagogical dictionary 的兴趣呈上升趋势。

（3）对前主编 Boggards 的回应（任期：2003—2012）

Boggards 对影响因子的有效性提出了几点质疑，de Schryver 也对 Thomson Reuters 提供的影响因子提出质疑——其数据库是封闭的，真正的引用情况它显示不出来，他运用谷歌学术和 Publish or Perish 免费软件所提供的数据证明了这一点。谷歌学术搜索的期刊是世界范围内的（电子）期刊，要比 Thomson Reuters 的封闭数据库范围广得多，用它可以搜索某位学者、某篇论文或专著，如果把谷歌学术的数据库导入 Harzing 的引用情况分析软件——Publish or Perish，可以分析 IJL 的引用情况。结果表明 IJL 的论文每年被引用 392 频次，远远高于 Thomson Reuters 在 2011 年所给出 IJL 引用情况：在过去两年里 IJL 的 28 篇论文被引用了 32 次。De Schryver 用这种方法确实证明了 IJL 的引用频次高于 Thomson Reuters 提供的引用频次，但是他回避了读者可能会有的疑问：按照影响因子排名，IJL 进入了 Thomson Reuters 语言学期刊前 20 名，要是所有的刊物的影响因子都以谷歌学术提供的频次为依据，IJL 在语言学期刊中应当排名第几呢？

此外，在回应完 Boggards 所谈的 IJL 影响因子话题后，de Schryver 还在本节展示了两个自建语料库中最有影响的 73 位词典学家，在两库中有影响的学者前几名排序相同，依次为 Johnson、Hartmann、Zgusta、Hausmann、Atkins、Sinclair 等。对比同一学者在两库中的影响，De Schryver 注意到这样三种情况：在 IJL 语料库中的影响大于在总库中影响；在 IJL 语料库中的影响小于在总库中影响；在两库中影响相同。我们不难觉察到，对有影响的词典学家进行排名和 Boggards 所谈的 IJL 影响因子属于性质不同的话题，把这个话题塞进本节有些勉强。

（4）对 Hanks 的回应

Patrick Hanks 谈论的话题涉及多个方面，de Schryver 仅对 Hanks 的一个观点——在未来词典学的目标是制作出电子工具——做出了回应,他的语料库数据表明:(1)光盘词典 CD-ROM 始终没有真正成为研究焦点;(2)在 IJL 语料库中在线词典已经超过了纸质词典,而在词典学文献总语料库中,在线词典和电子词典大体上已经超过了纸质词典。基于这两个趋势,de Schryver 乐观地认为 Hanks 所描述的未来词典学会到来。

除了直接回应 Hanks,de Schryver 还观察到三个和语料库相关的趋势:(1)计算机普及得非常广泛,"计算机"一词在文献中已经没有必要提及;(2)和词典学文献总语料库的文献相比,IJL 中的文献对语料库的关注相对较少;(3)自从第一部真正基于电子语料库编纂的 COBUILD 词典于 1987 年问世后,适用于纸质词典的 look-up 一词也开始被适用于电子词典的 search 替代。

Hanks 的文章深度讨论了较多语料库问题,有语料库和学习词典结合后所引出的语料库使用问题、创建语料库过程存在的问题、corpus-based 和 corpus-driven 两种研究途径的区别、corpus-driven lexicography 的未来发展、语料库语言学同生成语言学和认知语言学的立场差异,每一条见解都发人深省。de Schryver 只是有选择地对 Hanks 做出回应,比较之下,他的回应内容是笼统的、表面的、趋向性的,这是研究方法使然。

(5)对 Fontenelle 的回应

Fontenelle 回顾了 IJL 在及时报道语义网络研究方面的突出成就,尤其是涉及 WordNet 和 FrameNet 的研究,他认为 IJL 上刊载的成果都非常及时、权威,并指出后来这些论文的引用率都很高。De Schryver 针对 Fontenelle 的文章做出了以下四点回应:

首先,WordNet 和 FrameNet 的确都是重要研究话题,它们在其自建的 IJL 数据库中都属于前 100 个关键词。

其次,Fontenelle 所提到的语义网络都被 IJL 进行了报道,但是 de Schryver 发现不论是在 IJL 语料库中还是在词典学文献总库中,学者们并不是持续不断地关注语义网络,他们只是在几个阶段关注语义网络,不过在 IJL 语料库中学者们对此的关注要比在词典学文献总库中多一些。

再次,IJL 所刊出的计算语言学论文之影响力要比 Fontenelle 所估计的还要大,Publish or Perish 软件分析数据表明,IJL 中引用频数高的论文多为语义网络论文。从另一个方面来看,WordNet 和 FrameNet 的核心研究文献都发表在 IJL 上。

最后,Fontenelle 为 IJL 没有报道其他语义网络(如 MindNet,

Acquilex、VerbNet)感到遗憾,但是 de Schryver 倒是认为 IJL 报道 WordNet 和 FrameNet 是走对了路子,因为 google 图书检索结果表明,人们对 MindNet 这些网络的关注异常少。

Fontenelle 还注意到,IJL 中所报道多个语义网络都采用了 Mel'cŭk 的词汇函项理论,并为学者们把框架语义学和词汇函项理论进行结合感到欢欣鼓舞。de Schryver 在回应 Ilson 时就提到,Ilson 所看好的 Mel'cŭk 的词汇函项理论并未引起学者们的持续关注,所以在此处他没有就该理论回应 Fontenelle。其实,即使词汇函项理论在他的两个语料库中该理论的显著度不高,这也不能削弱自然语言处理专家对该理论的高度评价。

(6) 对 Guow 的回应

在词典学家看来,词典学是一门具有学术地位的学科(academic discipline)是毋庸置疑的,但是至于这门学科有无理论体系却是仁者见仁,智者见智。Guow 坚信理论词典学(theoretical lexicography)是存在的,他追溯了在 IJL 成立之际知名学者对"是否存在词典学理论体系?"这个问题的看法:英国的语言学家、词典学家 Sinclair 认为没有所谓的理论词典学,而德国词典学家 Wiegand 认为存在着普通词典学理论(general theory of lexicography)。接着,Guow 又分析了学者们对词典学之学科属性的不同理解,指出欧洲一些知名学者对理论词典学所持的否定态度,如 Atkins、Rundell、Béjoint 等,并认为这些学术大家影响着 IJL 的用稿倾向,导致它没有刊登 Wiegand 的普通词典学理论以及 Bergenholtz 和 Tarp 的词典功能新论(Modern Theory of Lexicographic Functions)。他还重述了自己对词典学理论发展阶段的认识,即阶段一侧重词典的语言学内容,阶段二侧重词典的结构,阶段三侧重词典的功能,并认为 IJL 发表的论文涵盖了阶段一,但未涵盖阶段二和阶段三,因此未能均衡地展示理论词典学的发展成果。尽管如此,他发现,IJL 中诸多论文的研究主题可以很好地归入到理论词典学家所构建的理论体系之中,因此认为 IJL 对理论词典学发展还是做出了一定贡献。

de Schryver 对 Guow 一文予以了针锋相对、不留情面的回应。他首先表明自己的立场——和 Béjoint 一样认为没有词典学理论,然后他对理论派的人物逐一进行了批判。

Wiegand 所提的一些观点仅仅是理论构建的起点,这些起点本身还不足以称为理论。严重的是,Wiegand 后期的文章是在长篇累牍地重述前期观点,文献自引现象过于严重。另外,他发表论文的刊物是

Lexicographica，而他就是该刊的编辑。

Wiegand 的研究好歹还有真实资料和词典作为基础，而 Bergenholtz 和 Tarp 的词典功能新论（Modern Theory of Lexicographic Functions）就是凭想象而虚构出产物了。de Schryver 指出：Piotrowski、Kilgarriff 都以书评的方式对其理论进行了批驳；Rundell 在第 15 届欧洲辞书学会上作为主题发言人对 Ščerba、Wiegand、Bergenholtz、Tarp 的理论闹剧（theoretical farce）已经进行了剖析，其见解引起了与会者的热烈反响。

接下来，de Schryver 用自建语料库的数据予以了反击：metalexicography（理论词典学）一词的在文献中出现的频率并不高；theory、theories、theoretical 这些词语在语料库中是有，但频率一般；在 IJL 中学者们还是偏好用 headword 一词，而非理论词典学所提出的 lemma，但在词典学文献总库中，情况是反过来的；Wiegand 的研究是在 IJL 中报道得少，但是在词典学文献总库中，Wiegand 的频率是呈下降趋势；Bergenholtz、Tarp 二人在 IJL 之外的词典学文献中呈现上升趋势，IJL 本身对新研究的报道就比其他文献慢一拍，目前对这两人的报道要少一些属于正常情况。

deSchryver 在这一节的最后，又借用 Liberman 的一段话毫不客气地指出，打着理论词典学招牌的人正在破坏学术风气，这段话来自 Liberman 所写的《第 12 届欧洲辞书学会国际会议论文集》书评："多数人都倾向于重复对专家这个小圈子来说已经耳熟能详的东西，使读者对学术文献期待的悬念落了空。浏览这些参考文献就会发现，它们都是作者对自己早先研究成果稍加改动而成的。这一趋势无法可能阻挡住，研究者人数如此之多，发表的文献数量如此之巨（如果考虑到数不清的网站的话），几乎无人可期冀自己的声音被他人听到，更别提自己的观点为他人所欣赏了。不过，这种没完没了进行重复的伎俩也许会得逞。"

笔者以为，目前来看，欧洲的理论词典学这一派的做法确实有诸多不妥之处，如 Rundell 所指出的夸大自己的贡献、故弄玄虚地将表述繁琐化、避重就轻、理论脱离编纂实际、独立山头等[①]，有 Rundell、de Schryver

---

[①] Michael Rundell, "It works in practice but will it work in theory? The uneasy relationship between lexicography and matters theoretical," *Proceedings of the 15th EURALEX International Congress*, 7－11 August, 2012, Oslo, Ruth V. Fjeld and Julie M. (eds.). Torjusen. Oslo: Department of Linguistics and Scandinavian Studies, University of Oslo, 2012, pp. 47－92.

这样的学者敢于提出尖锐的批评,维护学术健康发展,实乃学科之幸。但是,当前词典学正处于由一门高度传统的技艺向一门跨学科的科学发展的过渡期①,我们是否可以因为当前理论词典学派的一些不当做法就完全否定构建理论的必要性呢? 这一点恐怕学界还需慎重对待。

3. de Schryver 对 IJL 的总体评价

deSchryver 最后从以下四个方面对 IJL 作了一个总体评价:

第一,三位前任主编对 IJL 评价都充满了溢美之词,IJL 不断进步而成为词典学界声誉最高的词典学期刊,它没有对词典学领域进行全面报道,因为主编似乎有意对报道范围进行了选择。

第二,语料库革命在 IJL 诞生之初就产生了广泛影响,如今影响还在持续。语料库分析有着全新的语言学理论基础——如今最重要的要数 Patrick Hanks 的常态与拓展理论(Theory of Norms and Exploitations)。前面的趋势分析表明,在报道语料库驱动的词典学研究方面,IJL 和更大范围的词典学文献是保持一致的。

第三,IJL 对语义网络研究成果报道得很好,IJL 不但在这方面领先于其他词典学期刊,甚至还成为计算语言学领域的主力军,Fontenelle 在语义网络研究方面颇有建树,是综述这一话题的理想人选。

第四,IJL 主编选择了不去追踪报道所谓的词典学理论,所以该刊在这一方面落在了其他文献之后,在以后的 25 年里这种情况是否会发生变化仍需拭目以待。理论学家如果遵守论文的格式规范(例如注意论文不可过长),拿出实验证据,他们的稿件是会得到考虑的,毕竟主编的作用主要还是导向性的,不可夸大其影响。

四、结语

deSchryver 和六位学者的互动犹如一首精彩的协奏曲,令我们欣赏到了词典学发展的主旋律,也许读者对 de Schryver 没有演奏"未来畅想曲"而感到遗憾,这一点可以参阅他对 Euralex 的 15 届会议论文集进行的文献计量分析②。

deSchryver 是通过高频词来判断热点研究话题、人物的,这种定量分

---

① Gilles-Maurice de Schryver, "Lexicography in the crystal ball: Facts, trends and outlook," *Lexikos* 19 (2009b):p.135.

② Ibid.

析法也有其弊端。首先，文中的图表一张接一张，共 49 张，看起来不免有些令人疲倦。其次，读者仅能了解到哪些话题和人物是热点，而对于话题的具体观点无从得知，因此文章的内容有不够丰满之嫌。当然，在一篇文章中不可能做到精泛结合，若有大方之家能以定性分析之法高屋建瓴地对词典学科主要领域的发展加以点评，指出代表性的研究成果，想必读者会受益更多。

学科的健康发展离不开自我反思和批判，国内词典学界缺乏此类对词典学宏观发展动态的反思和争鸣，但愿学界同仁们能共同努力早日改变这一现状。

参考文献

Béjoint, Henri. *Modern Lexicography*: *An Introduction*. Beijing: Foreign Language Teaching and Research Press, 2000/2002.

Bogaards, Paul. "The impact of the *International Journal of Lexicography*," *International Journal of Lexicography* 25(2012): pp. 393—397.

Cowie, Anthony P. "Dictionaries, language learning and phraseology," *International Journal of Lexicography* 25(2012): pp. 386—392.

De Schryver, Gilles-Maurice. "Lexicography in the crystal ball: Facts, trends and outlook," *Proceedings of the 15th EURALEX International Congress（Oslo: 7—11 August 2012*). Ruth Vatvedt Fjeld and Julie Matilde Torjusen. (eds.) Oslo: University of Oslo, 2012a, pp. 93—163.

De Schryver, Gilles-Maurice. "Trends in twenty-five years of academic lexicography," *International Journal of Lexicography* 25（2012b): pp. 464—506.

De Schryver, Gilles-Maurice. "Bibliometrics in lexicography," *International Journal of Lexicography* 22(2009a): pp. 423—465.

De Schryver, Gilles-Maurice. "Lexikos at eighteen: An analysis," *Lexikos* 19 (2009b): pp. 372—403.

Dziemianko, Anna. "User-Friendliness of noun and verb coding systems in pedagogical dictionaries of English: A case of Polish learners," *International Journal of Lexicography* 24(2011): pp. 50—78.

Fillmore, Charles J. "Two dictionaries," *International Journal of Lexicography* 2 (1989): pp. 57—83.

Fontenelle, Thierry. "WordNet, FrameNet and other semantic networks in the *International Journal of Lexicography*: The net result?" *International Journal* of *Lexicography* 25(2012):pp. 437—449.

Gouws, Rufus. "Theoretical lexicography and the *International Journal of Lexicography*," *International Journal of Lexicography* 25(2012): pp. 450—463.

Hanks, Patrick. "The corpus revolution in lexicography," *International Journal of Lexicography* 25(2012):pp. 398—436.

Hartmann, Reinhard R. K. "Twenty-five years of dictionary research: Taking stock of conferences and other lexicographic events since LEXeter'83'," *Proceedings of the XIII EURALEX International Congress* (*Barcelona*, 15—19 *July* 2008). Elisenda Bernal and Janet DeCesaris (eds.). Barcelona: Universitat Pompeu Fabra, 2008, pp. 131—148.

Hartmann, Reinhard R. K. "A quarter of a century's lexicographical conferences," *BudaLEX'88 Proceedings*. Tamás Magay and Judit Zigány (eds.). Budapest: Akademiai Kiad, 1988, pp. 569—575.

Hartmann, Reinhard R. K. & Gregory James. *Dictionary of Lexicography*. London/New York: Routledge, 1998.

Ilson, Robert. "The first ten years—and beyond," *International Journal of Lexicography* 25(2012):pp. 381—385.

Rundell, Michael. "It works in practice but will it work in theory? The uneasy relationship between lexicography and matters theoretical," *Proceedings of the 15th EURALEX International Congress*, 7—11 *August*, 2012, *Oslo*. Ruth V. Fjeld and Julie M. Torjusen. (eds.) Oslo: Department of Linguistics and Scandinavian Studies, University of Oslo, 2012, pp. 47—92.

Zgusta, Ladislav. *Manual of Lexicography*. The Hague: Mouton, 1972.

词典用户研究的实验心理学模式探索
——《词典使用策略量表的开发与验证》一文述评①

四川外国语大学商务英语学院　胡文飞

【摘要】《词典使用策略量表的开发与验证》立足于词典用户的现实需求与认知特征,通过理论回顾与模式构建,系统开发、验证了词典使用策略量表。该文是以自我报告形式来设计的问卷(包括36个问题),内容涉及词典使用策略的4个方面:词典使用意识技能;词典选择和词典规范策略;词形还原策略以及查阅技巧。成分分析法结果显示:4个内部因子(词典使用技巧、词典选择、熟悉度与词形还原、词典检索)构成了51.7%的变异来源。此外,4个因子之间具有很好的相融性和连贯性。此外,该文还积极探索了词典用户研究的实验心理学模式,表现出极强的学科交融性,并在研究范式上极具创新特征。

【关键词】　教学词典学;词典策略;词典使用意识;词典选择;词典熟悉度;词典研究

一、引言

德国的接受反应论使西方文艺批评的研究取向从"作者中心论"和"文本中心论"转而进入了"以读者为中心"的新的研究范式。词典学在由传统词典学向当代词典学演绎过程中也蕴含着类似的研究范式的转变。科学的词典编纂观使国内外词典学家对传统编纂模式不断反思、诘问,并尝试通过用户研究来对原有的模式进行优化和重构。

传统模式以词典编者为中心,词典的规划、设计、语料的收集以及词义的表征都代表着编者的意志。在传统的词典编纂范式下,编纂者往往专注于书证的收集和整理,按收集的书证来自主确立词目、划分义项并进

---

① 述评文章原文见 Zoe Gavriilidou, "Development and validation of the strategy inventory for dictionary," *International Journal of Lexicography* 26.2(2013):pp.135—153.

行释义。新兴的词典交际观突出了词典用户在词典交际中的主要作用，把用户纳入了整个词典编纂或交际框架中来考虑。这就意味着编者必须充分尊重用户的查阅需求、查阅习惯以及查阅过程中的认知心理。词典编纂正变得越来越为用户着想，越来越以用户为中心。这一转变无疑标志着词典理论研究在内容和方法上的突破和革新。认知词典学以独特的研究视角为词典编纂提供了一种全新的研究范式。它以外语学习者为中心，以词汇中所蕴涵的语言能力、认知心理、词汇表征为研究对象。认知词典学从语言认知和用户视角对词典编纂和使用进行研究，实现了以编者为中心的传统词典编纂思维向以用户为中心的现代词典编纂思维的转变。在研究本体上，认知词典学聚焦于以下几方面：用户查阅词典的需求；词典用户的词汇心理表征模式；用户词汇能力的发展；用户查阅词典所使用的学习策略；词典语义网络的构建等。

由此可见，无论是词典交际观还是认知观，用户需要都居于重要的地位，表现出学习者倾向。在词典研究和设计中，研究用户需要的根本目的在于了解使用者的深层次需要，顺应其认知特征和习得规律，以此来更大限度地发挥词典在学习过程中的作用。正是基于这种背景下，Zoe Gavriilidou 于 2013 年在《国际词典学》(*International Journal of Lexicography*) 杂志上发表了《词典使用策略量表开发与验证》(Development and validation of the strategy inventory for dictionaries，以下简称《策略量表的开发》)，该论文立足于词典用户的理论研究与实证分析，并通过实验模式开发、验证了词典使用量表。本文将对这篇文章进行述评，希望对词典学的理论构建、研究范式以及统计方法等有所帮助。具体而言，本文将通过文献回顾与系统述评相结合，从实验背景、实验模式、模式验证等方面进行分析，并对其学术特征进行系统评价。

二、内容概述

1. 研究背景

教学词典学，作为应用词典学的一个分支，正不断引起学界的广泛关注。事实上，随着应用词典学研究领域的不断拓展，用户查阅词典时所涉及的认知能力与查阅策略已经不断成为词典学的研究热点之一。此外，在词典的最新研究中，人们开始关注词典在词汇习得中的作用，并试图剖析词典使用与有效的阅读理解之间的相关性。在《策略量表的开发》一文中,Gavriilidou 发现:在传统的用户分析中,部分研究曾对词汇习得、二语学习、阅读理解以及文本输出中的词典使用的益处提出了质疑,但多数文献旨在证明词典在这些方面的确是大有裨益的。此外,先前的研究没有强调词典使用策略与有效的阅读理解、产出以及词汇习得之间的相关性。虽然学界都清楚,在各类语言课程的规划与设计中,极力凸显语言教学中的使用策略已经成为语言教学发展的主流趋势之一。

出现这种研究现状,Gavriilidou 认为原因在于传统研究在实证分析中忽略了词典使用策略等有效手段。词典使用策略是教学词典学研究的新领域(相对于语言学习策略之类的概念)。在传统研究中,研究者们习惯于使用诸如"有效使用词典"或"参阅技巧"等来描述有效的词形还原或者查阅策略,却将词典使用意识和词典选择策略等抛至一旁。然而,由于用户研究涉及用户的认知过程、信息提取以及策略选择等,因此其实验设计与定量分析极具挑战性。为了准确分析词典使用策略与有效的阅读理解、文本输出和词汇习得之间的关系,我们需要找到合适的工具①。这种工具能对用户的查阅过程提供高效、可靠的词典使用策略测量。

在《策略量表的开发》中,为了更好地延续前人的相关研究,Gavriilidou 系统回顾了词典查阅的发展历程,并对相关文献进行了范畴分类,具体包括两类:

(1) 系统描述用户成功查词时所使用的查阅技能和策略;如 Be'joint、Nesi、Nation 以及 Lew and Galas 等相关研究。

(2) 关注用户的查阅技巧,以及查阅过程中的误用和失误,如 Neubach and Cohen、Nuccorini 和 Nesi and Meara 的相关研究。

在第一类研究中,Be'joint(1981)主要调查了法国学生使用词典的原因,并分析了这些学生实际使用词典的方法。他认为用户在词典查阅过程中主要有两种参阅技巧:通过词条或者词条的分支来找到所要查阅的词位(lexeme),然后提取所需要的信息(包括拼写、发音、语义等)。成功的词典查阅需要按照一系列正确的步骤,调用大量的先备知识,比如英语习惯、词典规约,并不断进行假设验证和逻辑推理。在此基础上,作者归纳了词典查阅过程中的 7 个步骤。

---

① Zoe Gavriilidou,"Development and validation of the strategy inventory for dictionary," *International Journal of Lexicography* 26.2(2013):p.137.

在1999年的研究中，Nesi认为在接受英语高等教育的学生中，97%的人缺乏词典使用技巧，因此在系统分析用户的查阅过程中，她将词典查阅技能划分为6个阶段（学习前、词典查阅前、词典信息定位、解释词条信息、记录词条信息、理解词典学相关问题）。她详细的分类系统还包括其他查阅技巧，诸如了解词典类型、选择即将参阅或购买的词典、判断词典查阅的必要性、明确查阅内容的正确形式、了解词典结构、查询复合词、区分有用、无用信息、熟悉词典学术语、知晓字母排序、了解词典特征和结构排列、能熟练筛选义项等。

Nation(2001)则区分了词典查阅过程与查阅技能之间的差异。他还明确提出理解型和产出型词典在使用过程中所涉及的4个步骤。理解型词典的使用包括：(a)分析生词的语境，(b)找到正确的词条，(c)选择正确的内条目，(d)将释义置于原文的语境下，以此检验查询结果是否正确。产出型词典的使用包括：(a)找到词的拼写，(b)核实该词的使用限制，(c)了解其语法结构，(d)正确使用搭配模式。此外，其他个别技能还包括词类识别、屈折形式、字母排序以及对词典符号和结构安排的了解。成功使用词典需要掌握特点的技能，包括了解词典体例特征、了解词条中的代码和缩略形式，区分不同义项，对双语词典中提供的对等词进行反复确认，使用同义、反义以及其他信息来源来提供最好的释义，并根据发音来推断生词的拼写。

Lew and Galas(2008)强调对4类不同的查阅技能的研究。这4类查阅技能具有穷尽性，主要包括：(a)查阅技能，包括字母排序，寻找对等词、释义、拼写、读音以及其他语法知识的能力，根据开始字母进行单词定位；(b)推断技能，包括确立和说明词类特征，准确解释词义，寻找、处理词义以及语法意识等；(c)了解词典规范，包括熟悉词典特征以及语音符号的排列知识、词类知识、构词法、派生词、过去时、名词属性（可数/不可数）、习语的识别、短语动词的识别；(d)获得其他信息的能力，如获得社会、文化信息的能力。

第二类研究主要涉及用户的查阅失误。众所周知，并非所有的词典用户都能熟悉各类词典查阅技能，并在每次查阅过程中顺利获得预期目标。事实上，即便是查阅经验丰富的语言学习者都可能对词典使用不当。Neubach and Cohen (1988)还分析了具有不同语言水平的6个受试在使用词典进行阅读理解时所面临的系列问题。这些问题包括：(a)只阅读单语词典的第一个义项，(b)对单语词典的释义词汇理解有困难，(c)对单语词典的术语理解有困难。(d)对字母排序(尤其是所查询单词内部排序)有困难，(e)未能查到不认识的词。这些问题明确表明了用户对查阅技能的缺乏。

Nuccorini(1992)发现她的实验对象(包括教师和学生)能够成功地实现查阅目标。但她也发现，实验对象对于词典微观结构的认识仍然有问题。此外，她还发现学生在查阅多义词、同音异义词、派生词、复合词、谚语和短语动词时常犯错误。

Nesi and Meara(1994)分析了成人学习者在使用所查阅的生词来组建短语时常犯的错误类型，结果发现用户只做简单的查询，并倾向于选取词条中熟悉的内容(尽管他们与查阅内容根本无关)。语言能力在词典策略的选择中居于次要地位。他认为成功的查阅策略取决于写作背景、查阅对象(单词或短语)等其他因素。这些问题大都源于测试主体忽略了例句，以及对词典中蕴涵的语法信息理解不够。

2. 实验模式

心智的体验性以及用户研究的客观性要求我们立足于心理语言学视角来分析词典用户的查阅需求和认知特征。词典是服务于用户的，而科学的用户研究离不开心理语言学的实验支持，毕竟，心智研究需先进设备来再现人脑认知结构、加工过程和信息处理模式。实验研究是词典学研究的重要方法之一，它与问卷调查和直接观察同为词典学研究的3大研究方法。为了准确地定位策略性词典使用与成功的阅读理解、文本输出和词汇习得之间的关系，我们需要找到合适的工具。这种工具能对用户的查阅过程提供高效、可靠的词典使用策略测量。

然而，先前的多数研究都依靠问卷调查，但由于这些研究大都无法提供问卷的心理测量特征，因此其信度和效度一直饱受争议。由于缺乏标准的测量工具，无法客观评估用户对词典的选择和使用，因此教学词典的相关研究一直比较滞后[1]。

《策略量表的开发》一文采用了心理测量方法，并对策略量表的构建过程进行了系统描述。该方法是用希腊语做的内含36个问卷调查的自我测试，用于评估高效的词典查阅所需要的查阅技能。该文系统验证了这种测量方法的内容、构造以及辨识度，目的在于设计并验证策略量表的

---

[1] Zoe Gavriilidou,"Development and validation of the strategy inventory for dictionary," *International Journal of Lexicography* 26.2(2013):p.137.

可靠性。该研究的目的是为科学的调查提供量表,以此分析用户在选择和使用词典过程中所使用的策略,更好地满足用户的查阅需求。毕竟,评估词典使用策略能加深我们对该评估体系的了解,并熟悉它与词汇习得、文本理解与产出之间的相关性。鉴于词典策略是构建策略用法的一部分,Gavriilidou 按照语言学习策略量表的发展步骤进行设计和开发,具体包括:项目编写和效度验证等[1]。

(1) 项目编写

项目编写是量表编制的重要环节之一,相关研究已经为量表编者提出了项目构建的种种意见和建议,本研究将采纳这些建议。鉴于该研究的独特性,并兼顾研究中所涉及的策略性词典使用以及各种查阅技能,Gavriilidou 对该文中的 52 个测试项都用希腊文编写[2]。此外,为了增加该研究的信度,作者在编写各测试项目时将恪守下列原则:确保测试项目能涵盖所有与词典使用意识、词典选择、词典查阅和词形还原等有关的查阅策略。

(2) 效度验证

多项评估(multiple judges)是测试内容效度的常用方法,也是心理测量专家推荐的方法之一。为确保本研究项目的科学性和合理性,Gavriilidou 充分借鉴了相关研究的成果,并建议每名专家都应该对每个项目进行如下选择,即:项目对该类知识或技能的测量是"必要的"、"有用的但非必要的",还是"非必须的"[3]。事实上,如果一半以上的专家都认为该项目是必须的,则该项目至少具有较高的内容效度。多项评估的方法将用于测量策略量表试验版的内容效度。该测试工具由专门的测试小组执行(由 10 名专家构成)。该小组的成员都是大学教授,要么是拥有丰富词典编纂经验的词典学或词汇学专家,要么是从事语言教学的专家。

在《策略量表的开发》一文中,专家们评估了 52 个选项中各子项目的关联性和有用性。他们将对每个项目进行判读,决定其属于"必要的"、"有用的但非必要的",还是"非必须的"。此外,对于某一项目,需半数以上专家认为它是"必要的",方能保留下来。在该阶段,最初的 52 项中有

---

[1] Zoe Gavriilidou,"Development and validation of the strategy inventory for dictionary," *International Journal of Lexicography* 26.2(2013):pp.140—144.

[2] ibid, pp.140.

[3] ibid, pp.141—142.

5项被剔除了。对于评价不好或者评价为"多余"的项目,最后都会被删除。这样,修改后的策略量表就只包括47个项目。策略量表内容效度的定量指标还需要与专家的定性反馈相结合。在定性反馈中,专家需要在多方面做出判断,诸如:这些项目是否能代表受试的查阅行为,他们是否通过最简洁的语言进行表达,语词是否清晰,它们能否提供足够的样本来评估用户的查阅行为。基于定性反馈,Gavriilidou对其中4个项目进行了补充和重述[①]。

为了验证量表的结构效度,《策略量表的开发》还采用spss15.0中的方差极大旋转,以此进行成分分析。建立因子分析模型的目的不仅是找出主因子,更重要的是知道每个主因子的意义,以便对实际问题进行分析。如果求出主因子后,但各主因子的典型代表变量不很突出,还需要进行因子旋转,通过适当的旋转得到比较满意的主因子。进行因子旋转,目的在于促使因子载荷矩阵中因子载荷的平方值向0和1两个方向分化,使大的载荷更大,小的载荷更小。

统计结果表明所有36个项目(分属4个因子)构成了变异来源中的51.7%。第一个因子包括14个项目,主要涉及用户对词典使用场景的熟悉度,该因子构成了总方差的15.22%。因此,我们将该因子命名为"词典使用意识技能"。正如文中所示,项目11既属于因子1也属于因子3。

第二个因子包括7个项目,主要涉及词典选择策略,它构成了总方差的12.94%。该因子被命名为"词典选择策略"。因子3包括8个项目,构成了方差的11.85%。其中2个项目主要检验用户在熟悉词典规范方面的策略,而其他6项主要涉及词形还原过程中的策略。该因子被命名为"词形还原与词典规范熟悉度策略"。最后,因子4包括7个项目,构成了总体变异的11.68%。他们与用户在词典查询中所使用的策略密切关联。因此,因子4被命名为"查阅策略"。

3. 模式验证

区别效度主要是一种心理测量工具的效能,以此显示具有不同特征的子群(subgroup)之间的显著差异。检验36个策略量表子项目的效能,目的在于更好地区分有效和无效项目。

---

① Zoe Gavriilidou, "Development and validation of the strategy inventory for dictionary," *International Journal of Lexicography* 26.2(2013): p.142.

在《策略量表开发》一文中,统计结果显示:策略量表内部具有一致性。关于策略量表,Gavriilido 对其每项指数都逐一进行了讨论[①]。在相关性方面,结果显示:统计总数与各分支范畴数目之间的相关性从.74到.86不等,这体现出了高度的相融性。此外,统计结果显示,.94的量表信度值表明所有测量工具具有很好的内部相融性。

在《策略量表开发》一文中,作者还分析了策略量表的信度和效度,及其相关成果。而基于成分因子分析的数据显示,与策略量表密切相关的问卷涉及4类词典使用策略:词典使用意识技能;词典选择策略;词典规范熟悉策略和词形还原策略;词典查阅技巧。对于测试工具效度,该文主要通过对比专业词典用户和非专业词典用户的均值进行分析和说明。立足于数据分析,作者发现以上两类用户的均值差异显著,这与预期研究结果完全一致。这些研究结果表明,策略量表具有很好的信度和效度,能有效测试用户在词典查阅中的使用策略。

三、简评

1. 多种学科的交融性

任何一门科学,其发展的必然趋势是学科的跨越和交叉,因为它的壮大和发展需要从相关学科领域吸取营养、整合资源。词典学研究旨在揭示自然语言、语义以及用户之间的关系,在词典中构建系统的词汇和语义网络。词典学的应用学科性质决定了当代词典学必须借鉴和应用其他相关学科的研究成果,以此来获得理论支持和系统保障。在《策略量表开发》一文中,作者自始至终无不贯穿着这种跨学科的整合理念。

首先,整合语言学的研究成果。词汇学、语义学、认知语言学、二语习得等分支学科的相关研究成果都在本书中得到了应用。事实上,教学词典学本身就是二语教学与词典学整合的最佳范例。科学的发展使人类更多地关照我们对客观事物的认识模式和认知过程。在该文中,作者从用户对语言认知的实际出发,研究词典编撰如何满足用户在语言习得过程中对词典的知识需求,这种整合模式实现了以编者为中心的传统词典编撰思维转向以用户为中心的现代词典编撰新思维。Gavriilido[②] 主要立

[①] Zoe Gavriilidou,"Development and validation of the strategy inventory for dictionary," *International Journal of Lexicography* 26.2(2013):p.143

[②] Ibid, pp.135—145.

足关注以下几方面:(1)用户查阅词典的需求(如强化语法知识、词汇记忆等);(2)用户查阅词典的认知心理过程(利用"已知"信息和接受视野,准确、全面地获得"未知"信息,用词典在"已知"和"未知"信息之间构筑交际的桥梁);(3)用户查阅词典所使用的学习策略等。

其次,整合心理学的的研究方法。因子分析法(factor analysis)作为心理学重要的研究方法之一,是在主成分的基础上构筑若干意义较为明确的公因子,以它们为框架分解原变量,以此考察原变量间的联系与区别。在《策略量表开发》一文中,作者设立.30 的集体性,以此作为最终排除对象的参考依据。通过因子分析,共有 11 个项目被排除(包括项目中的 12,16,19,28,30,34,40,41,46,47,27 等)。Gavriilido 选择 1.0 的特征值作为临界值,并将每个项目的合理负荷的截断值(cut off)设置为.32。此外,在进行因子分析前,作者还对每个项目都进行了描述分析,统计结果显示,项目之间既没出现地板效益,也没出现天花板效益。因子分析法通过少数几个因子去描述许多指标或因素之间的联系,即将相关比较密切的几个变量归在同一类中,每一类变量就成为一个因子,以较少的几个因子反映原资料,以此不断优化、组合变量,更好地反映用户的词典使用策略。

2. 研究范式的创新性

继承和兼容是推进词典学发展的基础,但研究范式的创新更是思维的飞跃、知识的升华。尤其是在词典编纂渐趋以最新的当代语言观和认知观为编纂基础的今天,研究范式的创新对任何一门学科的壮大更具有里程碑意义。在《策略量表开发》一文中,Gavriilido 在研究范式上表现出了极大的创新性。

首先,研究方法的创新。本书以国际词典学的历史和现状为理论依托,立足于心理学的方法,通过问卷调查,系统规划并构建了词典使用策略量表。一方面,作者通过问卷调查,不断剖析变量间的关系,并通过因子分析法进行同类合并与筛选,以此构成了本研究 4 个因子中的 36 个子项目。另一方面,为了验证策略量表的结构效度,该文还采用 spss15.0 中的方差极大旋转,目的在于得到比较满意的主因子,不断增强主要因子的载荷。

其次,开放的研究态度。对于词典学领域的新思想,作者秉承开放吸纳、包容并举的学术态度,对用户研究、词典查阅策略等相关文献评价公正、表述客观,在批判中继承,在扬弃中发展。事实上,作者一直秉承谦虚、客观的态度致力于研究,并不断剖析自己的研究所存在的不足:一方面,为了在词典用户管理过程中获得更多的参考值,该类研究应提供更标准的问卷样本,策略量表需要对标准样本进行更多的测试。另一方面,对其他语言(如英语)的翻译和同化,以及对其他语言测试工具的吸收和借鉴都能为其效度提供更多数据。对策略量表的英语翻译以及文化同化正处于准备阶段。最后,本研究薄弱之处还在于策略量表仅局限于对纸质词典查阅策略的评估,但对电子词典涉及较少。当前,电子词典已经非常流行,因此该类研究很有必要延续到电子词典中。

  最后,务实的学术理念。开发策略量表的目的在于为词典策略提供简单易行而又切实可靠的测试工具。该文中的策略量表能有效区分专业和非专业词典用户,这足以证明该工具前景良好。此外,策略量表主要用于测试学生在词典查阅过程中使用的策略,以此为词典使用的培训课程提供可靠数据。为方便统计并增强研究的科学性,Gavriilido[①]设计了4个分量表以此构成词典用户的整体轮廓。

  此外,该文还分析了策略量表的应用潜势。策略量表也可以用来监控、评估特定用户在培训结束后,其词典使用技能的提高幅度。此外,它也可用作抽样正态化的测试工具,以此研究词典使用在词汇习得中的作用,并分析词典使用与有效的阅读理解和文本产出之间的关系。当然,它也可用于教育词典学的研究。策略量表易于管理且分类较细(有4个分量表),因此它能作为一类可靠的心理测量工具,以此来评估词典使用的有效性问题。

参考文献

Be'joint, H. "The foreign student's use of monolingual English dictionaries: A study of language needs and reference skills," *Journal of Applied Linguistics* II. 3 (1981): pp. 207—222.

Gavriilidou, Zoe. "Development and validation of the strategy inventory for dictionary," *International Journal of Lexicography* 26. 2(2013): pp. 135—153.

Hartmann, R. R. K. *Lexicography : Critical Concepts*. London and New York:

---

① Zoe Gavriilidou, "Development and validation of the strategy inventory for dictionary," *International Journal of Lexicography* 26. 2(2013): pp. 135—145.

Routledge, 2003.

Lawshe, C. H. "A quantitative approach to content validity," *Personal Psychology* 28. 4 (1975):pp. 563—575.

Lew, R. and K. Galas. "Can dictionary use be taught? The effectiveness of lexicographic training for primary school level Polish learners of English," In E. Bernal and J. DeCesaris (ed.), *Proceedings of the XIII EURALEX International Congress*. Barcelona: Universitat Pompeu Fabra, 2008, pp. 1273—1285.

Nation, p. *Learning Vocabulary in Another Language*. Cambridge: Cambridge University Press, 2001.

Nesi, H. "The specification of dictionary reference skills in higher education," In R. R. K. Hartmann (eds.), *Dictionaries in Language Learning. Recommendations, National Reports and Thematic Reports from the Thematic Network Project in the Area of Languages, Suh-Project 9.' Dictionaries*. Berlin: Freie Universitat Berlin, 1999, pp. 53—67.

Nesi, H. and P. Meara. "Patterns of misinterpretation in the productive use of EFL dictionary definitions," *System* 22(1994):pp. 1—15.

Neubach, A. and A. D. Cohen. "Processing strategies and problems encountered in the use of dictionaries," *Dictionaries: The Journal of the Dictionary Society of North America* 10 (1988):pp. 1—19.

Nuccorini, S. "Monitoring dictionary use," In H. Tommola (ed.), *EURALEX '92 Proceedings, Studia Translatologica*. Tampere, Finland: University of Tampere, 1992, pp. 89—102.

Spawn, M. "Test and item specifications development," *Language Assessment Quarterly* 3 (2006):pp. 71—79.

《患者启动的非首要病痛的引入》一文述评[①]

四川外国语大学英语学院　刘兴兵

【摘要】《患者启动的非首要病痛的引入》采用会话分析的研究方法,考察了丹麦医患门诊咨询会话中患者启动的、讲述非首要病痛的话语序列,主要回答了两个问题:在会话分析的意义上,患者主动提出非首要病痛的具体时刻是什么? 具体方式是什么? 论文最终证明:患者主动引入非首要病痛是有条不紊的互动现象,患者对引入非首要病痛的时机和方式进行了精心的安排,医生对这种引入也进行了鼓励,使得患者能够顺利讲述困扰自身的非首要病痛。从语言学上讲,此论文是一篇话语分析研究的典范之作,所提出的分析框架——非首要病痛的启动模式以及转换成分——具有较大的普适性。另外,论文对于诊疗咨询互动实践也有较大的现实指导意义。

【关键词】非首要病痛讲述;患者;启动模式;转换成分;会话分析

一、前言

哥本哈根大学北欧研究与语言学系 Søren Beck Nielsen 博士的论文《患者启动的非首要病痛的引入》(Patient initiated presentations of additional concerns)采用会话分析的研究方法,考察了丹麦医患门诊咨询会话中患者自主启动的、讲述非首要病痛(additional concern)的话语序列,主要回答了两个问题:在会话分析的意义上,患者主动提出非首要病痛的具体时刻是什么? 具体方式是什么? 论文最终证明:患者主动引入非首要病痛是有条不紊的互动现象,患者对引入非首要病痛的时间和方式进行了精心的安排,医生对这种引入也进行了鼓励,使得患者能够顺利讲述困扰自身的非首要病痛。

本文将从研究方法、研究对象和语料、主要内容和发现三个方面对这

[①] S. B. Nielsen, "Patient initiated presentations of additional concerns," *Discourse Studies* 14.5 (2012):pp. 549—565.

篇论文进行介绍,最后给出简要评论。

二、论文的主要研究方法

Nielsen 博士采用的研究方法是话语分析中会话分析流派的方法。使用会话分析研究具体会话的关键步骤有三个:一是分析会话片段中前后话语的话轮设计(turn design),二是分析前后不同话语之间的关系,三是总结会话或会话片段整体的前后序列结构规律[1]。

采用会话分析法研究医患会话具有以下 5 个特征[2][3]:一是话语即是社会行为:任何一个话语都是在完成一种或几种行为,虽然说话人可能并没有明示。二是话语具有序列性:会话中每个话语(或行为)的产生和理解都依赖于上下文语境,即它在整个话语序列中的位置。任何一个话语都是由对方上一个话语引起的,同时又引起对方下一个话语;所以对于任何一个话语的理解必须依赖于其前和其后的话语,即上下文语境。三是话语序列具有稳定的规律性:话语序列中,某种话语或行为在不同会话个案中总会稳定地引起对方的一种或几种话语或行为。这样,这种话语或行为就决定了其后的话语或行为的序列,也就决定了其后的会话的序列结构。四是会话参与者的主动话语选择具有向前的方向性:一方面,话语是互动参与者基于上文语境进行主动选择的结果,对于对方的前一话轮,当前说话人在回应话轮中总会有多种选择,其话语是基于对方的前一话轮主动进行话轮设计、在多种手段中进行选择的结果;另一方面,任何话轮都会表现出说话人对对方前一话轮的理解,所以,说话人总可以通过分析下一话轮中对方的回应话语,来获知对方对于本方话语的理解。五是基于大量自然发生的医患实际会话:会话分析法的对象是大量自然发生的实际医患会话,通常是对多个医生与多个病人的会话进行录音或/和录像,以消除医生或患者个人独特的谈话方式、个性、心理特征等对会话的影响,保证研究材料的代表性。然后,这些声音或图像被详细地转写成文

---

[1] P. Drew, J. Chatwin & S. Collins, "Conversation analysis: A method for research into interactions between patients and health-care professionals," *Health Expectations* 4.1(2001):p. 58—70.

[2] D. W. Maynard & J. Heritage, "Conversation analysis, doctor-patient interaction and medical communication," *Medical Education* 39.4(2005):pp. 429—430.

[3] 刘兴兵、刘琴、邵艳:《使用会话分析研究中国医患会话》,《医院管理论坛》2007(9),第52—53页。

字,分析者从中找出话语的规律性。在对丹麦医患门诊互动进行详细的会话分析时,Nielsen 博士将把话语与手势、躯体动作结合了起来①。

三、论文的研究对象和语料

Nielsen 论文的研究对象是丹麦医患门诊互动中患者主动启动的、非首要病痛的引入。患者来到医院门诊咨询室,通常带有一个主要的病痛,或者一个主要的有关健康的问题或担忧,可以称之为首要病痛。但很多情况下,患者还希望向医生咨询其他的病痛、健康问题或担忧,本文称为非首要病痛。非首要病痛的引入或提出初看似乎只是随机发生的,只是一个认知现象,似乎只是病人突然想起的、希望向医生咨询的非首要健康问题。Nielsen 博士本文的目的是考察患者提出非首要病痛时的医患互动话语序列,探讨病人主动引入非首要病痛的时机和方式,以及医生的反应,以证明患者启动的非首要病痛的引入是医患双方有条有理的互动现象。

Nielsen 论文的语料来自丹麦某大型医疗中心,为 2009 至 2010 年间 52 个全科门诊咨询的录像材料,时长约 11 小时。共有 4 名医生(两男两女)被录像,每位病人仅录像一次。录像的方法和程序如下:首先,Nielsen 博士在候诊室中向病人介绍本课题,并询问他们是否同意被录像,约 60% 的病人拒绝了录像的请求。如病人接受请求,Nielsen 博士即开启医生办公室中的录像机开始录像。门诊咨询结束后,他进一步征询被录像病人的意见,允许他们删除录像文件;所有被录像病人都放弃了这一权利。然后,Nielsen 博士请他们填写表示同意录像的表格。最后,Nielsen 博士交给他们一份已签好的文件,保证他们身份信息的匿名性,并承诺他们可以在任何希望的时候提出要求,删除录像文件以及据此转写的文字。录像结束后,Nielsen 博士依照会话分析的标准②,将这些录像转写为文字,并标注了手势和身势语。

Nielsen 博士发现:在录像后转写的 52 个门诊咨询语料中,共 18 个语料出现了 22 例病人讲述非首要病痛的现象(因为有些语料中病人讲述的非首要病痛不止一个),其中由医生通过明确询问(如"是否还有其他问

---

① S. B. Nielsen, "Patient initiated presentations of additional concerns," *Discourse Studies* 14.5(2012):p.552.

② M. Atkinson & J. Heritage, eds. *Structures of Social Action: Studies in Conversation Analysis*. Cambridge: Cambridge University Press, 1984.

题要问")启动的有 5 例(占 23%),由患者主动引入的共 17 例(77%)。这 17 例语料是本论文进行会话分析的主要具体语料①。

Nielsen 博士也承认上述语料可能存在局限性,因为论文的语料仅仅来自于丹麦语境,具有丹麦国的特殊性,包括:大多数丹麦病人看医生是免费的,门诊咨询费由国家卫生服务中心承担;医生是按接待的门诊咨询数量计酬,而不是按病人讲述的病痛、健康问题或担忧的个数计酬;门诊咨询结束的典型方式是病人向医生告别,而医生仍然待在诊室之中。这些因素在何种程度上可能影响研究的发现,超出了此论文的研究范围。论文的研究还表明,在门诊咨询过程中,病人在首要病痛之外提出其他的病痛、健康问题或忧虑,在丹麦医疗文化中是被允许的。

四、论文的主要内容和发现

1. 主要概念:

Nielsen 博士对一些相关的主要概念进行了定义,包括"门把手"现象、非首要病痛及其讲述、门诊会话的结束序列。

(1) "门把手"现象

"门把手"现象(doorknob phenomenon)指的是,在门诊咨询临结束时,病人已走到门口(已握住或拧开门把手)突然又想起和提出其他健康问题或担忧的现象,是非首要病痛现象的一种。一般认为,医生害怕患者在门诊咨询结束时说"oh, by the way",然后又提出其他健康问题或病痛的现象②,因为这将导致门诊咨询的复杂化和低效率。笔者在收集中国医患会话门诊语料③④时发现,中国医生对"门把手"现象的态度极为相似。

(2) 非首要病痛及其讲述

非首要病痛或其他病痛(additional concern)与患者提出的首要病痛、首要健康问题(或忧虑)相对,是指门诊患者除此之外又提出和讲述的

---

① S. B. Nielsen, "Patient initiated presentations of additional concerns," *Discourse Studies* 14.5(2012):p.552.

② H. B. Beckman & R. M. Frankel, "The wffect of physician behavior on the collection of data," *Annals of Internal Medicine* 101.5(1984):pp.692—696.

③ 刘兴兵:《医患门诊互动中目的与权势》,《外语学刊》2009(4),第 73—76 页。

④ 刘兴兵、刘琴、邵艳等:《患者门诊话语中确认性问句的信息索取功能》,《医学与哲学》2007(10),第 69—71 页。

一个或多个其他病患的现象。一项对美国诊疗访问的大规模调查表明，除首要病痛外，约40％的患者在看医生时还心存其他病患或忧虑[1]。非首要病痛可能由医生的主动询问引发，也可能由病人主动提出或引入；Nielsen博士发现由病人启动的居多。以往的研究只是讨论了非首要病痛讲述的一些互动特征，如医生如何鼓励或阻止病人提出其他病痛，但是，患者何时、以何种方式主动启动和讲述非首要病痛，这些关键问题还没有得到回答。

门诊会话的结束序列

Schegloff和Sacks(1973)的经典会话分析研究[2]发现了日常会话互动中参与者结束会话的一般方法，这一发现在日后一系列的日常会话研究[3]中得到了证明和进一步发展。后来West(2006)[4]对美国医疗咨询的研究表明，医生和患者在结束咨询时使用的是相同的会话序列结构，由三个基本的组成成分构成：话题结束（topic closure）、前结束（preclosing）和结束（closing）：

[Topic closure]
—
Okay} Preclosing
Okay}
—
Goodbye} Closing
Goodbye}
[End of conversation]

---

[1] J. Heritage & J. D. Robinson, "'Some' versus 'any' medical issues: Encouraging patients to reveal unmet concerns," in C. Antaki (ed.), *Applied Conversation Analysis: Intervention and Change in Institutional Talk*. Basingstoke: Palgrave, 2011, pp. 15−31.

[2] E. A. Schegloff & H. Sacks, "Opening up closings," *Semiotica* 8.4(1973): pp. 289−327.

[3] 如G. Button, "Moving out of closings," in G. Button & J. Lee (ed.), *Talk and Social Organisation*. Clevedon: Multilingual Matters, 1987, pp. 101−151.

[4] C. West, "Coordinating closings in primary care visits: Producing continuity of care," in J. Heritage & D. W. Maynard (eds.), *Communication in Medical Care: Interaction between Primary Care Physicians and Patients*. Cambridge: Cambridge University Press, 2006, pp. 379−415.

通过这种会话结束序列,双方各自向对方表明:再没有任何需要继续讨论的事务。West(2006)的研究发现,是医生首先启动可能的前结束语步(possible pre-closing move)(即上面的 Topic closure),方式是通过提出未来的医疗安排。未来医疗安排以及其他各种前结束语步通常针对的是首要病痛的处理,医生借此希望患者明白,提出有关未来医疗安排的建议是结束首要病痛处理的适当、负责任的方式,也是医学意义上的正当方式。

下面举例说明医生(DO)如何针对病人(PA)的首要病痛提出未来的医疗安排,以实现医患门诊会话的结束。本文所有例子均来自 Nielsen 博士的原文,同样将英文翻译放在第一行,丹麦语原文斜体放在下一行。

例(1)(原文中为例〈2〉)
01. DO: see if it changes.
    se om det ændrer sig.
02. PA: o[kay.
    o[kay.
03. DO: [if it doesn't you can of course come back up here again.
    [hvis detikk gør så må du selvfølgelig komme herop igen.
04. PA: yes::
    yes::
05. DO: o:kay.
    o:kay.
06. (1.6)
07. DO: bye now.
    hej igen.
08. PA: bye.
    hej.

例(1)中病人的首要病痛是冻伤,之前医生刚刚给她开具了抗生素药膏的处方。例(1)清晰地显示了门诊会话结束序列的三个成分:第一个成分是话题结束,即第 03 行中的可能的前结束话语;医生在此提出了处理病人首要病痛的一个可能的最终解决方案,承诺如果使用药膏后没有改观,可以再次前来寻求帮助。第二个成分是接着的第 04—05 行,是可能的前结束对应(exchange);其中,病人对方案进行了简短的回应:如症状无改观将再次联系医生(04),随后医生对回应又进行了简短的确认(05)。第三个成分是第 07－08 行的结束对应,门诊会话结束序列自此正式完成。

  当然,绝不是说所有可能的前结束话语(即话题结束)都会发展到会话的实际结束,因为有时非首要病痛可能半路杀出,更多数情况下双方还会进行其他方面的交流,如返回首要病痛继续讨论相关事宜,或者敲定有关未来治疗安排的可行方案。因此,很多可能的前结束话语实际上再次引发了有关首要病痛的话题。

  医生启动的话题结束语步经常是常规治疗意见,或者是有关先前治疗意见的建议。例(1)是后者,这里医生建议病人先试用抗生素药膏,如无改观再联系医生。研究表明,医生和患者都认为病人应该接受医生的治疗意见(如例〈1〉中病人两次表示接受医生的建议〈第 02、04 行〉);如病人没有明确表示接受治疗意见,医生会进一步进行追问[1][2][3]。如病人接受了医生的治疗意见,就表明他们认为自己看医生的理由——首要病痛——已经得到处理,就会同意结束咨询。

2. 文献综述

  对医学诊疗互动进行会话分析和话语分析的研究历史长久、数量众多,Nielsen 论文即属于这一类别。这一类别的研究对象包括:医患诊疗互动在具体细节和全局上的条理性、诊疗咨询经历的步骤、诊疗咨询(作为医生控制和问答驱动的互动)如何推进等。如果患者希望在互动中添加更多信息、提出进一步的要求或采用医学诊疗之外的其他视角(如社会

---

[1] T. Stivers, "Treatment decisions: Negotiations between doctors and parents in acute care encounters," in J. Heritage & D. W. Maynard (eds.), *Communication in Medical Care: Interaction Between Primary Care Physicians and Patients*. Cambridge: Cambridge University Press, 2006, pp. 279－312.

[2] T. Stivers, *Prescribing under Pressure: Parent-Physician Conversations and Antibiotics*. Oxford: Oxford University Press, 2007.

[3] P. ten Have, "On the interactive constitution of medical encounters," *Revue française de linguistique appliqué* 6.2(2006):pp. 85－98.

视角),他们必须使之与诊疗的全局语境或具体细节语境产生关联[1][2][3]。非首要病痛的讲述正是这样一种挑战。

以往对于非首要病痛的话语分析研究产生了三种主要观点[4]:第一种是非首要病痛及其讲述很少出现。Heath(1986)[5]在一个大型的英国诊疗咨询录音语料库中没有发现任何非首要病痛。这项研究对非首要病痛的定义很宽泛,囊括"新话题的引入、不同病痛的倾诉以及其他任何类似的现象"(Heath,1986:p.142),考虑到这一点,没有发现任何非首要病痛及其讲述更加令人惊讶。类似的,West(2006)[6]收集了62个美国初级保健诊疗互动的录音材料,也没有发现所谓的"顺便问一句综合征"(by the way syndrome)。West 的发现可能与其对研究对象的狭窄定义相关,她将其仅局限在"诊疗互动最后时刻出现的、新的、带有感情色彩或/和可能危及生命的病痛倾诉"(West,2006:p.405)。但是,不清楚的是,对于不那么严重的病痛,病人是否进行了讲述和倾诉呢?

第二种观点是非首要病痛比较常见,但这些研究没能确定它们被提出的时机和讲述的方式。Byrne 和 Long[7]在一项大型研究中发现了79例明确的所谓"By the way, doctor"现象,其中大多数(55/79)出现在他们划分的第五阶段:双方商定治疗决定的阶段。但两位作者并没有说明

---

[1] V. T. Gill & D. W. Maynard, "Explaining illness: Patients' proposals and physicians responses," J. Heritage & D. W. Maynard (eds.), *Communication in Medical Care: Interactions between Primary Care Physicians and Patients*. Cambridge: Cambridge University Press, 2006, pp. 115—150.

[2] V. T. Gill, T. Halkowski & F. Roberts, "Accomplishing a request without making one: A single case analysis of a primary care visit," *Text* 21.1/2(2001): pp. 55—81.

[3] T. Stivers & J. Heritage, "Breaking the sequential mould: Narrative and other methods of answering 'more than the question' during medical history taking," *Text* 21.1/2 (2001): pp. 51—185.

[4] S. B. Nielsen, "Patient initiated presentations of additional concerns," *Discourse Studies* 14.5(2012): pp. 551—552.

[5] C. Heath, *Body Movement and Speech in Medical Interaction*. Cambridge: Cambridge University Press, 1986.

[6] C. West, "Coordinating closings in primary care visits: Producing continuity of care," in J. Heritage & D. W. Maynard (eds.), *Communication in Medical Care: Interaction Between Primary Care Physicians and Patients*. Cambridge: Cambridge University Press, 2006, pp. 379—415.

[7] P. S. Byrne, & B. Long, *Doctors Talking to Patients: A Study of the Verbal Behaviours of Doctors in the Consultation*. London: HMSO, 1976.

《患者启动的非首要病痛的引入》一文述评

这种现象是在第五阶段的具体何时、以何种方式出现,比如是否总是以"By the way, doctor"语句开头。White 等①②使用罗特互动分析系统(Roter Interaction Analysis System)对语料进行了标注,在 21%—23% 的诊疗咨询中发现了非首要病痛及其讲述,而且还注意到,会话中医生对于诊疗咨询的进展过程和治疗体系表达得越明确,病人提及非首要病痛的可能性就越小。同样,他们的研究也没有具体报道病人提出非首要病痛的时间和方式。

第三种呈现出来的观点是:医生在咨询结束时的行为很大程度上决定了病人是否提出非首要病痛。医生可能启动所谓的"治疗安排序列"("arrangement sequences"),如提出未来的治疗安排,也可能启动"最后一个病痛序列"("final-concern sequence"),如询问病人是否还有其他有关事情需要讨论③。前一种做法可以推进诊疗互动的结束,后一种做法则能够鼓励病人提出其他病痛。研究证明,医生在最后一个病痛序列中的措辞至关重要,比如在提问"Is there something/anything else you want to address in the visit today?"时,some 和 any 的选择对病人是否提出其他病痛在统计学意义上存在显著影响④。最近的一项调查发现,在美国的一个乡村地区,相当大数量的病人(40%)表示在看医生之前心存两个或更多的健康忧虑,但令人惊讶的是,更大数量的病人(44%)表示在离开医生办公室时仍有健康问题没有得到处理;在美国的一个城区,在看医生前心存两个或更多健康忧虑的病人更多(58%),但咨询之后表示健康问题没有得到处理的人数反而更少(32%)⑤。

---

① J. White, W. Levinson & D. Roter, "'Oh by the way...': The closing moments of the medical visit," *Journal of General Internal Medicine* 9.1(1994):pp.24—28.

② J. White, C. Rosson, J. Christensen et al., "Wrapping things up: A qualitative analysis of the closing moments of the medical visit," *Patient Education and Counselling* 30.2 (1997):pp.155—165.

③ J. D. Robinson, "Closing medical encounters: Two physician practices and their implications for the expression of patients' unstated concerns," *Social Science & Medicine* 53.5 (2001):pp.639—656.

④ J. Heritage, J. Robinson, M. Elliott et al., "Reducing patients' unmet concerns in primary care: The difference one word can make," *Journal of General Internal Medicine* 22.10 (2007):pp.1429—1433.

⑤ J. Heritage & J. D. Robinson, "'Some' versus 'any' medical issues: Encouraging patients to reveal unmet concerns," in C. Antaki, ed. *Applied Conversation Analysis: Intervention and Change in Institutional Talk*. Basingstoke: Palgrave, 2011, pp.15—31.

Nielsen 博士基于丹麦医院内自然发生的语料,发现患者经常讲述非首要病痛(35%的诊疗访问),其中大部分由患者自己启动(77%);这些由患者启动的非首要病痛的讲述,可以描述为是患者对医生的未来安排建议和其他可能的前结束语句所做的回应;医患双方相互配合使用一套转换成分(transitional element),保证了非首要病痛的讲述,以及对于讲述的足够的医学关注①。

3. 对具体语料的会话分析及其发现

Nielsen 博士对具体语料进行会话分析,发现了绝大多数情况下患者提出非首要病痛的具体时刻和具体方式(即转换成分)(见下文标题〈1〉),讨论了实际会话中患者对转换成分的灵活组合使用(见下文标题〈2〉),最后分析了少数异常时刻(医生对首要病痛提出治疗意见之外的时刻)病人提出非首要病痛的时机和方式(见下文标题〈3〉)。

(1) 引入非首要病痛的通常时机和方式

按照绝对时长计算,病人提出非首要病痛通常是在诊疗访问完成到77%的时候。从 Byrne 和 Long 提出的诊疗咨询的阶段性讲,患者主动提出非首要病痛的 17 例语料中有 15 例都发生在双方即将完成首要病痛治疗决定的阶段;另外 2 例发生在口头或/和身体检查阶段。因此,结论是,病人通常会延迟非首要病痛的讲述,一直要等到医生即将结束主要病痛的处理时才会提出非首要病痛。从首要病痛过渡到其他病痛,其会话模式可用下图表示:

| 模式 1:非首要病痛的启动 |
| 医生:关于主要病痛事宜的可能的话题结束 |
| ——患者: （确认） |
| ——患者: （预告） |
| ——医生: （批准） |
| 患者: 非首要病痛的讲述 |

上图小方框中的三个成分就是启动非首要病痛讲述的转换成分,圆

---

① S. B. Nielsen, "Patient initiated presentations of additional concerns," *Discourse Studies* 14.5(2012):p.552.

括号表示其中的成分可能被省略。在非首要病痛讲述的实际语料中,仅有少数几个非首要病痛的引入使用了全部三个成分,大部分使用了其中的两个成分,有些只有一个成分,但不存在三个成分都不出现的情况。例(2)包含了全部三个成分。

例(2)(原文中为例〈3〉)

01. DO: can we settle upon that for now?
    skal vi bare lande den der i første omgang?
02. PA: yes.
    ja.
03. (.)
04. PA: can I ask you something?
    må jeg spørge om noget?
05. DO: y[e:s
    j[a
06. PA: [are you experienced with a m-moles?
    [har du forstand på et m-modermærker?
07. (.4)
08. DO: fairly.
    sådan da.
09. PA: ((pulls up his trouser leg)) what's this? ((points))
    hva er det her?

例(2)之前讨论的首要病痛是嗓子疼痛。这里医生建议结束咨询(01)(关于主要病痛事宜的可能的话题结束),第一个转换成分(02)——确认——随之出现,病人表示接受医生的建议。第二个成分——预告——出现在第 04 行,病人使用前问话(pre-question)话轮表示另有一个问题需要咨询。第三个成分——批准——出现在第 05 行,这里医生同意了病人的请求。第 06 行是第二个前问话,询问医生是否对痣有治疗经验,预示下一个问题(或病痛)与痣有关;第 08 行是对其的回答,同意病人提出下一个问题;第 06、08 行分别是对之前的预告和批准的详述(elaboration),这种详述使得病人能够提出第 09 行的问题,以手势指向的简洁方式提出非首要病痛(09)。

例(2)证明了非首要病痛提出的时机和方式:首先,病人宣告非首要病痛的时机是医生启动可能的结束序列。其次，病人启动非首要病痛讲述的第一个成分与结束咨询（见例〈1〉）时使用的对应成分一样，也是确认；而且大多数情况下，引入非首要病痛时病人使用的确认都是类似"yes"的简短标记语。最后，提出非首要病痛的后果可能是启动新一轮的门诊咨询的程序：陈述病痛、检查、诊断、治疗决定和结束，当然也可能有例外。

（2）患者对转换成分的灵活组合使用

Nielsen 博士还探讨了患者如何灵活使用转换成分以适应上下文语境[1]。患者引入非首要病痛的第一步通常是对医生提出的未来计划给予确认。在本文的语料库中，患者引入非首要病痛所使用的转换成分主要有三种组合：确认（未来安排的意见）＋ 预告引入非首要病痛，确认（未来安排的意见）引入非首要病痛，直接宣告非首要病痛。下面首先讨论使用了确认引入非首要病痛的情况，分别举例说明。

① 确认（未来安排的意见）＋ 预告引入

大多数情况下患者引入非首要病痛的第一步都是确认。这也易于理解，因为医生启动结束序列的最常见方法是提出有关未来计划的建议，患者的确认或拒绝在序列结构上暗含对这一建议的回应，当然确认是更倾向的回应[2]。

在例（3）中首要病痛是病人要求做的生育能力测试，医生此时不能确定这一要求是否符合相关规定，所以提议弄清楚后再联系她（01），这实际就是有关未来计划的建议，是医生启动的可能的结束语步。病人的非首要病痛是 athlete's foot（香港脚）（05）和手上的 little blister like things（小水疱状突起）（07－08），显然她认为两者相关。病人引入非首要病痛的方法是首先对医生的建议进行确认（02 行的"Okay"加点头），然后是预告（02－04 行的"I'd like to ask you about something else by the way"）。从第 04 行"at some point"开始病人正式启动非首要病痛的讲述，在第 08 行医生开始对她的手进行检查。

例（3）（原文中为例〈4〉）

01. DO：.h e：rhm and then I'll contact you again.

---

[1] S. B. Nielsen, "Patient initiated presentations of additional concerns," *Discourse Studies* 14.5(2012)：pp. 556－560.

[2] S. C. Levinson, *Pragmatics*. Cambridge：Cambridge University Press, 1983.

```
                    . h ø : hm og så kan jeg kontakte dig igen.
02. PA：okay. ((nods)) . h I'd like to ask you
         okay.             . h så skal jeg
03. ((raises her hand)) about something
                         i øvrig- spørge dig om noget
04. else by the way- ((leans forward)) at some point I've
    andet jeg har                      på et tidspunkt
05. had erh think I have athlete's foot    [still
    haft øh tror altså jeg har fodsvamp [endnu
06. DO：[((leans towards PA))
07. PA：and then I ↑get this e:rh (.6) these little ((points)
        og så ↑får jeg sådan noget ø:h (.6) sådan nogle små
08. (.) blister like things on my ha[nds as well
    (.) blæreagtige ting på          hæ[nderne også.
09. DO：                              [((inspects PA's hand))
```

值得注意的是,病人预告(02—04)之后,医生并没有在语言上进行批准,而是通过身势语来实现这一成分。在本片段的开始部分,两人座位之间原本保持了一定的距离,病人双手放在腿部;在预告阶段病人抬起手并注视患处(03),预告结束后侧向医生(04);病人开始讲述非首要病痛几秒后,医生也开始侧向病人(06),当弄明白非首要病痛与手有关(08)后,即刻开始检查她的手部(09)。所以,双方相互的身势调整是分步进行的,医生对非首要病痛讲述的批准实际上是通过侧向病人和检查病人手部等身势语表达的。

② 确认(未来安排的意见)引入

下一个例子中第一个成分同样是病人的确认,但非首要病痛引入更快,因为没有明确的预告,也可以说是预告与非首要病痛的讲述合二为一了。

例(4)的片段之前,病人咨询的主要病痛是足部肿胀,医生的结论是要她周末好好休息双脚,看能否消肿。第01行中医生面对着电脑屏幕,建议病人周末过后再联系诊所告知肿胀是否改观(01—05)。这种关于未来计划的建议也是可能的话题结束,因而启动了向引入非首要病痛的转换。病人对这个建议做了两次确认:第一次是"yes"(06),与医生的部分话语重叠,第二次是07行的"I will"。但第二次确认之后,病人并没有像例(2)、(3)中那样在预告成分中明确指称非首要病痛,从而将其引入,而是先通过两次吸气、拖长填补沉默的"erhm"和两次停顿(07)保持话轮,接着直接引入了非首要病痛——更新避孕药处方(08)。医生的批准出现在第10行。

例(4)(原文中为例〈5〉)

01. DO: so call e:rhm after the weekend
      så ring ø:h efter weekenden
02. (.4) ((DO gazes at PA))
03. in our morning hours between eight and nine
      der i vores morgentid mellem otte og ni
04. (.) ((DO returns gaze to computer screen))
05. DO: [just to let us know how things are going right?
      [*lige og fortælle hvordan det går ikk?*
06. PA: [yes.
      [*ja.*
07. PA: I °will°. .h (.4) e::rhm (.6) .h such a thing
      det °skal jeg nok°. .h (.4) ø::hm (.6) .h sådan noget
08.   as prescription renewal?
      som receptfornyelse?
09.   (.)
10. DO: ↑y[es:
      ↑*j*[*a*
11. PA: [on bc pills [..h
      [*på p piller* [*..h*
12. DO: [that we can ea:sily do.
      [*detkan vi sa:gtens klare.*

这种预告缺失反映的事实可能是:双方都认为这个非首要病痛是件小事,很容易处理。这一解释的依据是医生的语言和非语言行为:在回应这一病痛的过程中,他一直紧盯屏幕;听到是有关避孕药的处方更新(11),他立即毫不犹豫地表示同意(12),而且在第12行中通过强调"that"和拖长"easily"的方法突出这一要求的易于满足。

③ 直接宣告非首要病痛

下一个例子表明,当医生表达的可能的结束语步不是有关未来计划的建议时,病人可能不使用确认成分,而是以某种较直接的方式转向非要病痛的讲述。

例(5)开始部分,医生正把已签名的治疗皮肤问题的处方递给病人,并说道"*sådan der*(that's it)"(01)。以往的研究证明,将处方递给病人是结束诊疗访问的一种方式[1],而"*sådan der*(that's it)"有时是界限标记语(boundary marker),预示话语的结束,也是寻求对方同意的毗邻双部结构(adjacency pair)的第一话轮(first pair part)[2]。由此可见,第01行虽然不是有关未来计划的建议,但同样是可能的前结束语步;不同的是这一动作(递处方)和界限标记语("*sådan der*(that's it)")并没有引发病人的确认。相反的,病人在发出填补沉默的"erhm"和短暂停顿(02)后,直接宣示了哮喘这一非首要病痛(02-03)。医生使用持续标记语(continuer token)"yes"(04)表示了批准,病人随之正式开始叙说非首要病痛。

例(5)(原文中为例⟨6⟩)
```
01. DO: that's it ((hands over a signed prescription))
        sådan der
02. PA: e:rhm (.4) then I have a ↑question regarding ⟨e:rhm⟩
        ø:hm (.4) så har jeg et ↑spørgsmål med hensyn til ⟨ø:
        hm⟩
03.     (.) ↑asthma.
        (.) ↑astma.
04. DO: yes.=
        ja.=
05. PA: =erhm (.3) before I came to ((city)) I talked to
        =øhm (.3) der fø:r jeg kom til ((by)) da snakkede jeg
        med
```

---

[1] C. Heath, *Body Movement and Speech in Medical Interaction*. Cambridge: Cambridge University Press, 1986.

[2] A. Lindstrom & T. Heinemann, "Good enough: Low-grade assessments in caregiving situations," *Research on Language and Social Interaction* 42.4(2009): pp. 309-328.

06.   my own doctor about (...)
              min egen læge om (...)

(3) 其他少数异常时刻非首要病痛的引入

如前所示,通常情况下,病人会在首要病痛的可能结束时刻提出其他病痛,但也存在极少数利用其他时机引入的异常情况,语料中有2例这种情况。

例(6)中,病人来到诊所的主要原因是眼下和腋窝的皮疹。病人脱掉了毛衣,医生先检查了腋窝的皮疹,给出了处理的建议(01—05)。然后,通过身势语和手势(07)、语言(08)要求病人躺下以检查眼下的皮疹(07—10),但病人迟迟不按要求躺到沙发上。到医生让他穿上毛衣(10)时,他才从椅子上站了起来(11),但仍然没有走向沙发,而是开始直接用语言(12—14)和手势(14)宣示非首要病痛——身上大量的瘤子(mole)(22)。病人这时赤裸上身,为医生检查瘤子提供了良机,很明显,他不想失去这一引入非首要病痛的机会。可以假设,如果这时病人按要求穿上了毛衣,他就无法仅用手势、不用词语"mole(瘤子)"(12—14)去引入这一病痛了,医生也就更不可能像后来那样方便地进行身体检查(这里例子中没有给出)。所以,在这里病人紧紧抓住了当下与非首要病痛紧密相关的时机,适时地引入了非首要病痛。也就是说,当病人希望在其他异常时机(首要病痛的可能结束时刻之外的时机)引入非首要病痛时,他们通常在当下具体活动中仔细寻找与非首要病痛相关的时机和信号,适时地引入和讨论非首要病痛。

例(6)(原文中为例⟨7⟩)

01. DO: I think you should just let it be.
        jeg tror bare du skal lade det være.
02. PA: okay.
        okay.
03. DO: if you should do anything ⟩at all but in fact I don't
        hvis du overho:vedet skulle ⟩gøre noget men det tror jeg
04.   think you should then it could be some
        faktisk ikke at du skulle gøre så ville det være noget
05.   moisturising lotion.⟨
        fugtighedscreme.⟨

《患者启动的非首要病痛的引入》一文述评

```
06.         ((nine lines omitted))
07.         ((DO gets up from her chair, points at examination
            couch))
08. DO: if you'd just lay yourself on ((unintelligible))
        du kan lige lægge dig op på ((ikke hørbart))
09.     (.5)
10. DO: you [can put your sweater on again. =
        du  [må godt tage sweateren på igen. =
11.         [((PA gets up from his chair))
12. PA: well I actually meant to (.) now that I was here ((points
        jamen jeg ville faktisk (.) nu når jeg var her
13.     at his chest)) cause I always go about and think (.4)
        for jeg går altid og tænker (.4)
14.     cancer ((points)) (.2) cancer ((points)) °e:rh°
        kræft (.2) kræft °ø:h°
15.     do you know what I mean?
        kender du det?
16.     (.3)
17. PA: all of a sudd- .hh
        lige pluds- .hh
18. DO: yeah sure I do(h.)[hah hah
        ja det gør jeg jo(h.)[hah hah
19. PA:                    [and then now ↑THAT I'M HERE.
                           [og så nu ↑ER JEG HER JO.
20.     (.3)
21. DO: yes:
        ja:
22. PA: e:rhm .h and it seems to me that I have so many.
        ø:hm .h og jeg synes at jeg har mange jo.
```

另外需要注意两个现象：一是在这个时刻引入非首要病痛似乎被病人当作是不受偏爱（dispreferred）的行为，证据有两个：首先，病人在引入非首要病痛之前使用了连词"jamen"（12），表示在当前语境中引入其他病痛是出人意料的,因为"jamen"经常被用在话轮开头表示后面的行为不为人偏爱[1];另外,病人随后又使用了"actually"(丹麦语:*faktisk*)(12),同样表示后面的信息出乎意料[2]。很明显,病人表示出来的不受欢迎的倾向(以及下面为说明引入理由而花费的更大精力),是源于之前医生明确表示的、希望病人穿上毛衣以便检查其脸部的要求(07—10)。第二个现象是病人比首要病痛结束时刻花费了更大的精力,说明自己提出非首要病痛的正当理由,证明诊治非首要病痛的必要性。如病人在第12、19行间接辩解道:既然来到这里就可以提出首要病痛之外的问题;在第13—14行详细讲述对癌症的担忧;15中寻求医生对癌症担忧的认可,22行中强调长出的大量瘤子。

以上分析中可以看出病人在其他时刻引入非首要病痛的时机和方式:一是病人在其他时刻引入非首要病痛时,通常要在当下具体互动中仔细寻找与非首要病痛相关的时机和信号,适时地引入和讨论非首要病痛。二是由于关于首要病痛的咨询还未结束,病人这时通常会花费更大的精力提供更多的正当理由,证明诊治非首要病痛的必要性。这两点也证明了前面发现的总体的规律性[3]。

五、结语

Nielsen博士的论文采用会话分析方法考察了丹麦门诊咨询中患者启动的非首要病痛,试图揭示患者提出或引入非首要病痛的具体时机与方式,得出了下列结论:

首先,患者经常在首要病痛之外提出和讲述其他病痛(非首要病痛)。

其次,患者很少在诊疗访问的开始阶段提出非首要病痛,大多数要一直推迟到首要病痛相关事宜结束时才会提出。

第三,仅有少数非首要病痛的讲述由医生启动,大多数是由病人主动

---

[1] J. Steensig & B. Asmu, "Notes on disaligning 'yes but' initiated utterances in German and Danish conversations," in A. Hakulinen & M. Selting (eds.), *Syntax and Lexis in Interaction*, Amsterdam and Philadelphia, PA: John Benjamins Publishing Company, 2005, pp. 349—373.

[2] R. Clift, "Meaning in interaction: The case of actually," *Language* 77.2(2001): pp. 245—291.

[3] S. B. Nielsen, "Patient initiated presentations of additional concerns," *Discourse Studies* 14.5(2012): p. 562.

启动的。

第四,病人在咨询互动中一直专注地寻找提出非首要病痛的合适时机,这个时机通常是首要病痛即将结束的时刻,此时如再不提出其他病痛整个诊疗访问就要最终结束;非首要病痛的提出是病人对医生可能的前结束话语(通常与首要病痛的治疗意见相关)所做的回应。这是 Nielsen 博士在本文中的主要发现之一,部分地回答了第一个主要问题:在会话分析的意义上,患者主动提出非首要病痛的具体时刻是什么?

第五,在首要病痛即将结束的时刻,病人一般通过一套转换成分提出非首要病痛,这些转换成分包括:确认(医生关于未来安排的意见)＋预告＋批准,但并不是在每个诊疗访问中它们都会一起出现。患者引入非首要病痛所使用的转换成分主要有三种组合:确认(未来安排的意见)＋预告引入非首要病痛;确认(未来安排的意见)引入非首要病痛;直接宣告非首要病痛。这是 Nielsen 博士在本文中的另一个主要发现,部分地回答了第二个主要问题:在会话分析的意义上,患者主动提出非首要病痛的具体方式是什么?

第六,在其他时刻(首要病痛即将结束之外的时刻,具体是医生提出有关首要病痛的治疗意见之外的时刻)提出非首要病痛,病人通常会在当下互动中仔细寻找与非首要病痛相关的时机和信号,适时地引入和讨论非首要病痛,而且,病人这时通常会讲述更多的正当理由,证明诊治非首要病痛的必要性。这一发现揭示了在其他异常时刻病人具体何时、以何种方式提出非首要病痛,回答了本文两个主要问题的剩余部分,最终圆满地实现了本文开始提出的两个主要目标。

从语言学上讲,本论文研究对象界定清晰,收集的语料真实、翔实,会话分析具体、深入,论证过程旁征博引,所得结论令人信服,是一篇话语分析研究的典范之作。而且,所提出的分析框架——非首要病痛的启动模式以及转换成分——具有较大的普适性,可以用来研究其他文化语境下非首要病痛的引入和讲述。

对于诊疗咨询实践,本研究也有较大的现实意义。论文发现非首要病痛的引入并不是随机或突发现象,证明了诊疗咨询存在重复出现的互动序列性规律。这些发现有助于医患双方更好地了解咨询互动的过程、机制和规律性,有助于双方了解非首要病痛提出的具体时机和具体方式。对于患者,本文的发现能够帮助他们更好地抓住时机,以适当的方式提出其他病痛;对于医生,能够帮助他们消除对"门把手"现象的疑惧,在咨询即将结束时刻做好应对非首要病痛的心理准备,以便更顺利地完成诊疗咨询,解决患者的多个病痛。

参考文献

Atkinson, M. & Heritage, J. eds. *Structures of Social Action: Studies in Conversation Analysis*. Cambridge: Cambridge University Press, 1984.

Beckman, H. B. & Frankel, R. M. "The effect of physician behavior on the collection of data," *Annals of Internal Medicine* 101.5(1984): pp. 692—696.

Button, G. "Moving out of closings," G. Button & J. Lee (eds.), *Talk and Social Organisation*. Clevedon: Multilingual Matters, 1987, pp. 101—151.

Byrne, P. S. & Long, B. *Doctors Talking to Patients: A Study of the Verbal Behaviours of Doctors in the Consultation*. London: HMSO, 1976.

Clift, R. "Meaning in interaction: The case of actually," *Language* 77.2(2001): pp. 245—291.

Drew, P., Chatwin, J. & Collins, S. "Conversation analysis: A method for research into interactions between patients and health-care professionals," *Health Expectations* 4.1(2001): pp. 58—70.

Gill, V. T., Halkowski, T. & Roberts, F. "Accomplishing a request without making one: A single case analysis of a primary care visit," *Text* 21.1/2(2001): pp. 55—81.

Gill, V. T. & Maynard, D. W. "Explaining illness: Patients' proposals and physicians responses," J. Heritage & D. W. Maynard (ed.), *Communication in Medical Care: Interactions between Primary Care Physicians and Patients*. Cambridge: Cambridge University Press, 2006, pp. 115—150.

Heath, C. *Body Movement and Speech in Medical Interaction*. Cambridge: Cambridge University Press, 1986.

Heritage, J. & Robinson, J. D. "'Some' versus 'any' medical issues: Encouraging patients to reveal unmet concerns," C. Antaki (eds.), *Applied Conversation Analysis: Intervention and Change in Institutional Talk*. Basingstoke: Palgrave, 2011, pp. 15—31.

Heritage, J., Robinson, J., Elliott, M. et al. "Reducing patients' unmet concerns in primary care: The difference one word can make," *Journal of General Internal Medicine* 22.10(2007): pp. 1429—1433.

Levinson, S. C. *Pragmatics*. Cambridge: Cambridge University Press, 1983.

Lindstrom, A. & Heinemann, T. "Good enough: Low-grade assessments in caregiving situations," *Research on Language and Social Interaction* 42.4

(2009):pp. 309—328.

Maynard, D. W. & Heritage, J. "Conversation analysis, doctor-patient interaction and medical communication," *Medical Education* 39.4(2005):pp. 428—435.

Nielsen, S. B. "Patient initiated presentations of additional concerns," *Discourse Studies* 14.5(2012):pp. 549—565.

Robinson, J. D. "Closing medical encounters: Two physician practices and their implications for the expression of patients' unstated concerns," *Social Science & Medicine* 53.5(2001):pp. 639—656.

Schegloff, E. A. & Sacks, H. "Opening up closings," *Semiotica* 8.4(1973):pp. 289—327.

Steensig, J. & Asmu, B. "Notes on disaligning 'yes but' initiated utterances in German and Danish conversations," A. Hakulinen & M. Selting (ed.), *Syntax and Lexis in Interaction*. Amsterdam and Philadelphia, PA: John Benjamins Publishing Company, 2005, pp. 349—373.

Stivers, T. *Prescribing under Pressure: Parent-Physician Conversations and Antibiotics*. Oxford: Oxford University Press, 2007.

Stivers, T. "Treatment decisions: Negotiations between doctors and parents in acute care encounters," J. Heritage & D. W. Maynard (ed.), *Communication in Medical Care: Interaction Between Primary Care Physicians and Patients*. Cambridge: Cambridge University Press, 2006, pp. 279—312.

Stivers, T. & Heritage, J. "Breaking the sequential mould: Narrative and other methods of answering 'more than the question' during medical history taking," *Text* 21.1/2 (2001):pp. 151—185.

Ten Have, p. "On the interactive constitution of medical encounters," *Revue française de linguistique appliqué* 6.2(2006):pp. 85—98.

West, C. "Coordinating closings in primary care visits: Producing continuity of care," J. Heritage & D. W. Maynard (ed.), *Communication in Medical Care: Interaction between Primary Care Physicians and Patients*. Cambridge: Cambridge University Press, 2006, pp. 379—415.

White, J., Levinson, W. & Roter, D. "'Oh by the way...': The closing moments of the medical visit," *Journal of General Internal Medicine* 9.1(1994):pp. 24—28.

White, J., Rosson, C., Christensen, J. et al. "Wrapping things up: A qualitative analysis of the closing moments of the medical visit," *Patient Education and Counselling* 30.2(1997):pp. 155—165.

刘兴兵:《医患门诊互动中目的与权势》,《外语学刊》2009(4),第73—76页。

刘兴兵、刘琴、邵艳:《使用会话分析研究中国医患会话》,《医院管理论坛》2007(9),第50—55页。

刘兴兵、刘琴、邵艳等:《患者门诊话语中确认性问句的信息索取功能》,《医学与哲学》2007(10),第69—71页。

国外隐喻和转喻研究最新进展

——《隐喻和转喻：使它们的接口更加平滑》一文述评①

四川外国语大学英语学院　袁　眉

【摘要】　自亚里士多德，隐喻和转喻问题就得到了学界的关注，但令人惋惜的是，学界沿着亚里士多德的脚步，一直将隐喻和转喻视作修辞方式。直到20世纪80年代，认知语言学兴起，才将隐喻和转喻视作人类基本认知方式，隐喻和转喻成为认知语言学发展的基石之一，但鉴于隐喻和转喻问题的复杂性，引起了认知语言学界内部的诸多争议。John A. Barnden 于2010年在《认知语言学》上发表了《隐喻和转喻：使它们的接口更加平滑》一文，他在梳理隐喻和转喻研究以往研究历史的基础上，提出了他的隐喻和转喻观。本文首先从对该文进行介绍，然后从两个方面对此进行述评。

【关键词】　隐喻；转喻；认知语言学

一、引言

隐喻的古希腊辞源由"μετá（英文 meta）"和"φερω（英文 phero）"构成，原意为"转换"②。因此，隐喻在英文中就有其隐喻式的意涵，指"将意义由某事物 A 转移至另一事物 B"。据现有文献考证，隐喻存在于最早的书写文本是在吉尔加美什③的史诗：

我的朋友，那迅速的骡，在山野之间奔驰而过，是野地的同伙。

---

　①　原文参见 John A. Barnden, "Metaphor and metonymy: making their connections more slippery," *Cognitive Linguistics* 2010 年第1期。

　②　有趣的是，现代希腊文中，"metaphor"是被用来指把行李移到马车或电车上的载运工具；所以在希腊机场的访客会发现他们用"metaphor"来运送行李。

　③　是苏美尔人的一位国王，据苏美尔王表，吉尔伽美什（或称鸠格米西）是卢加尔班达之子、乌鲁克第五任国王（早王朝第二，乌鲁克第一王朝），统治期大约在公元前2600年。

我们聚在一起同去山中,与天上的神牛争战并杀了它,并打败了住在 Cedar 森林的 Hambaba。现在何以让沈睡掳掠了你呢?(T. Kovacs,1989)

在此诗中,诗人的朋友被比喻成一只骡和一个伙伴,表示诗人在他朋友的身上看到了这些特质。

但隐喻问题真正得到学界关注是从亚里士多德的《诗学》(*Art Poetica*)开始的,他认为隐喻是修辞的一种方式。但令人惋惜的是,学界沿着亚里士多德的脚步,一直将隐喻视作修辞方式。直到 20 世纪 80 年代,认知语言学兴起,才将隐喻和转喻视作人类基本认知方式,隐喻和转喻在日常生活中无所不在,不仅在语言中,而且在我们的思维和行动中都存在隐喻和转喻,对它们的研究已成为认知语言学发展的基石之一,但鉴于隐喻和转喻问题的复杂性,引起了认知语言学界内部的诸多争议。Barnden 的这篇文章,在梳理隐喻和转喻研究以往研究历史的基础上,提出了他的隐喻和转喻观。本文首先从四个方面对该文进行介绍,然后从两个方面对此进行述评。

二、内容介绍

对相关问题的精细化研究是一个学科成熟的重要标志。认知语言学对隐喻和转喻的区分标志着对相关问题的研究已趋成熟,有助于我们更加清晰地认识相关问题。一般认为,隐喻由始源和目标源两项构成,把始源域的图式结构投射到目标域上,通过始源域(source domain)的结构来构建和理解目标域(target domain),涉及两个认知域;转喻涉及一个认知域的两个方面,用一个认知域两个方面互相替代,例如部分代替整体,整体代替部分。

事实上,认知语言学自诞生以来就在探讨隐喻问题,到 20 世界 90 年代,认知语言学家才真正重视转喻的研究。Barnden 的这篇文章在回顾前人研究的基础上,系统论述了"隐喻性连接总是转喻的,具有邻近性(contiguity),而转喻的邻近性从根本上要关涉相似性(similarity)",从而颠覆了传统的隐喻和转喻分界。下面以该文的篇章结构为主线对此进行简单介绍:

1. 简介

这一部分首先引出了隐喻和转喻的区别问题。Barcelona(2000)、

Cameron(1999)、Dirven and Porings(2002)、Fass(1997)、Haser(2005)认为:隐喻关涉相似性,而转喻涉及邻近性或语义/语用相关。Dirven(2002)、Jakobson(1956/2002)、Lodge(1997)、Norrick(1981)、Nunberg(1978)、Riemer(2001)认为,转喻是作为信息的一部分和始源域(source domain)保持联系,而隐喻并非如此。以上学者的共性在于:隐喻关涉相似性,而转喻关涉邻近性。而作者开门见山地提出,这种区别的基础根本不存在,因此他们的观点值得商榷。进而作者提出,隐喻和转喻是"光谱(spectrum)"的两端,具有连续性,它们之间的界限不能简单地用"一个拥有相似性,另一个拥有邻近性"来划分,而两者不同程度地都有相似性和邻近性,作者在此基础之上提出了隐喻性(metaphoricity)和转喻性(metonymicity)两个术语,认为隐喻性和转喻性的区别只是相似性和邻近性发挥作用的维度不同而已。

2. 隐喻/转喻和相似性/邻近性

在这一部分,作者主要运用语料,有理有据地分析了隐喻、转喻、相似性和邻近性的问题,阐述了自己的核心观点:隐喻和转喻都要关涉相似性和邻近性。主要分四个小部分进行了论述:

(1) 具有邻近性的隐喻连结

一般认为,隐喻是基于相似性的,但本文作者在这里对传统的观点提出了挑战,是对传统的反叛。他以指称性隐喻为例进行了论述:

[1] The creampuff didn't even show up.

在这个例子中,某个"boxer(拳击手)"用一个隐喻表达式"creampuff(懦弱的人)"来指称。传统的隐喻观认为,"拳击手"和"懦弱的人"两个认知域具有相似性,使得两者进行匹配,最终用"懦弱的人"来代替。而作者进一步指出,用"懦弱的人"指称"拳击手",其实是该"拳击手"众多特征之一,所以两个认知域具有邻近性,因此不能简单地认为隐喻无邻近性。作者从四个方面进行了论述:

第一,隐喻连结更多的是心智世界对世界的认识,而邻近性通常认为是转喻的表达,即隐喻连结更多的存在与大脑,而转喻连结更多地客观世界是什么样的,例如:

[2] Bush attacked Iraq.

在这个表达中,Bush 在社会或者政治上代表美国和美国军队,具有邻近性,是转喻,但另一方面,Bush 与美国和美国军队在人们心智中具有高度关联,两者具有相似性,是一种隐喻认知在发挥作用。

第二,邻近性和隐喻连结可以用结构匹配进行区分。

第三,或许邻近性连结限于约定俗称的、已经固化的联系中,但这不能成为区分隐喻和转喻的基础。

第四,在隐喻的相似性中,有时没有始源事体和目标事体匹配。

以上都说明,在隐喻连结中指称隐喻具有邻近性,所以在这一方面,隐喻和转喻的传统划分方式应该受到质疑。

(2) 邻近性涉及相似性①:以表征转喻为例

表征(representation)和被表征者(representatee)通常被用来互相指代,构成转喻关系,这样我们就有转喻 REPRESENTATEE FOR REPRESENTATION 和 REPRESENTATION FOR REPRESENTATEE,作者用表征转喻(representational metonymy)来涵盖以上两种转喻,并用例子进行说明:

[3] Ari painted a tanker.

在这个表达中,表征者是"一幅画中的坦克"或者"包括坦克在内的这幅画",被表征者是"坦克(或许是想象中的坦克)"。根据作者的观点,隐喻本身关涉表征关系,两者具有邻近性,因此邻近性和相似性互为关涉关系。

(3) 邻近性涉及相似性②:以整体—部分转喻为例

作者认为,一种特殊的邻近性涉及整体代部分(WHOLE FOR PART)或者部分代整体(PART FOR WHOLE)。在这些转喻表达中,邻近性要涉及相似性,并且相似性与有些部分整体转喻高度相关,也就是说部分与整体具有关联性相似性,或者说部分和整体相似性相关。例如,在传统的转喻表达中,用"手(hand)"指代"水手(sailor)",传统上来说,水手的重要职责是"抓绳子(grasping the rope)",而这一功能主要用"手"来完成,因此从功能上来讲,水手(sailor)和水手的手(his/her hands)具有相似性。因此可以说,部分整体关系的核心是他们之间具有相似性,而相似性是部分整体关系存在的关键,例如:

[4] Everyone who wants a roof should have one.

在例[4]表达中,从字面上讲,roof 就是指"屋顶",而这里的转喻机制让其指代"有屋顶的房子",而房子的一部分功能是让居住者挡风避雨,这种功能主要由屋顶承担,因此这种挡风避雨的功能与我们理解句子直接相关,因此我们可以说屋顶和房子具有部分相似性。因此,作者再次证明,转喻也要关涉相似性。

(4) 邻近性涉及相似性③:其他语料

作者引用 Panther(2006)的观点,认为有些转喻从跟不上将也要涉及相似性问题。例如,当我们常常用珍珠港(Pearl Harbor)这个专有名词指代现实中的一个港口,久而久之,这个专有名词就会变为一个普通名词。而这其中要经历以下步骤:

第一步,用转喻机能指代一个特定的事体;

第二步,转喻机制延伸到用来指称类似于原来事体的事体,即用珍珠港这个表达指称类似于珍珠状的所有港口。

以上两个步骤中的第二步得以实现的认知机制是,港口和珍珠具有相似性。

作者还指出,我们在日常交际中,往往会运用一个体育队或者某个运动员指称一个国家,这一转喻机制背后也有相似性在发挥作用。

3. 作为信息的一部分的始源/目标连结

作者首先引用 Warren(1999,2002,2006)的观点:在转喻中始源域与目标域的连结是这些话语所要传递信息的有机组成部分。Croft(2006)、Dirven(2002)、Haser(2005)、Panther(2006) 和 Radden & Kövecses(1999)也持以上观点。随后作者用例子证实了以上观点:

[5] Finland lost the [football] match.

当人们要理解例[5]这句话时,首先要建立一种语义上的心智表征,这里的足球队就是芬兰足球队,而非其他国家的,这种心智过程的识别是通过转喻机制完成的,这样在"芬兰"和"这个队"建立的"转喻连结"是该句意义的一部分:目标域在始源域发挥的作用成为信息的重要组成部分,而非简单的信息处理过程,即这一转喻过程本身就具有意义。

4. 另外讨论

(1) 隐喻和转喻可能存在的另外两点不同

作者在这一部分重新梳理了隐喻和转喻存在的两点不同。他首先指出,转喻在一个认知域中发挥作用,而隐喻在两个认知域之间发挥作用,而传统的划分隐喻和转喻没有考虑听话者对话语进行解释这一维度,是一种静止的方式确定认知域,理应受到质疑。它还引用学者们的意见,反对通过认知域的数量来确认隐喻或者转喻。

第二个不同是,学者们尝试运用想象中的身份辨认(imaginary identification)或者范畴化(categorization)来区分隐喻和转喻。这一观点主要的支持者来自概念整合理论(Fauconnier & Turner, 2000, 2002)。本文的作者倾向于支持运用想象中的身份辨认或者范畴化的观点区分隐喻与转喻。

(2) 不同点的重叠、中间和联合

这一部分可以视作是作者对前文区别对待隐喻和转喻的一个小结。前文主要从六个角度阐述了区别隐喻和转喻:

① 认知域的数量(compartmentalization)
② 相似性(similarity)
③ 邻近性(contiguity)
④ 结构配对(structural correspondence)
⑤ 连结存活(link survival)
⑥ 始源域的假定性(source-item hypotheticality)

作者认为,区别隐喻与转喻必须具体情况具体对待,也就是以上六个维度有时会重合,有时需要取中间要素,有时则需要联合,这样方可更加理性地认识隐喻和转喻。

(3) 作为双转喻的隐喻

作者简要梳理 Riemer(2001, 2002)、Barcelona(2000)、Haser(2005)等学者的研究,提出任何一个隐喻的意义都是从始源域到目标域的转移,因此可以看做是转喻,并且这个转喻既连结始源域也连结目标域,是双转喻。也就是说,一个隐喻含有两个转喻,这样我们才可以完整地对一个隐喻表达进行理解,当然任何隐喻都包括两次转喻过程,并非是说随意的两个转喻就可以构成一个隐喻。

5. 小结

这一部分是作者对前文研究的一个梳理,他再次重申隐喻与转喻的区别具有模糊性(fuzziness)和平滑性(slippery)。作者进一步指出,隐喻和转喻的争论还会继续下去,但希望本文的多维度分析对我们认知隐喻与转喻有所助益。

三、简评

虽然我们前文介绍的仅仅是发表于《认知语言学》(*Cognitive Lingurstics*)上的一篇论文,但它对传统隐喻与转喻崭新的研究视角,精辟的论证使得长达 34 页的论述观点清晰、论证严密,当然得出的结论可信度高,具有很大的学术价值。鉴于隐喻和转喻的复杂性,本文无力对隐喻和转喻的所有研究做一评述,而是谈谈笔者对这篇文章的读后感。

1. 优点

Barnden 的这篇论文的选题是隐喻和转喻的接口问题。正如前文所述,西方的隐喻可以追溯到苏美尔人用楔形文字记载的实事,西方对西方成系统的研究也可以追溯到亚里士多德的《诗学》(*Ars Poetica*),可以说该选题显得"非常陈旧",是一个老生常谈的问题,但作者并没有局限于对历史的梳理,而是在 20 世纪 80 年代才诞生的认知语言学框架下对该话题进行研究,并且将隐喻研究延伸到 20 世纪 90 年代认知语言学界才开始重视的一种认知方式——转喻上来,这样既有继承,又有创新,所以该选题本身就是一种创新,可谓新瓶装老酒,但装出了花样和品质。

在研究思路和研究方法上来说,认知语言学界一般认为隐喻由始源和目标源两项构成,把始源域的图式结构投射到目标域上,通过始源域(source Domain)的结构来构建和理解目标域(target Domain),涉及两个认知域;转喻涉及一个认知域的两个方面,用一个认知域两个方面互相替代,例如部分代替整体,整体代替部分。可以说,这是认知语言学界固化了一种观点,也就是想当然的正确观点,但作者没有局限于所谓的权威和定式,用语言学家们使用过的例子,进行详尽的分析和推理,一步一步推翻了认知语言学界对隐喻和转喻的认识,进而提出了自己的观点:隐喻性连接总是转喻的,具有邻近性(contiguity),而转喻的邻近性从根本上要关涉相似性(similarity),隐喻与转喻的接口具有模糊性和平滑性,它们形成像光谱一样的连续统,从而颠覆了传统的隐喻和转喻界岭。

我们传统的研究视角往往是单一的,比如绝大多数认知语言学家确定隐喻与转喻的区别都使用该表达:在一个认知域还是两个认知域中,如果在一个认知域中就笼统地将其划入转喻范畴,在两个认知域中则属于隐喻辖域,但 Barnden 在判别隐喻与转喻的基础上引进了相似性(similarity)、邻近性(contiguity)、结构配对(structural correspondence)、连结存活(link survival)、始源域的假定性(source-item hypotheticality)五个核心概念研究隐喻与转喻的区别,这样更加接近语言事实,得出的结论的科学性就更强。

2. 不足

当然,在笔者看来该文还存在一些不足:

第一,我们在日常的语言交际中,的确听话者的解释要为交际的成功发挥重要作用,Barnden 在文中只是提到,而非进行详尽地论述。这一点笔者认为是美中不足,因为我们要为语言提供一种全方位的解释,必须考量说话者、听话者,甚至旁观者和其他一些影响交际的语境因素。

第二,Barnden 研究重点是语言使用中的隐喻与转喻,但所使用的语料基本上来自学者们已经使用过的句子,缺乏系统的语料支撑,这与当前语言研究重视语料的趋势有些不符,这样使读者感觉文章的观点绕来绕去,而没有用语言事实清楚明了地进行阐述,这样就可能使有些读者望而却步,或者误解 Barnden 的观点。

第三,从认知语言学标榜的"基于用法的语言观"可以推知,任何的语言使用必然打上人的烙印,人又必然具有社会性,那么语言的社会性就显得尤为重要。从历时的角度讲,语言变体的社会意义会对我们的语言能力产生影响,因此,任何一种语言理论如果要试图对语言的全貌进行研究,就不应该忽视语言使用的动态变化(dynamic change)和共时机制(synchronic mechanism)。而 Barnden 在文章中只是提到一次社会(social)和政治(political),这样使得他在研究隐喻与转喻时忽略了语言的社会性,也就是忽视了隐喻和转喻中的社会性,可谓一大不足。

当然瑕不掩瑜,Barnden 还是有理有据地、系统地论证了他的核心观点:隐喻与转喻的接口具有模糊性和平滑性,它们分别居于一束光谱的两端,构成一个连续统。

四、结语

早在 1980 年 Lakoff 和 Johnson 就发表了他们具有划时代意义的巨著《我们赖以生存的隐喻》(*Metaphors We Live by*),将隐喻的重要性从亚里士多德开创的修辞学领域提升到了人类认知的高度,其后,认知语言学家开始大量地研究隐喻问题,后来转喻也加入了被研究的行列,从此之后,隐喻和转喻的问题一直羁绊着认知语言学研究,Barnden 的这篇文章既是对过去隐喻与转喻研究的一次梳理,也是对以往研究的一次发展和飞跃。本文主要介绍了 Barnden 发表在《认知语言学》(*Cognitive Linguistics*)上的巨作,并对此进行了简要评述,希望本文的引介能够为当前的语言研究,特别是隐喻与转喻研究有所助益。

参考书目

Croft, W. & D. A. Cruse. *Cognitive Linguistics*. Cambridge & New York: Cambridge University Press, 2004.
Fauconnier, G. *Mental Spaces*. Cambridge: MIT Press, 1985.
Fauconnier, G. *Mapping in Thought and Language*. Cambridge: CUP, 1997.
Fauconnier, G. & M. Turner. *The Way We Think*. New York: Basic Books, 2002.
Fiske, S. T., & S. E. Taylor. *Social Cognition*. New York: McGraw-Hill, 1991.
Geeraerts, D. Kristiansen G. & Yves Peirsman. *Advances in Cognitive Sociolinguistics*. Berlin & New York: Mouton de Gruyter, 2010.
Kristiansen, G. & R. Dirven. *Cognitive Sociolinguistics: Language Variation, Cultural Models, Social Systems*. Berlin & NewYork: Mouton de Gruyter, 2008.
Langacker, R. W. *Grammar and Conceptualization*. Berlin & New York: Mouton de Gruyter, 1999.